제3판

지역사회복지론

우수명 · 주경희 · 김희주 · 이두진

지식터

마을에서 꿈꾸는 복지세상을 위하여, Think Globally, Act Locally!

지역사회는 오래전부터 사회복지실천의 큰 축이었으며, 지역복지관, 학교, 정신보건, 임상 등의 여러 전문 실천영역의 기본이 되는 장이었다. 또한 개별 사회사업(case work), 집단 사회사업(group work)과 함께 지역사회조직(community organization)은 3대 방법론으로 인식되었다. 그러나 스페셜리스트(specialist)가 강조되면서, 다른 사회복지 분야에 비하여 제너럴리스트(generalist)가 주축이며 꽤 복합적이고 장기적인 실천이 요구되는 지역사회복지에 대한 관심은 상대적으로 적었다. 통합방법론에서도 지역사회복지는 별도인 것처럼 인식되기도 하는 등 지역사회복지의 중요성에 비하여 상대적으로 작게 다루어진 듯하였다.

사회복지실천의 장으로서 지역사회복지는 1980년대부터 크게 증가된 지역사회복지관을 중심으로 실천적이고 경험적인 토대를 쌓아가고 있었다. 2000년대 이후 지역사회복지를 기반으로 한 마을 만들기, 찾아가는 동주민센터, 협동조합, 지역사회 기반 복지운동의 발전을 통하여 과거와 다른 방식으로 지역사회복지에 대한 체계적 학습과 접근을 해야 할 필요성을 더욱 크게 만들었다. 작은 마을을 기반으로 한 지역사회복지 실천을 통한 세상의 변화 가능성을 사회복지현장에서 경험하면서 지역사회복지에 대한 관심은 증대되었고, 임상적 접근의 한계성을 넘나드는 임팩트(impact)들로 인하여 그 중요성이 더욱 커지고 있다. 이제 사회복지사에게 지역사회복지는 실천의 장이자, 기술의 핵심이고, 복지가치의 지향성이며, 목적이 되어가고 있다.

본 저서는 시대적 흐름을 반영하여 사회복지 전공교과목으로 지역사회복지론이 갖추어야 할 기본적인 이론과 필요한 실천에 관한 기본 지식 그리고 현장의 다양한 경험을 배울 수 있도록 3개의 PART로 구성하였다.

머리말

PART 1은 지역사회복지의 기초를 다룬다. 지역사회 변화 속에서 지역사회복지의 개념을 이해하고, 태동기부터 현재까지의 서양과 우리나라의 사회변동에 대응하는 지역사회복지의 역사적 발전 과정을 통해 바람직한 지역복지의 핵심 가치 및 지향점을 모색한다. 또한 지역사회 문제 해결과 복지의 구현을 위한 다양한 실천이론과 핵심적인 실천모델을 비교분석하여 쉽게 학습할 수 있도록 정리하여 지역사회복지가 왜 사회복지사에게 필수영역인지를 배울 수 있게 하였다.

PART 2는 지역사회복지의 실천전략을 다룬다. 지역사회복지 실천 원칙을 통해 가치기반 실천을 이해하고, 지역사회기반 실천토대와 과정별로 요구되는 사회복지사의 역할을 배울 수 있다. 또한 미션과 비전, 목표를 통한 실천의 방향성과 기획 평가를 통해 구체성을 고민하고, 지역사회 다양한 조직간 네트워크와 홍보 마케팅과 브랜드, 지역사회 참여 전략의 실천 토대 구축을 다룬다. 이를 통해 주민 조직화의 구체적 기술과 임파워먼트 및 다양한 지역사회복지 실천 기술을 살필 수 있다.

PART 3은 지역사회복지의 실제를 다룬다. 지역사회복지의 주축이 되는 지역사회복지관과 지역사회보장협의체, 사회복지공동모금회를 포함한 다양한 지원기관의 특성과 실천 등 제도권에 기반한 지역사회복지 현장을 살펴본다. 또한 사회복지협동조합을 포함한 다양한 사회적 경제 활동 및 프리랜서 사회복지사 등 진취적인 사회복지사들이 만드는 대안적 지역사회복지 실천의 사례를 살펴본다. 거시적인 영역과 미시적인 영역을 넘나드는 지역사회복지 운동의 역사와 개념 그리고 한국적 유형별 특성을 다루며, 지역사회복지와 공동체의 중요성을 다룬다. 이를 통하여 기존의 한국 복지현장의 새로운 패러다임을 만들어 가는 노력들을 살펴볼 수 있다.

지역사회에서 새로운 실천의 변화와 도전들은 저자들에게 새로운 지역사회 복지론에 대한 교육의 필요성을 절감하게 하였고, 그 시도로 나온 본 저서가 새로운 교육과정에 맞추어 제3판을 내게 되었다. 이 책이 나오는 데에는 많은 분들의 격려와 지지가 있었으나 일단 저자들의 스승님, 가족, 현장의 사회복지사 그리고 출판사의 노고에 특히 더 감사드린다. 지역사회복지의 넓은 바다와 같은 다양성을 담기에는 저자들의 역량이 부족한 것도 있었으며, 이로 인한 책임은 오로지 저자들의 몫이라고 할 수 있다. 그러나 현장의 사회복지사들이 마을에서 복지세상을 꿈꾸고, 하나하나 만들어 가듯이 저자들도 이 책의 부족함을 채워나가는 노력을 지속적으로 해나갈 것이다. 이 책을 읽는 모든 이들에게도 복지의 가치를 담은 축복이 넘치기를 진정으로 바란다.

2023년 뜨거운 여름을 치열하게 보내며

저자 일동

차례

PART 02 지역사회복지의 실천전략

차례

PART 03 지역사회복지의 실제

PART 01

지역사회복지의 기초

CHAPTER 01

지역사회의 이해

1 지역사회의 개념

1) 지역사회의 변화

지역사회는 무엇인가? 커뮤니티(community) 또는 공동체라는 용어와 동의어로 쓰이거나 친근하게 동네, 마을이라는 용어로도 쓰이고 있다. 커뮤니티(community)의 유래를 살펴보면 라틴어 'cum'과 'munus(또는 munere)'라는 두 말을 뿌리로 해서 나왔다. 'cum'은 '함께' 또는 '서로'라는 말이고, 'munus'는 '선물', 'munere'는 '주다'라는 의미를 갖는다. 이와 같은 어원에 따르면, 'community'는 '서로(선물을) 주는 것'이다. 이렇게 선물을 주고받는 밀접한 관계가 전제된 'community'를 어원에 충실하게 번역한다면, '지역사회'보다는 '공동체'라는 말이 더 적절할 수 있다(김종일, 2006).

지역사회 용어의 유래를 살펴보면 서구에서는 14세기부터 영어권에서 사용되어 왔으며, 원래 의미는 지위가 높은 상층계급의 사람들과 대비되는 개념으로서 '평범한 사람들' 또는 '일반 시민'을 의미하였다. 16세기에는 '공통적 요소를 지닌 어떤 특성'을 의미하고, 국가와 대비되는 '시민사회'를 의미하였다. 19세기 이후에서야 보다 광범위하고 복잡한 산업사회와 대비되는 전통사회의 지역성을 의미하였다(Williams, 1976).

지역사회는 지역이라는 지역성과 그 속에 거주하고 있는 사람들과의 관계성이 함께 내포되어 있다. 이러한 지역사회는 시간의 흐름에 따라 지역도 그 속에 살고 있는 사람들의 관계도 변화하였다. 공동체로서의 지역사회는 전통시대의 농촌마을로 한동네 사람들은 '옆집에 숟가락이 몇 개나 있는지 훤히 알고' 살았을 정도로 비교적 작은 일정한 지리적 범위 내에 거주하는 매우 동질적인 사람들이 복합적이고 친밀한 관계를 맺고 있으며, 공통의 문화와 집단정체성을 공유하고 있는 것 등을 특징으로 한다. 즉, 지역사회는 사회·경제적 공동체의 성격을 강하게 띠고 있었다. 이에 비해 현대의 지역사회는 산업화와 도시화가 시작되면서 대도시는 대규모화되었을 뿐만 아니라 기능적으로 매우 복잡하게 얽혀있고, 도시의 구성단위들은 매우 개인화 또는 다원화되어 있으며, 또한 극히 유동적이고 가변적이다. 이처럼 산업화와 도시화가 시작되면서 지역사회는 공동체적 성격을 거의 다 잃어버렸다. 구성원 사이의 상호작용과 정서적 연대감 같은 것도 찾아보기 힘들다. 이러한 현대 도시에 살아가고 있는 현대인은 많은 문제에 직면하지만, 대내적·대외적으로 매우 복잡한 관계 속에 위치하기 때문에 어려움을 겪고 있다. 특히 세계화의 흐름과 함께 세계적 규모로 작동하는 거대한 체계에서 파생되는 수많은 외적 요인들의 영향이 강력해지면서 그러한 문제들을 해결하기 위한 방안을 도출하기 매우 어려울 뿐만 아니라 문제의 원인을 파악하기조차 쉽지 않다.

공동체로서의 의미를 잃어버린 지역사회가 요즘 들어 새롭게 관심의 대상이 되고 있다. 도시 공동체의 구축이 바로 문제해결 방안으로 등장한 것이다. 즉, 도시에서 발생하고 있는 주거, 교육, 보건의료, 교통, 환경 등과 관련된 다양한 문제뿐만 아니라 소외감에 맞닥뜨린 도시민들은 공동체 구축을 통한 집단적 행위로 문제를 해결하거나 공동체적 정체성의 회복을 통해 소외감을 극복하고자 노력한다. 따라서 현대 도시민들이 맞닥뜨린 문제들은 동시에 역설적으로 도시 공동체를 구성하고자 하는 노력에 자극적 요소들로 작용할 수 있는 것이다(양영균, 2012). 서울뿐만 아니라 전국에서 마을공동체를 구축하기 위한 다양한 활동과 지원방안들이 활발하게 이루어지고 있다.

2) 지역사회의 개념

지역사회의 개념 정의는 지리적 측면과 기능적 측면의 복합성 속에서 이루어지고 있다. 지역사회는 다른 지역과의 분리 및 독특성을 나타내는 '경계'를 가지며, 내적으로는 동질성과 합의성 등 상호작용을 가진다. 지역사회의 특징으로 다음과 같이 세 가지가 있다. 첫째, 지역성은 특수한 지역적 영역 내에 위치한 사람들의 정착을 의미하는 지리적인 표현이다. 이것은 사회학적인 정의가 아니며 주민들과 그 상호작용에 대한 어떠한 고려도 포함하고 있지 않다. 둘째, 지역적 사회체계는 전적으로 혹은 대체적으로 지역성 내에서 일어나는 일련의 사회관계이다. 이것은 사회학적인 용어이며, 이는 같은 지역 내에 살고 있는 사람들 간의 상호관계의 연결망을 말하는 것이다. 그러나 이 정의는 관계의 구조를 언급할 뿐 그 내용은 언급하지 않는다. 셋째, 관계의 유형은 개인 간의 일체감의 의미로서의 지역을 지시하는 용어가 아니고, 지역적으로 분산되어 있는 개인 간에도 존재하는 유형이다. 지역사회라는 용어는 유의미한 일체감과 공유된 경험의 의미를 더 명확하게 전달하기 위하여 '합일체(communion) 혹은 공동체'라는 용어로 가장 잘 표현된다(고영복, 2000). 로스(M. G. Ross)는 지역사회를 지리적인 지역사회와 기능적인 지역사회로 구별하였다. 여기서 지리적 지역사회는 지역적 특성을 강조하는 반면 기능적인 지역사회는 복지, 농업, 교육, 종교 등에 있어서 공동의 관심과 기능을 함께하는 사람들의 집단으로 구분하였다. 이처럼 지역사회에 대한 정의는 학자마다 어느 속성에 더 강조점을 두느냐에 따라 다양하다고 할 수 있다.

지역사회에 관한 주요 학자들의 정의를 ① 지리적 개념으로서의 지역사회, ② 집단상호작용을 강조하는 사회적 동일 지역으로서의 지역사회, ③ 지리적·사회적 동질성을 강조하는 자연지역으로서의 지역사회 등 세 가지 범주로 나누어 살펴보고자 한다(최일섭·이현주, 2006).

(1) 지리적 의미의 지역사회

지역사회의 개념에서 지역성을 강조한 대표적인 학자는 파크와 버제스(Park & Burgess)이다. 파크와 버제스는 지역사회를 한 지역을 구성하는 사람들과 조직들의 지리적 분포라는 견지에서 고려될 수 있는 사회와 사회집단에 적용한다. 모든 지역사회는 사회이지만, 모든 사회가 지역사회는 아니라고 하였다. 또한 지역사회의 생활을 사회를 움직이는 힘의 집합체라고 하였다(Park & Burgess, 1921).

이러한 지리적 의미의 지역사회는 교통과 정보통신 수단의 발달이 급속하게 진행되고 있는 21세기의 정보화 사회에서 전통적 의미의 지역적 경계가 무너지고 있기 때문에 점차 그 의미를 상실하고 있다. 그리고 같은 지역의 동일한 아파트에 거주하더라도 전혀 대인적인 접촉이 없이 살아가는 대도시 생활에서 지리적 근접성만으로 주민들이 생활 공동체로서 연대감을 갖고 있다고 말하기는 어렵다.

(2) 사회적으로 동질성을 띤 지역으로서의 기능적 지역사회

이 개념에서는 지역사회 주민들 간의 합의성, 일체감, 공동생활 양식, 공통적인 관심과 가치, 그리고 공동노력이 강조된다. 이 개념은 세 가지 유형으로 나누어 살펴볼 수 있다.

첫째, 지리적 경제에 대한 구체적인 지적 없이 사회적 동질성을 강조하는 정의로, 스트로우프(Stroup)는 지역사회는 자신들이 상호 관련되어 있다는 의식을 갖는 비교적 많은 사람들에 의해 구성되어 있다고 말할 수 있는데, 이들 구성원들은 공동의 생활공간에 서로 의존하고, 제한된 정치적 자율성을 가지며, 복잡하고 변천하는 사회구조 속에서 기본적인 만족을 추구한다고 기술함으로써 지리적 특성보다는 구성원 간의 상호 관련성을 강조하였다. 스트로우프에게 있어서 지역사회란 소수의 부락집단에서 국가에 이르는 모든 형태의 사회조직이 포함되는 것이다.

둘째, 민주주의 실현의 수단으로서 작은 지역사회로 보는 입장으로 포스턴(Poston)은 지역사회란 공동의 유대관계가 있고 공동의 기능을 하는 지역(neighborhood)으로서 다양한 이해관계와 상호 부조적인 서비스가 있고, 사람들이 서로에 대해서 알고 지내며, 지역사회의 공동운명에 대해서 개인적으로 어느 정도의 영향력을 행사할 수 있는 조건을 갖춘 지역이라고 정의하였다. 그는 이러한 조건을 갖춘 지역사회란 대도시 내의 일정 지역이라고 함으로써 주민들이 자신들의 복지를 증진시키기 위해서 노력하는 지역사회는 상호관계가 유지될 수 있는 정도의 규모여야 한다는 것을 시사하였다. 또 이러한 지역사회의 발전은 주민의 참여에 의한 민주주의가 실현되는 전제조건임을 밝히고 있다.

셋째, 사회적 상호작용의 역동성을 강조한 그린(Green)은 지역사회란 상호관련되어 있고 상호 의존적인 집단들의 결합체(network)이며, 지역사회 내의 역동적인 관계는 집단생활과 조직체들에서 찾아볼 수 있다고 함으로써 지역사회의 개념에 있어서 지리적 특성보다는 구성원들의 상호작용에 역점을 두고 있다.

최근 개인의 이동성(자동차, 대중교통 수단)과 의사소통 기술(이메일, 화상회의)의 편의성이 향상됨에 따라 지리적 경계를 넘어서는 공동체의 출현이 가능하게 되었다. 또한 기능적인 지역사회의 궁극적 형태인 가상 지역사회(virtual community)는 활동가와 지역사회개발에 관계된 사람들에게 변화를 위한 연락망 구축과 전지구적 운동 조직화의 기회를 제공한다. 그러나 전자식 상호작용이 중심이므로 대면적 상호작용을 제외한다면 이는 사회의 비인간화를 부추긴다는 부작용이 드러나기도 한다.

이러한 기능적 의미의 지역사회 정의의 한계점은 다음과 같다.

첫째, 지역사회의 '지역'이라는 단어 자체가 일정한 지리적 공간을 나타내고 있기 때문에 비지리적 커뮤니티를 표현하는 데에는 지역사회라는 단어가 적절하지 않다. 오히려 '기능적 공동체'나 '이익 공동체'와 같은 식으로 바꾸어 쓰는 것이 바람직할 것이다.

둘째, 지역주민을 통합시키는 데 기여하는 것이 아니라 개별화하고 파편화시킬 수 있다. 지리적 지역사회보다 기능적 지역사회에 우선순위를 둘 경우 지역에 기반한 활동에 대한 참여도는 떨어질 수밖에 없으므로 지역사회의 궁극적 목적으로서의 통합·달성이 어려울 수도 있다.

셋째, 기능적 지역사회로부터 소외되는 사람들이 있을 수밖에 없다. 적절한 교통수단이 없거나 적절한 아동보호의 방법이 없는 경우, 참여할 만한 기능적 지역사회가 없는 경우에, 사람들은 기능적 지역사회를 통해서는 지역사회 교류에 관한 자신의 욕구를 충족시킬 수 없다.

(3) 지리적 및 사회적 동질성을 강조하는 자연지역으로서의 지역사회

지리적 및 사회적 동질성을 강조하는 자연지역으로서의 지역사회를 강조한 데이비스(Davis)는 지역사회는 모든 인간 생활의 국면을 포함할 수 있는 가장 작은 지역적인 집단이며, 이 집단은 사회를 구성하는 모든 주요 제도(institutions), 모든 지위와 이익을 포함할 수 있을 정도로 넓어야 한다고 하였다. 특히 현재의 지역사회는 그 자체만으로는 온전히 이해될 수 없다고 보며, 한 지역사회에 있어서 어떤 부분들은 그 지역사회 내의 다른 부분들보다도 타 지역사회의 부분들과 오히려 더 많은 관련을 맺을 수 있다고 함으로써 개방체계로서의 지역사회 개념을 강조하였다. 워렌(Warren)은 기존의 지역사회에 대한 개념들이 급속한 산업화와 도시화를 경험하고 있는 지역사회에는 적합하지 않다고 비판하며, 새로운 개념을 정립해야 한다고 주장하였다. 그는 기본적으로 지역사회란 지리적인 면과 심리적인 면의 사회적 통합이라고 볼 수 있다고 지적하였다.

지역사회라는 개념은 사회의 변화에 따라 과거에 비해 광범위하게 사용되고 있다. 지리적 공간 중심의 개념에서 기능적 의미의 개념까지 포괄하는 개념으로 변화하고 있다.

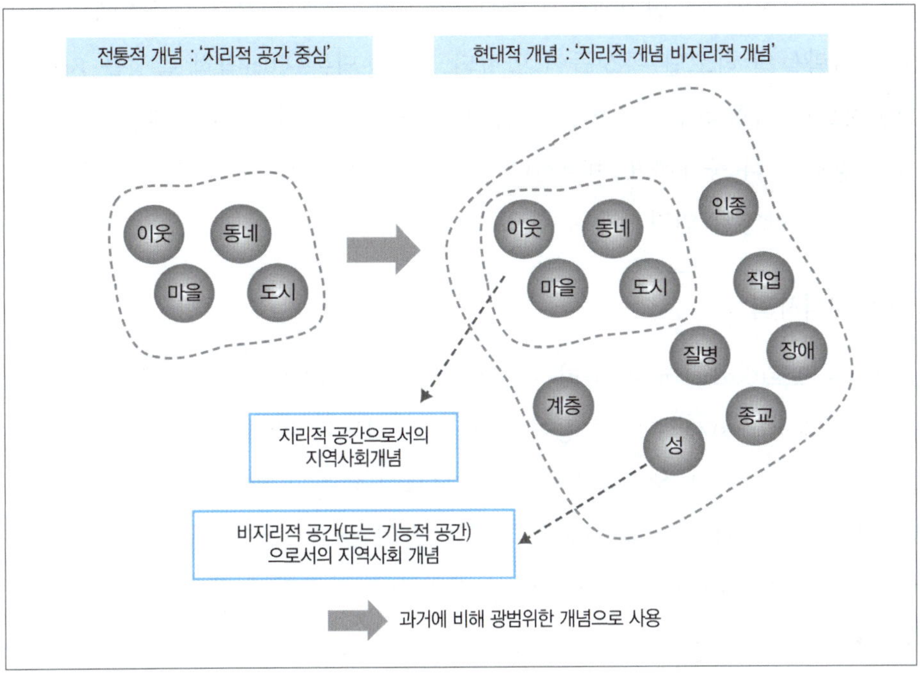

❙그림 1-1❙ 지역사회 개념의 변화(전통적 및 현대적 개념)

출처 : 강철희 · 정무성(2006) 지역사회복지 실천론, p. 27.

3) 공동사회와 이익사회

지역사회의 개념에 있어서 역사적으로 가장 오랫동안 참조되고 있는 고전적인 개념은 독일 사회학자인 페르디난트 퇴니스(Ferdinand Tönnies)의 공동사회(Gemeinschaft)와 이익사회(Gesellschaft) 개념이라고 할 수 있다. 퇴니스는 인간의 유대(human associations)를 공동사회와 이익사회라는 규범적 유형으로 나누었다(Harris, 2009, 홍현미라 외, 2010 재인용).

(1) 공동사회

게마인샤프트(Gemeinschaft)로 칭한다. 자연스럽고 인격적이며 직접적인 만남의 사회관계에 기초한다. 개인들이 무엇을 했는가, 즉 기능에 의해서가 아니라 그들이 누구인가, 즉 인격체로서 받아들여진다. 관계는 정서와 감정에 기반을 두며 사람들의 타고난 특성들이 인정되고 수용되는 전인격적 특성을 지닌다. 기본적으로 사회통제의 기반은 관습에 둔다. 집단적인 관계가 개인의 목적이나 열망보다 더 중요하게 여겨진다. 그리고 가족과 소집단, 그리고 전통적 공동체 내에 반영된 인간관계 유형으로 보았다.

(2) 이익사회

게젤샤프트(Gesellschaft)로 불리는 결사체형 이익사회이다. 합리적인 자기 이해 관계(self-interests)가 주요 특징이다. 관계는 의도된 관계가 본질이며, 특화되고 부문화된 사회적 상호작용에 더 큰 중요성을 두고 있다. 집단의 이해관계가 개인의 이해관계를 대체하며, 개인들 간의 상호작용은 인격적이기보다는 실용적 목적을 지향하고 흔히 계약에 기초한다. 사회적 응집력은 정교화된 노동의 분화로부터 나오며 사회적 통제는 공식화된 법과 규칙에 기반하여 이루어진다.

퇴니스의 게마인샤프트와 게젤샤프트 개념은 19세기 말에 서구에서 일어나고 있었던 산업자본주의 발달을 그 배경으로 하고 있다. 전통적인 가족 중심의 농경 공동체에서 산업사회의 계약과 교환에 의해 등장하는 새로운 인간관계를 개념화했다고 볼 수 있다. 퇴니스는 이 두 유형을 인간 유대의 서로 다른 형태로 보았다. 이익사회의 특성이 공동사회를 대체하는 것이 아니라 두 가지 유형 모두가 현대사회에서 불변적인 사회생활의 한 부분이 될 것이라고 보았다. 따라서 지역사회는 비공식적이고 개인적인 관계로부터 공식적이고 제도적인 구조까지를 포괄하는 개념이라고 볼 수 있다(Streeter, 2008).

퇴니스의 개념에 의거할 때 커뮤니티는 두 특성을 가진 연속선의 어느 한 점에 의해 정의될 수 있다.

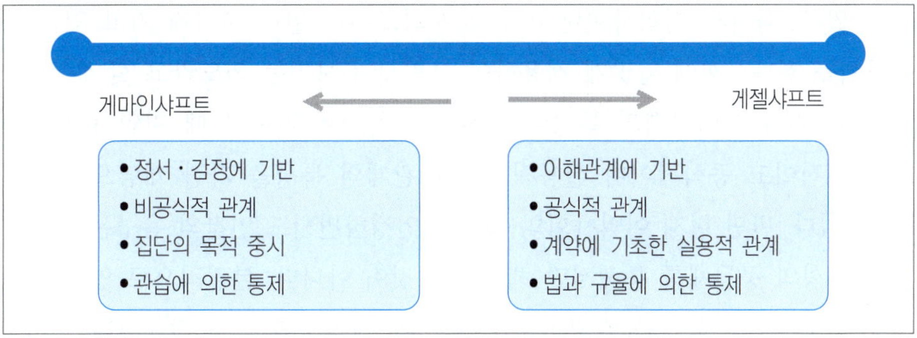

| 그림 1-2 | 퇴니스의 개념에서 본 지역사회 특성의 연속성

출처 : 홍현미라 외(2010). 지역사회복지론, p. 28.

퇴니스는 지역사회를 정서적 · 전통적 관계에 기초한 공동사회, 계약과 합리적 이익 추구를 바탕으로 한 이익사회로 구분하고, 이를 다시 소규모의 대면적 관계(연합체)와 대규모의 비대면적 관계(협의체)로 분류하였다. 역사적으로 볼 때 사회는 공동사회의 연합체 → 공동사회의 협의체 → 이익사회의 협의체 → 이익사회의 연합체로 발전한다고 보았다.

〈표 1-1〉 공동사회와 이익사회의 구분

	공동사회	이익사회
연합체 (소규모 대면적 관계)	가족과 같은 혈연관계, 이웃관계, 친구관계	이해관계 회복, 사회적 연대의 가치 강조
	가족중심의 비공식 복지	사회보험, 공공부조, 사회서비스 제도화 발전
협의체 (대규모 비대면적 관계)	공동의 노동과 직업적 소명에 기초	합리성, 이해타산에 기초
	교회, 길드에 의한 초기 형태 공식복지, 조합 등	대기업의 조직, 국가의 관료조직 개인주의화, 비인간화, 경쟁사회화

퇴니스의 개념에서 본 현재의 지역사회는 전통적인 공동사회가 점차 붕괴되어 나가고 있으며, 치열한 생존경쟁사회인 이익사회에서 살고 있다. 혈연, 지역과 정신의 공통성을 바탕으로 이루어지는 사회는 현대에 들어와 희미해져 가고 있다. 따라서 지역사회란 바로 도시화로부터 멀리 사라져 가고 있는 공동사회를 현대사회에 알맞게 적용하여 복원시켜 보려는 의도라고 할 수 있다.

현대사회가 이익사회의 특성이 강하다는 측면에 기반할 때 지역사회는 좀 더 제도적이고 공식적이며 실용적인 이해관계의 특성을 가진 개념으로 정의될 수 있다. 반면 현재 이익사회의 특성을 인정하면서도 인간의 욕구는 이익사회적 특성의 공동체를 통해서만 해결되는 것이 아니다. 본질적으로 인간 공동체는 공동사회의 특성을 갈망하는 존재이다. 지역사회 혹은 커뮤니티의 개념은 비공식적 관계망, 문화적 고유성, 집단의 자연스러운 경험 등을 강조하는 것으로 개념화될 수 있다. 이런 측면에서 공동체로서의 의미를 잃어버린 지역사회가 요즘 들어 새롭게 관심의 대상이 되고 있다.

2 지역사회의 기능과 지역사회 역량

1) 지역사회의 기능

지역사회는 앞서 살펴본 바와 같이 사람들이 일정한 지역에서 함께 거주하면서 상호관계를 맺고 서로의 생활과 행동에 영향을 미친다. 길버트와 스펙트(Gilbert & Specht)는 모든 지역사회가 공통적으로 수행하는 기능에 대해서 생산·분배·소비, 사회화, 사회통제, 사회통합, 상부상조의 다섯 가지 기능으로 설명하였다(최일섭·이현주, 2006).

(1) 생산·분배·소비의 기능

지역사회 주민들이 일상생활을 영위하는 데 필요로 하는 재화와 서비스를 생산하고 분배하며 소비하는 과정과 관련된 기능으로 경제제도에 속한다. 현대사회에서 재화와 서비스를 생산하고 분배하는 기능은 주로 시장영역에 의해 이루어지고 있으나 정부를 포함한 각종 전문기관, 종교기관, 교육기관 등도 이러한 경제적 기능을 담당하고 있다.

이러한 제도는 개별적인 사회 구성원의 차원에서는 생산의 방법과 가족의 욕구 충족방법에 영향을 주며, 지역사회 전체의 차원에서는 사회 구성원들이 어느 정도 자립할 수 있는가를 결정짓고, 또 건강한 생활을 영위하는 데 필요한 재화와 서비스를 어느 정도 제공받을 수 있느냐를 결정하게 된다.

(2) 사회화의 기능

이는 사회가 향유하고 있는 일반적인 지식, 사회적 가치, 행동양태를 사회 구성원들에게 전달하는 과정으로, 가족제도가 이에 속한다. 이러한 사회화 과정을 통해서 사회 구성원들은 다른 사회의 구성원들과 구별되는 생활양식을 터득하게 되는 것이다.

(3) 사회통제의 기능

지역사회가 그 구성원들에게 지역사회의 규범에 순응하게 하는 것으로, 정치제도가 이에 속한다. 모든 사회는 그 구성원들이 지켜야 할 법, 도덕, 규칙 등의 규범을 갖게 되는데, 이러한 규범을 준수하도록 하는 강제력이 결여된 경우 사회질서가 파괴되어 비행과 범죄가 만연되는 사회해체 현상을 경험하게 될 것이다.

사회통제의 일차적 책임은 정부의 경찰력과 사법권을 통해서 보편적으로 적용될 수 있는 법을 집행하는 강제력을 발휘한다.

(4) 사회통합의 기능

이는 사회체계를 구성하는 사회단위 조직들 간의 관계와 관련된 기능으로, 종교제도가 이에 해당한다. 특정 제도의 구성원이나 전 사회체계의 구성원들은 상호 간에 충성해야 하며, 사회체계가 정상적인 기능을 하기 위해서 어느 정도의 결속력과 사기가 필요하다. 앞서 살펴본 사회화의 기능은 사람들에게 어떻게 행동해야 할 것인가를 가르쳐 주는 수단이고, 사회통제의 기능은 그러한 행동을 하도록 지배하고 강조하는 수단이라 한다면, 사회통합의 기능은 사람들 스스로 규범을 준수하여 바람직한 행동을 하도록 하는 것이다.

(5) 상부상조의 기능

이상에서 살펴본 주요 사회제도에 의해서 자기들의 욕구를 충족할 수 없는 경우에 필요로 하게 되는 사회적 기능으로, 대표적인 제도로는 사회복지제도를 들고 있다. 과거의 전통적인 사회나 오늘날의 후진사회에서 상부상조의 기능은 가족과 친척, 동네 사람들, 친목단체나 자선단체와 같은 일차적인 집단에 의해서 수행되고 있으나, 현대의 산업사회에서는 이러한 기능이 정부, 민간사회복지단체, 종교단체 등으로 옮겨지게 되었다.

상부상조 기능은 지역사회 구성원들이 기존 사회제도에 의해 자신의 욕구를 충족시킬 수 없을 경우 강조되는 기능이며, 이러한 사회적 기능과 제도에 의해서 운영되는 것이 지역사회이다.

단순한 사회에서는 가족이라는 하나의 사회제도에서 위의 다섯 가지의 기능을 모두 수행하였지만 사회가 점점 복잡해짐에 따라 개인과 집단들이 이러한 기능을 전문적으로 수행하게 되어 전문화에 따른 사회제도가 생성되었다. <표 1-2>와 같이 각 사회제도는 하나 이상의 사회적 기능을 수행하는 동시에 가장 핵심적인 기능을 담당하고 있다.

〈표 1-2〉 사회적 기능과 제도

제 도		일차적 기능
가 족	⟶	사회화
종 교	⟶	사회통합
경 제	⟶	생산・분배・소비
정 치	⟶	사회통제
사회복지	⟶	상부상조

출처 : Neil Gilbert & Harry Specht(1974). Dimensions Social Walfare Policy, p. 6.

2) 지역사회 역량

지역사회 주민들은 좋은 지역사회를 지역주민들 상호 간의 애정이 있고, 치안과 안전이 보장되며, 심각한 사회문제가 없고, 교육과 고용의 기회가 충분하며, 쾌적한 환경이 유지되는 곳으로 인식한다. 이렇게 살기 좋은 곳으로서의 지역사회를 만들기 위하여 지역사회 역량(community competence)이 거론되고 있다. 지역사회 역량은 좋은 지역사회의 한 조건이다. 코트렐(L. S. Cottrell, 1983)은 지역사회 역량이란 지역사회를 구성하는 다양한 부분들이 지역사회의 문제와 욕구를 파악하는 데 효과적으로 협력하여, 목표와 우선순위에 대한 합의에 도달할 수 있으며, 합의된 목표를 수행하기 위한 수단과 방법에 동의하고, 효과적으로 협력하여 필요한 행동을 취할 수 있는 능력이라고 정의하였다.

워렌(Warren, 1983)은 좋은 지역사회란 첫째, 구성원 사이에 인격적인 관계가 이루어질 수 있어야 하고, 둘째, 권력이 폭넓게 분산되어 있어야 하며, 셋째, 다양한 소득, 인종, 종교, 이익집단이 포함되어 있으면서, 넷째, 동네 주민들의 자율권이 충분히 보장되어야 하고, 다섯째, 정책 형성 과정에서 갈등은 최소화하면서 협력을 최대한 도출할 수 있어야 한다고 하였다.

펠린(Fellin, 2001)은 역량 있는 지역사회를 바람직한 지역사회의 기준으로 삼고 있다. 그 기준으로 첫째, 내부의 다양한 구성체들이 지역사회의 문제와 욕구를 밝혀내는 데 효과적으로 협력할 수 있어야 하고, 둘째, 목적과 우선순위에 대해 실제적인 합의를 이룰 수 있어야 하며, 셋째, 합의된 목표를 달성하기 위한 방법과 수단에 대해 의견일치가 이루어져야 하고, 넷째, 목적을 이루기 위해 요구되는 실천과정에서 효과적인 협력이 이루어져야 한다고 하였다.

각각의 지역사회는 외형과 제도적인 측면에서 다르다. 지역사회의 특성을 비교할 수 있는 척도로 워렌은 지역적 자치성, 서비스 영역의 일치성, 지역에 대한 주민들의 심리적 동일시, 수평적 유형의 네 가지를 제시하였다.

(1) 지역적 자치성

이는 지역사회가 중요한 기능을 수행하는 데 있어서 타 지역에 어느 정도 의존하는지와 관련 있다. 예를 들어, 어업이 주요한 섬 지역의 경우 농산물이나 공산품은 타 지역에서 공급을 받아야만 한다. 즉, 자치성은 지역사회의 경제적 기능에 있어서의 자립성과 의존성을 결정짓는 변인인 것이다.

(2) 서비스 영역의 일치성

이는 지역사회의 서비스 영역이 어느 정도 동일 지역 내에서 이루어지는지와 관련이 있다. 예를 들어, 수원에서 서울로 출퇴근하는 경우를 보면, 의료서비스는 주거 또는 직장과 가까운 곳, 주거(서비스)는 직장과 먼 곳, 보육서비스는 주거 또는 직장과 가까운 곳 등으로 서비스 영역이 이루어지는 공간이 동일 지역일 수도 있고 비동일 지역일 수도 있다. 달리 말하면 이 척도는 지역사회가 제공하는 서비스에 지역주민들이 얼마나 쉽게 접근할 수 있는지를 나타낸다.

(3) 지역에 대한 주민들의 심리적 동일시

이는 자기 지역을 어느 정도로 중요한 준거집단으로 생각하는가와 관련이 있다. 자기 지역에 대해 지역주민들이 어느 정도 소속감을 갖는지를 말하는 것이다. 예를 들어, 남한에 사는 북한이탈주민들, 쪽방 거주자들, 외국인 2세들(다문화가정의 아동)이 자신이 거주하고 있는 지역사회에 대해서 어느 정도 심리적으로 동일시하고 있는지를 나타낸다.

(4) 수평적 유형

이는 지역사회 내에 있는 상이한 단위조직들(개인과 사회조직들)이 구조적으로나 기능적으로 얼마나 강한 관련을 갖고 있는지와 관련이 있다. 지역사회에 따라서 주민들의 감정, 행동양태, 그리고 사회조직들의 상호 관련성이 강하기도 하고 약하기도 하며, 지역적인 특성이 강하게 혹은 약하게 부각될 수 있다.

예를 들어, 부녀회와 자신과의 관계, 청년회와 자신과의 관계, 대한어머니회와 자신과의 관계 등이다.

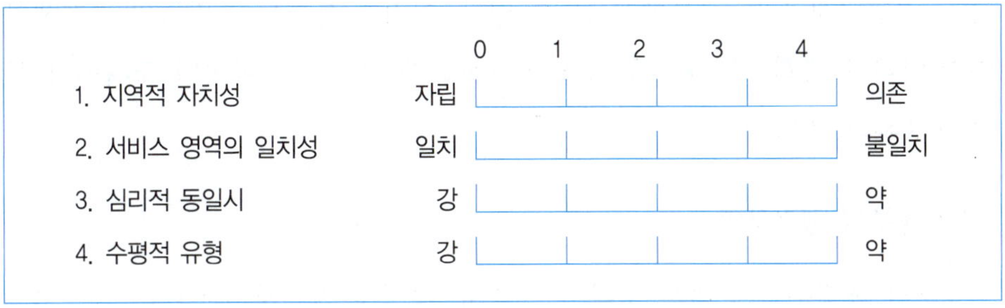

그림 1-3 **지역사회 기능의 비교척도**

출처 : 최일섭 · 이현주(2016). 지역사회복지론, p. 16.

3 지역사회의 유형과 관점

지역사회의 종류를 유형화하는 방법은 다양하다. 던햄(Dunham)은 가장 흔히 사용되는 기준으로 인구의 크기, 경제적 기반, 정부의 행정구역, 인구구성의 사회적 특수성을 제시하였다(최일섭 · 이현주, 2006).

1) 지역사회의 유형

(1) 인구의 크기

인구의 크기에 따라 대도시와 중소도시, 마을 등으로 구분할 수 있다. 일반적으로 대도시는 인구 100만 이상으로 행정구역의 서울특별시와 6개 광역시가 포함된다. 중소도시는 최소 5만 이상에서 최대 100만 명 정도로 행정구역의 시가 여기에 포함된다. 중소도시는 지역에 따라 수도권의 중소도시와 지방중소도시로 구분할 수 있고, 인구의 크기의 차이도 커서 같은 중소도시라 하더라도 처한 상황은 다르다. 마을은 사람들이 모여 사는 공동체 생활의 기본 단위로 촌, 촌락, 부락이라고 사용되기도 한다.

(2) 경제적 기반

경제적 기반에 따른 지역사회의 구분은 광산촌(강원도의 장성지역 등), 산촌, 어촌, 공업단지 등의 구분에서 볼 수 있다. 이러한 분류는 주민들의 경제생활뿐만 아니라 사회·문화적 특성을 파악하고자 하는 인류학적인 조사에서 흔히 사용되고 있다.

(3) 정부의 행정구역

정부의 행정구역에 따른 구분은 특별시, 광역시, 도, 시·군·구, 읍·면·동 등으로 지역사회를 구획하는 것으로서 일반적으로 인구의 크기가 중요시되지만 반드시 인구의 크기에 따라 비율적으로 구분되지는 않는다.

(4) 인구구성의 사회적 특수성

인구구성의 사회적 특수성을 기준으로 한 지역사회의 구분은 저소득층 지역(미국의 할렘), 외국인촌(서울의 이태원동 일대), 차이나타운, 방배동 서래마을(프랑스 마을), 안산 원곡동, 구로구 가리봉동(조선인 마을) 등에서 볼 수 있듯이 지역사회 구성원 대다수의 경제적·인종적 특성을 중심으로 지역을 유형화하는 것이다.

4 지역사회의 변동

1) 초저출산[1])과 고령화

우리나라의 인구구조 불균형은 저출산의 장기화와 고령화의 가속화로 인해 지역사회 내에서 다양한 현상으로 나타났다. 코로나 팬데믹의 여파로 2022년 합계출산율은 0.78명으로 생애단계별로 출생아–학령인구–병역인구–생산인구–총인구 감소로 이어지면서 지금까지의 지역사회에서 볼 수 없었던 현상이 나타났다. 소아청소년과가 폐쇄되거나 어린이집이 요양원으로 전향되거나 서울시내에서도 초등학교가 폐교되기도 하였다. 총인구는 감소함에도 불구하고 기대수명 증가와 베이비붐세대의 고령층 진입으로 노인인구수는 매우 빠른 속도로 증가하고 있다. 이러한 고령화로 인해 고령인구 돌봄비용 등 노인의 사회보장제도 필요성이 더욱 증가되고 있다. 지역사회가 유지되기 위해 많은 사람들이 다양한 역할과 기능을 해야 하는데 지역사회에 필요한 사람들의 구조가 불균형하게 되어 가는 상황이 바람직하지 않다.

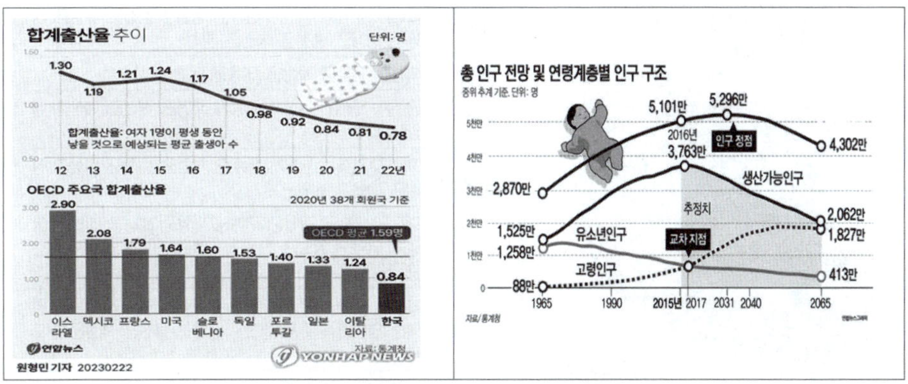

| 그림 1–4 | 합계출산율 추이와 총 인구 전망 및 연령계층별 인구 구조

---

1) 저출산 : 출산율이 한 나라의 인구유지에 필요한 최소 합계출산율인 2.1명 미만일 경우
초저출산 : 출산율이 1.3명 미만일 경우

2) 도시화와 지방소멸

우리나라의 인구는 지역적으로 불균형 상태에 놓여 있다. 도시를 중심으로 인구가 몰리면서 도시화는 심각해져가고 지방 중소도시와 농산어촌 지역은 인구 감소로 인하여 지방소멸 위기에 처해져 있다. 특히 청·중년층의 인구가 유출되는 지방의 인구감소는 고령화를 더욱 촉진시키며 지역 산업의 쇠퇴를 가져오게 한다. 이로 인해 지역의 필요한 기반 시설 정비도 어려워져 자족기능을 상실하게 된다. 즉 특정한 지역의 인구감소와 그것이 지역공동체 기능 수행에 상당한 정도의 장애가 되는 지방소멸에 이르게 된 것이다. 그렇다면 도시에 거주하고 있는 사람들은 행복한가? 도시로 과밀화된 지역은 인구밀집도가 높고 그로 인하여 집값 등 주거비 상승과 교통 체증 등 부정적인 영향을 지역주민에게 미치기도 한다.

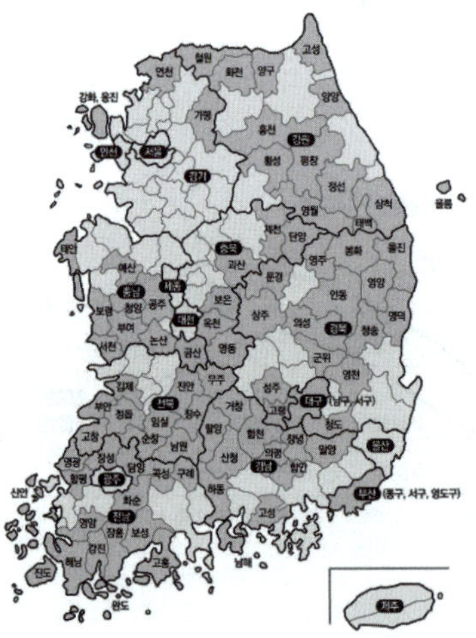

부산(3)	동구, 서구, 영도구
대구(2)	남구, 서구
인천(2)	강화군, 옹진군
경기(2)	가평군, 연천군
강원(12)	고성군, 삼척시, 양구군, 양양군, 영월군, 정선군, 철원군, 태백시, 평창군, 홍천군, 화천군, 횡성군
충북(6)	괴산군, 단양군, 보은군, 영동군, 옥천군, 제천시
충남(9)	공주시, 금산군, 논산시, 보령시, 부여군, 선천군, 예산군, 청양군, 태안군
전북(10)	고창군, 김제시, 남원시, 무주군, 부안군, 순창군, 임실군, 장수군, 정읍시, 진안군
전남(16)	강진군, 고흥군, 곡성군, 구례군, 담양군, 보성군, 신안군, 영광군, 영암군, 완도군, 장성군, 장흥군, 진도군, 함평군, 해남군, 화순군
경북(16)	고령군, 군위군, 문경시, 봉화군, 상주시, 성주군, 안동시, 영덕군, 양양군, 영주시, 영천시, 울릉군, 울진군, 의성군, 청도군, 청송군
경남(11)	거창군, 고성군, 남해군, 밀양시, 산청군, 의령군, 창녕군, 하동군, 함안군, 함양군, 합천군

| 그림 1-5 | 인구감소지역 지정 현황

출처 : 행정안전부(2021)

3) 기후위기와 생태위기

온도 상승과 같은 기후변화는 인간뿐만 아니라 생물계절 및 생물의 서식지 분포에 영향을 미친다. 갑작스러운 기록적인 폭우, 자연발생적으로 일어나는 거대한 산불 등과 같은 자연재해는 무엇보다도 지역사회에서 살아가고 있는 인간의 안전을 위협하기도 한다. 2022년 강남역 침수 피해와 강원도에서 발생한 산불 피해 등이 바로 기후변화와 밀접한 관련이 있다. 환경오염뿐만 아니라 지구온난화와 같은 기후위기는 인간의 삶에 신체적·정신적·사회적으로 부정적 영향을 미친다. 이러한 기후 위기 문제는 어느 누구도 예외가 될 수 없다. 그러나 사회취약계층의 경우 기후위기에 촉진하는 탄소배출과 같은 자연자원을 더 많이 활용하지 않으면서도 그러한 기후위기에 대처할 수 있는 수단조차 부족하여 더욱 가혹한 것이 현실이다. 기후위기조차 불평등하다.

CHAPTER 02

지역사회복지의 개념과 가치

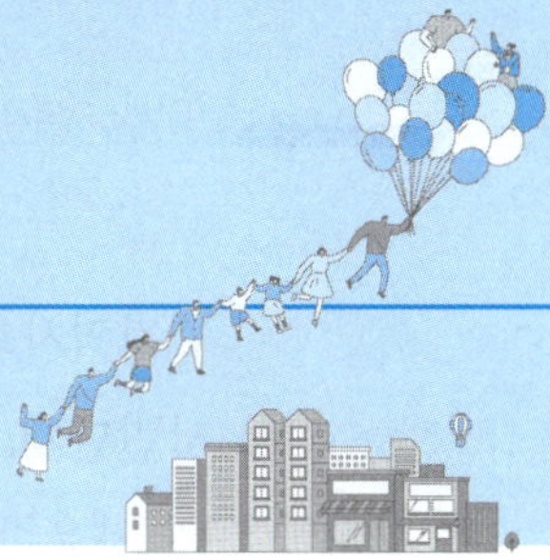

1 지역사회복지의 개념

1) 지역사회복지의 개념

오늘날 지역사회복지는 매우 포괄적인 개념이며, 학자들마다 다양하게 정의를 내리고 있다. 김종인(2008)은 각종 사회적 위험이 사라진 안전하고 행복한 지역사회의 상태를 지칭하는 동시에, 이러한 상태를 실현하기 위한 지역사회 수준에서의 모든 노력이라고 정의하였다.

김범수와 신원우(2017)는 전문 혹은 비전문 인력이 지역사회 수준에 개입하여 지역사회에 존재하는 각종 제도에 영향을 주고, 지역사회의 문제를 예방하고 해결하고자하는 일체의 사회적 노력을 포함하였다. 이처럼 자연발생적인 민간활동(예 두레, 품앗이 등)에서부터 오늘날의 민간자선활동(예 교회), 지역개발운동(예 새마을운동), 전문적인 지역사회조직사업을 모두 망라한 개념으로 사용되고 있다.

따라서 본 교재에서는 넓은 의미의 지역사회복지의 개념으로 지역사회복지 향상을 위해 전문 혹은 비전문 인력이 지역사회 수준에 개입하여 제도에 영향을 주고, 지역사회 문제를 예방하고 해결하고자 하는 일체의 노력, 사회복지 분야뿐 아니라, 교육, 보건, 행정, 도시계획, 정신건강 분야, 민간자선활동, 지역개발운동 등 다양한 분야를 포괄하고자 한다. 즉, 지역사회복지 향상이라는 목표하에 지역주민을 대상으로 다양한 욕구와 문제를 해결하고자 하는 모든 활동으로 접근하고자 한다.

지역사회복지의 주체는 지역복지를 실천하는 주된 체계로 개인, 가족, 교회, 시민단체, 지역사회복지기관, 정부 등에 이르기까지 다양하다. 우리나라와 같은 자유주의 국가의 경우는 지역사회의 중간집단이나 지역사회기관 등이 그 주체가 되어 정부가 간접적으로 개입하고 있다. 오늘날 서구사회에서 볼 수 있는 지역사회보호와 재가복지사업은 지방자치단체가 직접 운영하되 중앙정부가 재정적인 지원을 하고 있다. 그러나 미국의 경우 지역사회복지의 활동은 각종 협회, 위원회, 연합회, 연맹 등과 같은 중간집단(intergroup)에서 실시하고 있다. 정부기관이나 중간집단 등이 지역사회복지의 다양한 형태와 방법을 동시에 실천하기도 한다.

지역사회복지의 대상은 지역복지가 일차적으로 관심을 가지고 있는 체계, 즉 문제에 봉착한 대상이나 문제를 야기하는 여건 등을 의미하는데, 이는 지역주민의 공통된 욕구 또는 결핍된 욕구 등을 포함한다. 따라서 지역사회복지는 지역주민의 결핍된 욕구를 충족시키기 위한 제반 노력이라 할 수 있다. 지역사회조직과 지역사회개발의 경우에는 주로 지역주민이나 이익집단 등이 대상이나, 지역사회보호의 경우 노인, 장애인, 요보호아동 등이 대상이다. 그 외에도 지역사회의 문제로서 결핍된 욕구 자체가 될 수 있으나, 때로는 지역사회 내의 범죄, 비행, 나태 등은 물론 지역사회의 해체, 불평등도 포함한다.

지역사회복지의 방법은 정책적 접근과 실천적 접근으로 구분할 수 있다. 그러나 지역사회복지의 궁극적 목적은 지역사회의 통합에 있으므로 통합적인 접근방법이 필요하다. 지역사회복지의 방법은 자원의 재분배적 효과뿐만 아니라, 기존의 잠재적 자원을 창조적으로 활용하고 지역주민들 간의 사회적 관계를 형성하는 노력 등이 포함된다.

종합적으로 지역사회복지의 속성을 정리하면 다음과 같다.

첫째, 지역성과 기능성을 포함하는 일정한 지역 내에서 이루어진다.

둘째, 지역주민의 삶의 질 향상을 목표로 한다.

셋째, 지역사회의 문제해결 능력 향상과 주민의 복지욕구 충족의 기능을 가진다.

넷째, 정부와 민간의 협력이 강화하는 추세로 발전 중이다.

다섯째, 전문적·비전문적 서비스와 방법이 사용된다.

(1) 지역사회복지의 고유성

사회복지실천방법 가운데 하나인 지역사회복지는 몇 가지의 고유성을 가지고 있다. 이를 살펴보면 다음과 같다(藤井博志, 2000, 박태영·채현탁, 2014 재인용).

첫째, 지역사회복지는 개인의 생활과제를 지역사회의 과제로 인식하는 데서부터 출발한다. 사회복지는 생활과제를 해결·예방하기 위한 원조 기술이다. 지역사회복지의 대상이 되는 것은 그것을 지역사회의 생활과제로 인식하는 데서부터이다.

둘째, 지역사회복지는 지역주민과 지역의 사회복지기관 등 지역의 사회자원을 활용한다. '자신의 문제'를 '우리들의 문제'로 여겨 지역에서 해결하려고 하므로 그 과제에 공감하는 주민이나 전문가의 참가와 협력을 바탕으로 실천하게 된다.

셋째, 지역사회복지는 무에서 유를 만들어 낸다. 즉, 자원을 창조한다. 개인의 생활문제가 지역사회의 과제로 부상하는 원인 중에는 그 해결을 위한 사회자원이 불충분하거나 사회자원 자체가 없기 때문인 경우가 많다. 필연적으로 지역사회복지는 지역의 사회자원을 유기적으로 연계하여 활동함과 아울러 필요한 사회자원을 만들어 내는 역할을 담당하게 된다.

넷째, 지역사회복지는 지역사회라고 하는 캔버스에 그림을 그리는 것과 같이 전체적인 활동을 그리는 것이다. 지역사회복지사는 지역사회라는 백지 위에 그림을 그리는 것과 같이 그림 전체의 이미지와 디자인을 할 수 있는 능력, 즉 목표 설정과 기획 실행 능력을 갖고 있어야 한다. 이것이 지역사회복지 기술에서 특히 중시되는 기획 책정 기술이다.

다섯째, 지역사회복지는 전문적인 기술임과 동시에 주민이 사용하는 기술이기도 하다. 지역사회복지의 기술은 전문가의 독점물만이 아니라 주민 자신이 지역사회를 만들기 위해 구사하는 기술이기도 하다.

(2) 사회복지실천과 지역사회복지와의 공통점과 차이점

지역사회복지와 사회복지실천과의 관계에 대한 검토는 다소 애매한 부분도 있는 것으로 사료된다. 왜냐하면 사회복지실천에는 기본적으로 지역사회 차원의 접근도 포함되어 있기 때문이다. 하지만 사회복지학과 및 국가시험에서 사회복지실천론 및 실천기술론 이외에 지역사회복지론이라는 별도의 과목을 두고 있다. 따라서 사회복지실천은 개인·가족·집단 중심의 미시적 접근이 주를 이루게 되고, 지역사회복지는 지역사회라는 별도의 영역을 주로 다루는 양상을 보이고 있다. 개별실천 및 집단실천 중심의 사회복지실천과 지역사회복지 간의 공통점과 차이점을 정리해 보면 다음과 같다(牧里每治, 2002, 박태영·채현탁, 2014 재인용).

우선 공통점을 살펴보면 다음 몇 가지로 정리할 수 있다.

첫째, 개인, 소집단, 지역사회와 같이 각기 대상은 다르지만, 각 대상에 대하여 개별화된 대응을 한다는 점이다. 개별화의 원칙은 대상의 주체성을 존중하는 것에서 나온 것이다. 개별실천에서 자기결정, 그룹워크에서 집단결정, 지역사회복지에서 주민주체의 원칙 등 그 표현은 다소 다르지만, 각각의 독자성을 인정하는 개별화된 대응이 필요한 것이다.

둘째, 생활주체자의 관점에서 문제구조와 대처 메커니즘을 전체적이고 망라적으로 다룬다는 점이 같다. 사회복지의 대상인 주민의 생활구조가 전체적이고 종합적으로 이루어져 있기 때문에 이를 지원하는 사회복지는 그 접근수준이 어느 수준이든 기본적으로 전인적인 대응이 요구되는 것이다.

셋째, 문제해결에 있어서 사회자원을 활용한다는 측면에서 공통점이 있다. 여기에서 의미하는 사회자원이란 다양한 사회적 제도를 의미하는 것으로 여러 사회제도와 연계를 통하여 문제를 해결하거나 예방하는 것이 사회복지실천의 특징이다.

넷째, 인간의 사회관계를 조정하고 조직화하는 것과 관련되어 있다는 점이다. 인간관계에는 공식적·비공식적인 것이 있고, 이를 적절하게 조정함과 아울러 가족, 동료집단, 직장집단, 주민집단, 기능집단 등의 다양한 집단의 조직화를 통하여 변화를 추구하는 것이 사회복지실천이다.

다섯째, 전문가인 사회복지사가 개입한다는 점이다. 사회복지실천의 대상이 어느 수준이든지 처한 문제상황을 해결해 나가기 위해서는 개별화, 수용, 비심판적 태도, 비밀보장 등의 자세로 전문가의 개입이 있다는 것이다.

다음으로는 개별실천 및 집단실천 중심의 사회복지실천과 지역사회복지와의 차이점을 몇 가지로 정리하고자 한다.

첫째, 사회복지실천은 문제를 가진 개인의 사회적 적응이나 사회적 성장을 목적으로 하여 사회조정을 중시하는 데 반하여, 지역사회복지는 개인이나 소집단을 둘러싸고 있는 환경의 개선을 목적으로 하는 사회변혁을 중시한다. 즉, 사회제도나 사회자원이 풍부하지 않으면 서비스 조정이나 개인의 사회복귀 및 그 적응을 실현할 수 없게 될 것이다.

둘째, 사회복지실천에서 대상으로 하는 문제가 개인이나 가족의 심리·사회적 문제에 집중하는 데 비하여, 지역사회복지의 경우 정치·사회적 문제를 대상으로 하는 경우가 많다. 자원이나 제도가 지역에 잘 구비되어 있거나 그렇지 못한 것은 중요한 경제적·정치적인 문제이다. 특정 지역에 집중된 사회문제로서의 사회복지 과제를 해결하기 위해서는 정치적·사회적 행동이 필요한 것이다.

셋째, 사회자원과 관련된 것으로서 사회복지실천은 대개 기존의 사회자원을 유효하게 이용하는 것으로 문제해결을 추구하지만, 지역사회복지는 사회자원 그 자체의 효과적인 조정뿐만 아니라 새로운 사회자원 개발에 역점을 두고 있다.

넷째, 수단적 측면에서 보면 개별실천은 클라이언트와 워커 간의 신뢰관계나 정서적 결합의 특성을 활용하고, 집단실천은 대면적인 소집단에서 발생하는 동료의식, 역할의식, 상호부조 기능 등의 특성을 활용한다. 그에 비해 지역사회복지는 지역사회를 구성하는 단체나 조직, 요컨대 기존 주민조직이나 기능집단이 가지고 있는 지위, 즉 역할의 서열·통합 기능, 주민집단의 응집력이나 연대감 등을 활용한다. 지역사회복지에서도 소집단 기술이 활용되지만 집단실천과 결정적으로 다른 것은 그룹의 구성원이 하위집단의 대표자로 모집단을 배경으로 하는 리더라는 점이다. 또한 개별면접 기술을 지역사회복지에서도 활용하지만, 개별실천과 다른 것은 지역의 리더와 상대한다는 점이다.

이러한 네 가지는 앞에서 언급한 지역사회복지의 고유성으로 볼 수도 있다. 특히 지역생활 과제의 대부분은 잠재화되어 있고 그 발견이나 개입을 위해서는 적극적인 접근이 필요하다. 지역사회복지는 그 실천대상의 발견단계에서부터 극히 선제적·능동적으로 대처하는 것이 요청된다. 이러한 실천은 종결까지의 기간이 중·장기간 소요되는 경우가 많다. 이런 특성으로 인하여 지역사회복지는 개별실천 및 집단실천 중심의 사회복지실천과 비교하여 사회복지조사, 사회행동, 사회복지행정 등과의 관련성이 더욱 중시된다(박태영, 2008).

2) 지역사회복지의 관련 개념

지역사회복지와 관련된 개념들로 지역사회복지 실천, 지역사회복지조직, 지역사회개입, 지역사회보호, 지역사회 만들기 등을 들 수 있다. 관련 개념 모두 이상적인 지역사회를 만들기 위한 목적을 가진 것으로 주체나 방법적인 측면에서 어느 부분에 강조점을 두느냐에 따라 다르게 표현되어 있다.

(1) 지역사회조직(Community Organization)

지역사회조직은 개별실천과 집단실천과 함께 기본적인 사회사업 방법의 하나이다. CO는 지역사회를 단위로 해서 발생하는 사회적 제 문제인 지역사회에서 주민들의 공통적인 생활요소, 생활고난을 지역사회 스스로가 조직적으로 해결하게끔 전문가인 지역사회사업가가 측면적으로 원조하는 기술과정이며, 중심적인 기술적 요소는 조직적인 문제해결을 위해 그들의 요구와 제 자원의 효과적인 조정이나, 주민과 집단 간의 자주적인 협력·협동의 태세를 확립하는 것 등에 있다(이철수, 2013).

지역사회조직은 지역사회복지의 대표적이고 고전적인 활동으로 간주되었다. 특히 미국의 지역사회조직의 발전은 '지역사회가 당면한 문제는 지역사회의 힘으로 해결한다'는 원칙 또는 전통과 관련이 있다. 지역사회복지를 CO라는 말이 대표하게 된 결정적인 계기는 1960년대에 펼쳐진 '빈곤과의 전쟁'이다. 이 시기는 미국 사회에서 새롭게 정점으로 떠오른 빈곤문제(특히 흑인 슬럼지역의 빈곤문제)를 해결하기 위해 미국 정부가 막대한 인력과 자원을 투입하였는데 이때 실제로 담당한 주체가 바로 각종 지역사회조직들이었다. 이후 지역사회조직은 양적으로나 질적으로 폭발적인 성장을 보였다. 그 이후로 지역사회복지 실천을 지역사회조직이라고 부르는 관행이 생겼다(김종일, 2008). 이처럼 1970년대까지 미국의 사회복지학계는 모든 지역사회복지의 실천활동을 지역사회조직으로 부르는 경향이 있었다. 그러나 1980년대부터 지역사회복지에 관한 다양한 실천모델(예 지역사회보호, 자원봉사 등)이 나오면서 지역사회조직이라는 용어의 한계가 드러나기 시작하였다.

지역사회조직은 공공 혹은 민간 사회복지기관의 전문사회사업가에 의해서 보다 조직적이고, 추구하는 변화에 대해 의도적이고 계획적이며, 과학적인 지식과 기술을 사용한다는 측면을 강조하였다.

지역사회조직의 목표에 있어서 로스만(Rothman)은 과업과 과정중심의 목표를 제시하였고, 던햄(Dunham)이 여기에 관계중심 목표를 추가하였다.

첫째, 과업중심의 목표는 욕구와 자원 간의 조정과 균형을 이루기 위하여 구체적인 과업을 완수하는 것으로, 지역사회의 욕구와 자원을 조정·유지하여 폭넓게 지역사회의 욕구를 해결해 주는 것을 말한다.

둘째, 과정중심의 목표는 지역사회 주민들의 참여, 자조 등의 능력을 강화시킴으로써 지역사회 주민들이 문제를 해결할 수 있는 능력을 갖도록 하는 것이다.

셋째, 관계중심의 목표는 지역사회 구성요소 간의 사회관계에 있어서 변화를 시도하는 데 역점을 두었다. 집단들 간의 관계와 의사결정권의 분배에 있어서 변화를 초래하고자 하는 것을 말한다.

(2) 지역사회복지 실천(Community Practice)

지역사회복지 실천은 사회복지실천에 있어서 기본이 되는 실천방법 또는 기술로서 적용되고 있다. 우리나라의 경우 과거에는 '지역사회조직' 또는 '지역사회개발'이라는 용어를 사용하였다. 그러나 '지역사회조직'이라는 용어는 실천적으로 적용되어 온 개념이라기보다는 직접 실천 또는 임상적 실천에 대비되는 이론적 모델의 개념으로 주로 사용되었다고 볼 수 있다(조휘일, 2002).

지역사회복지 실천은 지역주민의 생활의 질을 개선하기 위해 개인들 및 사회 간 상호작용을 증진 및 회복하는 것이다. 이재완(2003)은 지역복지실천은 지역사회 변화를 주도하는 조직활동의 강화와 지역사회 차원의 연대활동과 네트워크의 발전을 의미하였다. 이처럼 지역사회복지 실천은 지역사회 내부의 집단, 조직, 제도의 행동양식을 바꾸기 위해 '실천기술을 적용하는 일'을 의미한다. 비공식적인 지역사회의 관계망에 의해서나 공식적인 공공서비스의 제공과 관련되어 불행에 처한 사람들이 자원을 이용할 수 있도록 도와주는 총체적인 실천이다. 지역사회복지가 특정한 상태, 즉 이상적이고 좋은 지역사회의 상태라는 정적인 개념을 포괄한다면, 지역사회복지 실천은 그것을 이루기 위한 모든 노력과 활동을 의미하는 보다 동적인 개념을 내포한다. 최근에는 지역사회조직이라는 용어 대신에 좀 더 포괄적 의미를 담고 있는 지역사회복지 실천(community practice) 또는 지역사회개입(community intervention)과 같은 용어들이 널리 쓰이고 있다.

(3) 지역사회개발(Community Development)

지역사회개발이라는 용어는 1948년 영국의 아프리카 식민지 행정관 회의에서 최초로 사용되었다. 이 회의에서는 지역사회개발을 지역사회 주민의 적극적인 참여와 최대한의 주도적 노력을 통해서 전체 지역사회의 생활 향상을 도모하도록 계획된 하나의 운동이라고 정의하고 있다. 이로써 지역사회개발이라는 용어가 세계적 관심을 끌면서 발전하게 되었다. 그 후 UN과 UN특별분과위원회에서는 지역사회개발을 '어느 지역사회의 경제적 · 사회적 · 문화적 제조건을 개선하기 위해, 이 지역사회를 국가 생활에 통합시키기 위해, 또 이 지역사회로 하여금 국가적 계획에 충분히 공헌할 수 있도록 하기 위해 주민의 노력과 정부의 노력이 뭉쳐지는 과정'이라고 하였다(정하용, 2007). 이처럼 1955년 유엔경제사회 이사회 제10차 회의에서 후진국 개발 방식으로 채택됨에 따라 이론으로 형성될 수 있는 기틀을 마련하였다.

지역사회개발은 지역사회의 도로, 공원, 주택 등의 인프라 구축과 같은 물리적 개발뿐만 아니라 경제개발, 더 나아가 지역사회 구성원 사이의 연대감, 상호 신뢰 등을 구축하여 주민참여까지 포괄하고 있다. 이러한 지역사회개발은 지역사회조직이라는 용어에 비해 세계적으로 낙후된 지역의 지역주민을 중심으로 각종 개발활동 간의 협동과 자조를 강조하는 의미로 쓰여졌다.

(4) 지역사회보호(Community Care)

지역사회보호는 지역사회복지의 이념인 정상화 이념과 관련이 있으며, 특히 영국에서 전문기능이 있는 병원과 환자가 발생해 복귀하는 지역사회와의 관계, 그리고 환자상호 간의 관계와, 그 보호의 자세에 대한 문제 제기로부터 시작되어, 1950년대부터 정신질환자와 정신지체자에 대한 시설수용보호에서 지역사회 내의 보호로 정신위생서비스의 정책 전환이 시도되었다. 이것은 또 '지역에 뿌리를 둔 가족 본위의 서비스'를 강조한 1968년의 시봄보고서에 의해 넓게 복지정책의 개념으로 퍼져나갔다(이철수, 2013).

지역사회는 가능한 한 사회적 보호를 필요로 하는 사람의 가정 또는 그와 유사한 지역사회 내의 환경에서 서비스를 제공하는 사회적 보호 형태를 의미한다. 그 특징으로 첫째, 가정 또는 가정과 유사한 환경과 같은 보호의 장이 전제되고, 둘째, 서비스 제공을 위해 상주하는 직원이 없으며, 외부로부터 직원이나 자원봉사자의 방문을 받아 서비스를 제공한다. 셋째, 일상적인 생활의 결정은 개인에 의하여 자율적으로 이루어진다. 넷째, 가정에서의 보호 또는 가정 외부로부터 서비스를 받는다(김종일, 2008).

지역사회보호를 효과적으로 추진하기 위한 방법 중 하나는 사례관리이다. 사례관리는 복합적이고 다양한 욕구를 가진 대상자에게 지역사회의 인적·물적 자원을 연계함으로써 지역사회에서 인간답게 살아갈 수 있게 한다. 특히 2개 이상의 사회자원이 필요하거나 지역사회 내 사회자원의 이용방법을 알지 못하는 대상자에게 매우 유효한 방법으로 알려져 있다.

지역사회보호와 유사한 재가보호는 보호를 필요로 하는 사람들이 자신들의 가정에서 보호를 받는다는 가정이라는 환경을 강조한다는 점에서 지역사회보호와 유사성을 가지고 있으나, 가족적 환경과 유사한 지역사회 환경에서 보호를 포함하고 있지 않다는 점에서 지역사회보호와 차이가 있다고 할 수 있다.

최근 우리나라는 커뮤니티케어를 통한 지역사회 중심 돌봄서비스 제공기반 구축을 위한 정책으로 2019년 지역사회 통합돌봄(커뮤니티케어) 선도사업을 전국 16개 기초지자체에서 실시하여, 노쇠·노화·장애에도 지역사회에서 살아갈 수 있도록 돌봄·요양, 의료·보건, 주거를 통합한 지역사회 중심의 서비스 전달체계를 구성하였다. 이는 주거, 건강·의료, 요양·돌봄, 서비스연계를 주요 요소로 하는 지역주도형 사회서비스 정책으로 살아왔던 곳에서 노후 맞이하기(aging in place)'와 '탈시설화(deinstitutionalization)'와도 연계된다.

(5) 지역사회 만들기(Community Building)

지역사회 만들기는 지역사회 내의 공동체성을 매우 강조하는 활동으로 지역사회의 문제를 해결할 수 있는 지역 공동체의 사회적 자본(social capital)[1]을 효과적으로 동원할 수 있도록 건전한 공동체를 구축하는 것을 목표로 한다.

나파르스텍(Naparstek)과 둘리(Dooley)는 지역사회 만들기를 고령·저소득층의 이웃들을 생산적인 경제의 자립적인 일원으로 만들기 위한 조직화된 노력이라고 하였다. 또한 지역사회 만들기는 전통적인 사회사업과 지역사회에 바탕을 두고 지역주민을 위한 개입전략에 초점을 두고 있다. 따라서 지역주민들이 민간자원, 경제자원, 제도자원을 습득하여 활용할 수 있도록 하는 것이다(Naparstek & Dooley, 1997).

최근에 우리나라의 마을 만들기 역시 지역사회 만들기의 노력으로 볼 수 있으며, 수원의 르네상스 마을 만들기, 성미산 마을 만들기 등을 그 예로 들 수 있다. 이러한 마을 만들기는 협동과 연대를 핵심가치로 여기기 때문에 지역사회 만들기의 기반이 되는 사회연대는 지역사회복지 관련 조직 간의 체계적인 연계를 구축함으로써 이루어진다.

2 지역사회복지의 핵심가치

1) 사회통합

지역사회복지에서 가장 중요한 공동체성과 관련 있는 사회통합은 지역사회복지의 궁극적 목표이다. 1994년 UN이 개최한 세계사회발전정상회의(World Summit for Social Development)에서는 핵심 어젠다의 하나로 사회통합을 설정하고,

1) 사회적 자본은 사람들 사이의 협력을 가능하게 하는 구성원들의 공유된 제도, 규범, 네트워크, 신뢰 등 일체의 사회적 자산을 포괄하여 지칭하는 것으로, 이 중 사회적 신뢰가 사회적 자본의 핵심이다. 사회적 자본이 잘 확충된 나라일수록 국민 간의 신뢰가 높고 이를 보장하는 법제도가 잘 구축되어 있어 거래비용이 적고 효율성은 높다. 사회적 자본이 강할수록 좋은 지역사회가 만들어진다. 사회적 자본은 사용한다고 하여 소멸되지 않으며, 오히려 사용할수록 더 강화된다.

다음과 같은 두 가지 의미로 다차원적으로 정의한다. 첫 번째는, 배제와 대비되는 포용이라는 의미로서, 더 많은 사람들에게 더 많은 정의, 물질적 복지, 정치적 자유의 혜택을 주는 것을 의미한다. 두 번째는, 해체와 대비되는 조화와 유대(harmony and solidarity)라는 의미로서, 가족, 공동체 등이 해체되고 범죄나 부패 등으로 인한 사회질서의 와해를 방지하는 것을 사회통합이라고 정의한다(이재열 외, 2014).

이재열 등(2014)은 사회통합은 공동체성을 강조하는 관계론적 입장에서 갈등과 배제가 없는 공정한 사회의 중심 가치이며, 개인이나 집단 간 균열과 갈등, 배제 원인이 정당한 방법과 절차에 따라 효과적으로 해소되어 조화를 이루는 상태로 정의하였다.

최근 우리나라는 사회적 양극화 문제가 점점 심각해지면서 더욱 사회통합에 대한 필요성이 고조되고 있고, 이를 위한 다양한 정책과 제도를 제시하고 있다. 특히 지역사회복지에서 지역사회 내의 계층 간 격차를 줄이고 사회의 전반적인 불평등 감소를 통해 삶의 질을 제고해 나가는 것이 필요하고, 특히 지역사회의 요보호 대상자들이 일반 주민들과 함께 생활할 수 있도록 간극을 줄이는 등의 노력을 해야 할 것이다.

2) 정상화

장애인에 대한 1970년대 이후에 나타난 서비스 경향의 원칙으로서 처음 정상화 개념을 사용한 니르제(Nirje, 1969)는 정상화 원리를 '정신지체인의 삶의 형태와 일상생활 조건을 가능한 한 일반적인 상황과 사회 속에서 살아가는 방법들과 가깝게 해주는 것'이라고 정의하였고, 정상화 개념을 장애인 서비스의 원리로 적용한 울펜스버거(Wolfensberger)는 '가능한 한 사람들에게 가치 있는 수단을 이용하는 것'이라고 정의하였다. 이 정의에서처럼 정상화란 가능한 한 장애인의 생활도 일반인들이 경험하는 생활과 가깝게 만들려고 노력하는 서비스 정신을 뜻한다고 볼 수 있다. 이 정상화 원리에 대한 개념을 역사적으로 보면 1960년대 후반 북미 지역에서 인간 복지 개념의 하나로 대두된 개념이며, 1960년대 말에는 스칸디나비아의 정신지체인을 위한 복지 문제로부터 유래되었고, 그 후 북미 지역에서 정교화・일반화・체계화되었으며, 울펜스버거에 의해 확고하게 정립된 개념이다. 이 원리는 사회에서 가치 이하로 평가된 사람들을 위한 복지에 적용되었을 때 적절하고 설득력 있는 원리이다. 특수교육 분야에서는 불행하게도 정신지체 관련 분야 외에는 잘 알려지지 않은 개념이다. 정상화 원리의 가장 중요한 목적은 사람들이 그 사회 안에서 사회적으로 가치 있는 역할을 수행할 수 있도록 하거나 지원해 주는 데 있다. 이를 위한 방법으로는 첫째, 가치 이하로 평가된 사람의 '사회적-이미지'를 증진시키는 것이며, 둘째, 이들의 '능력'을 증진시키는 것이 있다(이철수, 2013).

이처럼 정상화 원칙은 특별한 장애나 욕구를 가진 사람도 지역사회와 분리된 시설이나 병원이 아닌 일상적인 삶을 유지할 수 있는 생활환경과 삶의 방식을 유지하도록 하는 것으로 사회통합, 탈시설화와 밀접히 관련되어 있다.

3) 탈시설화

수용시설은 원래 장애인들에게 보다 전문적이고 질적으로 우수한 서비스를 제공하여 지역사회로 복귀시키는 것이 기본 취지였다. 그러나 1960년대 후반 수용시설의 대부분은 지역사회인과 접촉이 거의 없는 외곽지역에 위치하여 사회적으로 폐쇄적이어서 물리적・사회적인 환경이 장애인들의 재활에 부적절하다는 평가를 받으면서 탈시설화 운동이 전개되었다. 탈시설화 운동은 정상화 원칙에 입각하여 대규모의 수용시설에 입소하기보다 소규모의 다양한 시설에서 서비스를 제공받음으로써 지역사회에서 생활을 유지하도록 하였다.

생활시설의 폐지라기보다 생활시설의 소규모화, 다변화, 그룹홈, 주간보호시설, 단기보호시설과 같은 지역사회에 밀착된 시설을 지향하는 것을 의미한다. 또한 시설의 폐쇄적 체제를 개방적으로 변화시켜 가는 것 역시 탈시설화의 움직임이었다. 시설의 사회화란 시설의 기능과 설비의 지역 공개와 시설 운영에 대한 지역주민의 참가와 시설처우의 사회화를 의미하는 것으로 탈시설화의 측면에서 수용시설의 폐쇄성에서 개방성으로 바뀌어 가는 측면을 강조한 것이다. 구체적으로 시설과 서비스의 개방, 시설 운영의 개방, 시설 생활자의 지역사회 참여, 지역사회 자원 활용 등으로, 시설과 지역사회의 상호작용으로 시설의 제 자원을 지역사회와 공유하는 것이다. 이러한 시설의 사회화에 대비하기 위해서 먼저 시설 측에서는 노동조건, 직원의 전문성, 시설 운영의 폐쇄성, 사고발생 시의 보장문제, 재원과 설비의 부족, 일반 가정에 대한 시설의 저열성, 개척자로서의 마음가짐이 개선되어야 한다. 지역사회 측에서는 시설에 대한 편견과 이해, 주민들의 공동체 의식이 진작되어야 한다. 아울러 이러한 문제는 행정 측의 인적·물적 지원이 수행되어야 하며 시설이 지역사회의 복지센터로 활용되도록 노력해야 한다(이철수, 2013).

4) 주민참여

지역사회복지에서 지역주민은 가장 중요한 요소이며 이들의 지역복지의 참여는 지역사회복지의 기초가 된다. 이러한 주민참여는 주민의 욕구와 문제 해결의 주체로 주민 주체성을 강조한 것이다. 특히 지방자치시대에서 주민참여는 정부기관 및 그 구성원인 공직자의 의사결정에 영향을 미치고자 행하는 일반 주민의 행위로, 제도적 행위와 비제도적 행위를 모두 포함하는 것이라고 말할 수 있다(김병준, 2012).

주민참여는 지방자치제도의 실시 이후 더욱 강조되는 가치로, 지역주민의 지역사회 내에서 서비스 이용자이면서 동시에 제공자로서의 역할은 매우 중요하다. 따라서 주민이 지역사회의 주인공으로서 주체성을 가지고 지역주민의 욕구 파악에 앞장서야 하고, 나아가 정책결정이나 집행과정에 개입하여 영향력을 행사하는 행정참여까지 해야 한다.

5) 네트워크

네트워크는 사람들이 자신에게 도움을 주거나 자신이 도울 사람을 찾고자 할 때 생겨나며, 다른 사람과 사회적 관계를 유지하고 만들어 내는 것을 포함하는 과정이다. 이러한 지역복지 네트워크는 다양한 욕구를 가진 이용자에게 개별 조직이 다차원적 서비스를 제공하는 것이 거의 불가능하므로 조직 간 네트워크를 통한 협력이 필요해지면서 주목받고 있다(Hardcastle et al., 1997, 윤민화 외, 2014 재인용).

지역복지실천에 있어서 네트워킹이 중요한 이유를 규범적・실천적 측면에서 살펴보면 다음과 같다(Kirst-Ashman & Hull, 2001 : 91-93, 이재완, 2007 재인용).

첫째, 클라이언트는 비공식적 원조망을 통해 혜택을 받는다. 네트워크를 통해 개인들은 문제해결에 대한 스스로의 능력에 대해 보다 많은 자신감을 갖게 되며, 문제로 인한 스트레스를 감소시킬 수 있다. 그뿐만 아니라 네트워크는 공식적인 기관보다 훨씬 민감하게 반응할 수 있다.

둘째, 네트워크는 클라이언트까지 연결된다. 클라이언트는 때때로 낙인 등의 이유로 서비스를 구하지 않는 경우가 있다. 네트워크는 이러한 클라이언트에게 영향을 미친다. 즉, 네트워크는 공식적 기관의 원조를 받지 않으려고 하는 클라이언트에게 접근할 수 있는 것이다. 특히 농촌지역의 경우 이용 가능한 공식적 자원이나 서비스가 부족할 수 있는데, 이러한 경우 네트워크는 중요하게 이용될 수 있다.

셋째, 네트워크는 공식적 자원의 증가를 가져온다. 공식적 서비스는 비공식적 서비스를 통해 보완되는데, 비공식적 서비스에는 조언, 정보제공, 지지 등을 포함하여 돈이나 의류 등의 물품도 포함된다.

넷째, 네트워크를 통해 공식적 체계에서 서비스를 받도록 할 수 있다. 네트워크는 사회체계를 통한 행동을 촉진하여 클라이언트로 하여금 서비스를 제공받을 수 있도록 한다. 관료주의적 행정으로 인해 클라이언트는 필요한 시기에 적절한 서비스를 받을 수 없는 경우가 많다. 또한 네트워크에 참여하는 사회복지사는 다른 사회복지사 및 다양한 학문적·기관적 배경을 가진 전문가들과 관계를 발전시킬 수 있는 기회를 갖고 있으며, 이러한 사회복지사의 능력을 통해 클라이언트는 필요한 서비스를 제공받을 수 있다.

네트워크는 사회복지사가 다른 기관에 근무하는 다른 워커나 전문가를 개별적으로 만나기 때문에 개별성에 기초하여 구축된다. 서비스 전달을 촉진하기 위해 기관이 서로 연락을 하는 경우에는 보다 공식적인 형태의 네트워크가 구축된다. 기관 간의 관계가 구축될 때 한 기관은 특정 서비스 공급을 중단하고 다른 기관은 이를 더욱 확대할 수 있다. 이러한 결정을 통해 기관들은 충족되지 못한 욕구에 초점을 맞출 수 있으며, 따라서 부족한 자원을 보다 효율적으로 이용할 수 있다. 또한 기관 대표자들 간의 만남을 정례화함으로써 서비스 간극의 축소, 문제되는 법률이나 규정의 개정, 추가자금 확보를 위한 로비활동 등 거시적 차원의 변화를 가져오기 위한 노력들이 나타날 수 있다.

다섯째, 네트워크는 사회복지사의 기능 수행 능력을 높여준다. 사회복지사의 경우 다른 전문가 동료들과 네트워크 관계를 구축함으로써 여러 가지 어려운 문제에 대한 논의를 통해 업무능력의 향상을 가져올 수 있다.

CHAPTER 03

지역사회복지의 발달과정

서구의 영국과 미국의 지역사회복지 역사를 살펴볼 때 공통적으로 살펴보아야 하는 시기는 대공황(1929년), 2차 세계대전(1939~1945년), 1970년대 이후 경제위기 시기이다. 본 교재에서는 이 시점을 중심으로 영국과 미국의 역사를 살펴볼 것이다.

첫째, 대공황 이전 시기는 대부분 지역사회복지에 대한 지역사회의 자선 위주로 이루어졌다.

둘째, 대공황 이후부터 2차 세계대전까지는 영국의 경우 시설중심에서 벗어나 지역사회보호가 태동하였고, 미국의 경우 복지에 대한 국가 개입이 시작되었다.

셋째, 2차 세계대전부터 1970년대 경제위기 전까지는 영국과 미국 모두 지역사회에 대한 적극적 투자가 전개되었다.

넷째, 1970년대 경제위기 이후에서 현재까지 오일쇼크 등의 경제적 위기를 거치면서 복지에 대한 국가 개입이 축소되었으며, 이 속에서 지역사회복지에 대한 국가의 개입 또한 축소되었다. 이에 반해 민간이나 비공식 부문과 자원부문의 역할이 증대되었다.

1 영국 지역사회복지의 역사

1) 대공황 이전 시기

이 시기는 19세기 말에서 20세기 초로 초기 지역사회복지의 태동기라고 불린다. 영국은 흔히 근대 지역사회 효시로 일컬어지는 자선조직협회(COS)와 인보관운동(Settlement House Movement)을 19세기 말엽부터 가장 먼저 시작한 국가이다.

(1) 자선조직협회(COS : Charity Organization Society)

19세기 말 산업혁명 후 산업화와 도시화로 도시빈민 문제(실업, 범죄, 질병, 비위생적 환경 등)가 확산되고 이에 대한 많은 민간자선단체들이 생겨나 도시빈민에 대한 민간 차원의 자선사업활동이 활발해졌다. 그러나 각종 자선활동이 통일되지 않아 활동기관간에 대립의 형태를 보이기도 하고, 수혜자들의 중복과 누락 현상이 야기되고, 훈련받지 않은 담당자들에 의해 수행된 활동 때문에 자선에 대한 이미지가 손상되어 새로운 재원의 확보를 위한 공동노력이 필요하게 되었다(김범수 · 신원우, 2016). 이러한 노력의 일환으로 최초의 COS는 1869년에 당대의 유명한 낭만주의 예술가였던 러스킨(John Ruskin)의 주도로 런던에 설립되었다. 자선조직협회의 기본 목적은 수많은 자선단체를 조직화해서 빈민에 대한 체계적이고 효율적인 구호사업을 전개함으로써 구걸을 방지하여 빈민의 생활조건을 개선하는 것이었다. 자선조직협회는 빈민구호보다는 빈민에 대한 통제에 더 관심이 많았으며, 자선의 오용과 남용을 막는 것 외에도 빈민들의 의존문화를 근절하고자 하였고 이들이 근면하도록 성격의 변화가 필요하다고 생각하였다. 자선이 정말로 필요한 사람에게 남용되지 않고 지원되고 있는지, 그리고 이들의 성격을 어떻게 변화시켜야 할지 파악하기 위해서는 구호신청자의 상황을 면밀히 분석할 필요가 있었다. 이를 위해 가정방문활동을 하는 우애방문원활동이 주축이 되었다.

자선조직협회의 주요 이념은 자유방임주의와 사회진화론에 근거하였다. 따라서 빈곤의 원인을 개인의 도덕적 결함이나 나태함에서 찾는 개인주의적 빈곤관을 취하였고, 개인의 성격을 변화시키지 않는다면 문제의 해결이 없다고 보았다. 따라서 빈민의 도덕성을 향상시키기 위해 단순한 물질적인 도움을 주는 것뿐만 아니라 우애방문원들이 가정을 방문하여 자산조사, 사례연구 등을 수행하였고, 빈민에게 근면, 절제, 절약을 가르치고 도덕성을 향상시키고자 노력하였다.

또한 자선조직협회는 구빈법[2]에 기초했기 때문에 빈민을 가치 있는 빈민과 가치 없는 빈민으로 구분하여 가치 있는 빈민에게만 전문적인 서비스를 제공하여 자선의 오남용을 막고 빈민들의 의존문화를 근절하는 데 초점을 두었다.

(2) 인보관운동(Settlement House Movement)

자선조직협회가 사회경제적인 기회와 조건이 빈곤문제에 미치는 영향을 거의 무시하고 빈곤의 원인을 개인적인 성격결함에서만 찾으려 한다는 비판이 제기되면서 도움이 필요한 사람과 함께 거주하면서 문제를 해결한다는 새로운 움직임으로 인보관운동이 전개되었다.

인보관운동의 활동가들은 빈곤을 개인적 문제가 아닌 산업화·도시화로 인해 나타나는 각종 사회문제의 산물이자 환경적인 문제로 보았다. 최초의 인보관 가운데 하나인 토인비 홀(Toynbee Hall)은 영국 성공회의 사제 바넷(Samuel Barnett)에 의해 1884년 런던의 유대인 빈민가에 세워졌다. 바넷은 옥스퍼드와 케임브리지 대학의 학생들에게 빈민지역에 들어와 빈민들과 함께 살면서 사회개혁운동에 동참할 것을 호소하였다. 주로 활동한 사람은 대학생과 종교인, 지식인들이었다. 이처럼 인보관운동은 3R활동, 즉 함께 거주하면서(Residence), 빈곤의 원인을 연구하여(Research), 사회의 개혁을 도모하고자(Reform) 하였다.

---

2) 엘리자베스 구빈법(1601년) : 노동능력의 유무에 따른 분류(undeserving poor vs deserving poor)에 의해 노동능력 있는 빈민, 노동능력 없는 빈민, 요보호아동으로 구분하여 ① 노동력 있는 빈민은 교정원이나 노역장에 수용하여 노동을 강제시키고, 이를 거절했을 땐 형벌에 처하거나 투옥하였다. 시민들이 이들에게 자선을 제공하는 것을 금지시켰다. ② 노동능력이 없는 빈민은 구제가 필요한 것으로 보아, 구빈원(almshouse)에 보호·수용하여 시설보호를 하였다. ③ 돌보아 줄 사람이 없는 요보호아동은 보호하기를 원하는 가정에 위탁하거나 적당한 위탁가정이 없을 때에는 도제가 되어 24세까지 장인으로부터 기술을 배우면서 성장하게 하였다(여아는 21세 또는 결혼할 때까지 하녀로 양육되었음).
신구빈법(1834년) : 억압 속의 구제로 엘리자베스 구빈법으로의 회귀로 볼 수 있다. 주요 원칙으로 열등처우의 원칙, 작업장 수용의 원칙, 전국 균일처우의 원칙을 들 수 있다.

이를 위해 COS 활동가들과 달리 빈곤문제를 지역사회의 맥락에서 접근하였다. 즉, 자선조직협회 활동가들이 빈민과의 개별적 접촉을 기피하고 빈민들을 선도의 대상으로 여긴 것과 대조적으로, 인보관운동가들은 빈민과의 개별적 관계를 중시하였고 이웃과 동료로 빈민에게 접근하였다. 빈민들의 생활조건과 사회개혁의 필요성에 대해 빈민들에게 교육하고, 정보를 제공하였으며, 사회문제, 건강문제에 관한 사회적 관심을 불러일으켰다.

19세기가 끝날 무렵에는 30개의 인보관이 영국 곳곳에 세워졌다. 그러나 영국의 인보관운동은 국가가 사회복지를 책임지게 되면서부터 그 영향력이 현저히 줄어들게 되었다.

〈표 3-1〉 자선조직협회와 인보관운동의 비교

구 분	자선조직협회	인보관운동
공통의 목적	빈민구제	빈민구제
주요 이념	자유방임주의, 사회진화론	자유주의, 급진주의, 계몽주의
빈곤관	개인 책임	사회구조적 책임
참여자 유형	사회의 상류층	지식인, 종교인, 대학생
목 적	① 중복구제 방지를 위한 자선활동의 조정 ② 환경조사(사례조사)와 적절한 원조 제공	① 빈민의 교육과 문화 발전 ② 빈민의 생활환경에 관한 정보와 사회적 욕구 파악 ③ 사회문제와 건강문제에 대한 일반 국민의 관심 촉구
사회복지 분야 발전에 미친 영향	전문사회복지, 개별사회사업, 지역사회조직	임파워먼트, 집단사회사업, 사회보장제도

2) 지역사회보호의 태동기(대공황~2차 세계대전 이후 1950년대까지)

이 시기에 영국 지역복지의 중심적 서비스인 지역사회보호서비스가 태동하게 되었다. 지역사회보호는 영국에서는 구빈정책의 일환인 시설수용 방식(열등처우와 격리주의)에 대한 반성으로부터 출발하였다. 당시 빈민수용시설인 구빈원은 일반 시민들의 거주환경과 삶으로부터 격리된 환경이었으며, 동시에 열악하고 비인도적인 환경이었다.

'시설보호로부터 지역사회'라는 새로운 접근방법의 개발과 실천은 2차 대전 이후에 이루어졌다. 1950년대 이후 수용시설보호에 대한 부정적 평가가 확산되고, 사회적 보호가 필요한 사람의 가정이나 가정과 유사한 환경에 서비스를 제공하는 것을 목적으로 삼았다. 이러한 지역사회보호는 신체적·정신적으로 장애가 있는 사람들을 시설보다는 가정에서 보호하고 치료하는 탈시설화를 위한 영국의 정책의 일환이었다. 지역사회보호 정책의 주요 목적은 가능하면 개인이 자신의 집에서 삶을 유지하도록 하는 것에 있다. 정책적으로 도덕적이고 인본주의적인 선택을 하고자 노력한 것이다. 그리고 비용적으로도 더 효율적이라고 보았던 것이다. 영국의 지역사회복지는 공공부문의 지역사회보호를 중심으로 발전해 나가게 되었다(오정수·류진석, 2013).

1956년 길바우드 위원회 보고서(Guilbaud Committee Report)에서는 "사회정책은 노인들이 자신의 집에서 보호받을 수 있도록 적합한 서비스를 만들어야만 한다. 재가서비스의 개발은 사람들이 더 선호하는 인본주의적 수단이며 경제적인 수단이 될 것이다"라고 하면서 지역사회보호 정책의 근간을 마련하였다.

3) 지역사회보호의 형성기(1960~1970년대 말)

초기의 지역사회보호의 개념은 시설에서 지역사회로 나아간다는 포괄적인 의미를 지니며, 지역사회보호로의 실질적인 전환의 계기는 시봄 보고서(Seebohm Report, 1968)의 제출 이후라 할 수 있다. 제2차 세계대전 후 구빈법 체계가 종결되면서 종전의 구빈행정을 대신하고 지역사회의 사회적 의존인구의 다양한 욕구를 충족시키기 위하여 지방정부 내의 여러 부서들에 의하여 서비스가 개발되어 왔다. 그리하여 지방정부 내의 보건, 주택, 복지 등 관계 부서가 주요 복지서비스를 제공하여 왔으며, 이들은 각각 고유한 접근방법과 전문인력을 갖고 업무를 수행하면서 지방정부 또는 지역사회 내에서 한정된 자원의 분배를 둘러싸고 경쟁관계에 있게 되었다. 시봄 위원회는 이러한 문제에 대하여 문제의 본질에 대한 부정확한 지식, 분리된 책임소재, 전문 사회사업가의 부족 등이 부적절한 사회서비스의 원인이 되었음을 지적하였다(서상목 · 최일섭 · 김상균, 1988, 오정수 · 류진석, 2014 재인용).

시봄 권고를 받은 정부는 1970년에 지방자치제 사회서비스법을 제정하고 지방행정의 대인사회서비스 조직과 책임을 검토하고 지역사회에 기초하여 가족지향적인 서비스를 제공하는, 즉 사회복지서비스를 통합하는 사회서비스부(Social Service Department)의 창설을 제안하고, 여러 부서에 산재되어 있는 서비스를 통합하여 가족의 총체적 욕구의 측면에서 각각의 문제를 인식하는 서비스의 제공을 주장하였다. 각 연방정부 산하에는 '사회서비스 담당 지방위원회'가 설치되었다. 이것을 기반으로 지방행정당국을 중심으로 공공과 민간의 다양한 서비스가 제공되었다.

시봄 보고서에서는 지역사회보호의 주체에 고용, 교육, 주택 당국, 가정원조, 경찰, 교회, 자원봉사조직, 친구, 이웃 등 지방정부뿐만 아니라 다양한 민간의 조직들, 즉 공공과 민간의 다양한 조직을 포함하였고 이는 지역사회보호의 다원화를 촉진시켰다.

노동당 집권기인 1970년대에 영국의 지역사회복지는 일종의 황금기를 경험하였다. 1960년대 후반에서 1970년대 중반의 시기에 빈곤지역에 대한 지역사회개발을 활발히 수행하였다.

4) 신보수주의 이념의 확산과 지역사회보호의 새로운 도전(1980년대~현재)

영국은 1970년대 중반에 1930년대 대공황 이후 처음으로 경제침체기에 들어섰다. 저성장과 물가상승을 동반하는 스태그플레이션은 일자리를 감소시키고 빈곤을 증가시키면서 매우 경제상황이 좋지 않았다. 이러한 경기침체가 가속화되어 가면서 파업의 속출로 사회위기가 고조되는 가운데 공공 사회복지 지출을 줄여야 하고 복지에 대한 정부의 역할을 다시 정립해야 한다는 목소리가 나오기 시작하면서 1979년 보수당 마가렛 대처(Margaret Thatcher) 행정부가 집권하게 되었다. 대처 행정부의 등장은 영국의 사회복지 역사에 있어서 전환점을 이루는 사건으로, 대처 행정부는 복지국가 시대에 구축되었던 복지에 대한 합의를 파괴하고 사회복지 축소에 앞장섰다. 대처 행정부는 '작은 정부'와 '자조' 등을 강조하면서 베버리지 보고서[3] 이후 등장한 케인즈주의 사회복지정책을 전면 부정하였다. 대처 수상은 1983년 비대한 정부를 작은 정부로 전환시키기 위해 공공 지출을 대폭적으로 삭감했으며, 공여주택을 대량으로 매각하고 사회보장제도의 국가책임성을 약화시키면서 사회보장예산을 삭감하였다. 사회복지서비스 수급자들은 자기부담이 많아졌으며, 사회복지서비스 수급에 따른 낙인감이 더 많아지면서 수급자들의 사회경제적 지위가 저하되었다.

영국의 보수당 정부는 정부의 재정축소와 서비스 전달의 효율성 강조, 그리고 민간 참여를 강조하였다. 이러한 맥락에서 1988년 그리피스 보고서(Griffiths Report)로 알려진 '지역사회보호 : 행동지침'이라는 제명의 보고서를 발표하였다. 그리피스 보고서에서는 지역사회보호의 일차적 책임을 지방당국이 가지며, 지역사회보호를 위한 권한과 재정을 지방자치단체에 이양할 것을 제안하였다. 이때 지방당국은 대인사회서비스의 직접적인 제공자가 아닌 계획, 조정, 구매자로서 역할을 수행한다는 점을 강조하였다. 이러한 경쟁을 통한 서비스 제공의 다양화를 도모해야 함을 강조하였다(오정수 · 류진석, 2013).

그리피스 보고서의 내용이 1990년 입법화되어 '국민보건서비스 및 지역사회보호법(National Health Services and Community Care Act)'으로 공표되었다. 주요 내용으로 시장경제의 원리, 즉 소비자의 선택과 서비스 제공자 간의 경쟁을 통하여 지역사회보호서비스의 수준을 향상시키고, 보호욕구의 정확한 판단과 이에 기초한 보호서비스를 제공하기 위해 케어 매니지먼트를 도입함으로써 적절한 서비스를 제공하려고 하였다. 구체적인 내용은 다음과 같다.

---

3) 다섯 가지 사회악(five giants)을 빈곤(결핍, 궁핍)(wants), 질병(disease), 나태(idleness), 무지(ignorance), 불결(squalor)이라 하였고, 이를 해결하기 위해 빈곤에 대한 소득보장, 질병에 대한 의료보장, 나태에 대한 정신교육, 무지에 대한 교육, 불결에 대한 보건 · 위생 · 주택정책을 사회보험제도화해야 한다고 주장하였다.

첫째, 지역사회의 욕구와 자원분석과 관련된 보호계획의 수립, 보호욕구의 정확한 판단과 이에 기초한 보호서비스를 제공하기 위해 케어 매니지먼트 도입

둘째, 공공서비스에 대한 민간서비스와의 경쟁 유도, 욕구중심의 서비스 제공 등 지방자치단체의 역할 변화

셋째, 보호계획과 관련된 외부기관과의 동반자적 관계 추진

넷째, 복지서비스에 대한 감독제도의 강화

다섯째, 중앙정부에서 지방자치단체로 권한과 재정의 이양 등 지방자치단체의 재량권 확대

이후 지역사회보호의 개념이나 실천방향에 있어서 과거와는 다르게 공공부문이나 지방행정 당국의 역할이 축소되었고, 지역사회보호 실천의 공급주체의 다양화로 인하여 가족 등의 비공식 부문, 민간부문, 자원부문의 역할이 강조되었다. 소비자의 선택권 증진과 케어 매니지먼트를 도입하여 이른바 좁게는 '케어의 혼합경제', 넓게는 '복지다원주의[4)]' 논리가 적용되었다.

세계금융위기가 시작되었을 때 권력을 잡고 있던 신노동당의 고든 브라운(Gordon Brown) 총리는 경기부양을 위한 재정 확대를 실시했으며, 이에 따라 복지지출도 증가하였다(Coles, 2011 : 25). 그러나 보수당–자유민주당 연정(이하 보수–자민 연정)은 신노동당 정부의 복지정책을 비용 효율성의 차원에서 실패한 정책으로 평가하고, 전면적인 긴축을 단행했다(Taylor–Gooby, 2012). 보수–자민 연정은 2010년의 '지출 평가(Spending Review)'를 통해 800억 파운드 규모의 긴축계획을 발표하였다. 이 가운데 180억 파운드는 보수–자민 연정의 임기가 끝나는 2014~2015년까지 복지 지출의 삭감을 통해 마련하기로 하였다. 하지만 보수–자민 연정은 비난의 회피를 위하여 즉각적인 삭감보다는 장기적으로 영향을 미치는 복지급여 산식의 변경을 우선적으로 추진하였다. 이러한 방식으로

4) 종래의 복지국가 패러다임에서는 국가가 공익서비스의 독점적 공급자였으나 시민사회로의 전환과 소위 복지다원주의로 바뀌고 핵심적 전략은 제3섹터(민간부문이면서도 공익서비스 전달에 참여하는 영역을 의미, 제 1섹터-정부, 제2섹터-시장)

근로연령 세대를 대상으로 하는 아동세액공제, 근로장려세제, 주거급여, 장애생계급여와 고용지원급여가 삭감되었다. 보수–자민 연정은 이를 통해 2014~2015년까지 58억 파운드의 긴축을 달성할 수 있다고 주장하였다(Brewer & Browne, 2011 : 4-6). 이러한 조치로 인하여 자산조사를 거친 복지급여의 실질가치가 떨어졌다. 연금수령자는 물론 아동에 대한 급여의 실질가치가 하락세로 돌아섰고, 근로연령 세대에 대한 급여의 실질가치는 1980년 수준으로 낮아졌다(김윤태 · 서재욱, 2014).

2 미국 지역사회복지의 역사[5)]

영국 구빈법을 근간으로 시작된 미국의 지역사회복지는 식민지 시대의 청교도적인 윤리와 개척기의 자유주의 사상, 그리고 산업화 사회의 실용적 개인주의(utilitarian individualism)가 근간을 이룬다. 따라서 경쟁사회에서의 개인의 내적 능력은 더욱 강조되며 자신의 환경을 통제하거나 장애를 극복하지 못한 책임을 개인에게 돌리는 사회분위기가 강조되었으나, 19세기 말 산업화, 도시화, 이민 문제와 남북전쟁 후에도 계속된 흑인 인종 문제 등의 사회문제에 대응하면서 발달하였다.

1) 지역사회복지 태동기(1890~1910년대)

19세기 미국 사회의 급속한 산업화는 기술의 발전과 산업의 집중화 현상을 야기했고, 이는 노동시간, 작업조건, 안전, 아동노동 등에 있어 광범위한 사회문제를 불러일으켰다. 산업화의 직접적 결과로 도시로 인구가 집중되는 도시화로 인해 특히 농촌지역, 남부지방, 유럽으로부터 미숙련 노동자의 이민이 급증하였다. 이들은 도시의 가장 오래되고 인구가 밀집된 지역에 주거를 마련하

5) 미국 지역사회복지의 역사는 최일섭 · 이현주(2006), 오정수 · 류진석(2013), 홍현미라 외(2010), 김범수 · 신원우(2016) 등을 참조하였다.

였다. 이 지역은 위생상태와 건물상태가 열악하지만 시 당국에 의해 제공된 사회복지서비스는 매우 미흡한 수준이었다. 주로 공장이나 공사장 지역, 슬럼 지역에서 생활하게 된 그들은 빈곤과 질병에 쉽게 노출되어 비참하고 열악한 삶을 살아가고 있었다.6)

그리고 19세기 초반 북서부 유럽에서 이주한 이민자들을 필두로 남부와 동부 유럽인과 아시안, 멕시코인을 비롯하여 푸에르토리코인들에 이르기까지 다양한 인종이 미국으로 이주하게 되었다. 이러한 이민 증가는 이민자들의 미국 내 적응문제와 관련하여 다양한 사회문제를 발생시켰다. 게다가 남북전쟁(1861~1865) 이후의 흑인에 대한 사회적 권리가 충분히 확보되지 못하여 흑인 문제가 제기되었다.

남북전쟁과 제1차 세계대전 동안에 전개된 지역사회복지활동 중 오늘날의 사회복지활동에 직접적인 영향을 미친 대표적 조직으로는 자선조직협회(COS : Charity Organization Society)와 인보관(Social Settlement)운동을 들 수 있다. 미국의 자선조직협회와 인보관운동은 영국의 자선조직협회와 인보관운동의 근본 이념, 주요 활동가, 활동내용 등이 매우 유사하다.

1877년에 뉴욕 주 버팔로 시에서 영국 성공회 소속인 거틴(Gurteen) 목사에 의해 최초의 자선조직협회가 창설되었다. 그는 구제의 신청이 있을 경우 즉시 조사할 수 있도록 교구사업단체를 조직하고, 자선의 방법에 관하여 강연을 하였으며, 각 자선단체 간의 중앙연락기구의 설치를 제의하였다. 그 결과로 버팔로 자선조직협회는 모든 구제단체를 동등하게 처우하게 되었다.

인보관운동으로 1886년에 코이트(Stanton Coit)는 1884년 영국의 바넷(Barnett) 목사가 런던의 동부 슬럼지역에 세운 토인비 홀(Toynbee Hall)을 방문하고 뉴욕으로 돌아와 뉴욕 시 근린길드(Neighborhood Guild)를 결성하였다. 애담스(Addams) 여사는 1889년에 유명한 헐 하우스(Hull House)를 시카고에 건립하였고, 그 후 인

6) 미국 최초의 인보관 헐 하우스(Hull House)를 만든 애담 스미스(Adam Smith)는 당시의 도시환경을 "길은 표현할 수 없을 정도로 더러웠고, 학교는 형편없었으며, 위생 관련 법규가 제대로 시행되지 않았고, 가로등 시설이 엉망이었고, 도로포장이 안 되었으며, 골목길도 전혀 마련되어 있지 않았다. 수많은 가옥들이 하수구와 연결되지 않아 오물을 길에다 방출하고 있었다"고 묘사하였다(Addams, 1910, 최일섭·이현주, 2006 재인용).

보관운동은 전국의 도시로 급속히 확대되었으며, 1891년에 6개이던 인보관이 1910년에는 400개를 넘어섰다. 세계 최초로 인보관이 설립된 영국이 1920년에 겨우 66개소로 증가한 것과 비교해 볼 때 미국의 인보관은 확실히 양적으로 팽창하였다고 할 수 있다. 그 이유로 미국의 넓은 국토도 영향을 미쳤겠지만 당시 미국 사회가 직면하고 있었던 수많은 사회문제를 해결하는 데 있어 인보관 운동의 효과성이 증명되었기 때문이라고 할 수 있다(김범수 · 신원우, 2016).

2) 지역공동모금과 협의회 발전시기(1914~1929년)

제1차 세계대전이 종식되고 대공황이 도래되기까지의 시기로 산업화와 도시화, 그리고 인종 간의 갈등과 대립이 더욱 심화되었다. 1920년까지는 전 국민의 반 이상이 도시에 거주하게 되었고, 세계대전으로 생산품의 수요가 증대되어 경제성장이 이루어졌다. 그러나 이 기간 흑인들은 백인들의 적대행동으로 인종 폭동을 일으키기도 하였고, 제1차 세계대전 이후 전쟁 재발에 대한 위기의식이 감돌았으며, 러시아혁명으로 인해 세계의 힘의 균형이 파괴되어 미국의 생존이 위태롭다는 불안이 팽배하였다(최일섭 · 이현주, 2006).

도시화가 가속됨에 따라 도시빈민의 문제를 다루는 사회복지기관들이 계속 증가되었고, 이들 기관들은 재정난에 허덕이게 되었다. 그리고 제1차 세계대전이 진행되는 가운데 사회복지기관의 재정 충당을 위해 400여 개에 달하는 사회복지기관들의 지원 요구를 충족시키기 위해 전시모금기구(war chests)를 설립하였다. 이러한 사회복지기관들의 재정지원은 해외의 빈곤자 구호와 전쟁으로 인한 사회복지 대상자 지원에 중요한 역할을 담당하였다.

1차 세계대전 동안 전시구호사업이 늘어나자 모금문제를 둘러싼 논란이 가속화되면서 모금창구의 단일화와 회계의 투명성에 대한 필요성이 대두되었다. 지역공동모금제는 다양한 방법들로 창설되었다. 첫째, 사회복지기관들이 단독으로 하는 것보다 공동으로 하는 것이 더 많은 모금을 할 수 있다는 생각에서 공동모금제를 실시하였다. 예를 들어, 1887년에 덴버 COS의 23개 회원기관 중

15개 기관이 공동모금을 했는데, 재정적으로 큰 성과를 거두었다. 둘째, 사회복지기관협의회에 의해 조직되기도 하였다. 셋째, 가장 일반적 형태인 거액기부자들에 의해 설립된 경우이다. 이 형태에서는 자선보증기구를 통해서 사회복지기관의 기준을 설정하고, 기관의 활동능력을 평가한 다음, 평가에 통과한 기관을 지원해 주도록 상공회의소 회원과 대중에게 권고하였다. 그러나 자선승인기구가 사회복지기관의 자율성을 침해할 가능성이 높았기 때문에 많은 비판을 받았다.

이러한 갈등을 타결하기 위해 지역공동모금제의 탄생이라고 할 수 있는 1913년 클리블랜드(Cleveland)의 상공회의소에 '자선연합회(Federation for Charity and Philanthropy)'가 창설되었다. 이는 미국 지역공동모금 역사상 가장 획기적인 사건으로 기록되었다. 이 자선연합회는 기부자, 모금활동을 돕는 사람, 기금의 지원을 받는 보건·복지·오락 단체를 대표하는 단체장 등으로 구성되었다.

그리고 20세기에 접어들면서 빈민을 돕는 사람들이 유급화되었고 교육체계 등이 점차 전문성을 갖추기 시작하였다. 사회사업지도자들이 협의회를 조직하고자 한 이유는 사회복지사업을 합리적으로 조직화하고 지역공동모금회의 모금능력을 강화하여, 자신들과 사회사업기관의 독립성과 정체성을 보호하기 위해서였다. 협의회가 점차 전문화되어 감에 따라 협의회는 복지서비스에 관심을 갖는 시민들의 협의회로 재구성되기도 하였다. 이러한 변화 때문에 명칭이 '지역복지협의회'로 변화하였다.

3) 공공복지사업의 발전시기(1929~1954년)

이 시기는 대공황과 제2차 세계대전이라는 역사적 사건으로 말미암아 사회사업 분야뿐 아니라 모든 사회제도에서 큰 변화를 경험한 시기이다. 대공황으로 실업 급증, 은행과 증권시장이 도산하고 집과 농장과 영세사업체를 잃는 국민이 속출하였고, 대공황을 타개하기 위해서 경제와 사회 분야에 있어서 정부에 의해서 착수된 사업의 종류와 규모와 예산이 확대되었을 뿐 아니라 경제활동 전반에 걸친 정부의 통제도 전례를 찾을 수 없을 정도로 증가하는 등 정부의 적극적인 개입이 이루어졌다.

미국 역사상 처음으로 연방정부가 사회보장법(1935년)과 최저임금법 등을 제정하였다. 이는 지역중심의 사업활동이 국가적 차원으로 확대됨을 의미한다. 그리고 노동조합의 성장과 공산주의의 영향, 뉴딜(New Deal)정책으로 흑인에 대한 취업기회와 복지혜택이 확대되었다.

지역사회조직사업은 물론 전반적인 사회사업 분야는 대공황으로 인해 파생된 대량의 복지수요를 충족하기에 불충분하였다. 이러한 상황 속에서 과거에 민간복지단체를 중심으로 행해졌던 구빈과 이에 관련된 활동이 정부기관으로 이양되었으며, 지방중심의 사업이 지역적 혹은 국가적 차원으로 확대되었다. 그러나 지역사회조직사업에 관한 종래의 관심이 지방에서 국가적인 차원으로 확대된 것 외에는 사업과 활동 면에서 획기적인 변화는 없었다.

4) 지역사회조직의 정착시기(1955~1980년)

이 시기는 진보의 시기로 민권운동, 학생운동, 베트남 참전 반대운동 등 진보적 사회운동이 활발하게 일어났던 시기이다. 1960년대와 1970년대는 빈곤의 재발견으로 특징되는 시기로 빈곤문제가 인종문제와 결부되면서 사회적 쟁점으로 부각된 시기, 풍요 속의 빈곤이라는 지적처럼 가진 자와 못 가진 자 간의 격차가 심화되던 시기이기도 하였다.

시민권운동의 성장과 더불어 빈곤과의 전쟁으로 사회복지 문제에 대한 연방정부의 책임은 케네디(Kennedy)와 존슨(Johnson) 행정부의 산물인 '빈곤과의 전쟁'에 의해 더욱 확대되었으며, 이에 따라 연방정부의 역할이 더욱 증대되었다. 그리고 베트남 전쟁 등과 같은 사회적 상황은 시민참여와 사회정의에 대한 활동을 촉진시켰다. 이러한 사회정의를 추구하고자 하는 이들 중 지역사회 문제에 관심을 가진 활동가들이 많았는데, 이들 활동을 통해 다양한 전략과 접근을 활용한 사회행동 및 옹호활동에 대한 개발이 이루어졌다.

빈곤과의 전쟁은 엄청난 돈과 수많은 인력을 투입한 대규모의 사회개발 프로젝트로, 1930년대의 뉴딜 프로그램을 능가하였다. 정책의 가장 큰 특징은 투입된 돈과 인력의 규모가 아니라, 주민참여를 강조하는 지역사회 프로그램이라는 것이다. 대표적 사례는 지역사회행동 프로그램(CAP : Community Action Program)으로 지역사회의 주민들을 조직화하여 자신들이 당면한 문제를 직접 해결하도록 유도하는 방식을 사용하였다. 이 과정에서 지방정부는 대부분 배제되고 연방정부의 자원이 주민들에게 직접 전달되었다. 연방정부 보조로 슬럼지역 철거, 도시 재개발, 지역개발, 주택보조, 지역계획(regional planning) 등의 프로그램이 신설되거나 확장되었다. 이러한 일련의 프로그램은 지역사회조직의 지식과 기술에 대한 수요를 더욱 자극하였다.

빈곤문제 해결을 위한 각종 프로그램(Head Start Program, VISTA : Volunteers In Service To America, CAP : Community Action Programs 등)은 많은 지역사회조직가들의 관심을 불러일으켰다. 그중 헤드스타트 프로그램(Head Start Program)은 1960년대 중반 빈민가의 유아에게 건강, 교육, 보육 등의 기회를 확대 제공하여 빈곤의 대물림을 막겠다는 취지로 도입된 기회균등의 불평등과 빈곤 해소 전략이었다. 우리나라에서도 이를 벤치마킹한 드림스타트 사업을 진행하고 있다. 더불어 지역사회조직 모델의 전형으로 언급되는 로스만(J. Rothman, 1967)의 세 가지 모델, 즉 지역사회개발(local development), 사회계획(social planning), 사회행동(social action)이 제안되어 당시 많은 사회복지교육자와 실천가들에 의해 수용되었다.

5) 신보수주의의 등장(1980년~현재)

1970년대에 들어서면서 심한 인플레이션과 석유파동 등 경제적 위기에 직면하여1980년대부터 사회복지 프로그램이 축소되었고, 빈곤과의 전쟁 정책으로 인해 확대된 사회복지 프로그램은 보수주의자들의 이념적 공격을 받았다. 1980년대 이후는 복지국가의 위기의 재편과정이 본격화된 시기로 사회복지의 민영화, 정보화 사회의 출현, 세계경제화의 지속, 경제력의 분산화 등이 사회복지에 영향을 미쳤다.

레이건(Reagan) 정부는 사회보장과 사회복지제도를 민간부문으로 대체하려고 하였다. 신보수주의를 지향하는 레이건 행정부는 매우 가난한 빈민에게만 복지를 제공하려고 하였으며, 빈곤은 개인적 성격 결함이나 가정파괴에서 비롯되는 것이지 사회구조상의 결함에서 초래되는 것은 아니고, 사회복지제도는 시장경제를 파괴시키며 경제가 위기에 효율적으로 대처하는 데 방해가 되며 사람들을 더 게으르게 만든다고 주장하였다. 따라서 AFDC(AFDC : Aid to Families with Dependent Children, 양육할 요호보아동이 있는 가구에게 지원하는 급여제도), 식품증서(Food Stamps), 학교급식 등과 같은 빈민에게 제공되던 많은 공공부조 프로그램들을 폐지시키거나 감축시켰다. 결국 대공황 이후 꾸준히 확대되었던 공공복지는 크게 위축되었고, 복지의 책임이 연방정부에서 지방정부로, 정부에서 시장과 가족 그리고 민간부문으로 옮겨가는 사회복지서비스의 민영화를 단행하였다.

지역사회 중심의 민간비영리조직의 양적 확산과 함께 프로그램의 목표, 조직 간 협력관계에 많은 변화가 일어났다. 사회복지예산의 삭감으로 연방정부의 지역사회복지기관에 대한 재정지원이 대폭 삭감되면서 지역사회 중심의 연방 프로그램들이 종결되었다. 이 결과로 주정부와 지방정부의 책임이 커지면서 지역사회복지를 위한 전략들이 오히려 다양하게 개발되었다. 그리고 예산이 축소되면서 사회복지서비스의 질적 수준이 떨어질 것을 우려한 사회복지기관들이 자조집단 형성 및 자원봉사 조직화를 활발히 전개하였다. 그리고 정부의 재정적 지원이 줄면서 정부(연방정부)에 대한 의존 없이 다양한 형태의 대안적 원조채널(예 주정부나 자치단체에서부터의 기부금, 기금모금운동, 노동조합, 교회, 사업체 등)을 확보함으로써 예산을 마련하기 위해 노력하였다.

1990년대 클린턴(Clinton) 행정부[7]는 공화당의 탈규제, 균형재정, 자유무역 정책을 받아들이고 민주당의 전통적인 사회보장제도를 개혁하려고 시도했다. 클린턴은 복지 대신 '근로연계복지(workfare)'를 내세우고 고용을 강조하였다. 새

7) 클린턴, 부시, 오바마 행정부에 대한 복지개혁에 대한 내용은 김윤태(2014)의 내용을 참조하였다.

로운 근로연계복지는 빈곤을 줄이기 위해 국가 책임보다 개인 책임을 강조하였다(서용석, 2000; 양재진, 2002). 1996년 클린턴 행정부는 '개인 책임과 근로기회조정법(PRWORA : Personal Responsibility and Work Opportunity Reconciliation Act)'을 도입하고, 수급자의 권리를 제한하는 방향으로 공공부조의 근본적 개혁을 추진했다. 그러나 근로연계복지가 공공부조 수급자의 감소를 지나치게 강조하여 빈곤층의 자활능력을 강화하는 교육과 훈련 등 적극적 노동시장정책이 충분하게 도입되지 않았다(김종일, 2001 : 107). 근로연계복지는 공화당이 주장하는 복지의존(welfare dependency)을 인정한 반면 인적자본 투자는 소홀하게 취급하였다. 클린턴 정부의 복지개혁 이후에도 적극적 노동시장정책에 투입하는 예산의 규모는 상대적으로 작았다.

부시(Bush) 행정부 시기에 빈곤정책은 근로빈곤층의 증가에도 불구하고 공공부조 수급자와 급여액수를 줄이기 위한 복지 축소를 추진한 것이다. 결과적으로 전체 사회보장제도에서 TANF(TANF : Temporary Assistance to Needed Families, 빈곤가구를 위한 한시적 부조 프로그램)[8]가 차지하는 비중이 감소하고, 현금 지원의 비중도 줄어들었다. 2001년 경제불황이 미국을 강타한 이후에도 공공부조 지출이 크게 축소된 것은 세금 인하에 따른 세출 축소를 추구하는 '축소 정치'의 결과이다.

오바마(Obama) 행정부는 2008년의 금융위기에 대응하고 경제침체의 충격을 줄이기 위해 '미국 경제회복 및 재투자법(ARRA : American Recovery and Reinvestment Act of 2009)'을 제정하는 등 부시 행정부의 정책과 달리 실업과 빈곤의 감소를 위해 막대한 정부 재정을 동원한 케인스주의 경기부양책을 추구하였다. 그러나 정치적 난관에 직면하면서 정책의 성과는 제한적인 수준에 머물렀으며, 오히려 공화당과 타협하기 위해서 보충영양보조와 같은 핵심적 빈곤정책이 후퇴하는 상황에 내몰리게 되었다.

8) 미국의 공공부조제도로 부양가족이 있는 한부모가족에 대한 급여를 한시적으로 제공하는 프로그램이다. 이 제도는 빈곤계층의 복지수급권을 폐지하고 한시적으로 필요한 시기에만 급여를 지원하며 근로능력이 있는 수급자에게 근로활동에 대한 참여가 의무화되어 있다.

3 한국 지역사회복지의 역사

한국에서는 지역사회복지에 대한 현대적 개념이 도입되기 전부터 부락 단위나 국가 차원에서 지역주민과 일반 국민이 당면하고 있는 사회·경제적 문제를 해결하려는 공동의 노력이 있었으며, 현대적 의미의 지역사회복지가 사용된 것은 1940년대에 들어와서부터라고 할 수 있다(최일섭·이현주, 2006). 이 절에서는 일제강점기 이전, 일제강점기, 광복 이후로 구분하여 살펴보고자 한다.[9)]

1) 일제강점기 이전의 지역사회복지

우리나라의 전통적인 지역사회복지활동은 국가나 군현 단위의 행정적인 복지사업과 부락 단위의 민속적인 협동사업으로 나누어 볼 수 있다. 국가 단위의 지역복지사업은 의창, 상평창, 진휼청 등 상설복지기구를 통해서 주로 시행되었고, 촌락 단위의 복지사업은 두레, 계(契), 품앗이, 사창(社倉), 향약(鄕約) 등을 통해서 전개되었다. 특히 삼국시대 촌락 협동적인 활동인 두레, 계, 품앗이 등은 오늘날에도 자취가 남아 있을 정도로 서로 영향을 미치고 있으며, 복합적·상호 보완적인 관계에 있다.

의창은 흉년이 든 해에 기민을 구제하기 위하여 양곡을 저장·보관해 두었다가 흉년 시 무상구제했던 복지제도였다.

상평창은 빈민에 대해 곡물을 대여하고 상환의 의무가 주어졌던 제도이다. 저렴할 때 생필품을 관에서 사두었다가 값이 오를 때 저가로 다시 팔아 백성의 경제생활 안정을 도모한 것이었다.

이 외에도 흉년에 빈민을 구제하는 국가기관으로 진휼청이 있었는데 조선왕조에 들어와 시작되었다.

9) 한국의 지역사회복지 역사는 최일섭·이현주(2006), 홍현미라 외(2010), 오정수·류진석(2013), 김범수·신원우(2016) 등의 자료를 주로 참조하였다.

두레는 옛날부터 우리나라 각지에 있던 단순한 형태의 민간협동체 가운데 하나로, 촌락 단위로 조직되어 촌락의 일을 공동으로 하는 공동노동체 조직이다. 우리 사회가 오랫동안 농업에 기반을 둔 촌락사회였기 때문에 두레도 역사가 길다. 두레는 공동노동일 뿐 아니라 농사를 하는 중간에 공동으로 놀이를 즐기는 행위이기도 했다. 두레의 종류도 다양하여 성별에 따라 남자두레와 여자두레, 선후에 따라 선생두레와 제자두레, 세대별로는 청년두레 · 장년두레 · 노인두레가 있었다. 두레의 공동노동의 형태는 모내기와 김매기 등 농사과정에 동원되며 공동작업 후 농악에 맞춰 연회를 하는 마을의 공동 잔치도 함께 하였다. 두레 조직은 농촌에 대한 외부경제의 침투과정에서 내부질서가 해체되면서 사라졌지만, 아직도 농촌사회의 자치와 협동의 제 영역에 걸쳐 잠재적인 역할을 미치고 있다(최일섭 · 이현주, 2006).

계(契)는 한국 사회의 특유의 조합적 성격을 지닌 협동조직으로 상부상조를 위해 주민들이 단결, 협조하는 제도이다. 민간적 차원에서 불행을 당하거나 큰일을 치르고자 할 때 사전에 주민들 간에 상부상조하는 관행이라고 볼 수 있다. 전통적으로 이웃 간에 서로 돕고 살아가는 생활방법인 것이다. 마을 안에서 전통적인 방법으로 조직화된 이웃돕기 조직인 셈이다. 자생적 조직으로서의 계는 계원의 수, 목적, 기능에 따라 다양한 형태와 종류가 존재하였으며 복지와 관련된 공제를 위한 계로 혼상계, 군포계, 양로계 등이 있다. 대부분의 계 조직이 부락주민들의 전통적 빈곤을 극복하기 위해 자생적으로 생성되었고 오늘날에도 그 형태나 방식이 변형되어 있지만 친목과 공제적 목적으로 민간 차원의 계 조직이 형성되고 있다.

품앗이는 우리나라 농촌의 가장 대표적인 노동협력의 형태이다. 여기서 '품'은 노동을 가리키는 말이고, '앗이'란 공용하는 것을 의미하는 것처럼 이웃에 '품'일을 해주고 필요할 때는 '품'을 되돌려 받아 서로 간에 품앗이하는 부락 내 농민들이 노동력을 서로 차용 또는 교환하는 조직이다. 이는 노동협력 이상의 정신적 교환의 의미도 내포하며, 사회윤리적 원리와 사회공리적 질서의 조화를 의미함과 동시에 임의적 · 비타산적 협력에 구속적 · 이익적 성질을 부여한 것으로, 소농구조하의 농민사회가 자조적으로 복지향상을 이룩하려는 협동체계라고 볼 수 있다. 두레와 품앗이의 차이는 노동조직의 규모나 노동의 성질의 측면에서 두레는 공동작업이나 공동노동이 공동사회적 성격을 지니고 있는 반면에 품앗이는 개인적 또는 소집단적과 같은 이익사회적 성격을 띤다는 것이다.

향약(鄕約)이란 지역사회의 발전과 지역주민들의 순화·덕화·교화를 목적으로 한 지식인들 간의 자치적인 협동조직이라고 정의할 수 있다. 계, 두레 및 품앗이가 촌락사회의 자연발생적인 협동생활 형태라고 한다면 향약은 이들보다는 늦게 시작된 것으로서, 그 내용은 지역사회의 발전과 지역주민들의 순화·덕화·교화를 목적으로 한 행정책임자 및 당대의 지식인들 간의 자치적인 협동조직으로 분류될 수 있다. 이는 유교의 영향을 받아 일어난 순전히 민간자치적인 상부상조의 활동이었다.

사창(社倉)은 재앙이나 흉년을 대비하여 미리 향민에게 곡식을 징수 또는 기증받아 저장해 두는 촌락 단위의 구휼제도이다. 이 시기에 국가에 의한 구제사업은 관곡을 내어 빈민이나 이재민을 구제하는 삼창 등이 가장 대표적이었는데, 이때 사창은 의창, 상평창과 더불어 삼창의 하나였다. 사창이 촌락 단위로 자치적으로 행해지면서도 국가의 지도와 감독을 받는다는 점에서 오늘날의 민간지역사회복지활동과 유사하다. 이처럼 향약과 사창은 국가 차원에서 장려되었다.

오가통(오가작통, 五家作統)은 정부에 의한 강제성을 지닌 인보제도로 재력의 빈부에 관계없이 반드시 인접해 있는 다섯 가구로 일통을 편성함을 원칙으로 하고 남는 가구가 있을 때에는 적당히 인접한 통에 첨부하였다. 그 구역 내에 거주하는 모든 성원이 인보상조와 연대책임(한 가구가 도망가더라도 나머지 가구에서 모두 추렴하여 세금 상납 등)의 관념으로 자기 지역 내의 치안을 유지하고 복리를 증진하고 교화를 향상하여 지방행정의 운영을 돕게 하는 지방자치제도였다. 이는 지역의 질서 유지, 주민의 동태 파악 등 오늘날의 반·통조직과 유사한 점이 많아 지방행정의 편의를 도모 및 통제하는 역할을 하였다.

2) 일제강점기의 지역사회복지활동

일제강점기에는 선진화된 사회복지활동이 들어왔고 조선구호령[10]과 같은 사회복지 관련 법령이 제정되기는 하였지만 근대적인 복지이념에 의해 시행되었다기보다는 일제의 식민정책의 일환으로 이루어졌다. 이러한 식민통치로 인하여 오랫동안 내려온 자생적 복지활동이 위축되었다.

일제강점기의 새로운 행정제도나 교육제도가 생겨났고, 재래의 민간협동단체는 한민족의 민족적 단결을 촉구하는 것이기 때문에 일제에 의해 의도적으로 붕괴당했다. 예를 들어, 동리계는 부락의 자치단체였으나 읍면제도 등 새로운 행정제도의 실시와 행정기구의 정비로 자연 해체되었고, 교육사업체인 학계 및 향계는 학교교육제도의 실시로 서당이 폐지되면서 소멸되었다. 금융이 목적인 이자계 역시 은행과 금융기관의 발달로 위축되었다. 이처럼 일제의 식민정책은 전래의 민간협동체에 커다란 타격을 주었는데 그것은 각종 신제도의 실시와 상충되거나 혹은 실효성이 쇠퇴됨에 따라 점차 소멸될 수밖에 없는 운명의 것이기는 했으나, 한민족의 민족적 단결을 붕괴시키기 위한 식민지배자들의 의식적 노력의 결과로 더욱 촉진되었다.

그러나 일정의 강압하에서도 민중운동은 꾸준하였다. 지역개발과 관련된 이와 같은 운동의 예는 민간협동조직운동이다. 상부상조를 통하여 조합원의 경제적·사회적 지위를 향상하고자 하는 자기방어적 자주 조직이었다. 유학계, 천도교계, 기독교계로 세 계통의 민간주도 협동조합운동으로 협동조합운동사(協同組合運動社), 혹은 농민사(農民社)운동이 있었으나 일제에 의해 강제 해산되거나 운영자금난으로 크게 발전할 수 없었다.

일제시대에 사회복지 부서가 시작되었고 사회복지 시설로 육아시설, 빈궁아 교육기관 등이 설립되었다. 1927년에는 방면사업이 도입되었고, 1941년에 방면위원제도가 도입되어 요보호자들에 대한 보호, 구제, 직업알선 등의 케이스워크 활동이 있었으나 실은 조선인에 대한 감시활동이었다는 설명도 있다.

---

10) 조선구호령(1944년)은 일본의 구호법 제정을 바탕으로 근대적 공공부조제도로 도입되었고 생활보호법 모태가 되었다.

우리나라 최초의 인보관은 1906년 미국의 감리교 여선교사였던 메리 놀스(Mary Knowles)가 원산에 6평 정도의 초가집을 구입하여 설립한 반열방(The Class Rooms)[11]이다. 그리고 1921년 메리 마이어스(Mary D. Myers)에 의해 설립된 태화여자관도 있었다. 일제도 방면위원제도를 보다 효과적으로 수행하기 위해 인보관을 설립하였다. 일제가 설립한 최초의 인보관은 1927년 종로에 세운 동부인보관이었다. 그 후 5개의 인보관이 설립되었다. 일제의 인보관은 생활지도, 직업소개, 생활 자금 대부, 개인상담 등의 사업을 실시하여 질서유지나 지배강화를 도모하기 위한 통치의 목적이 있었다고 할 수 있다.

3) 지역사회복지의 형성기(1950~1970년대)

6·25 전쟁 후 지역사회복지활동은 고아, 장애인 등을 위한 대규모 수용시설사업이 주를 이루었다. 이 시기에는 외국 민간원조기관에 의해 구제사업이 주로 이루어졌는데, 수용시설사업뿐만 아니라 지역개발사업도 병행하였다. 외국 원조기관이 주력했던 사업은 국내 보건사업, 교육사업, 재해구호, 지역사회개발 등이었다. 1952년 7개 기관 중심으로 외국민간원조한국연합회(KAVA : Korean Association of Voluntary Agencies)[12]는 1964년에 70여 개로 늘어났다. 1970년대 들어와서 외원기관 지원의 비중이 줄어들고 1974년이 지나면서 급격하게 감소하게 되었고, 이를 정부의 지원이 대신하게 되었다.

지역사회를 근거로 하는 복지실천 주체인 인보관의 활동에 있어서 대학 인보관으로서 최초로 1956년에 이화여자대학교에 복지관을 설립하였다. 1956년 아현 인보관, 1962년 목포사회복지관 등 개인 및 민간단체들에 의해 사회복지관 설립이 이루어졌다.

11) 반열방은 이후 1926년 여성 사회사업을 전담하는 보혜여자관으로 명명되어 여성과 아동의 복지향상과 의식개혁 활동을 하였으며 1948년에 폐쇄되었다.

12) 대표적인 단체로 세계기독교봉사회(Korea Church World Service), CARE(Cooperative for American Reief of Everywhere), 기독교아동복리회(CCF : Christian Children's Fund), 월드비전(World Vision), 양친회(Foster Parent's Plan), 캐나다유니테리안봉사회(USC : Unitarian Service Committee of Canada) 등이 있었다. 이후 KAVA는 1995년에 해체되었다.

지역사회 중심의 복지실천활동으로서 지역사회개발사업이 주된 정책수단으로 채택되었다. 1970년대 지역사회개발사업은 새마을운동사업으로 전환되어 획기적인 전기가 마련되었다. 새마을운동은 당시 도시와 농촌 간의 소득 격차를 줄이기 위해 농촌생활환경개선사업으로부터 소득증대사업으로까지 확대되었고, 도시에서는 의식개선운동으로 전개되었다. 새마을운동은 지역사회복지의 실천을 위한 기반을 마련하였다는 점에서 의의가 있고, 또한 경제개발이라는 측면에서 볼 때 긍정적이다. 그러나 관 주도의 운동이라는 점에서 지역사회복지의 자발성 원칙에서 벗어나는 한계가 있다. 왜냐하면 지역사회개발의 핵심 목표는 지역사회 건설이며, 그것의 전개방식은 민주적 의사결정과 사회자본의 확대에 바탕을 두어야 하지만, 새마을운동은 눈에 보이는 결과에 치중하면서 지역사회의 민주주의와 사회자본을 키우는 데 무관심하였기 때문이다.

1970년대에 서울을 중심으로 한 지역사회조직운동의 뿌리는 가톨릭과 개신교가 합동으로 크리스천 사회행동 협의회를 결성하면서부터 시작되었다. 주민조직 활동가들은 서울의 각 빈민지역으로 들어가 주민들을 각성시키고 조직하는 사업을 펼쳤다. 그러나 주민들의 자각과 주체적 역량이 절대적으로 부족했기 때문에 지역사회조직사업이라고 규정하기에는 한계가 있고, 야학, 탁아소, 어머니 교실과 같은 직접 서비스의 제공이나 주민교육에 치중했다는 한계를 지닌다.

4) 지역사회복지의 정착기(1980~1990년대 초반)

전통적으로 우리나라 사회복지시설은 생활시설 중심이었으나, 정부가 1980년대 이후부터 지역사회를 중심으로 한 재가복지로 정책을 전환시키자 사회복지관과 재가복지봉사센터 등 이용시설이 급격히 양산되었다.

이 시기의 세계경제는 1970년대에 들어서면서 심한 인플레이션과 석유파동 등으로 경제적 침체가 지속되면서 외원기관은 본국으로부터 재정적 지원이 삭감되어 더 이상 충분히 지원하기 어려운 상황이었다. 한편 한국도 경제적 성장을 이루어 내어 많은 구호단체가 철수하였다. 그리고 정치적으로는 1980년대에 신군부에 의한 군사독재가 이어지면서 민주화운동과 수용보호시설에 대한 인권옹호 움직임이 일어났다. 사회경제적으로는 1980년대에 절대빈곤 대신 빈부격차와 상대적 빈곤의 문제가 새로운 쟁점으로 떠올랐다.

이때의 지역사회복지활동은 정부주도하에 지역사회복지관의 설립, 재가복지서비스의 도입, 사회복지전담요원제도 실시, 공동모금활동의 전개, 지역사회행동 모델의 확대 등 복지사회 건설을 추진하기 위한 복지시책을 강력하게 추진하였다.

지역사회복지관은 1980년대 초반까지는 양적・질적인 면에서 기본적으로 1970년대의 골격을 그대로 유지하였다. 1983년 사회복지사업법의 개정에 따라 사회복지관 운영에 국고 보조가 시작되었고, 이때 사회복지관은 종합사회복지관 가형, 종합사회복지관 나형, 그리고 사회복지관으로 나누어졌다. 1980년대 후반에는 영구임대주택단지 내에 사회복지관의 건립을 시작하였고, 민간단체에 의한 사회복지관의 건립 활성화를 추진하였으며, 1989년 사회복지관 설치 운영규정에 따라 대표적인 이용시설인 사회복지관 업무가 활성화되었다. 이처럼 지역사회를 중심으로 하는 사회복지관사업이 본격적인 궤도에 진입하였다고 할 수 있다.

지역사회 중심의 사회복지서비스로서 재가복지가 도입되었는데, 노인복지 분야의 가정봉사파견사업, 장애인복지 분야의 지역사회 중심 재활사업(community-based rehabilitation) 등이 실시되었다.

사회복지사의 전문성을 확보하기 위하여 1983년에 '사회복지사업법'이 개정되어 사회복지사 자격증 제도가 만들어졌다. 그리고 1987년에 사회복지전담요원(사회복지전담공무원)제도를 도입하고, 전국 읍・면・동사무소에 배치하여 생활보호 대상자(국민기초생활보장수급자)를 중심으로 공공부조 업무에 종사하도록 하였다. 이것으로 지역사회 중심의 공공사회복지전달체계의 새로운 전기를 마련하게 되었다.

한국전쟁 이후 일제치하에서 설립된 수많은 사회복지시설과 특히 피난민과 고아, 부랑인 등을 구호하기 위한 수많은 시설들이 운영에 큰 어려움을 겪고 있었다. 게다가 외원기관이 철수하며 이 어려움은 가중되면서 사회복지공동모금의 필요성이 대두되었다. 1980년대에 들어서는 주요 사회복지기관들[예 선명회(현 월드비전), 한국복지재단 등]에 의해서 독립적으로 모금활동을 전개하였고, 이후 한국사회복지협회의, 전국경제인연합회, 언론사 등이 정부의 지원하에 불우이웃돕기성금을 실시하였다. 이러한 모금활동은 1990년대 말에 사회복지공동모금제도가 실시됨에 따라 흡수되게 되었다.

지역사회행동은 1980년대의 민주화운동과 더불어 생활권 보장이라는 차원에서 지역사회를 중심으로 사회운동과 연관되면서 구체화되었다. 학생 또는 종교계 중심의 운동을 중심으로 주민들을 의식화하고자 하였다. 이 당시의 가장 중요한 지역주민 운동은 빈민지역의 철거 반대 투쟁이었다.

5) 지역사회복지의 발전기(1990년대 초반 이후~현재)

1990년대 이후 지역사회복지는 지방자치제도의 부활, 사회복지 확대정책으로 새로운 전환기를 맞이하면서 지역 중심성에 대한 강조, 전문성의 강화 등을 기초로 질적인 변화를 경험하였다. 구체적으로 지역사회복지관 확대, 재가복지서비스의 확대, 지역사회 중심의 자활사업 전개, 지방자치제의 실시 및 지역분권운동의 전개, 시민운동의 다양한 전개 등의 활동이 이루어졌다.

1995년 6월에 실시된 지방자치제는 정치적·행정적 면에서 엄청난 변화를 가져왔다. 특히 2003년 7월 사회복지사업의 개정으로 2004년 7월부터 효력을 발휘한 참여정부의 사회복지서비스 분권화는 지방정부 수준에서 사회복지서비스 공급이 이루어지는 제도적인 환경에 획기적인 변화를 가져왔다. 과거 중앙중심의 수직적이고 획일적인 복지전달체계가 자치단체와 지역사회의 특성과 욕구에 따른 복지 프로그램의 개발과 실천을 요구하게 되었고, 지역사회 주민의 참여를 중요시하게 되었다. 지방분권화에 따라 사회복지 사무의 지방이양과 재정분권화, 지역사회보장협의체의 구성, 사회복지전달체계의 개선 등의 변화가 나타났다. 이로 인한 사회복지 분권화로 지역 간 복지불균형 문제가 대두되었다. 복지재정 빈약과 복지인프라의 미확충으로 중앙정부의 정책 기조와 방향을 적극적으로 담아내기 힘든 상황에서 지역 간 사회복지의 불균형 문제를 고려하지 않은 사회복지서비스의 지방화는 또 다른 지역 간 복지 불균형을 가져올 수 있다.

2000년 10월 국민기초생활보장법 시행으로 빈곤문제 해결을 위해 지역사회 차원에서 보다 구체적이고 전문적인 실천활동이 요구되었다. 이에 지역사회 중심의 자활지원사업이 본격적으로 전개되었다. 국민기초생활보장법이 시행되면서 240개가 넘는 자활후견기관이 생겨났다. 지역사회에서 민간 차원으로 자활지원사업을 담당했던 많은 조직들이 대부분 자활후견기관으로 지정되었고, 이들의 주요 활동은 자활지원사업으로 근로능력이 있는 수급자에게 자활에 필요한 사업에 참여할 것을 조건으로 생계급여 제공, 자활능력 배양 및 빈곤 탈피 유도 등이었다.

그리고 주민참여형 지역복지체계의 구축이 제도화되었다. 기존의 사회복지협의회의 조직화뿐만 아니라 민관 파트너십을 통한 지역사회복지조직 및 관련 자원들 간의 네트워크를 통한 지역사회보장협의체의 조직화도 이루어졌다. 사회복지사업법 개정으로 지역복지계획을 수립하기 위해서 지역복지의 네트워크가 강화되는 추세이며 더욱더 지역사회보장협의체의 역할이 강화될 것으로 예상된다.

최근 공공복지전달체계가 다각적으로 변화하고 있다. 내용적인 측면에서 보호대상자별 보호계획 수립을 위한 사례관리가 공공영역에서 등장하였다. 한정된 자원으로 최대한의 효과성과 효율성을 얻기 위한 당연한 결과일 수 있다. 그리고 지역복지서비스 전달체계의 구조 변화의 측면에서 2012년 시·군·구에 희망복지지원단을 설치하여 통합사례관리 및 맞춤형 복지를 위한 지역 공공복지전달체계의 변화를 도모하였다. 이러한 변화는 서울시의 찾아가는 동 주민센터 사업과 사회보장위원회(2016년 2월 3일)에서 의결된 '국민중심의 맞춤형 복지를 위한 읍면동 복지허브화 사업'과 맥을 같이한다. 읍면동 복지허브화는 읍면동에서 전문복지인력이 사회보장정보시스템과 주민 네트워크를 기반으로 복지대상자와 공적 제도, 민간복지기관, 지역복지자원 간 연계체계 구축, 촘촘한 사회안전망을 구현하는 것이다(보건복지부, 2016). 이를 통해 낮은 복지체감도를 제고하고 사각지대를 해소하며, 지역 내 주민 주도적 문제해결을 기대하고 있다.

민간영역에서는 지역사회복지의 다양한 움직임이 일어나고 있다. 공동체성의 회복운동이나 사회적 자본을 확대하는 운동이 다양하게 일어나고 있다. 최근 마을 만들기사업 역시 그 맥락을 함께한다. 마을 만들기는 지역중심의 복지를 실현하기 위한 운동으로 대안적인 패러다임으로서, 마을 만들기가 추구하는 주민조직화, 네트워크, 전통의 복원과 자연과의 공존을 통한 생태공동체의 전환, 인간의 주체성, 다양성, 자율성, 공동선을 추구, 연대와 참여를 통한 통합적 접근 등은 지속가능한 공동체 가꾸기의 전형으로 인식된다. 이러한 움직임 속에 사회복지관 등 사회복지기관 역시 기존의 역할과 기능에서 벗어나 지역주민과 함께 하는 지역사회 변화의 주체로 거듭나야 할 것이다.

• 주요 변화

- 1992년 재가복지봉사센터의 설립으로 재가복지 시작
- 1995년 보건복지사무소 시범사업 실시
- 1996년 자활지원센터 시범사업 실시
- 1998년 사회복지공동모금법 시행
- 1999년 사회복지공동모금회법 시행, 사회복지시설 평가(3년에 1회, 정기적으로 실시)
- 2000년 국민기초생활보장제도 시행
- 2003년 지역사회복지계획 수립, 지역사회복지협의체 구성 법제화
- 2004년 아동복지법 개정으로 지역아동센터 법제화, 사회복지사무소 시범사업 실시, 분권교부세 도입
- 2005년 지역사회복지협의체 설치 운영, 1기 지역사회복지계획 수립
- 2006년 자원봉사활동기본법 시행
- 2007년 주민생활지원 서비스 전달체계 전면 시행으로 동사무소를 주민센터로 변경, 희망스타트 시범사업, 지역사회서비스투자사업 실시, 사회적기업육성법 제정, 디딤씨앗통장[13] 사업 시행
- 2008년 희망스타트 사업이 드림스타트 사업[14]으로 변경 실시, 노인장기요양보험제도 시행
- 2009년 희망리본 프로젝트 시범사업 실시
- 2010년 사회복지통합관리망(행복e음) 개통
- 2012년 사회서비스 이용 및 이용권 권리에 관한 법률 시행, 시군구 희망복지지원단 운영으로 통합사례관리 시행
- 2013년 사회보장정보시스템 개통으로 각 부처의 복지사업 정보 연계
- 2015년 사회보장정보원 출범, 지역사회복지협의체가 지역사회보장협의체로 명칭 변경
- 2016년 읍면동 복지허브화 일환으로 동주민센터를 행정복지센터로 명칭 변경, 동 단위 지역사회보장협의체 발족
- 2018년 아동수당 지급[15], 치매안심센터 설치, 중증 치매 독거노인 공공후견제도 시행
- 2019년 장애등급제 폐지[16], 지역사회 통합돌봄(커뮤니티케어) 선도사업 실시

---

13) 취약계층 아동이 사회에 진출할 때 필요한 초기 비용 마련을 지원하고자, 정부에서 운영하는 유일한 아동 자산 형성 지원사업

14) 취약계층 아동에게 맞춤형 통합서비스를 제공하여 아동의 건강한 성장과 발달을 도모하고 공평한 출발기회를 보장함으로써 건강하고 행복한 사회구성원으로 성장할 수 있도록 지원하는 사업

15) 지원대상은 2018년 소득재산 하위 90% 가구 만 6세 미만의 아동이었으나 2019년 9월부터 만 7세 미만 모든 아동으로 변경됨

16) 장애인 개인의 다양한 욕구를 반영한 서비스 지원기반을 마련하고자 서비스지원종합조사 도입으로 장애인의 복지서비스 필요도를 파악하여 필요한 서비스를 지원하기 위해 개인의 욕구와 생활환경 등을 세심하게 고려하여 조사하여 기존의 의학적 상태에 따른 장애등급(1~6급)은 폐지되고, 장애인 등록을 위한 심사결과를 장애정도에 따라 2단계로 구분함

CHAPTER 04

지역사회복지의 실천이론

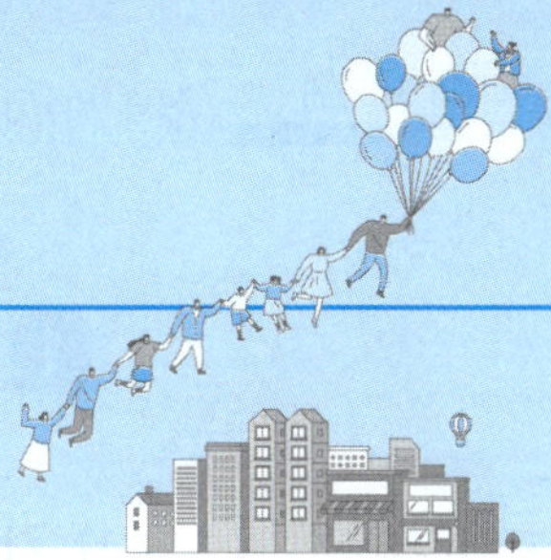

지역사회복지 실천 이론은 지역사회에서 발생하고 있는 다양한 현상과 문제를 심층적이고 과학적으로 이해하고 분석하는 데 중요한 지식체계를 제공하고 해결하기 위한 방안을 제시하기도 한다. 그러나 이론은 상대적 진리체계로 연구방법에 따라 발전하거나 변화하며, 한 이론이 사회현상을 완벽하게 설명하지 못할 뿐 아니라, 여러 이론이 서로 대립하기도 한다. 학교폭력문제, 층간소음으로 인한 이웃 간의 갈등, 경리단길 등의 젠트리피케이션 현상, 송파세 모녀 사건과 같은 복지사각지대 문제, 장애인시설이나 쓰레기 처리장과 같은 시설 설립에 따른 님비현상, 지방분권으로 인한 지역분균형문제, 최근 코로나19로 인한 지역사회 내 돌봄공백문제 등 지역사회복지의 현상과 문제는 개인, 집단, 조직, 지역사회 수준의 모든 상호작용하에서 일어난다.

본 장에서는 지역사회의 다양한 문제와 현상을 이해하기 위하여 기능주의이론, 갈등주의이론, 사회체계이론, 생태이론, 사회교환이론, 사회구성주의이론, 권력(힘) 관련 이론, 사회적 자본이론, 사회연결망이론을 중심으로 살펴보고자 한다.

1 기능주의이론과 갈등주의이론

1) 기능주의이론

기능주의이론(functional theory)은 사회과학의 주류적 이론으로 제일 먼저 발전되었고, 여러 가지의 개념과 사상들이 배경이 되어 형성되어 발전되었으며, 현재까지 가장 널리 적용되고 있는 이론이다.

기능주의이론은 유기체와의 비유에 기초한 이론으로, 이 이론에서 사회는 적대적 환경에 직면하여 그 평형상태를 유지하는 결속되어 있는 자기 유지적인 체제이다. 그 다양한 사회과정은 사회의 존속을 보장하기 위하여 체계의 욕구를 만족시킴에 있어서 함께 유연하게 조화되어야 한다. 기능주의의 기본적 문제는 "어떻게 사회는 그 욕구를 충족시키는가?"이다. 각 과정, 제도, 관행은 사회적 요구를 충족시키고, 그리하여 사회의 구조나 평형상태를 유지하도록 돕는 것으로 간주된다. 기본적으로 기능주의적 설명은 문제가 되는 행동을 규명하는 것에서 출발하였다. 고립되어 있는 것으로 보이는 행동은 아무런 의미가 없는 것으로 나타난다. 따라서 이러한 행동은 더 넓은 사회적 맥락 속에 위치 지어지고 어떤 사회적 요구를 만족시키는 것으로 간주된다(고영복, 2010).

사회는 안정 지향적이고 각 부분요소들이 잘 통합된 구조로 이루어져 있으며, 사회의 구조와 제도는 구성원의 합의에 바탕을 두고 있다. 사회의 부분요소들은 상호 의존하면서 특정 기능을 수행한다. 기능주의이론의 기본 전제로 안정성(사회는 안정 지향적이고 구성요소들의 지속적인 구조로 이루어져 있다), 통합성(사회는 구성요소들이 잘 통합된 구조를 이루고 있다), 합의성(사회의 구조와 제도는 그 구성원들간의 합의에 바탕을 두고 있다), 상호의존성(사회의 모든 구성요소들은 상호 의존하여 사회가 체제로서 유지하도록 긍정적인 기능을 수행한다)을 제시하였다.

그렇다면 기능주의이론의 차원에서 사회문제는 왜 발생하는 것인가? 기능주의이론에서의 사회문제는 조직적이고 안정적인 그리고 통합된 체계성을 지닌 사회이기에 사회성원 간에는 합의성, 즉 가치와 목표, 합동이라는 합의가 존재한다고 가정한다. 따라서 사회문제는 기능주의이론의 기본 전제가 무너졌을 때, 즉 특정한 조건이 체계의 자연스러운 안전성과 통합성을 파괴하거나 사회성원 간의 합의가 이루어지지 않아 상호의존성이 약해질 때 발생하게 된다고 본다. 따라서 사회문제가 발생하는 것은 사회전체의 기능적 결함 때문이 아니라 사회체계 일부의 기능인 사회화기능과 사회통제 기능의 실패로 보기 때문에 개인, 가족, 일탈적 하위문화, 사회제도, 기회구조의 일부에 있다고 보고 사회 전체에 근본적인 원인이 있다고 보지는 않는다.

이러한 사회문제를 해결하기 위한 방법으로 개입의 대상은 개인과 사회제도가 되어야 한다고 보았다. 그리고 문제의 원인이 개인에게 있든 사회제도에 있든 개입하는 주체 또는 조치를 취하는 주체는 사회측이어야 한다. 즉, 사회가 개인과 사회제도의 일부에 변화를 가하여 해결가능한 것으로 보고 있다. 따라서 해결방안은 사회의 사회화 기능과 통제기능을 강화하거나 수정하고 재사회화 또는 수정하는 것이 될 수도 있다(최일섭 외, 2008).

기능주의이론은 원인(기능)을 구성요소의 욕구를 만족시키고 안정성에 기여하는 결과에 의해 설명한다는 점에서 목적론적이라는 점과 사회에 대해 지나치게 통합적이고 조화로운 관점을 제공한다는 점에서 비판을 받았다. 그리고 기능주의이론은 사회의 유지와 균형에 초점을 두고 있기 때문에 지역사회 내에서 발생하고 있는 자원의 희소성 등으로 인한 다양하고 복합적인 갈등에 대해 설명하는 데 취약하다.

2) 갈등주의이론

갈등이론은 1950년대 후반과 1960년대에 사회집단의 사회적, 정치적 또는 물질적 불평등을 강조하는 사회과학의 관점이며, 광범위한 사회정치적 체계를 비판하고, 사회적 합의에 대하여 강조하는 구조기능주의를 비판하며 사회의 갈등의 중요성을 강조하였다. 갈등이론의 사상적 조류를 보면 마르크스(Marx), 짐멜(Simmel), 베버(Weber)를 그 기원으로 볼 수 있다. 사상적으로 좌와 우로 구분되어 달렌도르프(Dahrendorf), 코저(Coser) 등을 거쳐 신마르스크주의, 역사비교사회학으로 발전하여 최근에 비판이론, 프랑크푸르트(Frankfurt) 학파로 계승되었다고 할 수 있다.

갈등이론은 사회현실을 질서와 안정과 합의보다는 무질서, 변화, 갈등과 투쟁이 상존하는 현상으로 본다. 짐멜은 혼인관계, 가족, 종교, 노사관계 등 사회현상에는 갈등이 불가피하게 널리 퍼져있고 갈등은 기능적으로 작용한다고 보았다. 여기에서 갈등이란 사회체계의 유지 및 변동의 원인이자 결과이며 순기능과 역기능이 동시에 존재한다. 갈등의 원인은 사회적으로 통제, 착취, 불평등, 지배적인 가치와의 마찰 등이다. 이런 갈등이론은 달렌도르프의 변증법적 갈등주의와 코저의 기능적 갈등주의로 분화 및 발전하였다. 전자의 경우 갈등은 대립적 모순을 내포하여 새로운 사회체계를 발생시키는 원인이 된다. 후자는 사회에서 갈등은 기능적으로 작용하여 통합이나 적응의 기제로 작용한다. 그 사회를 해체할 것인지 아니면 적응할 것인지에 따라서 차이가 존재하는 것이다(강병로, 2020).

변증법적 갈등주의이론은 사회문제를 희소자원의 불균등한 소유로 인하여 발생하는 갈등현상 또는 희소자원을 통제하는 데 있어 권위와 권력이 유형화되어 있는 것에 대한 불만적인 반응으로 보며, 사회문제의 원인은 개인에게 있는 것이 아니라 사회제도에 있다고 본다. 따라서 해결방안은 자원의 불평등한 지배를 영속화시키고 있는 기본적인 사회체제 자체를 재조직하지 않는 한 사회문제의 근본적인 해결은 불가능하다고 본다. 사회제도의 재조직은 자원의 소유와 통제를 평등화시키는 것을 보장하도록 해야 한다(최일섭 외, 2008).

기능적 갈등주의이론은 사회문제는 자원의 불평등한 분배에 대한 갈등의 결과로서 사회체계의 통합과 발전에 역기능적인 현상을 나타내고 있는 것으로 간주한다. 즉, 사회문제의 원인을 주로 사회제도에 있다고 보지만 갈등이 어느 정도 적대적 본능 때문에 유발된다는 의미에서 사회문제의 원인을 개인에게도 있다고 본다. 따라서 해결방안으로 갈등이 사회체계 내에서 존재하는 것은 피할 수 없는 현상이지만 이것은 결국 체제의 전면적인 붕괴와 변화로 이끄는 원동력이 되는 것이 아니라 오히려 현 체제의 개선과 발전에 기여하는 방향으로 작용한다고 보고 있기 때문에, 사회문제의 해결은 제도의 전면적 재조직이 아니라 단편적인 개혁, 개선, 보완으로 가능하다고 보았다(최일섭 외, 2008).

갈등이론에서 본 지역사회는 존재하는 갈등현상에 주목하고, 지역사회 내의 사회 구성원들 간 경제적 자원, 권력, 권위 등의 불평등한 배분관계에 의해 갈등이 발생하고, 이러한 갈등관계를 통해 지역사회의 변동을 초래한다. 예를 들어, 지역개발과 환경보존 간의 갈등이 존재하지만 그 갈등의 투쟁 속에서 재분배의 요구가 수용되는 등 변화를 가져올 수 있는 것이다. 이처럼 지역사회의 갈등을 부정적으로만 볼 것이 아니라 지역사회를 변화시키는 원동력으로 보아야 한다. 갈등을 극복하는 과정을 통해 지역사회 주민 간의 참여의식을 증대시킬 수 있는 가능성이 있으며, 또한 갈등을 겪으면서 더욱 역동적이고 민주적인 지역사회로 거듭나기도 한다(조성숙, 2012).

2 사회체계이론과 생태이론

1) 사회체계이론

체계는 '특정한 목표를 달성하기 위해 상호작용을 하는 물체나 요소의 집합'으로 상호작용 관계에 있는 물체나 요소들은 각기 분리되어 있으면서도(즉, 독립된 부분들이면서도) 하나의 전체(whole)를 이룬다. 사회체계는 사람이 살아가고 있는 공간과 시간의 속성이 포함된 단위로 가족, 조직, 지역사회, 문화 등이 포함된다. 사회체계의 제 구성요소는 인과적인 관계 속에서 직간접으로 관련된 복합체이며, 각각은 특정한 기간 내에 균형을 이루며 서로 관련되어 있다.

지역사회는 공동의 생활양식과 문화를 공유하고 소속감을 가지며 일정 지역에 거주하는 주민으로 구성된 집합체이다. 지역사회는 가족, 집단 및 조직과 같은 하위체계와 사회나 문화와 같은 상위체계 사이에서 중간적인 역할을 하는 중요한 사회체계다. 지역사회는 사회의 중요한 부분이며 그 자체가 하나의 사회이다. 지역사회는 그에 속한 가족, 집단 및 조직의 행동에 영향을 미치며, 또 그들에게서 영향을 받으며 변화된다. 지역사회는 주민의 공통적인 욕구를 충족시키고 문제를 해결하며, 그들을 사회화시키고 그들에게 문화를 전달한다. 또한 지역주민 각자는 지역사회와의 상호작용을 통해서 지역사회의 발전에 기여하며, 지역사회의 영향을 받는다(조흥식 외, 2010).

체계이론의 지역사회복지 실천에 대한 주요 함의는 상위체계의 변화는 지역사회 생활에 대한 변화를 창조하고, 지역사회 내 하위 단위의 행동은 그 단위 및 보다 큰 체계에 영향을 미치므로 사회복지사는 지역사회를 지역사회의 문제 그 자체에만 초점을 두는 것이 아니라 전체적 시각에서 바라보고, 동시에 지역사회 문제와 지역사회 각각의 구성체 및 외부환경과 연결된 시각에서 바라볼 수 있게 된다. 지역사회조직화의 목적은 모든 주민이 지역사회 생활에 참여할 수 있는 안정적인 지역사회의 상태로 회복하는 것이다. 좋은 지역사회는 지역사회 주민의 이익을 위하여 이러한 하위체계들이 효과적으로 작동하는 상태로 지역사회의 능력을 향상시키기 위해서는 전체로서의 지역사회 체계와 지역사회 내 다수의 사회적 단위로서 하위체계를 동시에 고려해야 한다. 지역사회를 하나의 행위자(actor)로 보며, 실천가는 지역사회의 총체적 시각을 가지고 하나의 행위자로서 지역사회가 작동하도록 개입함으로써 지역사회 문제를 해결하고자 노력해야 한다(조성숙, 2012).

2) 생태이론

생태이론은 인간이 환경의 제 요소들과 끊임없이 상호작용을 하면서 적응하고 진화한다는 데 관심을 둔다. 즉, 인간이 살아가기 위해서 인간을 둘러싸고 있는 환경과 상호 교류를 하고 이러한 교류를 통해 잘 적응하기 위해 변경 과정을 거치게 되는 것이다. 따라서 인간을 이해하기 위해서는 인간을 둘러싼 다양한 수준의 체계에 대한 이해와 동시에 이들 간의 영향을 함께 살펴봐야 한다. 생태이론의 주요 개념으로 유능성, 관계성, 역할, 적합성, 적응, 스트레스, 대처 등이 있다.

생태이론에서는 체계를 미시(micro), 중간(meso), 외적(exo), 거시(macro)체계로 구분하고 있다. 미시체계는 가장 인접한 수준의 환경을 말한다. 예를 들어, 가족과 같은 직접적 환경 내에서 이루어지는 활동, 역할, 그리고 대면적인 대인관계의 유형이다. 중간체계는 상호작용 중의 여러 미시체계를 의미하며, 가정과 학교, 학교와 직장 간의 관계와 같은 두 가지 이상의 환경에서 일어나는 과정과 연결성을 말한다. 외적 체계는 개인이 직접 참여하고 있지 않지만, 그 개인의 발달에 영향을 주는 환경체계를 말한다. 이는 두 가지 이상의 환경 사이에서 일어나는 과정과 연결성으로서 이 중 최소한 한 가지 체계는 마치 자녀에게 있어 부모의 직장과 같이 그 개인을 직접 둘러싸고 있지 않은 체계이다. 거시체계는 일반적 문화, 사회, 법, 종교, 경제, 정책과 같은 광범위한 사회적 맥락을 의미한다. 거시체계는 개인에게 직접 영향을 미치지는 않지만, 사회구조적 맥락 안에서 개인에게 간접적 영향을 미친다(권중돈, 2014).

생태이론이 지역사회복지에 주는 함의는 다음과 같다. 첫째, 당면한 지역사회 문제와 관련해서 그 문제와 관련한 지역사회의 구성요소들이 어떤 환경적 요소들과의 상호 교류 과정을 통해 현재의 구조를 이루게 되었는지를 이해할 수 있다. 즉, 지역사회의 위치적 분포, 관계, 기능 등의 다양한 측면에서 지역사회가 어떻게 현재의 모습에 이르게 되었는지를 보다 정확하게 이해할 수 있다. 둘째, 지역사회와 환경 간의 상호작용 과정에서 지역사회의 집단들은 희소자원을 위해 경쟁하며, 강자가 지역사회 생활을 지배하고 자원을 획득하지 못한 집단은 환경에 적응해야 하는데, 이때 물리적 환경은 사회구조가 어떻게 창조되었는지 정의하는 데 중요한 역할을 수행한다. 따라서 물리적 구조의 변화를 통해 지역사회의 사회생활 변화를 야기할 수 있는 것이다(조성숙, 2012).

3 사회교환이론과 사회구성론

1) 사회교환이론

교환이론은 기능주의에 대한 비판으로서 조지 호만스(George Homans)에 의해 주창된 후에, 피터 블라우(Peter Blau)의 교환구조주의와 에머슨(Emerson)의 교환망 분석 등 지속적으로 수정 및 발전되어 왔고, 기본적으로 사회적 행위의 토대를 그들의 보상과 비용이라는 측면에서 설명하고 있다(Ritzer, 2007). 이러한 교환이론은 절충주의적이고 전략적이며, 기존의 사회이론적 접근법(미시적 혹은 거시적)들과는 달리 거시적인 조망과 함께 미시적인 접근이 가능하기 때문에 사회문제에 대해 총체적이면서도 구체적인 접근이 가능하다는 장점을 가지고 있다(유종열, 2010).

사회교환이론은 사회적·물질적 자원의 교환을 인간 상호작용의 근본 형태로 파악하였고, 사회교환이론의 궁극적 관심은 인간 사회에서 관계의 유지와 종료가 어떠한 요인에 의해 주도되는가에 두었다.

모든 사회적 상호작용에는 반드시 교환이 관계되어 있어서 아무런 대가를 바라지 않고 다른 사람을 돕는 행위조차도 만족감이나 평화와 같은 반대급부가 주어지기 때문에 일종의 교환으로 볼 수 있다고 하였다. 대부분의 사람들은 이러한 교환과정에서 돌아올 보상과 지불해야 될 비용을 면밀히 검토하여 최소의 비용으로 최대의 보상을 얻을 수 있는 길을 선택한다.

사회교환이론에서 보상이나 이익은 관계에서 도출되는 긍정적 결과를 의미하는데 여기에는 심리적 안정, 사회적 지위, 만족감과 같은 심리·사회적 결과물을 비롯하여 경제적·물질적 이득까지 포함한다. 보상의 획득에는 언제나 비용이 따르기 마련이다. 교환과정 속에서 비용이 보상보다 커지게 된다면 관계는 유지되기 어렵게 되는 것이다. 즉, 어느 한쪽은 끊임없이 주기만 하고 어느 한쪽은 끊임없이 받기만 할 경우, 그 관계는 유지되기 어렵다는 것이다. 이때 불평등한 교환관계가 발생할 수 있으며, 이러한 경우에 권력구조가 생겨날 수 있다고 본다.

호만스(Homans)는 『사회행동 : 그 원초적 형태』에서, 사람들은 서로 그들에게 손실이 되는 것에 대해서는 보상을 하고, 또한 보상을 찾는 명시적인 행동을 하는 것으로 제시했다. 사람들이 보상을 교환하는 것으로 보는 견해는 행동주의적 심리학을 경제학과 결합시키고자 하는 기초를 제공하고 있다. 그러한 시도는 성공적이지 못했는데, 왜냐하면 행동주의 심리학은 사람들의 현재의 행동을 과거 행동의 강화의 유형으로서 설명하는 반면 경제학은 사람들의 과거의 행동을 미래에 기대되는 이익의 측면에서 설명하기 때문이다(고영복, 2010).

블라우(Blau)에 따르면, "권력 불균형을 시정하기 위해 힘이 없는 사람이나 집단이 취할 수 있는 행동은 힘이 있는 사람이나 집단에게 복종을 보이는 것이다. 그런데 이렇게 끊임없는 복종을 받기 위해서는 힘이 있는 사람이나 집단은 지속적으로 무언가를 힘이 없는 사람이나 집단에 제공해야 하는데, 유한한 자원 속에서 무한히 제공하기에는 한계에 봉착할 수밖에 없다. 이러할 때 권력이 있는 집단이 물리력을 동원하여 힘이 없는 집단을 억누르려 한다면, 그 자체가 갈등을 유발시킬 수 있게 된다. 힘이 없는 집단은 이러한 억압에 저항하여 자신의 위치를 억압받지 않는 위치에 놓으려 온갖 노력을 기울이려 하기 때문이다".

에머슨(Emerson)의 교환이론에서 가장 주목해야 할 부분은 바로 불균형한 교환관계를 바로잡기 위한 균형화 전략(balancing operations)이다. 이러한 균형화 전략은 교환관계에서 발생하는 불균형으로 인해 발생하는 다양한 사회문제들에 대해 정책적 대안을 모색하는 데 매우 유용하게 사용될 수 있기 때문이다. 먼저, 에머슨은 자원투자의 철회, 권력관계망의 확대, 자격 및 지위의 획득, 연합적 행위 형성 등의 균형화 전략을 제시하였고(Emerson, 1962), 이와 유사한 맥락에서 블라우는 다른 사람들의 도움을 강제하기, 필요한 것에 대한 다른 출처 찾기, 필요한 것 없이 지내기, 다른 사람의 보상에 상응하는 교환자원(일반화된 크레딧 : generalized credit) 제공 등을 제시하였다(Ritzer, 2007).

지역사회에서 지역주민의 욕구를 충족시키기 위한 다양한 활동을 한다. 그러한 활동에 있어 자원개발, 자원연계 등과 같은 활동을 수행하는 과정에서 교환이 이루지게 된다. 자원을 가지고 있는 자와 자원을 필요로 하는 자 간에 자원획득을 위해 동등한 가치의 다른 자원으로 보상을 하거나 다른 보상의 원천을 개발하거나 강제력을 사용하는 등의 다양한 균형전략을 펼칠 수 있다.

• 하드캐슬(Hardcastle)의 권력[17] 균형 전략

① **경쟁** : 교환에 참여하는 대신 다른 자원을 모색하는 전략
A가 필요한 자원을 B가 독점하고 있을 경우 A는 B에 종속되며 B는 A에게 권력을 행사할 수 있다. 이러한 경우 A는 B와의 교환을 포기하고 C나 D와 같은 다른 사람에게 필요한 자원을 얻는 방식을 선택한다. 그러면 B의 힘은 줄어들게 된다.

② **재평가** : 필요한 자원에 대한 평가를 다시 하여 새로운 해석을 하는 전략
A가 B의 자원에 대해 새로운 평가를 내려 B에 대한 종속을 피하는 전략이다. 가치나 이념의 변화에 따라 A가 B의 자원에 대해 관심을 덜 갖게 되면 A에 대한 B의 통제력은 약화된다.

③ **호혜성** : A와 B가 서로에게 필요한 교환관계임을 인식함으로써 A와 B의 관계가 상호 독립적이고 동등한 관계로 전환되도록 하는 전략
A가 필요한 자원을 B가 가지고 있고, A는 잠재적 거래파트너로서 B에게 장점을 갖게 된다면 둘 사이의 의존적 관계는 독립적 관계로 변화될 수 있다.

④ **연합** : 특정 조직이 가지고 있는 자원을 얻기 위해 자원이 필요한 조직이 제3의 다른 조직과 협력하는 전략
A가 혼자서 부족한 힘을 키우기 위해 B에 종속되어 있는 C, D 등의 조직들과 힘을 합쳐 B의 권력에 대항할 수 있다.

⑤ **강제** : 자신이 원하는 자원을 힘으로 장악하는 전략
물리적인 힘을 동원하거나 위협을 하는 전략으로 때로 사회복지실천의 윤리와 상충되어 사회복지 조직에서는 수용하기 어렵다. 그러나 정당한 방법인 집회, 파업 등이 있을 수 있다.

2) 사회구성주의이론

사회구성주의는 사람들이 자신의 환경에서 수동적으로 자극과 반응에 의해 지식을 갖게 되는 것이 아니라 적극적으로 그 세계에 관여하여 자기가 이해하는 개념을 새로 구성해 간다고 보는 구성주의 이론의 한 부류이다. 사회구성

17) 하드캐슬은 교환관계에서 권력은 교환 상대방이 필요로 하는 자원을 통제할 수 있는 능력이 어느 정도 있는지를 의미한다고 보았다.

주의이론은 과학지식은 객관적이고 보편적이지 않고 사회적으로 구성된다고 간주한다. 즉, 지식은 어느 한 개인의 머릿속에 담겨있는 것이 아니라 사람들이 함께 하는 어떤 것으로, 객관적 현실이란 사회적 구성의 산물로서 문화나 역사 정치 혹은 경제적 조건들의 영향을 받는다. 가치나 규범, 신념, 태도, 전통, 그리고 관습은 여러 다양한 문화적 집단마다 다르게 나타나며 지식에 대한 사회적 구성도 마찬가지다(고미영, 2005).

사회구성주의이론은 개개인들이나 집단이 바라보는 사회의 현실을 어떻게 구성해내는지에 관심을 가진다. 우리가 현실적으로 진실이라고 믿고 있는 실재는 사회적 구성원들 간의 상호작용을 통해 만들어지기도 하고 파괴되기도 하며, 진실을 드러내기도 하고 가리기도 한다. 이러한 실재는 어떤 과학적 방법을 통해 검증하고 밝혀지는 객관적 진리를 담고 있는 것이 아니라 다양한 현실들을 반영하는 것이다.

지역사회에서 일어나는 다양한 현상들은 어느 누구의 맥락에서 바라보느냐에 따라 문제가 되기도 하고 문제가 되지 않기도 한다. 예를 들어, 층간소음의 문제는 문제라고 여기는 아래층 사람의 맥락과 문제라고 여기지 않는 위층 사람의 맥락의 상호작용에 의해 만들어지는 것이지 객관적인 사실로서의 문제가 존재하는 것은 아닌 것이다. 이러한 문제에 대한 사회복지적 개입은 다양한 수준의 사고와 각기 다른 인지적 구조를 인정하는 데서 출발해야 한다. 그리고 그들이 가지고 있는 다름(예를 들어, 성, 인종, 사회적 지위, 주관성 등)을 존중해야 한다.

사회현상은 우리와 클라이언트의 세계를 구성하는 의미망에 담겨져 있어서 효과적인 사회복지실천을 위해 클라이언트가 가정하는 세계를 이해하는 기술이 필요하다. 그리고 지역사회복지 실천가는 사회·경제·정치적 구조가 어떻게 클라이언트 행동에 영향을 미치는지 이해하고, 클라이언트의 문화적 가치와 규범에 대한 의미를 해석해야 한다. 그리고 실천에 영향을 미치는 문화상징과 의미를 결정하기 위해 다른 사람들과의 대화가 필요하다. 다양한 문화적 배경을 가진 클라이언트와의 지속적이고 집중적인 대화과정이 강조되어야 한다(조성숙, 2012).

4 권력(힘) 관련 이론

1) 권력의존이론

권력의존이론에서 조직은 자원에 의존하며, 의존과정에서 의존-피의존 관계가 발생한다고 간주하였다. 어떤 관계를 참여자가 활용 가능한 자원의 크기에 의해 결정되는 권력균형의 교환과정으로 파악하였다. 예를 들어, 중앙정부와 지방정부 사이에 서로 다른 자원의 크기에 의해 지방정부는 중앙정부에 의존적이라고 볼 수 있다. 지역주민이나 집단 또는 조직의 힘(여기서의 힘은 물리적 힘뿐 아니라 정치적 그리고 경제적 힘을 모두 포함)의 소유 여부가 지역사회의 발전에 중대한 영향을 미친다는 것을 강조하였다. 즉, 지역 안에 존재하는 조직들이 어떻게 힘을 얻고 또 분산시키는지를 이해하는 데 사용될 수 있다.

지역사회복지 측면에서 보면, 자원 제공자와 수혜자들 간의 관계에 힘이 내재하고, 외부재원 관련 수요는 사회변화를 위해 싸우는 지역사회의 조직력을 제한한다. 사회복지서비스 조직들은 생존의 차원에서 외부의 재정적 지원에 의존할 수밖에 없다. 이로 인해 외부의 재정지원자에 대한 지나친 의존은 조직의 목적 상실, 자율성 제한 등 부정적 영향을 가져올 수 있다. 많은 사회복지기관들이 정부의 후원금에 의존하고 있으며, 지역사회의 조직들도 정부의 보조금에 의해 조직을 운영할 수 있다. 정부조직으로부터 자원을 제공받는 민간조직들은 정부조직에 의존하게 되고 정부조직의 문제점이나 서비스·프로그램에 대한 비판을 자제하게 된다. 따라서 정부의 지원금을 받은 조직은 정부의 요구를 수용할 수밖에 없으며 결국 클라이언트와의 상호작용(서비스 제공)에 있어서 정부의 정책이 강화되는 결과를 낳는다. 또한 무료 사회서비스 수혜자는 서비스 불이익의 가능성 때문에 자신들에 대한 옹호를 꺼리게 되고 직업, 정치적 원조, 기타 자원을 받는 수혜자들은 자원제공자를 지지하거나 투표를 하게 된다(조성숙, 2012).

2) 자원동원이론

자원동원이론은 사회적 불만의 팽배를 사회운동의 직접 원인으로 보는 전통적 시각을 비판하는 데서 출발했다. 사회에는 집합행동이 일어날 수 있는 여건(즉, 대규모의 사회적 불만)이 항상 존재하는데, 사회운동은 집합적 정체성을 필요로 한다고 보았다. 조직을 만들고 움직이는 데는 자원이 필요하고, 이 자원의 유무에 따라 운동의 성패가 결정된다고 간주하였다. 자원동원 과정의 첫 번째 과제는 사람을 모으는 일이며, 사람을 모으는 일은 조직의 철학과 이념을 잠재적 조직원에게 얼마나 잘 전달하느냐에 달려있다.

이 이론은 지역사회복지의 측면에서 어떻게 해야 지역사회복지 실천에 필요한 권력을 얻거나 증대시킬 수 있을 것인가에 관해 의미 있는 시사점을 제공한다. 의사결정 과정에 참여하지 못하는 소수집단들이 사회운동을 주도하게 되는데, 공개항의는 지역사회의 쟁점에 대해 사회적으로 널리 알릴 수 있다. 이러한 지역사회운동은 구조(조직)를 필요로 하고, 성공은 시위에 참가한 사람들의 집합적 정체성에 의해 결정된다. 그러나 자원동원을 위해 외부자원에 의존하다 보면, 조직의 자율성과 역동성이 약해질 가능성이 있음을 유의해야 한다(조성숙, 2012).

3) 엘리트이론

지역사회의 의사결정 구조에 있어서 권력이 어디에, 어떻게 집중 또는 분산되는지와 그들이 갖는 이해관계와 영향력 등을 정확하게 이해하는 것이 중요하다. 엘리트이론과 다원주의이론은 서로 상이한 주장을 전개하는데, 지역사회 의사결정 구조에 초점을 맞춰 엘리트이론은 권력구조의 집중을, 그리고 다원주의이론은 권력의 다원화를 설명한다.

엘리트이론은 정책이 집단 사이의 갈등이나 요구를 통해 만들어지는 것이 아니라 파워엘리트 또는 지배엘리트에 의해서 결정된다고 보는 이론이다. 정부・군대・경제연합조직 등 대규모의 사회조직에서 조직을 이끄는 사람 또는 집단을 엘리트라고 보고, 중앙 및 지방의 엘리트들로 구분한다. 권력은 조직을 이끌고 통제할 수 있는 능력과 그 지위에 의해 결정된다.

고전적 엘리트이론은 어떤 사회나 조직체에 집단이 생기면 소수 엘리트에 의한 지배가 이루어질 수밖에 없다는 입장이다. 이때 엘리트는 책임·사명·능력 등 세 가지 요소를 가지고 있는 소수의 창조적인 능력의 소유자를 의미한다. 이러한 소수 엘리트가 하나의 사회를 통치하고, 다수인 대중들은 이들의 결정이나 의견을 따른다고 본다. 다원주의자들은 이 이론에 대해 객관적인 실증이 결여되어 있고, 다양하고도 복잡한 인간의 성격을 단순화한 상태로 우열을 구분하여 이론화함으로써 파시즘의 이론적 기반이 되었다고 비판하였다.

신엘리트이론은 정치권력은 이중성이 있는데, 하나는 정책결정을 할 때 그 힘을 휘하고, 다른 하나는 정책결정을 하기 위한 정책문제를 선택할 때 영향력을 행사한다는 입장이다. 엘리트들은 안전한 쟁점에 대해서만 논의하고 불리한 문제에 대해서는 외면하는 무의사결정을 하며, 이때 은밀하게 권력을 행사한다고 보는 것이다. 고전적 엘리트이론과 같이 엘리트는 다른 계층에 대한 책임은 지지 않는다.

지역사회복지 실천에 있어서 엘리트 집단이 누구이며 어떠한 관계가 서로 얽혀있는지, 그리고 어떠한 정책적 방향을 가지고 있는지를 면밀히 분석한다면, 만약 지역사회복지 실천가가 어떤 특정 정책이나 서비스를 펼치고 싶을 때 지역사회 내 유력인사 중 누구에게 접근해야 하는지, 그 사람은 어떠한 성향인지를 쉽게 알 수 있을 것이다.

4) 다원주의이론

다원주의이론은 소수의 지배집단인 엘리트가 정부의 모든 정책영역에서 지배적인 영향력을 행사한다고 주장하는 엘리트이론과 대비된다. 이들은 어떤 단일한 제도 또는 제도적 집합체도 지배적인 것은 없다고 전제한다. 사회는 오히려 여러 상충되는 목표를 가진 수많은 이익집단들로 구성되거나 특별한 문제를 중심으로 일시적으로 연합하는 변화무쌍한 연합체로 구성되어 있다는 것이다.

다원주의이론은 정책과정에 영향을 미치는 힘은 각종 이익집단과 잠재집단 등 다양한 경쟁적 사회세력에 널리 분산되어 있으며, 엘리트는 대중의 선호에 민감하게 반응하기 때문에 정책과정이 지배엘리트의 이익에만 부합되도록 전개되기보다는 다양한 대중의 선호가 반영되는 정책과정이 전개된다고 주장한다. 따라서 상충적인 이익집단이 정치적 영역에서 서로 경쟁하거나 협상하는 과정 속에서 권력은 다소 민주주의적으로 운영된다. 그리고 공공정책이라는 것은 경쟁하는 집단들이 내린 타협과 협상의 결과로 나타나는 것이며, 대중은 선거와 조직적인 참여를 통하여 엘리트에 대해 상당한 영향을 미칠 수 있다고 본다.

지역복지에 대한 영향력을 행사할 수 있는 집단들이 다원화될 수 있으며, 시민들이 실제로 큰 권력을 가지고 정책결정 과정에 영향력을 행사할 수 있다. 이때 지역사회 문제에 대해 시민집단이 갖는 이해관계와 영향력 등의 정확한 이해, 그리고 관련 전문가들의 영향력 등에 대한 정확한 이해가 지역복지실천 과정을 보다 효과적이고 효율적으로 발전시킬 수 있다.

5 사회적 자본이론과 사회연결망이론

1) 사회적 자본이론

사회적 자본의 개념 출현은 1960년대 초 미국의 경제학자(Johnson, Schultz, Beeker)들이 인적 자본이라는 개념을 도입하고 비슷한 시기 부르디외(Bourdieu)가 문화적 자본(cultural capital)이라는 개념을 사용하기 시작하여 1980년대 들어 사회적 자본이라는 개념을 소개하였다(김태준, 2010).

부르디외, 콜맨, 퍼트넘[18] 등 많은 연구자들의 개념 정의에 근거하여 OECD (2000)는 사회적 자본이란 집단 내 혹은 집단 간의 상호협력을 촉진하는 네트워크, 규범, 가치, 이해라고 정의하였다. 이는 상호협력을 촉진하는 데 있어서 규범과 네트워크의 중요성을 강조한다. 개념 정의의 객관적인 요소를 구성하는 네트워크는 상호 연계적 행동을 하는 행위자의 행동과 관련된 것이며 규범, 가치, 이해 등은 행동 규범과 규제 뿐 아니라 개인과 집단의 주관적인 성향과 태도와 관련된 것이다. 이러한 사회적 자본은 인적 자본이나 물리적 자본과 다른 점이 있다. 사회적 자본은 공공재이다. 특정 개인의 배타적인 자산이기보다는 사람들 간의 관계와 관련이 있고, 집단에 의해 공유된다. 따라서 공공재인 사회적 자본은 인적 자본처럼 외부적 효과를 가지고 있으며, 사회 전체의 시간과 노력을 투자하여 생산되지만 인적 자본이나 물리적 자본보다 덜 직접적인 방식으로 생산된다. 또한 사회적 자본은 문화와 행동 규범의 산물이다. 사회적 자본은 개인보다는 개인 간의 관계에 존재하므로 사회적이고 장기간에 걸쳐 사회 전체에 수익을 가져다주는 자원으로서의 성격을 가지고 있다 (OECD, 2001).

사회적 자본은 어떻게 형성되는가? 사회적 자본은 가족, 공동체, 회사, 국가적 행정부, 여타 기관들의 수준에서 만들어진다. 특히 사회적 자본은 시민사회에서의 관계와 깊은 연관을 가지며, 신뢰와 네트워크는 공공 조직과 제도를 포함한다. 그리고 사회적 자본은 공공과 법적 실제를 포함하는 규범과 제도로 구체화된다(홍영란 외, 2006).

사회적 자본의 긍정적 효과(우천식, 2006)로 첫째, 경제적 효율성과 생산성의 제고를 들 수 있다. 시장을 통한 경제행위의 거래비용과 기회주의적 행동에 따른 무임승차 문제를 감소시킴으로써 시장실패 문제를 보정하고 시장거래를 활성화하여 효율성을 제고한다. 둘째, 개인의 복리 증진이다. 경제적 보상과는

18) ① 물적 자본 : 화폐, 에너지, 귀금속, 부동산, 광물 등 눈으로 가치를 확인할 수 있는 대부분의 자원
② 인적 자본 : 인간에게 귀속되어 있는 기술, 전문성, 자격증, 노하우, 정보 등의 고유 능력
③ 사회적 자본 : 구성원들의 상호 관계 속에서 존재하는 형태의 자원, 공동체나 관계망이 형성되어야 비로소 작동하는 자본. 제3의 자본

별도로 소속감 · 정체성 · 소통만족 등 사회적 보상을 제공함으로써 개인의 후생을 증진시킨다는 것이다. 셋째, 사회통합 기반의 강화이다. 구성원 간의 자발적인 재원 이전을 가능하게 함으로써 비공식적 사회 안전망, 자발적 복지체제 구축 등을 통해 시장 및 정부 기능에 의존하는 사회복지체제를 보완할 수 있다는 것이다.

지역사회 그리고 공동체 차원에서 이러한 사회적 자본이 굳건하게 잘 형성이 되면 지역사회에서 발생하는 다양한 문제의 원인으로 지역주민 간의 신뢰 부족이나 네트워크의 부재로 인해 일어나는 결과는 자연스럽게 해결될 수 있다. 최근 마을공동체운동이나 마을만들기와 같은 활동은 사회적 자본 형성을 통해 공동체성을 회복하고자 하는 움직임으로 볼 수 있다.

그러나 사회적 자본의 부정적 효과로 사회적 자본이 때로 역기능을 초래하거나 비생산적인 결과를 초래할 수 있다는 비판도 제기되고 있다. 구체적으로 살펴보면 강력한 유대관계와 신뢰는 네트워크에 포함된 집단 구성원들에게는 이익을 주지만 배제된 사람들은 손해를 입을 수 있기에 '배타적 결속행위'는 사회통합과 개인 발전에 장애요인으로 작용될 수 있다. 게다가 하나로 묶는 공동체 생활은 개인의 자율성을 감소시킬 수도 있다. 빈민굴이나 마약카르텔처럼 편협된 네트워크는 사회의 전체 이익에 반하는 역기능을 초래할 수 있다. 사회적 자본에 대한 장기간의 투자는 금액으로 환산되지 못하기 때문에 투자가 적절하지 않은 경우 비생산적일 수 있다.

2) 사회연결망이론

사회연결망은 관계적 인간관에 입각한 인간의 행위와 사회구조의 상호관계를 설명하는 이론으로(김용학, 2004), 관계적 인간관계(relationalconceptofman)는 인간이 관계망에서 자신이 놓인 위치나 놓여있는 연결망의 구조에 따라 달리 행동하는 존재라고 본다(송재진, 2009). 즉, 각 개인의 상호작용 연결망은 행위를 통해 재생산되고 유지되며, 동시에 개인들에 의해 생겨나는 연결망의 전체구조는 그들의 행위에 영향을 미친다는 것을 기본 논리로 하고 있다. 이렇듯 사회연결망이론은 복잡하게 얽혀있는 현대사회에서 변화되는 다양한 사회 현상을 규명하는 데 아주 효과적인 이론이라 할 수 있다.

연결망이론은 특정한 형태의 연결망 안에 자리 매겨져 있는 행위자의 위치가 그들의 의식이나, 효용, 행위에 대한 보상에 대해서까지도 영향을 미친다는 데 초점을 둔다. 연결망의 중앙에 놓여있는지, 변방에 놓여있는지, 혹은 외톨이인지 아닌지에 따라 의견의 차이를 보이기도 하며, 군집에 연결이 없는 경우에 발생하는 갈등은 종종 더 첨예하여 해결하기에 어려움을 겪는다. 이처럼 사회연결망이론은 사회구조를 분석 대상으로 하며 개인의 개별적 속성에서 개인의 관계적 속성으로 중심을 옮긴 이론으로서 미시현상과 거시현상을 통합하고 연결하는 이론을 구축할 수 있는 틀을 제공한다. 따라서 사회연결망이론은 미시적인 행위자가 일상생활에서 맺는 관계의 망이 사회구조의 강압에 의해 이루어짐과 동시에, 매 순간 거시적인 사회구조를 창출한다고 이론화한다는 점에서 기든스(Giddens)의 이론과 일치한다(김용학 외, 1992).

사회연결망의 구조적 특성으로 크기(사회적 관계망의 규모), 강도(사회연결망 구성원들이 서로 알고 상호작용하는 정도), 범위(한 개인이 서로 다른 집단에 속한 행위자들과 어느 정도 연결되어 있는지)로 살펴볼 수 있다.

대부분의 사람들은 일상생활 속에서 다양한 사람들과 조직들과 상호작용을 하면서 만들어진 관계망을 가진다. 그 연결망 내 전체 구성원이 서로 간에 얼마나 많은 관계를 맺고 있느냐에 따라, 전체 연결망에서 어느 위치에 위치하느냐에 따라, 어느 정도 가깝게 있느냐에 따라 사회적 교환체계를 형성하게 되면서 삶의 질에 영향을 미치게 된다. 어떠한 사회연결망을 구성하느냐에 따라 개인 또는 조직 나아가 지역사회에 긍정적 또는 부정적 영향을 미칠 수 있다. 지역사회 내에서 사회연결망의 행위와 구조적으로 상호작용이 이루어지면 사회적 자본이 형성되어 공동체성이 강화되지만, 그렇지 못한 경우 고립 또는 단절로 사회적 배제를 경험하고 복지사각지대도 발생하게 되는 등 다양한 문제가 발생할 수도 있다.

사회연결망이론이 지역사회복지에 주는 함의로는 지역사회 기능 중 상호지지체계와 협력체계의 구축을 통한 지역사회의 발전을 강조한다. 사회연결망은 단순히 자원의 교환이 일어나는 장을 넘어서 지역주민들이 문제를 인식하고 문제에 대해 소통하는 장이자, 문제해결을 위해 참여하는 장이기도 하다. 즉, 지역주민의 의사소통 기구, 문제해결 기구 및 정보교환 기구로서 작용한다. 사회연결망은 조직 간의 사회서비스 영역 조정, 협의, 프로그램 공유, 조직능력 건설, 구성원 훈련을 위한 수단 등의 기능을 수행하게 한다. 이처럼 사회연결망은 사회적 자본의 주요 요소이므로 사회연결망 활용을 통한 개입이 효과적이다(조성숙, 2012).

CHAPTER 05

지역사회복지의 실천모델

지역사회복지는 매우 포괄적인 개념으로 전문 혹은 비전문 인력이 지역사회 수준에 개입하여 지역사회에 존재하는 각종 제도에 영향을 주고, 지역사회의 문제를 예방하고 해결하고자 하는 일체의 사회적 노력을 의미한다. 주요 목표는 지역사회 주민의 복지 증진으로, 이러한 목표 달성을 위하여 다양한 실천 모델이 있다. 본 장에서는 이러한 지역사회실천 모형을 유형화하여 살펴보고자 한다. 대표적으로 로스만(Rothman)의 모델(지역사회개발, 사회 계획 및 정책, 사회행동 모델), 테일러와 로버츠(Taylor & Roberts)의 모델(프로그램 개발 및 조정, 계획, 지역사회연계, 지역사회개발, 정치적 권력 강화), 웨일과 갬블(Weil & Gamble)의 모델(조직화, 계획, 사회변화 모델)을 중심으로 살펴보고자 한다.[1)]

1 로스만의 모델

지역사회복지를 실천하는 방법은 시대와 상황에 따라 다양하다. 이 다양한 방법을 이론적인 모델로 정리하는 방식 역시 한두 가지가 아니다. 로스만의 세 가지 모델은 그중에서도 가장 오래되었을 뿐만 아니라 가장 널리 알려진 것이다. 로스만(Rothman, 2001)은 지역사회조직을 한 가지 형태로 보지 않고 적어도 세 가지 다소 독특한 모델-지역사회개발(locality development), 사회 계획 및 정책(social planning/ policy), 사회행동(social action)-로 구분하였다. 구체적인 내용은 다음과 같다.

1) 지역사회복지 실천 모델은 오정수·류진석(2013), 홍현미라 외(2010)의 내용을 중심으로 참조하였다.

1) 지역사회개발 모델

지역사회개발 모델은 지역사회의 변화를 가장 효과적으로 이룩하기 위해서는 광범위한 주민들을 변화를 위한 목표 결정과 실천행동에 참여시켜야 한다는 전제에서 나온 지역사회복지사업의 한 형태이다. 지역사회의 문제나 욕구를 다룰 때 주민들의 자조(self-help)정신을 강조한다. 지역사회 주민이 지역사회 현안에 참여하여 서로 토의하는 민주적인 절차와 주민들 사이에서 지역사회 문제를 해결하기 위한 자발적 협동을 중요시한다. 그리고 주로 교육적인 방법을 통해 주민들 가운데 토착적 지도자를 양성하고 그 지도력을 개발하여 지역사회 문제에 대한 주민들의 참여의식을 고취시킨다. 도시지역에서 전개되는 지역복지관의 지역개발사업, 자원봉사운동, 주민들의 태도와 의식 변화에 초점을 두었던 새마을운동, 지역사회교육운동, 경제개발 등이 이 모델에 속한다.

지역사회개발 모델은 기본적으로 능동적이고 자발적으로 기능하는 지역사회를 상정하면서 접근하므로 시민의 자발성, 자조적 활동, 역량증진, 내부 구성원 간 관계 형성 등이 매우 중요한 요소이다. 그러나 지역적 자발성의 한계를 지적할 수 있다. 실제로 많은 지역사회개발 프로그램들이 외부단체로부터 재정적·기술적 지원을 받아 전개되기 때문에 지역자발성 등의 기본 원칙과 거리가 멀 뿐만 아니라 이러한 외부적 환경에의 의존은 근본적으로 딜레마를 생성할 수 있다. 하디나(Hardina, 2002)는 지역사회개발 모델의 한계로 첫째, 지역사회의 변화노력을 위해 지역사회의 관련 집단 간의 합의와 협력을 이끌어 내기가 용이하지 않다는 점, 둘째, 지역사회의 관련 집단이 성, 계급, 인종 등과 관련된 경계를 초월하는 공통의 이해관계를 가지고 있다는 가정의 현실성 문제, 셋째, 실질적인 정책결정자가 사회변화를 지지할 수 없는 경우 지역사회개발을 위한 협상을 거부할 수 있는 권력구조의 문제 등을 언급하였다(Hardina, 2002, 오정수·류진석, 2013 재인용).

2) 사회 계획 및 정책 모델

청소년 비행, 주택, 정신건강 등과 같은 사회문제를 해결하기 위해 기술적 과정을 강조하는 모델이다. 따라서 전문가가 개입하여 지역사회사업의 과정을 주도해 나가고 욕구가 있는 주민들에게 물자와 서비스를 제공함으로써 주민들은 수혜자의 역할에 머무르게 된다. 현대의 복잡한 사회환경을 변화시키려면 전문성을 지닌 계획자의 역할이 중요하고, 전문가는 자료를 수집·분석하여 전망을 하고 그에 입각한 프로그램의 계획과 평가까지 담당하게 된다. 이러한 가정에 따라 지역주민의 참여보다는 기술적 합리성을 더욱 중요하게 생각하였다. 즉, 과업의 성취에 역점을 두며, 주로 전문가 등의 외부에서 수립된 원대한 계획을 통한 위로부터의 강제를 강조하고 본질적으로는 기술적인 활동임을 강조하였다. 따라서 지역사회개발 모델에서 강조하는 지역사회의 문제해결 능력을 배양한다거나, 세 번째 모델인 사회행동 모델에서 강조하는 근본적인 사회변혁을 증진시키려는 것은 중요하지 않다. 정부의 도시계획국 등의 기관에서 하는 도시정비 업무, 공동모금기관이나 지역사회복지협의회와 같은 조직에서 추진하는 여러 가지 정책이 사회계획 모델에 속하는 대표적인 지역사회복지 실천 사례이다.

하디나(Hardina, 2002)는 사회계획모델의 한계로 첫째, 계획가가 무제한적인 시간과 자원을 가지고 있지 않다는 점, 둘째, 계획과정의 합리성을 전제하고 있기에 문제해결과정에 미치는 정치적 영향력은 고려하지 못하고 있다는 점 등을 언급하였다(Hardina, 2002, 오정수·류진석, 2013 재인용).

3) 사회행동 모델

사회행동 모델은 지역사회에서 억압받고 소외된 주민들이 사회정의와 정치적 공평성의 입장에서 사회·정치·경제적으로 보다 나은 처우를 받을 수 있도록 해주는 활동을 말한다. 따라서 지역사회의 기존 제도(교육, 취업, 복지, 보건, 가치관 등)와 현실에 대한 근본적인 변화를 추구한다. 사회행동 모델의 일차적인 가정은 부당한 대우나 불이익을 받는 집단이 사회에 존재하며, 이들은 집합적 행동을 통해 공정한 자원 배분과 동등한 대우를 요구할 필요가 있다는 것을 강조하였다. 지역사회개입은 권력 및 자원의 재분배와 의사결정 과정에 주변 집단을 참여시키는 것을 포함하는 지역사회의 근본적 변화를 목적으로 한다. 사회행동 방식의 실천가들은 가난하고 억눌리고 소외된 사람들의 이익을 위해 일하면서 이들의 역량을 강화시키는 일에 역점을 둔다. 따라서 사회행동모델의 방식은 다분히 적대적이며, 사회정의를 지배적 이념으로 삼는다. 소수인종집단을 위한 인권운동, 철거빈민의 생존권을 위한 학생운동, 여성해방 혹은 여권신장 운동, 노동자의 권리를 위한 노동조합운동, 신체장애인이나 정신장애인 혹은 노숙인 등의 취약계층을 위한 복지권운동, 소비자보호운동, 환경보호운동, 철거빈민운동 등이 이 모델에 해당된다.

하디나(Hardina, 2002)는 사회행동 모델의 한계로 첫째, 일부 실천가는 지역사회 상황에서 실천활동을 대결활동(confrontation)으로 제한하고 있다는 점, 둘째, 일부 조직가와 지역사회 구성원이 대결전략에 대해 주저할 수 있다는 점, 셋째, 윤리적 이슈와 관련된 것으로 대결형태의 불법성이 있을 수 있고 긴급상황에서 사용될 수 있어 조직가와 조직 구성원이 위험에 놓일 수 있다는 점 등을 언급하였다(Hardina, 2002, 오정수 · 류진석, 2013 재인용).

4) 지역사회개발, 사회계획, 사회행동 모델의 비교

위에서처럼 로스만은 세 가지 개입 유형을 제시한 다음 12개의 이른바 실천변수를 기준으로 이 모델들의 특성을 상세히 비교하였다. 12개의 실천변수는 지역사회 활동 목표, 지역사회 구조와 문제상황에 관한 전제, 변화전략, 변화전술과 기법, 사회복지사의 역할, 변화의 매개체, 권력구조에 대한 지향성, 수급자 체계(지역)의 범위 정의, 지역사회 하위 부분의 이해관계에 대한 전제, 수혜집단에 대한 인식, 수급자 개념, 수급자 역할의 개념, 임파워먼트의 활용에 대한 인식 등이다.

〈표 5-1〉 로스만의 지역사회실천 모델 비교

구분 \ 모델	지역사회개발 (local development)	사회 계획 및 정책 (social planning/ policy)	사회행동 (social action)
지역사회 활동 목표	지역사회의 활동능력과 통합, 자조(과정목표)	지역사회 문제의 해결 (과업목표)	권력관계와 자원의 변화, 기본적인 제도 변화 (과업목표 및 과정목표)
지역사회 구조와 문제상황에 관한 전제	지역사회의 상실, 아노미 관계 및 민주적 문제해결 능력의 결여 정태적·전통적 지역사회	실질적인 사회문제, 정신 및 신체적 건강문제, 주택, 여가 등	사회적 고통을 당하고 있는 사람, 사회부정의, 박탈, 불평등
변화전략	문제 결정 및 해결에 다수의 사람 참여	문제에 관한 자료 수집과 최적의 합리적 행동조치 결정	이슈의 구체화와 표적대상에 대해 조치를 취할 수 있도록 주민 동원
변화 전술과 기법	합의, 지역사회 집단 간, 이해관계 간 상호 의사소통, 집단토의	합의 또는 갈등	갈등 대결, 직접행동, 협상
사회복지사의 역할	조력자-촉매자, 조정자, 교사	사실 수집자, 분석자, 프로그램 실행자와 촉진자	옹호자, 선동자, 중개자, 협상가
변화의 매개체	과업지향적인 소집단 활용	공식조직과 객관적인 자료 활용	대중조직과 정치과정 활용
권력구조에 대한 지향성	협력자로서 권력구조의 구성원	고용주와 후원자로서 권력구조	활동의 외부표적으로서 권력구조 타도되거나 강요된 억압자
수급자 체계(지역)의 범위 정의	지리적 측면에서의 전체 지역사회	지역사회 전체 또는 지역사회 일부	지역사회 일부
지역사회 하위 부분의 이해관계에 대한 전제	공통의 이해관계 및 조정 가능한 차이	이해관계의 조정 가능 또는 갈등	쉽게 조정할 수 없는 갈등적 이해관계, 자원의 희소성
수급자 개념	시민(citizens)	소비자(consumers)	희생자(victims)
수급자 역할의 개념	상호작용적 문제 해결 과정에의 참여	소비자 혹은 수령자	고용주, 지역사회 구성원, 회원

임파워먼트의 활용	협동적이고 의사결정을 할 수 있는 지역사회 능력 구축, 주민의 개인적 주인의식 고취	소비자의 서비스 욕구 규명, 소비자의 서비스 선택의 정보 제공	수급자 체계(지역사회)를 위한 객관적 권력인 지역사회 의사결정에 영향을 미치는 권리와 수단의 획득, 참여자의 주인의식 고취

5) 로스만의 혼합모형

로스만은 자신의 세 가지 유형이 상호 배타적인 것이 아니라는 점을 강조하였다. 다시 말해서, 유형 간의 중복 또는 혼합이 얼마든지 가능하다는 것이다. 그는 대표적으로 세 가지 혼합 유형(개발/ 행동 유형, 행동/ 계획 유형, 계획/ 개발 유형)을 제시하였다.

개발/ 행동 유형은 과정에서는 개발 유형의 특성을 보이면서 목적에서는 사회행동 유형을 따른다. 여성운동과 풀뿌리 대중운동을 개발/ 행동 유형의 사례로 들 수 있다. 이러한 운동조직에서는 내부적 민주주의와 합의를 강조하면서도 궁극적으로는 근본적인 사회 변화를 추구한다.

행동/ 계획 유형은 사회행동과 사회계획 모델의 특성이 함께 나타난다. 소비자운동이나 환경운동이 여기에 속한다. 이와 같은 운동조직은 소비자보호와 환경보호를 위해 다양한 형태의 사회행동 전술을 펼치는 동시에 문제해결을 위한 과학적 조사와 연구도 병행한다.

계획/ 개발 유형은 사회계획에 개발적 요소가 가미된 유형으로 가령 새로운 서비스 프로그램을 개발하려는 지역사회복지관이 계획과정에서 전문가 위주의 관행을 버리고 주민의 참여를 강조한다면, 사회 계획 및 개발 모델이 속할 수 있을 것이다.

2 테일러와 로버츠의 모델

테일러와 로버츠(Taylor & Roberts)는 로스만의 기본 3모델을 중심으로 프로그램 개발 및 조정 모델, 지역사회연계 모델을 새로 추가하여 다섯 가지 모델을 제시하였다. 실천방법의 각 변인, 대안적 전략, 의사결정 영향 정도에 따라 후원자와 클라이언트가 어느 정도 결정권한이 있느냐에 따라 【그림 5-1】과 같이 다섯 가지 모델로 구분하였다.

첫째, 프로그램 개발 및 조정 모델은 후원자 중심 모델로, 공식적이고 전문적인 활동을 지향한다. 사회복지협의회와 지역공동모금회가 이 모델에 속하며 합리성과 중립성, 협력 원칙을 응용하여 다양한 이해관계 집단을 중재하고 참여를 유도한다. 이 모델은 주로 공공기관, 지리적 지역사회를 대상으로 서비스를 제공하는 민간기관, 기능적 지역사회, 기관협의회 등에서 수행하는 실천에 초점을 두고 있다.

둘째, 계획모델은 합리성과 전문성에 기초하여 비용효과적인 변화를 유도하는 모형으로 대상자의 영향력은 미약하고, 후원자의 영향력이 강한 모델이다. 특히 기획에 있어 사람들과 상호 교류적인 노력을 강조하고 좀 더 옹호적이며 진보적인 정치적 접근을 포함한다. 그리하여 조직과정의 관리, 영향력의 발휘, 대인관계 등의 과정지향적인 기술을 강조할 뿐 아니라 설계 및 실행과 같은 과업지향적인 기술적 측면의 필요성을 강조하고 있다.

셋째, 지역사회연계 모델은 로스만의 모델에는 포함되어 있지 않은 것으로 대상자와 후원자의 영향력이 동등한 모델이다. 이는 사회복지기관의 일선 직원이나 행정가에 의해 수행되는 기능을 중심으로 설명한다. 이 모델에서 지역사회실천은 사회복지기관의 일차적인 책임인 직접 서비스 전달에 대한 이차적인 기능으로 보고 있다. 사회복지기관의 행정가가 지역사회 관계, 지지활동, 환경개선, 조직 간의 관계 등과 같은 역할을 수행하는 데 비해, 일선 사회복지사는 클라이언트의 옹호, 욕구사정 프로그램 개발 등의 역할을 수행한다.

넷째, 지역사회개발 모델은 지역사회의 자체적 역량을 개발하여 문제를 스스로 해결할 수 있도록 지원하는 것에 초점을 두며, 대상자에게 7/8 정도의 결정권한이 있다. 조력, 리더십 개발, 자조, 상호부조, 지역성에 바탕을 둔 지역사회 연구 및 문제해결을 강조한다. 이 모델은 시민참여와 교육과정을 매우 중요시하고 있으며, 전문가는 조직가(organizer)의 역할보다는 주로 조력자(enabler)의 역할을 담당하게 된다.

다섯째, 정치적 권력 강화 모델은 로스만의 사회행동 모델과 밀접한 관련이 있고, 갈등이론과 다원주의 사회에서의 다양한 이익집단의 경쟁원리에 기초하며, 의도적인 시민참여에 의한 정치적 권력 강화에 초점을 둔다. 이 모형은 사회적 배제 그룹의 사회참여를 지원하고 스스로 권리를 찾도록 하며 대상자에게 100% 결정권한이 있다. 전문가들은 교육가, 자원개발자, 운동가로서의 역할을 하게 된다.

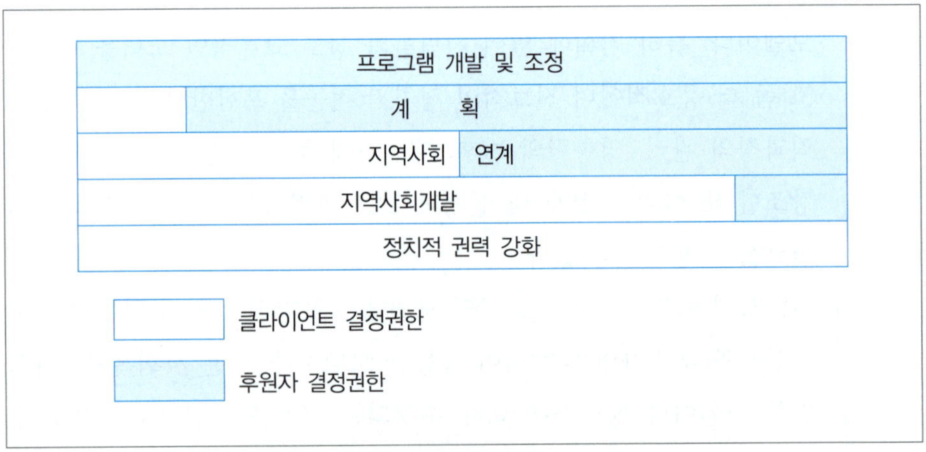

출처 : Taylor, S. H., & Roberts, R. W.(1985). Theory and Practice of Community Social Work.

| 그림 5-1 | 클라이언트와 후원자의 결정권한에 따른 지역사회복지 실천 모델

3 웨일과 갬블의 모델[2)]

웨일과 갬블(Weil & Gamble)은 로스만의 세 가지 모델이 너무나 단순하여 최근의 변화를 적극적으로 반영하지 못한다는 한계를 지적하면서 목표, 변화표적체계, 일차적 구성원, 관심영역, 사회복지사의 역할 등을 중심으로 <표 5-2>와 같은 여덟 가지 유형으로 구분하였다. 또 여덟 가지 유형은 개발(development : 지역사회의 사회·경제적 개발 모델), 조직화(organizing : 근린지역사회조직 모델, 기능적인 지역사회조직 모델), 계획(planning : 프로그램 개발과 지역사회 연계, 사회계획 모델), 사회변화(social change : 정치·사회행동 모델, 연합모델, 사회운동 모델)라는 기능중심으로 재분류할 수 있다(Weil, 1996). 이 모델은 개별 지역사회복지 실천 모델들이 상호 배타적이지 않으며, 개념적인 구성요소나 사회복지사의 역할 등에서 상호 중복되고 있음을 알 수 있다. 그러나 다양하게 일어나고 있는 지역 내 지역사회복지 실천이 보여주는 개입전략을 포괄적으로 포함시키면서도, 지역사회복지 실천가에게는 어떠한 실천유형이 가장 적절한 개입전략인지를 다양하게 선택할 수 있도록 도와주는 유용한 준거틀이라고 할 수 있다.

〈표 5-2〉 웨일과 갬블의 지역사회복지 실천 모델 비교

모 델	목 표	변화표적 체계	일차적 구성원	관심영역	사회복지사의 역할
근린지역 사회조직	조직화를 위한 구성원의 능력 개발, 도시·지역 계획과 외부개발에 영향과 변화	시, 외부개발자, 지역사회 주민	이웃 지역사회 주민	지역사회 주민의 삶의 질	조직가 교사 코치 촉진자
기능적 지역사회 조직	행위, 태도의 옹호와 변화에 초점을 둔 사회정의를 위한 행동, 서비스 제공	일반 대중	동호인	특정 이슈와 대상을 옹호	조직가 옹호자 집필자 및 정보전달자 촉진자

2) 류진석(1997)의 지역사회의 개념과 지역사회복지 모델-지역사회복지 발전방향에의 함의에서 정리하였다.

지역사회의 사회·경제적 개발	지역주민 관점에 입각한 개발계획 주도, 사회경제적 투자를 주민이 이용할 수 있도록 준비	은행. 재단, 외부개발자, 지역사회 주민	지역사회의 저소득 계층, 주변계층, 불이익계층	소득, 자원, 사회적 지원, 개발, 교육과 리더십 기술 향상	협상가 증진자 교사 계획가 관리자
프로그램 개발과 지역사회 연계	지역사회서비스의 효과성을 증진시키기 위한 기관 프로그램 확대와 수정, 새로운 서비스 조직화	기관 프로그램의 재원충원자, 자원봉사자, 기관서비스의 수혜자	기관위원회 또는 행정가, 지역사회 대표자	특정 대상자를 위한 서비스 개발	대변자 계획가 관리자 프로포절 제안자
사회계획	지역사회 집단, 선거로 선출된 기관 또는 서비스 계획 협의회가 행동을 하기 위한 지역사회 단위의 계획행동	지역사회 지도자, 선출된 관리, 휴먼서비스 지도자의 관점	선거로 선출된 공무원, 사회기관과 기관 간의 조직	지역계획에 사회적 욕구 통합, 휴먼서비스 관계망 조정	조사자 프로포절 제안자 정보전달자 관리자
정치·사회 행동	정책과 정책 형성자의 변화에 초점을 둔 사회정의를 위한 행동	선거권자, 선출된 공무원, 잠재적 참여자	특정 정치적 권한이 있는 시민	정치권력의 형성, 제도의 변화	옹호자 조직가 조사자 조정자
연합	프로그램의 방향 또는 자원을 최대한 끌어낼 수 있도록 다조직적인 권력기반 형성	선출된 공무원, 재단, 정부기관	특정 이슈에 이해관계가 있는 조직	사회적 욕구 또는 사회적 관심과 관련된 특정 이슈	중개자 협상가 대변자
사회운동	특정 대상집단 또는 이슈에 대한 사회정의를 위한 행동	일반 대중, 정치제도	새로운 비전과 이미지를 창출할 수 있는 조직과 지도자	사회정의	옹호자 촉진자

출처 : Gamble & Weil(2008), pp. 357-358.

1) 근린지역사회(Neighborhood and Community Organizing) 모델

이 모델은 지리적 개념의 지역사회에 초점을 두고 있으며, 능력개발과 과업수행이라는 두 가지 목표를 강조한다. 지역주민들의 권력기반 조성과 삶의 질 개선을 위한 조직사업을 도와주는 실천활동으로 지역주민의 역량 건설과 리더십 개발을 주요 목표로 삼는다. 그리고 지역사회 주민들은 조직활동을 통해 지역사회의 사회경제적 조건들을 향상시키거나 도시계획, 지역계획과 외부개발에 영향을 미쳐 구체적인 과업을 성취할 수 있다는 것이다.

변화표적 체계는 지역사회 삶의 질을 저해하는 모든 부분으로 구체적으로 시와 같은 공공행정기관, 계발계획의 추진 기업이며, 주요 관심영역은 지역사회 주민의 삶의 질에 있다. 사회복지사는 조직가, 교사, 코치 그리고 촉진자로서 역할을 수행한다. 지역사회 구성원들이 문제해결을 위해서 참여할 수 있도록 조직화하는 역할을 수행한다. 그 외 서로 협력하여 의지할 수 있게 하며, 민주적 리더십을 개발하도록 돕는다. 그리고 지역주민들이 문제 해결을 위해서 필요한 센터 설립이나 조사를 수행하거나, 문제해결을 위한 행동전략 등을 세우는 과정에서 조언을 제공한다.

2) 기능적인 지역사회조직(Organizing Functional Communities) 모델

기능적인 의미의 지역사회조직이란 이해관계를 기초로 한 지역사회조직을 의미한다. 앞서 살펴보았던 근린지역사회 모델은 지리적 공간 안에서 일어나는 문제해결에 초점을 두는 반면 기능적인 지역사회조직 모델은 꼭 지리적 공간 안에서만 일어나는 문제에 초점을 두지 않는다. 따라서 이해관계를 기초로 한 지역사회조직은 특정 분야 또는 집단에서의 변화를 유도하기 위해 이해 당사자를 조직하는 유형이며, 이를 위해 특정 분야나 집단을 구성하고 있는 구성원들을 옹호하고 대변하면서 지역사회 불의를 분식시키는 것이 목적인 모델이다. 오늘날 많은 사람들은 지리적인 근접성보다 공통이슈에 관한 관심을 공유하는 경향이 높아 이러한 조직활동이 활발하게 이루어지고 있다.

핵심목표는 주로 사회의 태도와 가치 변화, 그리고 이와 관련한 정책방향 변화에 있다. 이 조직은 선택한 이슈에 대해 교육하고, 조직 내적인 능력 증진, 이슈에 관한 지식 증대, 리더십 개발에 전념한다. 이러한 유형의 예로는 장애인 권익신장운동, 동성애자 인권운동 같은 것이 있다.

변화표적 체계는 기능적 지역사회의 삶과 관련된 사회적 제도 형성에 영향을 주는 일반 대중이다. 예를 들어, 장애인의 이동권신장운동을 펼칠 때 장애인의 이동권에 대하여 무지하여 사회적으로 편견과 차별을 보내는 일반 대중을 변화시키면 진정한 사회의 변화가 온다고 믿기 때문이다.

사회복지사는 근린지역사회조직과 마찬가지로 조직원을 충원하거나, 문제를 정의하고 옹호 전략과 전술을 결정하는 데 도움을 줄 수 있는 촉진자의 역할과 조사와 분석기법을 가르치는 옹호자와 교육자의 역할을 수행한다.

3) 지역사회 사회·경제적 개발 모델

이 모델은 로스만의 제시한 모델 중 지역사회개발 모델과 밀접한 관계가 있는 모델이다.

이 모델에서는 저소득층, 사회에서 억압받거나 소외당하는 계층에 있는 지역사회 주민의 삶의 질을 제고하고 이들이 가진 사회·경제적 기회를 증진시키고자 노력한다. 특히 낙후된 지역사회의 빈곤을 감소시키기 위하여 경제적 발전의 중요성을 강조하는 모델이다. 지역주민의 경제적 개발을 위해서 먼저 경제적으로 자립할 수 있도록 지역주민의 내부적 역량을 강화시키기 위해 노력할 뿐만 아니라, 이러한 역량을 강화시키기 위하여 외부적으로도 재정이나 인력적인 지원을 강화하고자 하는 데 목적을 둔다.

변화표적 체계는 은행, 재단, 외부개발자, 지역사회 주민이라 할 수 있다. 이러한 표적체계와 관련하여 중요한 점은 지역사회의 사회·경제적 개발에 투자할 수 있도록 자원을 가진 사람들을 설득하는 것이다. 사회복지사의 역할은 자원을 가진 사람들과 조직들을 지역사회 변화 과정에 참여하도록 설득하여 지역사회의 사회·경제적 개발에 투자할 수 있도록 하는 것이다. 즉, 협상자 또는 사업이 실제로 진행되게 하는 증진자의 역할을 수행한다. 말하자면 빈농의 마을에서 주민의 경제적 자립을 위하여 농작기술을 향상시켜야 할 필요가 있을 수 있다. 이때 사회복지사는 외부의 전문가나 기관으로부터 농작기술을 교육시켜 줄 수 있는 인적·물적 자원을 지원해 주도록 물색한다. 한편 지역주민은 오랫동안의 빈곤한 생활에서 그저 그렇게 자립하고자 하는 의지 없이 삶을 그대로 받아들이며 살아왔을 수 있다. 사회복지사는 이러한 주민들을 일깨워서 교육에 참여하도록 설득하고 독려하는 역할을 수행하게 될 것이다. 이처럼 사회복지사는 조직을 만들고 훈련시키는 능력뿐만 아니라 계획·관리·협상능력을 갖추는 것이 필수적이다.

4) 프로그램 개발 및 지역사회연계

이 모델은 넓게는 앞에서 살펴본 사회계획 모델에 포함될 수 있다. 이 모델에서는 지역사회를 대상으로 하는 서비스의 효과성을 향상시키기 위해 기관 프로그램의 방향을 재설정하거나 확대하는 것에 초점을 둔다. 또한 지역의 욕구에 맞게 혹은 지역주민들에 의해서 필요하다고 평가된 새로운 서비스를 설계하고 실행하는 것에 초점을 둔다. 이 모델에서는 단순한 프로그램의 개발이 아닌 다양한 지역사회 구성원들과 지역사회기관들이 연계된 형태에서 프로그램을 개발하는 것에 강조점을 둔다. 말하자면 이 모델은 지역사회의 욕구에 신속히 대처하기 위한 신규 서비스의 창출, 기관 프로그램의 확대 또는 방향 재설정을 주요 목적으로 하는 것이다. 지역사회실천을 일차 기능으로 삼고 있지 않는 기관에서 주로 쓰이는 모델로서, 지역사회와의 상호작용을 새롭게 강조하는 모델이다.

변화표적 체계는 새로운 서비스나 재계획된 서비스의 잠재적 수혜자이고, 이러한 서비스에 비용을 지불하는 사람들이다. 사회복지사의 역할은 계획가, 사업계획서의 작성자, 관리자, 감독자, 평가자 등이다. 즉, 새로운 서비스를 도입하거나 기존 서비스를 확장하기 위해 프로그램을 기획하고, 기획서를 작성하는 역할이다. 또한 수행된 프로그램의 변화목표의 달성 여부와 프로그램에 대한 지역사회 환경의 대응 정도를 확인하고 관리·감독하며 평가하는 역할이 강조된다.

5) 사회계획 모델

이 모델에서는 사회서비스나 정책을 개발하고, 확대하고, 조정하는 것을 핵심으로 삼는다. 이를 위하여 전문가의 지식 및 기술, 객관적 조사와 자료분석을 기초로 하여 합리적으로 지역사회 문제를 해결하는 것을 목표로 삼는다. 이 모델은 객관성과 합리성에 기반을 둔다. 그리하여 지역사회 내 문제를 객관적으로 분석하고, 합리적 의사결정을 통해 해결해야 할 문제에 대한 우선순위를 설정한다. 그런 다음 이 문제를 해결하기 위해 필요한 자원을 효율적으로 활용하고 배분함으로써 문제를 해결하는 것에 초점을 둔다.

변화표적 체계는 지역사회 지도자의 관점, 휴먼서비스 지도자의 관점이며, 사회계획의 일차적인 구성원은 선거로 선출된 공무원, 사회기관의 책임자, 기관 상호 간의 조직 또는 이들 간의 조합으로 이루어진다. 주요 관심영역은 휴먼서비스의 관계망을 계획하고 조정하는 데 있으며, 공공영역의 지역계획에 사회적 욕구를 통합시키는 일이다. 사회사업가는 계획가로서의 역할을 하는데 조사, 욕구사정, 평가, 프로포절 개발, 분석 등에 관한 것이다. 또한 계획가는 다양한 개인 및 집단과 함께 일하기 때문에 정보전달과 관리 기술이 요구된다.

6) 정치 · 사회행동 모델

이 모델은 로스만의 사회행동 모델과 상당히 유사한 모델이다. 이 모델은 지역사회에서 기회를 제한하는 불평등을 극복하거나 지역사회의 욕구를 무시하는 의사결정자에게 대항하고, 조직의 효과성에 대한 신념을 강화하고 불공정한 조건을 변화시키려는 기술을 개발함으로써 사람들의 권한을 부여하는 것을 주요 내용으로 한다. 즉, 저소득층의 불이익을 개선하기 위해 사회적 제도와 시스템의 변화를 가져오는 것을 주요 목적으로 삼는다. 이 모델의 초점과 목표는 정책 또는 정책결정자를 변화시키는 데 있으며, 참여민주주의를 강화시키고 사회정의를 지역사회의 모든 근간에 확립하는 것이다. 그리하여 지역주민이 정치·사회행동을 통해 자신들의 역량에 대한 신뢰를 강화하는 한편 불의한 상황을 바꾸는 데 필요한 조직사업과 리더십 기법을 발전시키는 데 초점을 둔다.

변화표적 대상은 잠재적인 참여자이며, 선거로 선출된 공직자와 행정관료가 될 수 있다. 또 다른 변화표적으로 지역사회 주민의 건강과 생존을 위협하는 환경오염 등과 같은 지역사회에 해를 미치는 활동에 참여한 기업과 정부당국이 될 수 있다. 사회복지사는 옹호자, 교육자, 조직가, 조사자로서의 역할을 수행한다. 내부적으로 조직가는 내부적 집단과정과 의사결정 기술 면에서 능력을 쌓아올리는 것에 관여하며 외부적으로는 직접적인 행동기술, 대중과 언론관계, 심층적인 조사에 초점을 두어야 한다. 비록 조직가가 일부 주요 사항에 대해 옹호자로서 역할을 수행하더라도 조직가는 집단 구성원이 적극적인 옹호자가 되도록 도와주는 것이 보다 중요하다. 이들은 불의를 경험하는 조직 구성원 스스로가 옹호자가 될 수 있도록 지원하는 것이 장기적으로 더 큰 효과가 있다고 주장하였다.

7) 연합모델

연합모델은 분리된 집단 및 조직을 집합적인 사회변화에 동참시키는 모델이다. 즉, 지역사회를 기반으로 존재하는 각 기관들이 함께 힘을 모아서 지역사회가 가진 문제들에 대해 집합적 변화를 만들어 내는 것을 추구한다. 이 모델에서는 개별적 노력을 통해서는 충분히 효과가 나타나기 어려운 지역사회의 특정 현안을 해결하기 위하여 연대적 접근을 추구한다. 즉, 사회 정책이나 프로그램의 방향에 영향을 미치거나 소요 자원을 효과적으로 요구하기 위하여 여러 조직들과 함께 권력기반을 건설하는 것을 목적으로 삼는다.

변화표적 체계는 대부분 새로운 정책을 승인한 선거로 선출된 공직자이며, 서비스 프로그램의 시설과 확대에 자금 제공을 고취시키는 재단 등이다. 사회복지사는 중재자와 협상자의 역할을 한다. 즉, 여러 기관들이 함께 모여 지역사회가 가진 문제에 협력해 집합적으로 해결하는 과정에서 이를 중재하고 협상하는 역할이 중요한 것이다.

8) 사회운동 모델

이 모델은 로스만의 사회행동 모델과 유사한 모델이라고 할 수 있다. 사회운동의 목표는 바람직한 사회변화라 할 수 있다. 지역사회의 특정 인구집단이나 복지 관련 현안문제 등과 관련하여 지역사회 구성원들과 다양한 형태의 지역사회조직체에 새로운 패러다임을 제공함으로써 사회변화를 이루고자 하는 모델이다. 즉, 새로운 패러다임 제공을 통해 사회정의 실현을 촉진시키고자 하는 모델이다. 이 모델의 예로는, 앞서 살펴본 기능적인 지역사회조직 모델의 예인 장애인권익신장운동이 해당된다.

변화표적 체계는 새로운 패러다임 형성을 방해하고 기존의 보수적 시각을 제시하려는 일반 대중, 언론매체, 정치체제 등이 포함된다. 그리고 사회운동 모델의 일차적인 구성원은 새로운 비전과 이미지를 창출할 수 있는 조직과 지도자이며, 사회복지사의 역할은 옹호자와 촉진자이다. 새로운 패러다임을 사회에 알려서 일반 대중을 변화시키려고 하는 촉진자나, 전통적인 시각 속에서 차별을 당하고 있는 특정 집단의 이익을 대변하는 옹호자의 역할을 수행한다. 그 외에도 사회운동을 위한 자원봉사자 또는 사회운동 조직의 실무자로서도 활동할 수 있다.

지금까지 살펴본 여덟 가지의 웨일과 갬블의 모델은 그 유형화 작업이 지나치게 세분화되어 모델로서의 효용성을 오히려 약화시키고 있다는 인상을 준다는 비판을 받고 있다. 예를 들어, 정치·사회행동 모델이나 사회운동 모델의 초점과 목표가 상당히 연결되어 있기 때문에, 현재 수행되고 있는 지역사회복지 실천을 어느 모델로 분류할 것인지가 난감해질 수 있다는 것이다. 그리고 여덟 가지 유형의 상당수는 목적과 방법 면에서 서로 중복되고 있다는 비판을 받고 있다. 예를 들어, 사회계획과 프로그램 개발의 차이를 구분하기가 쉽지 않을 수 있다.

앞에서 다루었던 로스만, 테일러와 로버츠, 그리고 웨일과 갬블의 지역사회복지 실천 모델을 비교하면 **|그림 5-2|** 와 같다.

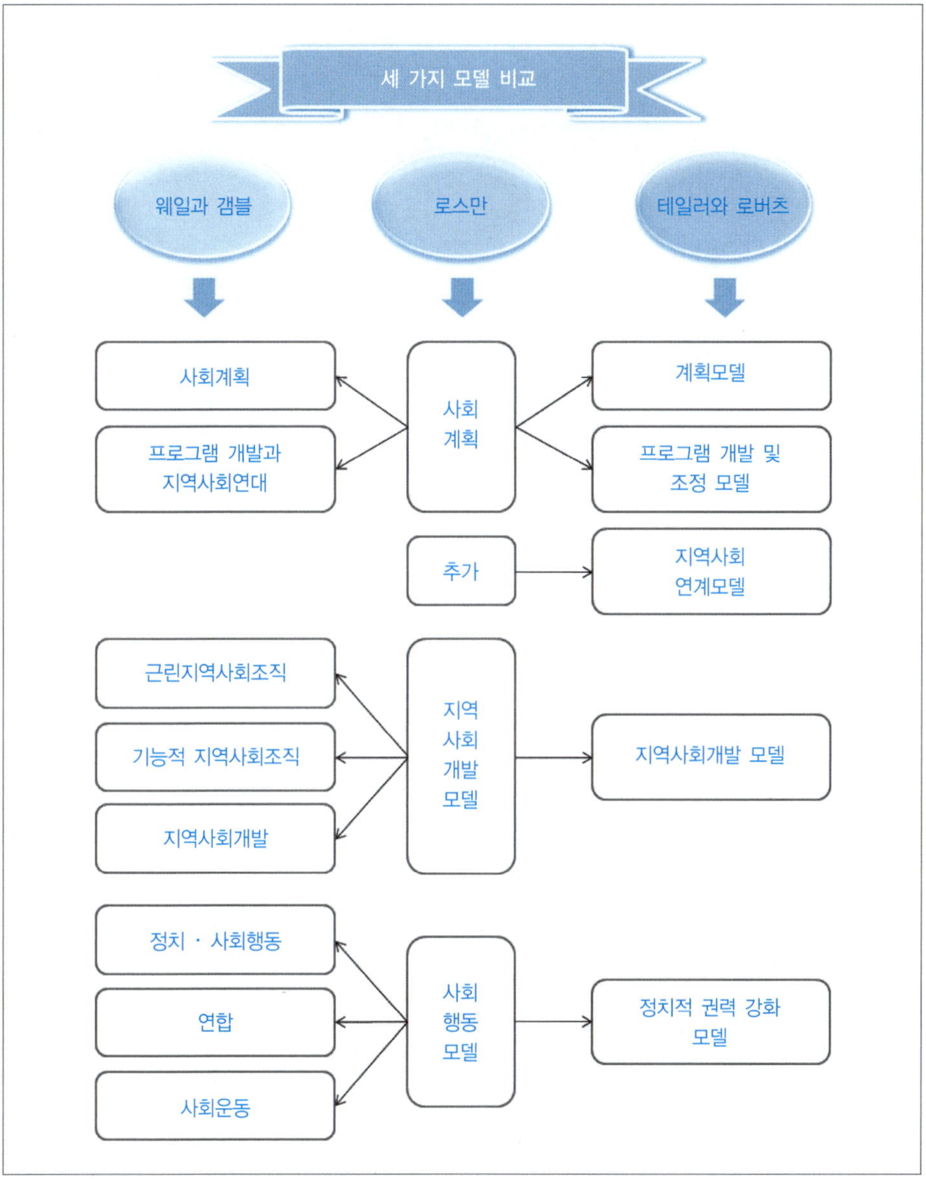

|그림 5-2| 세 가지 모델 비교

PART

02

지역사회복지의 실천전략

CHAPTER 06

지역사회복지의 실천 특성

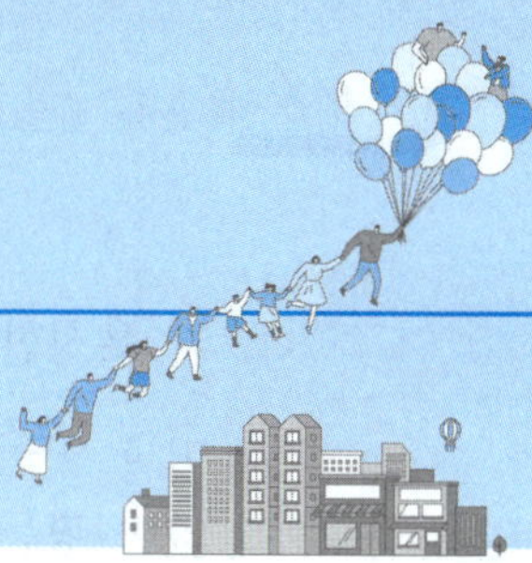

1 지역사회복지의 실천 원칙

1) 지역사회복지 실천 원칙의 이해[1)]

지역사회복지 실천의 원칙은 사회복지사가 지역사회복지와 관련된 과업을 수행한데 있어서 가져야할 기본 규칙 또는 놓치지 말고 적용해야할 가치적 규범이다. 전통적으로 다양한 학자들에 의하여 실천의 원칙이 규정되어 있는데 몇 가지 유형을 살펴볼 것이다.[2)]

우선 맥닐(McNeil)의 7대 원칙을 요약하면 다음과 같다. ① 주민의 욕구에 관심을 갖는다. ② 1차적 클라이언트는 지역사회이다. ③ 지역사회는 있는 그대로 이해하고 수용한다. ④ 보건과 복지에 관심을 갖는 다양한 주민의 참여를 목표로 한다. ⑤ 지역사회 욕구와 관계는 늘 변화하며 유연하게 대응한다. ⑥ 타 사회복지기관과 상호의존적 협력 관계를 만든다. ⑦ 지역사회조직은 사회사업의 한 분야임을 인식한다.

존스(Jodns)와 디마치(Demarche)의 원칙은 다음과 같다. ① 지역사회복지 실천은 주민의 복지와 성장의 목적을 위한 수단이다. ② 지역사회는 각기 특성을 가지며 개별화해야 한다. ③ 지역사회는 자기결정권을 갖는다. ④ 지역사회 욕구는 지역사회의 토대이다. ⑤ 사회복지기관의 이익보다 지역사회의 욕구

1) 지역사회복지의 실천 원칙의 근간은 사회복지사 선서 및 사회복지사 윤리 강령이므로, 이를 참조하기 바란다.

2) 남일재, 문영주(2019), 지역사회복지론, 양서원, 생각의 마을(2022), 에셉 지역사회복지론, 공동체,양정하 외(2023), 지역사회복지론, 공동체 등의 책을 재인용하여 재구성하였다.

가 우선한다. ⑥ 조정이란 공동의 이익과 목표를 위한 성장 과정이다. ⑦ 사업 수행 구조는 단순해야 한다. ⑧ 지역사회 서비스는 공평하게 분배되고, 차별 없이 평등하게 이용할 수 있어야 한다. ⑨ 문제 해결 방법에서 다양성이 존중되어야 한다. ⑩ 복지협의체에는 다양한 집단의 이익이 반영되어야 한다. ⑪ 지역사회 복지기관의 효과적인 실천을 위해서는 집중과 분산 간 균형이 있어야 한다. ⑫ 지역사회 내 집단 간의 의사소통 방해 요소는 제거되어야 한다. ⑬ 지역사회 욕구 발견, 충족을 돕는 전문가가 필요하다.

앞서 살펴본 지역사회복지 실천 원칙은 지역사회복지 실천 과정에서 요구되는 지향성이나 실천의 이해를 돕는 요소들이 포함되어 있어 그 중요성이 크다. 다음은 지역사회복지를 실천하는 사회복지사 관점에서 살펴야 할 가치적 요소로서 원칙들을 정리하였다.

2) 가치 기반 지역사회복지 실천의 원칙

(1) 당사자주의 : 자주성[3], 자기결정권 및 주도적 참여

생태체계적 관점이나 강점 관점과 맥을 같이하는 것이 당사자주의다. 당사자주의는 사회복지사의 전문적 능력의 발휘보다는 지역주민의 주체성과 공생성에 기반한 참여를 통한 변화에 초점을 둔다. 전통적으로 사회복지사는 전문가로서 지역주민과 지역사회의 문제를 조사하고, 진단하며, 이에 대한 대응계획을 수립하고 자원을 연계하여 해결하는 주도자로서 역할을 수행했다.

지역주민은 수동적인 서비스 수혜자로서의 정체성이 강화되었기 때문에 더 불쌍하고, 더 외롭고, 더 쓸쓸한 수혜자가 되어야 지속적인 도움을 받을 수 있었다. 이는 클라이언트 및 지역주민에 대한 '도움의 대상'이라는 부정적인 이미지를 반복하여 재생산하였다. 이러한 이미지로 인해 지역주민을 '돕는 방법'만을 생각하는 사회체계가 구성되어 왔다.

3) 한덕연 선생님(www.welfare.or.kr)의 복지요결(2023)에 의하면 사회사업에서 중시하는 핵심 가치는 당사자의 자주성과 지역사회 공생성이다. 한덕연 선생님은 '당사자의 자주성은 지금 이 복지뿐 아니라 다른 때 다른 복지를 이루는 데도 유용하고 바람직합니다. 지역사회 공생성은 이 사람의 복지뿐 아니라 다른 사람의 복지를 이루는 데도 유용하고 바람직합니다.'라고 하였다.

당사자주의는 주체가 지역주민이고, 클라이언트는 주인으로서의 권한을 가진 참여자라는 관점에서부터 시작한다. 지역주민의 참여와 주도성에 의하여 공생적 관계의 구축을 통해 주인으로서 지역주민의 역할을 공고히 한다. 그렇기 때문에 당사자주의는 '자기결정권'을 강조한다. 전통적 사회복지서비스는 '자기선택권'을 강조한다. 자기선택권은 스타벅스 매장 안에서 메뉴 고르기와 같은 제한된 조건 안에서의 선택권을 갖는 것이다. 반면에 자기결정권은 스타벅스를 갈지, 김밥천국을 갈지 아니면 다른 곳을 갈지를 결정할 수 있는 권한까지 가지고 있는 것이다. 당사자주의는 당사자가 '자기결정권'을 행사할 자주성을 가질 수 있도록 지식, 기술, 태도를 향상시키려는 노력을 포함한다.

사회복지사는 지역주민의 협력적 동반자이자, 촉진자이고, 지지자가 된다. 이러한 역할을 수행한다는 것은 사회복지사 스스로 자신의 정체성에 기초한 자주성을 갖춘 사회복지사여야 한다. 전문가적 자주성은 사회복지사의 사례관리의 대상으로서 주민, 수혜자가 아니며, 자원의 연계대상이 아니며, 오히려 지역주민이 스스로 돕는 지역사회의 관계 체계를 만들어 갈 뿐만 아니라 그 체계에 긍정적 역할과 주도적 참여를 통해 지역사회에 기여하고 선순환을 이루는 자주적 힘을 발휘하도록 돕는 것이다. 사회복지사의 자주성이 부족하다면 지역주민과 클라이언트의 자주성은 확보될 수 없는 절대적 관계가 전제되어 있는 것을 기억해야 한다.

(2) 연대성 : 지역사회 공생을 위한 공유와 협력, 통합성

연대성(solidarity)는 지역사회에 살고있는 다양한 체계의 사람들 사이의 신뢰적 협력과 공유 관계를 통해 지역사회에서 공생하는 생태체계적 관계를 지향하는 가치이다. 클라이언트와 지역주민, 지역사회 및 사회복지 조직들은 하나의 공생적, 공동운명체로 인식하고, 상호 존중과 인정으로 만들어가는 연대성은 지역사회 구성원들의 일치된 그리고 지속가능한 결속력을 형성하는데 중요한 통합의 원칙이다.

이를 한덕연 선생님은 공생으로 표현하였는데, 복지요결(2023)에서 '어울려 산다, 더불어 산다, 함께 산다'고 하였으며 공생은 이런 사람살이를 두루 일컫는 말로 표현하였다. 어울려 산다는 것은 '연락하거나 만나거나 왕래하는 정도의 공생으로, 당사자와 둘레 사람이 서로 연락하고 만나고 왕래'하게 하려 하는 지역사회복지 실천의 목적을 제시하였다.

더불어 산다는 것은 '제 마당 제 삶터에서 함께하거나 돕거나 나누는 수준의 공생으로, 복지를 이루는 일로, 지역사회 사람들이 약자와 더불어 살고 서로 더불어 살게' 하려는 것이다. 함께 산다는 것은 '분리 배제 차별하지 않는 공생'으로, '특히 약자를 일반 수단과 일반 생활권에서 분리하지 않고 배제 차별하지 않는 겁니다. 사회사업은 약자를 분리 배제 차별하지 않는 사회, 그래서 약자도 살 만하고 약자와 더불어 사는 사회를 지향합니다. 이런 사회라야 '함께 사는 사회'라고 할 수 있습니다.'고 하였다. 이는 통합을 통한 공생을 강조한 것으로 볼 수 있다.

연대는 지역사회 구성원들 간의 참여자치와 공동체의 회복, 사회 및 억압의 제거, 도덕경제의 회복 등에 의하여 강화된다. 즉, 단순히 주변 환경(체계)을 변화시키면 인간(혹은 문제를 가진 개인)의 변화에 도움을 주기 때문에 환경에 대한 개입도 함께해야 한다는 단순한 생각이 아니다. 사회 구조와 변동을 이해하고, 그 속에 권력관계를 알아야 연대의 가치를 제대로 이해할 수 있다. 무엇보다 사회복지사가 주는 존재 혹은 전문가라는 것과, 클라이언트나 지역주민은 변화의 대상이라는 생각 자체가 위계적 관계로 연대의 정신에 부합하지 않게 된다. 지역사회복지 실천적 관점에서 연대는 생태체계적 평등가치와 조화되어야 한다.

(3) 강점관점 : 지역사회, 주민 그리고 사회복지사의 잠재성, SRV를 통한 성장

강점관점(strengths perspective)은 인간은 누구나 합리적 이성을 가진 존재라는 것과, 존엄과 자유를 누릴 수 있는 힘을 각자 내재하고 있다는 것을 강조한다. 다만, 지역사회복지 실천에서의 강점관점은 클라이언트나 지역주민만의 강점을 발굴에 머무는 것이 아니라 지역복지 실천의 또다른 주체이자 촉진자인 사회복지사의 강점을 발굴, 실현하는 것도 같은 가치로 의미를 두는 것에 전통적 사회복지 실천과 차이가 있다.

강점은 지역주민(사회복지사 포함)들이 가지고 있는 익숙하되 차별된 것이며, 좋아하되 잘하는 것이고, 성장하고 인정받을 수 있는 긍정적인 가능성과 그것을 이루는 권한을 갖는 것(empowerment)이다. 주민들은 강점을 통해 자신의 존재감을 확인하며, 사회적 인정을 받음으로 다시 자존감을 높이고 참여 수준을 높이게 되는 선순환을 갖는다.

강점관점은 클라이언트가 결함이 있다거나 클라이언트에 관한 병리적 견해보다는 가능성과 긍정적 잠재성을 강조한다. 장애인복지관에 물리치료 기계와 물리치료사가 있는 공간에 대한 이름을 부여하는 데 두 가지 예를 생각할 수 있다. 하나는 물리치료실이고, 다른 하나는 운동기능 강화실이다. 이 둘은 이용 주민을 어떤 존재로 규정하는지 그 이미지의 차이가 있다.

물리치료실은 병리적 관점이다. 병리적 관점은 문제를 진단하는 데 초점을 둔다. 이용 주민은 처방을 받고, 몸이 불편한 존재이지만, 동시에 치료를 받아야 하는 환자로 규정된다. 치료는 전문가의 주도에 의하여 이루어지며, 치료받는 대상으로서 지역주민은 수동적이고, 그 계획에 따라야 하는 존재이다. 사회복지사와 물리치료사의 관리의 대상이 되기 때문에 변화는 이 둘의 진단에 의존하게 된다. 사회복지사와 물리치료사의 개입은 결국 도움을 받는 존재로서의 자기 정체성이 형성되어 이용자의 부정적 이미지를 강화하게 된다.

운동기능 강화실은 동일한 물리치료를 받아야 하는 대상이지만, 치료가 아닌 당사자의 운동기능을 강화하여 건강하고 활발한 신체활동을 '할 수 있는 존재'로 성장하는 것이 주가 된다. 가능성은 치료가 아닌 운동능력의 회복이다. 운동기능 강화를 위해서는 단순히 운동기능 강화실뿐만 아니라 일상생활에서의 방식, 가족의 참여, 지역사회의 안전한 생활구조 등에 관심을 가져야 한다. 그리고 무엇보다 주민을 돕는 대상이 아니라 자신이 스스로 자신의 운동기능을 향상시켜야 하는 주체가 됨으로써 이용자에 대한 긍정적 이미지를 향상시키게 된다.

강점을 통해 긍정적인 자기 역할을 하게 되는 변화를 사회적 역할의 가치화 또는 가치 있는 사회적 역할 수행(SRV, Social Role Valorization)이라고 한다. 결과적으로 강점관점은 주민을 치료의 대상이 아닌 스스로 할 수 있고 가능한 성취를 통하여 점진적으로 자신의 능력 향상을 추구하여 역량을 갖도록 하는 힘이 된다. 이는 다시 긍정적이고 가치있는 역할을 기대하고, 이루도록 하여 지역사회에 인정받는 존재로 성장하는데 도움이 된다.

• SRV를 통한 긍정적 역할 이미지 구축하기

가치지향성은 이를 통하여 클라이언트에 대한 존중이나 사회적 역할의 가치화(SRV, Social Role Valorization)가 클라이언트뿐만 아니라 그를 둘러싼 사회체계 속에서 얼마나 실현되었는가에 대한 관심을 갖는 것에 초점을 둔다. 사회적 역할의 가치화는 가치절하된 클라이언트들이 가치가 인정되는 사회적 역할을 창출할 수 있도록 하는 것을 목표로 하는 이론이다(김용득, 2001). 이는 곧 정상화(normalization)의 원리를 체계적인 이론으로 정립해 놓은 것이다(김용득 외, 1998, 우수명, 2008 재인용). 가치절하 상태에 놓인 클라이언트는 가치절하와 부정적 경험에 매우 취약하다. 가난한 클라이언트는 '빈곤'이라는 단어에 더 민감하고, 자신의 학력이 낮은 클라이언트는 '무식하다'라는 표현에 더 화를 내게 된다. 이러한 취약성(vulnerability)은 클라이언트에 대한 낙인(stigma)을 강화시키는 기제로 작용하게 되며, 다시 클라이언트의 가치를 내재화해 자신이 '무기력한' 것으로 인정하게 되는 순환적 과정이 된다. 따라서 사회복지실천은 이러한 취약성을 예방하거나 긍정적으로 전환시킬 수 있는 의도적 개입을 증진시킴으로써 이들 상쇄 혹은 감소시켜야 한다(우수명, 2008).
SRV는 강점에 기반한 긍정적 역할 창출을 통하여 가능하게 된다. 그런 면에서 사회복지사에 의한 마을 만들기는 큰 의미를 가지고 있다. 마을 만들기를 통해 이루고자 하는 마을공동체는 '주민 개인의 자유와 권리가 존중되며, 상호 대등한 관계 속에서 마을에 관한 일을 주민이 결정하고 추진하는 주민자치 공동체'이다(서울특별시 마을공동체 만들기 지원 등에 관한 조례 제2조 제2호). 즉, 마을 만들기 안에는 자유롭고, 존중하고 상호 평등한 민주주의의 긍정적인 가치들이 자리 잡고 있다. 이는 민주시민으로 책임감과 주체성이라는 긍정적 역할을 수행하게 하고 이의 선순환은 사회통합이 가능하게 하는 인식의 변화를 가져올 수 있기 때문이다.

출처 : 우수명(2023), 프로그램 개발과 평가, 지식공동체

(4) 문화 다양성 : 따로 또 같이, 다름에 대한 인정을 통한 생태적 지속가능성[4)]

다양성(diversity)은 지구상에서 다양한 종(種)이나 존재, 가치 등의 공존, 공생을 의미하는 개념이다. 다양성의 논의가 가장 활발한 분야는 생물 다양성(Bio Diversity)으로 우리가 사는 지구 생태계에 존재하는 다양한 생물들의 공생과 지속가능성에 대한 부분일 것이다.

문화 다양성은 서로 다른 문화적 배경과 가치를 가진 사람들이 한 지역사회 내에서 공존, 공생하는 지향성을 의미한다. 단순한 관점으로는 서로 다른 언어를 사용하거나, 피부색이 다르거나, 언어나 표현 방식이 서로 다른 다양한 인종이나 사람들이 함께 살아가는 것을 의미한다(Lambert, 2009). 이 경우 종교나 도덕적 가치의 공유, 의사소통의 방법이나 직장내 성별 갈등 해결 등 상호작용 방법의 차이를 해결하면 문화 다양성이 이루어지는 것으로 본다.

고르스키와 포씨니(Gorski & Pothini, 2018)는 우리 사회에서 다양성(Diversity)과 사회적 정의(Social Justice)의 중요성을 강조하며, 인종 차별, 성차별, 동성애 혐오 및 이성애, 계급 불평등, 언어 편견, 종교적 억압, 평등과 다양성의 문제가 학생 개인, 교사, 가족 및 공동체에 부정적으로 영향을 미친다고 보았다. 즉, 다양성이 받아들여지지 않는 사회는 강압적인 사회적 폭력을 필연적으로 만들어 냄을 지적하고, 문화 다양성에 기초한 평등 교육으로부터 해결의 실마리를 찾아야 하는 것을 강조하였다.

문화 다양성은 소외된 주민을 수용하고 적극적으로 도우려는 포용성 이상의 가치를 갖는다. 사람들 사이의 조화로운 생활을 넘어 지역사회의 생태적(Ecological) 지속가능성을 유지하는 강력한 균형체이다. 따라서 문화 다양성을 헤치는 사회적 편견을 확인하고, 편견을 양상하는 사회적 맥락을 이해함으로써 다양한 문화를 가진 주민들 사이의 공존, 공생의 경험을 제공하고, 문화 다양성을 수용하고 존중하는 생태체계적 선순환 환경을 만들어 가야 한다.

4) 우수명, 주경희, 김희주(2022), 사회복지와 문화다양성, 양서원의 내용을 일부 참고하여 정리하였다.

(5) 민주성 : 평등한 권력분산과 직접 민주주의

지역사회복지 실천에서 민주성(democracy)은 지역사회복지 실천에 참여하는 주민들에게 평등하게 권력이 분산되어 있으며, 이러한 권력의 행사는 주민들의 직접 민주주의 형태로 이루어져야 함을 의미한다. 초기 민주성을 확립하지 못한 조직화나 마을공동체 사업에서 종종 발생하는 문제는 개인 또는 소수가 집단의 권력을 독점하면서 사유화하거나 사회복지사와 갈등이 생길 경우 집단적이고 적대적인 행위를 하는 문제가 있다.

전자의 경우 조직 내에서 불만을 가진 소수의 주민은 의도적으로 배제되거나 무시당하는 차별이 흔히 생길 수 있다. 사유화된 조직에 참여하는 다수의 주민은 형식적인 참여로 단순히 이끌려가는 목자 잃은 양 같은 존재로 전락하기도 한다. 그리고 사유화한 리더들은 지역의회 의원이나 시장으로 출마하는 도구로 조직을 사용하기도 하며, 자기의 명예를 위하여 선전 도구화하기도 한다.

민주성을 확립하는데 가장 중요한 시점은 바로 조직화 사업이 시작하는 시점이다. 첫 모임부터 주민들 모두가 자신의 의견을 고루 말할 수 있는 기회 및 개인대 개인의 만남을 통해 사회복지사의 영향력을 유지하는 다양한 기술적 방법을 적용할 수 있다.

(6) 통합성과 포용성 : 지역사회 전체를 아우르는 유기적 접근

지역사회 네트워크, 필요한 재원의 발굴과 수요처에 공급, 지역사회보장협의체와 같이 다양한 분과들의 통합적 노력의 결합, 문화예술, 교육, 보건, 생활체육, 주거 등의 지역사회에서 각 분야별로 협력적 상호작용 등의 추구도 통합성(integration)을 지향하는 지역사회복지의 실천이다. 이를 통하여 지역사회 내에서 복지 서비스의 문제, 건강의 문제, 사회화의 문제, 안전한 주거와 풍요로운 문화적 요구 등 다변화된 욕구와 개별화된 참여에 유기적이며 효과적으로 대응할 수 있는 포용성(inclusiveness)을 추구할 수 있다.

지역사회를 역동성을 가지고 있는 생물(生物)적 존재 혹은 인격적 존재로 볼 수 있을까? 이 경우 지역주민 하나하나의 개별적 접근보다는 지역사회를 아우르는 조화와 균형을 추구하는 통합적이고 포용적인 지역사회복지 실천이 필요하다. 다양한 사회복지 조직들 간의 협력적 관계를 통하여 조율하고 협력하는 서비스 제공이나 실천을 통하여 통합적 가치를 지향하게 된다. 또한 '영구' '불쌍한 외국인'같은 주민들 사이의 차별과 혐오를 최소화하기 위한 노력을 하게 된다. 즉, 통합성과 포용성은 과정이자 지향점으로 연대와 협력을 만들어가는 노력과 지역사회를 하나의 공생적 공동체로 인식하고, 지역사회 문제해결을 협력적 합력적 노력을 통하여 추구한다.

(7) 호혜성 : 사회복지사와 주민 모두의 긍정적 상호작용

호혜성(reciprocity)은 등가(等價)의 교환이나 동일한 혜택이나 관계성을 상호 동시적으로 균등하게 요구하는 것이다. 지역사회복지 실천에서 호혜성은 사회복지사와 클라이언트를 포함한 다양한 지역사회 구성체들, 참여 주체들 간의 관계에서 인간의 존엄성에 기초한 평등의 구현이며, 이를 위한 긍정적 관계와 상호작용의 추구이다.

'자신이 대접받고 싶은 대로 타인을 대접하라'와 같은 관계에서의 황금률(Golden Rule)은 호혜성을 상징적으로 보여주는 사례이다. 호혜성은 모든 종교와 도덕철학에서 공통적으로 강조하는 실천 원칙으로 널리 인용된다.

현장에서는 클라이언트의 인권만 지나치게 강조한 결과 불쌍할수록 더 많은 서비스를 제공해왔던 지나친 선별주의적 복지 실천으로 호혜성은 심각한 타격을 받았다. '자신이 불쌍하게 사는 것이 서비스를 더 많이 요구할 권리' 인 양 일부 지역주민들은 잘못된 권리인식을 갖고 사회복지사에게 무리한 요구를 하는 상황들이 생기기도 하다.

클라이언트의 인권이 중요하다면 사회복지사의 인권 또한 그만큼 동등하게 존중받아야 한다. 바람직한 지역사회복지의 실천은 클라이언트를 불쌍하고 도와줘야 할 수혜자의 관점으로 바라보는 것을 배격하지만, 동시에 사회복지사의 인권도 클라이언트의 인권을 위해 희생해서는 안되며, 상호 존중해야 하는 호혜성을 갖는다. 또한 우리가 지역사회 주민을 동네의 주인으로서 주민으로 존중하고, 강점을 내재한 잠재력을 갖춘 존재로 인정할 때, 지역주민도 사회복지사를 같은 가치로 대우하게 된다.

(8) 기타 참고할 원칙들[5)]

예방성은 지역사회복지의 실천은 사회복지 문제나 갈등이 발현되기 이전에 주민참여와 선제적 사회복지 실천을 통하여 대응하는 것이다. 지속성은 사회적 책무를 다할 때까지 지역사회복지 실천은 멈추지 않는 것이다. 정체성(지역성)은 다른 지역사회와 구별되는 개별성을 가진 지역사회로 주민들간의 응집력과 관계성을 형성하는 것이다. 접근성은 지역사회복지 실천의 혜택과 긍정적 효과에서 지역주민 누구나가 접근할 수 있어야 함을 의미한다.

3) 마을공동체에서 주민조직화의 관점

임상적 관점에서는 지역주민을 도움을 받거나 사례'관리'의 대상으로 규정하는 경우가 많다. 그렇기에 지역주민은 끊임없이 보호 대상자이자 수혜자 역할로 규정되는데, 이는 시장경제에서 낙오자의 부정적 이미지를 갖게 한다. 반면에 마을공동체에서 주민을 바라보는 관점은 분명히 다르다.

마을에는 마을주민이 있다. 독거 노인, 결식 아동과 같은 보호대상자의 개념이 아니라 마을의 주인으로서 마을 주민이 있다. 마을주민은 마을의 일을 주인으로서 스스로 결정할 수 있는 존재이며, 마을을 통해 자아실현을 하는 주인공이다. 이는 자유권이자 자기결정권이다. 샤르트르에 의하면 자기 스스로 결정을 내릴 수 있고 실현할 수 있는 힘을 가진 인간이 자유로운 존재이다. 매슬로우에 의하면 자유로운 존재만이 자아실현을 할 수 있는 힘을 가지고 있

5) 남일재, 문영주(2019), 지역사회복지론, 양서원, 생각의 마을(2022), 에셉 지역사회복지론, 공동체,양정하 외(2023), 지역사회복지론, 공동체 등의 책을 참고하여 재구성하였다.

다. 결국 자유인으로서의 마을 주인인 마을주민은 이상적인 마을공동체를 구성하는 핵심 요소이다.

마을에는 다양한 사람들이 살지만, 장애인, 여성, 아동, 노인 같은 분리주의적 관점이 아니라 모두가 존중받을만한 마을주민이라는 가치적 평등을 이루는 것이 이상적인 마을공동체이다. 인간은 존엄한 존재로서 차별받지 않고, 불평등한 상황을 해결하는 것이 이루어질 때, 존중의 욕구를 충족할 수 있다. 따라서 존엄한 존재로서의 마을주민은 가치적 관점에서 평등 구현의 결과이다.

이상적인 마을공동체의 마을의 일과 문제해결은 마을주민이 서로 소통하고, 신뢰 관계를 구축하고, 민주적 합의를 통하여 공생적 관계를 만들어가는 연대에 기초하고 있다. 사회연대는 보편적 복지를 받드는 가장 중요한 가치 중 하나이다. 부와 소득에 따라 차별적인 혜택이 있는 불평등한 사회에서는 사회보장의 민영화가 이루어지고, 사회연대와 복지국가가 무너지게 된다(마아클 샌델, 2014).

사회연대는 전국민 건강보험이나 품앗이처럼 자신의 능력에 따라 기여하고, 필요한 만큼 분배받는 사회적 가치를 사회 구성원들이 수용하는 문화를 통해 유지된다. 또한 사회연대는 더 부유한 이들이 더 많은 책임을 수용하는 도덕적 공동선이 지켜지고, 민주주의적인 사회권력이 유지될 때 더욱 강력해진다. 마을공동체는 이러한 사회연대를 구축하고 지탱하는 힘으로, 가족 다음 단위로 기능한다.

〈표 6-1〉 마을공동체에서 주민조직화의 관점

마을	인권	욕구
자치(주인으로서의 마을 주민, 자결권)	자유	자아실현
평등(모두가 주민> 장애인, 독거노인)	평등	존중
연대(소통과 공생, 관계, 합의)	연대	소속과 사랑

4) 현장성과 현상화의 이해[6)]

(1) 현장성과 현상화

지역사회복지 실천의 장(setting)에서는 사회복지사가 클라이언트가 만나 소통하고 실천하는 공간이면서 실천 방식과 관점을 포함하는 **현장성**(現場性)을 담고 있다. 클라이언트는 개인, 가족일 수도 있지만, 소집단, 마을모임, 지역사회, 국가 그리고 가치(value & ideology)까지 포함할 수도 있다. 따라서 실천의 장은 미시적으로는 개인으로서의 클라이언트이며, 거시적으로는 사회정의 및 인간의 존엄성을 위한 문화적 토대까지도 포함한다. 미시적인 현장성에 있어서 중요한 것은 사회복지사가 지역사회와 클라이언트가 있는 현장에서 '무엇을 보는가?'이다.

클라이언트(Client)는 여러 의미가 있지만, 본 저서에서는 **'권리를 가지고 있는 지역사회의 주인으로서의 주민'**으로 당사자, 참여자, 권리자, 주인으로서의 주민 등의 의미로 사용한다. 동일한 클라이언트를 만나는 경험을 하더라도 그로부터 인식되는 욕구나 문제의 해결 방식은 사회복지사의 관점에 따라 크게 달라진다. 이 과정에서 현장성은 다양한 역동성을 가지고 있으며, 사회복지사가 생각하는 지역사회복지 실천 방향을 결정하는 요인이 된다. 즉, 클라이언트에 대한 사회복지사의 활동이 사회복지 실천을 통해 현실에서 구현하게 되는 현상화(現狀化)의 차이를 가져오게 된다. 예로 살펴보자.

6) 우수명(2023). 프로그램 개발과 평가, 지식공동체의 내용을 수정하여 인용하였음.

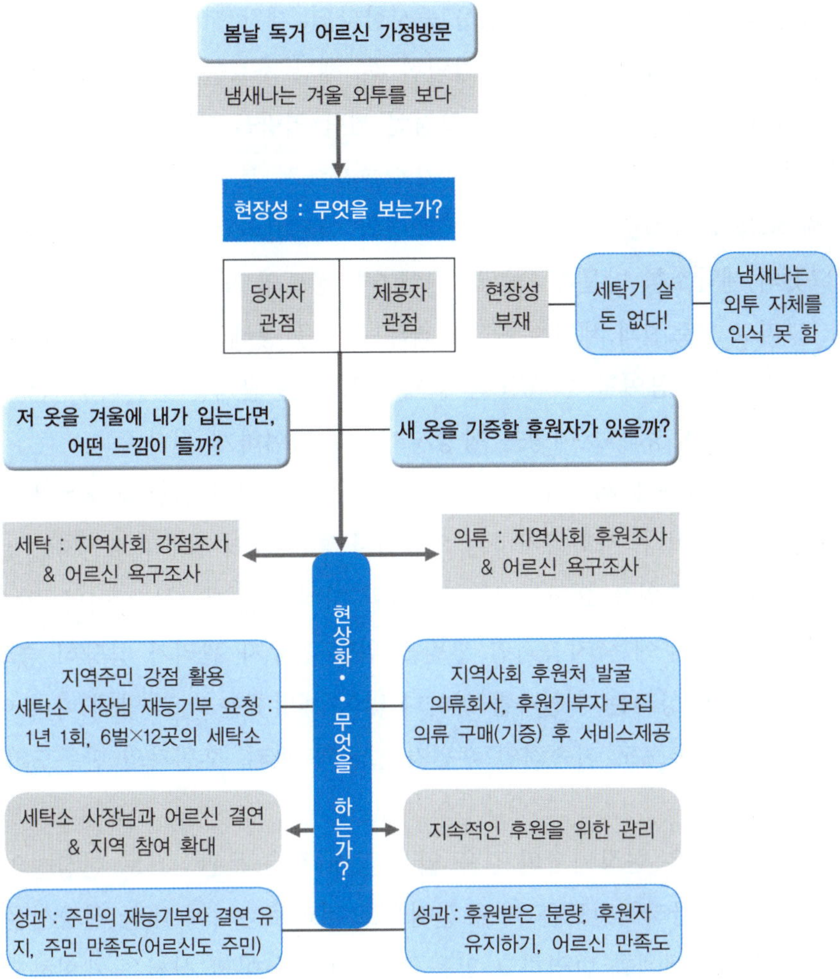

| 그림 6-1 | 사회복지 프로그램의 현장성과 현상화

출처 : 우수명(2023), 프로그램 개발과 평가, 지식공동체.

| 그림 6-1 |을 보자. 어느 늦봄에 독거 어르신 댁을 가정방문한 사회복지사는 곧 장롱으로 들어갈 겨울 외투를 보게 된다. 클라이언트에 애정을 가진 사회복지사라면 낡고 냄새나는 이 외투로 인해 클라이언트가 불편을 겪을 가능성이 있음을 보고 해결하려고 할 것이다. 이때 사회복지사가 현장을 어떻게 인지하는지, 그에 따라 자신이 하고 싶은 사회복지 실천 가치가 무엇인지에 따라 동일한 것을 보더라도 실천의 방향은 크게 달라진다.

만약 사회복지사가 당사자 관점을 중시한다면, 세탁 서비스를 생각할 수 있다. 욕구조사를 통해 세탁 수요를 파악한 후, 해당 자료를 토대로 동네의 세탁소 사장님들을 찾아다니며 그들의 강점인 세탁 역량을 재능기부로 요청할 수 있다. 이 경우 세탁소 사장님 입장(당사자 관점)에서 부담 없이 감당할 수준을 생각해 도움을 요청할 것이다. 만약 72명의 어르신의 외투 세탁이 필요하다면, 12곳의 세탁소를 방문해 1곳당 1년에 6벌 정도의 재능기부를 요청하는 식이다. 그리고 어르신과 세탁소 사장님과의 결연을 통해 1년에 한 번 자연스럽게 재능기부하고 참여할 수 있도록 소개하고, 아는 관계를 만든다. 이는 지역사회 고유의 공생성과 호혜성을 향상시키는데 기여하게 된다.

만약 사회복지사가 제공자 관점을 중시한다면, 후원자 발굴과 후원품 제공에 초점을 둘 것이다. 사회복지사는 의류회사 혹은 지역사회의 후원자(예 큰 교회)를 찾아가고, 후원을 요청하여 의류 지원 서비스를 제공할 것이다. 앞으로 사회복지사의 업무에는 지속적인 후원을 위한 기부자 관리가 상당히 중요하게 된다. 사업의 성과는 후원자를 얼마나 많이 개발했는지 그 양에 따라 이루어지게 되며, 앞으로도 지속적인 후원자 발굴과 관리, 후원자의 만족도가 포함되어야 한다.

최악의 현장성은 현장에서의 감을 잃은 상태 혹은 무관심으로 현장성의 부재이다. 현장의 클라이언트를 어떤 관점으로 바라보는지에 대한 현장성은 사회복지사의 가치체계를 반영하고 있을 뿐만 아니라 어떤 실천을 계획하고 만들어 가는지를 결정하는 의사결정의 본질적 요소가 된다.

실천 현장은 표면적으로 사회복지사와 클라이언트가 만나는 장이지만, 본질적으로 사회 구조 속의 역학관계에 영향을 받는다. 그동안 강조되었던 통합사례관리를 넘어서 공공서비스 플랫폼[7)]과 같은 마을주민 참여와 풀뿌리 민주주

7) 서울시의 찾아가는 동 주민센터(찾동)를 전국으로 확장한 정책이 문재인 정부의 지역사회복지 통합 서비스이다. 여기서는 찾아가는 복지서비스뿐만 아니라 풀뿌리 민주주의를 확대하고, 마을변호사나 마을세무사, 환경과 안전 등을 포함한 지역사회 전체를 바라보는 복지서비스 구축을 지향한다. 또한 읍면동 주민센터를 마을공동체 활동의 허브로 활용한다. 따라서 통합사례관리 같은 전문가 중심 접근보다는 마을주민 조직화와 풀뿌리 참여를 통한 마을 만들기와 같은 실천 기술을 사회복지사가 가져야 한다.

의 그리고 복지서비스의 통합이 강조되고 있다. 점차적으로 마을 만들기 및 주민 참여에 기초한 사회복지 실천의 요구가 커질 것이고, 지역사회 통합과 마을 조직(community organization)의 관점을 가지고 사회복지 실천을 현상화해야 한다.

사회복지사는 클라이언트의 강점 실현을 통해 욕구를 해결하고, 삶의 질을 향상시킴과 동시에 지역사회 공동체를 구축하는 관점과 실천을 해야 한다. 천릿길도 한 걸음처럼 작은 지역사회복지 실천이 지역 전체를 연결하는 관계로 이어질 수 있다. 궁극적으로 사회복지의 현상화는 사회복지사[8]에 의하여 만들어지고, 구축된다. 열정과 전문성으로 무장한 사회복지사를 넘어서 세상의 변화를 이해하고, 선도할 수 있는 역량은 더욱 중요해진다.

(2) 이미지와 가치 관점

현상화 즉 지역사회복지 실천의 구체적인 프로그램이나 사업을 결정하는 과정에서 사회복지사와 그를 둘러싼 문화와 가치 체계는 커다란 영향을 미친다. 우리가 보는 것은 프레임(frame)에 의하여 필터링되어 일정한 가치를 가지고, 이미지(image)에 의하여 규정된다. 조지 레이코프(George Lakoff, 2004)는 『코끼리는 생각하지 마』에서 특정한 언어나 상징에 연결되어 나타나는 사고의 체계로 프레임의 개념을 제안하였다. 프레임이 형성되면 보고자 하는 것만 보고, 원하는 것만 받아들이는 사고의 체계가 형성된다. 이는 장자(莊子)의 굳어진 마음을 의미하는 성심(成心)이나 장 보드리야르(Jean Baudrillard)의 시뮬라크르(simulacre)[9]도 일정 부분 같은 의미를 공유한다.

---

8) 사회복지사는 Social Worker로 사회적 가치를 위해 일하는 공공선의 노동자 성격을 가지고 있다. 또한 개인의 이익을 위한 활동이 아니라 인간의 존엄성과 사회정의를 지향해야 하는 이유도 Social Worker의 명예로운 이름 속에 담겨 있다.

9) 장자는 우물 안의 개구리에게 은하수의 아름다움을 설명하거나, 하루살이에게 사계절의 변화무쌍함을 설명하는 것이 의미없다고 하였다. 이는 우물 안 개구리나 하루살이의 인식체계 속에서 상상할 수 없는 영역의 것이기 때문이다. 이러한 마음을 성심이라고 한다. 시뮬라크르는 실제 존재하지 않는 대상이지만 존재하는 것처럼 만들어 놓은(인지하는) 인공물로 원본이 아닌 이미지가 그 자체로 현실을 대체하는 것을 의미한다. 프랑스 샤넬 가방을 가지고, 독일의 메르세데스 벤츠 S클래스를 타는 것이 귀족으로서의 이미지를 구축하는 것처럼 더 실재적인 것으로 사람들을 인식하게 만든다. 글로벌 가족과 다문화 가족에 대한 우리의 이미지의 차이는 어디서부터 왔는지 생각해 보라.

정상화(Normalization)10) 이론을 정립한 울프 울펜스버그(Wolf Wolfensberger, 1972)는 이데올로기(ideologies)로서의 이미지는 행동의 주체를 결정하는 절대적이고 강력한 힘이라고 하였다. 이들 주장의 공통성은 우리 안에 형성된 개념화된 문화 체계는 세상을 바라볼 때 특정한 생각을 갖게 하는 이미지를 만들고, 이 이미지는 우리의 행동과 의식을 지배하거나 통제할 수 있는 강력한 프레임을 구축하며, 동시에 우리의 신념과 행동 체계를 형성하는 주요 요인이다.

❙그림 6-2❙ 이미지에 의해 형성된 프레임의 예

출처 : 우수명(2010). 사회복지 욕구 다시보기. 인간과복지의 그림을 수정함.

❙그림 6-2❙에서 돌싱과 편부, 글로벌 가족과 다문화 가족과 같이 단어들은 특정의 프레임을 형성한다. 프레임으로 우리의 무의식 속에 행동과 태도에 영향을 미치는 이미지가 만들어진다. 사회복지관의 물리치료사가 있고 물리치료기가 있는 공간에 대하여 '물리치료실'이라는 이름을 쓸 때와 '운동기능강화실'이라는 이름을 쓸 때 클라이언트의 이미지는 차이가 있다. 물리치료실은 치료받으러 가는 환자의 이미지를, 운동기능강화실은 자신의 건강함을 키우러 가는 주민의 이미지가 생성된다. 우리도 클라이언트도 서로 이러한 이미지로부터 자유롭지 않은 부분이 있다.

10) 장애인과 사회적 약자뿐만 아니라 사회 구성원 누구나 보통의 인격적이고 안정적이며 평범한 삶을 누릴 수 있는 사회를 의미한다. 성인이라면 장애인이든 저학력자든 누구든 일(직장)을 하고, 적정 소득을 얻고, 건강하고, 자녀를 잘 키우는 가정을 갖는 것을 통하여 일상의 행복을 자연스럽게 누리는 삶을 사는 것이다.

클라이언트의 이미지가 수혜적인 대상으로 형성된 경우 도와주어야 할 대상이 되지만, 주체적이고 능동적인 주민의 이미지를 갖는다면 강점을 찾고 주도적인 참여하는 주체가 되며, 지역사회복지 실천전략이 달라진다. 그러나 이러한 이미지를 이해하는 것은 쉽지 않다. 만약 초등학생들에게 '너희 반에 장애인 친구가 큰 가방을 메고 학교를 가는 것을 보았다면 너는 어떻게 해줄래?'라는 질문을 하면 대다수는 '가서 도와준다'라고 대답한다. 만약 비장애인 친구가 큰 가방을 메고 학교에 가는 것을 본다면 어떻게 할 것인지를 묻는다면 잘 대답하지 못한다. 아마 현실에서는 그냥 인사하고 같이 학교에 갈 것이기 때문에, 너무 평범한 상황(normal)이기 때문에 그런 것이다.

장애인 친구를 도와준다는 행위는 장애인 친구를 도움의 대상, 즉 부족한 대상이나 불쌍한 존재라는 이미지로 인해 만들어진 행위이며, 동시에 보통의 친구들과 다르게 차별하는 행위이다. 차별적 이미지가 없다면, 초등학생은 장애인 친구를 만나면 반갑게 인사하고 그냥 학교에 같이 갈 것이다. 장애인 친구에게 '도와줄까?'라는 질문도 하지 않을 것이다. 왜냐면 그냥 '친구'일 뿐이기 때문이다. 장애인 친구를 대하는 행동의 모습 속에 우리 사회가 문화적으로 만들어 놓은 이미지를 볼 수 있다.

현장성은 직·간접적으로 상생(相生) 관계를 형성해 가는 클라이언트와 사회복지사(기관)를 중심으로 형성된 생태적 관계를 지향한다. 만약 사회복지사가 클라이언트를 불쌍해 도와주는 것이라면 더 불쌍한 것으로 생각한 클라이언트는 자신의 서비스 권리를 주장하기 쉬워진다. 김장철이 되면 자신에게도 김장을 달라는 어르신이 많아지는 이유도, 일부 복지 서비스가 불쌍한 조건이 서비스를 받는 것 같은 자판기 이미지를 형성하였기 때문이다.

지역사회복지 실천은 클라이언트와 사회복지사를 연결하지만, 그 내면에는 사회복지사의 가치체계와 이미지, 그리고 그것을 만드는 문화에 따라 영향을 받는다. 사회복지사와 클라이언트를 둘러싼, 작게는 기관장의 인식과 전문성, 크게는 사회복지 전달체계나 참여 주체, 사회정책 등의 사회체계가 프로그램에 미치는 힘을 무시할 수 없다. 지역사회복지 실천 프로그램을 개발하려는 사회복지사는 프로그램의 형식과 그 안에 내재된 이미지를 포함한 사회문화적인 힘을 잘 이해하려는 노력을 해야 한다. 물론 이미지만으로 사회복지가 완성되는 것도 아니고, 세상이 금방 바뀌는 것도 분명히 아니다. 그러나 이미지와 문화를 알고 사회복지 실천을 고민하는 것과 아닌 것은 큰 차이가 난다.

2 지역사회복지 실천의 대상

지역사회복지 실천의 대상을 바라보는 전통적인 관점은 체계론적이다. 생태체계적 혹은 사회체계적 관점에서 본다면, 개인(클라이언트와 지역주민)–소집단(가정, 학교 등)–지역사회–정책과 제도–문화 영역 등으로 대상화해서 볼 수 있다. 미시적으로 본다면 지역사회와 사회복지 조직의 지원을 받는 사회복지사와 클라이언트의 관계로도 볼 수 있다. 전달체계적 관점에서 본다면 중앙정부–지방정부–사회복지기관–지역주민의 관계로도 볼 수 있다. 그러나 지역사회를 바라보는 관점에 따라 실천의 대상은 적지 않은 차이가 나타난다.

과거 영국의 자선조직협회(COS)와 우호방문가(FV)들이 바라본 지역사회복지 실천과 인보관 운동을 주도했던 이들이 바라본 지역사회복지 실천은 사회문제를 바라보는 근본적인 프레임이 달랐다. 그래서 그들의 변화 대상 혹은 지역사회복지 실천의 대상을 바라보는 시각 또한 차이가 있었으며, 이는 지금도 여전히 다른 형태로 진화하여 지역사회복지 실천에 영향을 미치고 있다.

1) 배경 설명

2010년 4월 1일 김문수 경기도지사(현 국민의힘)는 복지사각지대에 놓여 있는 가정이, 위기를 극복할 때까지 저소득층의 생활안정을 돕는 무한돌봄 사업의 복지전달체계를 구성한 '경기도무한돌봄센터' 개소식을 열면서 "더 따뜻하고 더 촘촘하게 모두가 사랑을 나누는 무한돌봄으로 발전시키겠다"[11]고 하였다. 2012년 시·군·구에 희망복지지원단을 설치하여 통합사례관리 및 맞춤형 복지를 위한 지역 공공복지전달체계의 변화를 도모하는 이명박 정부에 의하여 확대, 진행되었다. 박근혜 정부는 읍면동 허브화 정책을 추진하면서 지역복지 자원 간 연계체계 구축 및 통합사례관리 강화(전문가 중심)를 통해 복지사각지대를 해소하고, 촘촘한 사회안전망을 구현하고자 하였다(보건복지부, 2016). 읍면동 허브화 정책은 부양받지 못하는 독거어르신, 근로능력의 유무, 소득이 부족한 가구 등 선별적 복지 기준을 적용하였다. 또한 해결의 핵심 방법론으로 통합사례관리에 의한 전문가 개입, 자원의 효율적 관리와 연계 등을 강조하였다.

2011년 당선된 박원순 서울시장(현 더불어 민주당)은 마을만들기와 마을지향 사회복지관 사업을 우선 추진하고, 2016년에 본격적으로 찾아가는 동주민센터(찾동) 사업으로 지역복지와 공공 영역의 결합을 구축해 가고 있다. 찾동사업은 2017년에 출범한 문재인 정부를 통하여 '공공서비스 플랫폼'으로 진화하였다. 찾동 사업은 취약가구 발굴도 중요하지만, 60세 이상 모든 가정을 방문하고 관리하며 필요 서비스를 지원하는 보편적 접근이 포함되었다. 또한 복지생태계 조성에 집중하여 주민소모임과 참여를 위한 마을공동체 지원, 읍면동 주민센터를 주민에 의한 주민을 위한 커뮤니티 허브화를 지원하며, 풀뿌리 민주주의를 강화하기 위한 주민자치활동을 적극적으로 지원하는 것을 포함하였다. 또한 이를 위하여 1만 1천 여명의 신규 사회복지직 공무원을 채용하고자 노력하였다.

표면적으로 보면 국민의힘 정권의 무한돌봄과 통합사례관리에 기반한 읍면동복지허브화 정책과 더불어민주당 정권의 마을만들기와 찾동에 기반한 공공서비스 플랫폼 정책은 복지사각지대 해결, 지역사회의 주도적인 참여를 통한 문제 해결 등에 있어서 유사성을 갖는다. 그러나 이러한 표면적 유사성을 가질 뿐이고, 그 내면을 조금 더 들여다 보면 지역사회복지 실천의 대상에서 큰 차이가 난다.

11) http://www.nocutnews.co.kr/news/4159685

이 둘의 차이의 근본적인 것은 선별주의(신자유주의) 관점에서 지역사회복지 체계를 구축하고자 하는 정권과 보편주의(인권주의) 관점에서 지역사회복지 체계를 구축하고자 하는 정권의 가치적 차이가 반영되어 있다. 마치 과거 영국의 COS와 인보관 운동의 대립과 매우 유사한 특성이 다시 재현되고 있는 것으로 보인다.

2) 읍면동 허브화와 공공서비스 플랫폼의 비교

무한돌봄 및 읍면동 허브화 정책과 마을 만들기 및 공공서비스 플랫폼의 다양한 특성을 비교하면 다음과 같다. 이를 통하여 지역사회복지의 실천 대상에 있어서 선별적 접근과 보편적 접근의 차이를 확인할 수 있을 것이다. 전자는 시장에서 자기 생존이 불가하여 도움이 필요한 대상으로 접근하는 방식은 도움이 필요한 (선별된)주민과 도움을 제공할 자원들을 대상으로 한다. 후자는 지역사회 주민 누구나 도움 또는 참여의 주체가 되며 지역사회 전체를 하나의 복지생태계를 이루는 관계로 접근한다. 따라서 지역사회복지 실천의 대상에서 커다란 차이가 발생한다.

〈표 6-2〉 읍면동허브화와 공공서비스 플랫폼의 비교

	무한돌봄 : 통합사례관리 및 읍면동복지 허브화	마을 만들기 : 찾동 및 공공서비스 플랫폼
실천 대상	복지사각지대 및 요보호자	지역사회 전체(복지사각지대 포함)
	시장에서 스스로 자립 및 생존 능력이 없는 대상 : 독거어르신, 미취업 가구, 부채로 어려움 겪는 가구,	지역사회(마을) 주민 전체 예 60세 어르신 전수 방문
기본 가치	선별적 복지 가치, 수동적 요보호자로서 지역주민	보편적 복지 가치, 능동적 참여주체로 지역주민
변화 주도자	전문가 집단(사례관리자), 지역사회 자원 보유자	마을주민, 성숙한 민주시민, 풀뿌리 자치의식을 갖춘 주인으로서의 마을주민
사회복지사 역할	서비스 제공자, 자원연계 중개자, 자원 개발자, 계몽·교육자	촉진자, 갈등/협의 중재자, 선도자, 지원자, 동료
지역사회복지 실천 방법	– 사각지대 발굴 및 찾아가는 서비스를 통한 안전망 구축 – 통합사례관리 서비스 지원을 통한 맞춤형 지원 및 공무원 역량강화 – 민간협력을 통한 자원발굴 및 개발, 관리, 배분, 조정 등 지역사회 네트워크 – 관 중심의 민간복지 협력	– 사각지대 주민의 발굴과 찾아가는 서비스/상담 및 지역내 해결지원, 통합사례관리 – 마을공동체 및 풀뿌리 자치를 통한 제도화 및 자치기반 구축 – 환경과 에너지, 마을변호사, 문화공유 등 지역사회 네트워크 – 주민센터의 커뮤니티 공유-허브 화 및 행정데이터 공개
	돌봄, 사례관리, 자원 개발, 계몽, 협력	돌봄, 주민 자치, 마을, 참여, 연대
이미지와 프레임 (제7장 참조)	불쌍함, 도움이 필요한, 수혜자, 보호 대상자, 독거 어르신, 부족한	주인으로서의 주민, 참여자, 주체, 마을, 공동체, 협력, 소통, 관계
	개인의 변화와 계몽과 원조	사회구조적 변화와 참여 공동체
	노동능력이 없는 이들에 대한 제한적 지원, 노동가능자의 계몽을 통한 취업 연계 유도	인권 가치 기반 마을공동체 구축을 통한 주민자치의 민주적 지역사회
	시장주의	인권주의
	COS, 우애방문원의 가치와 유사	인보관 운동 가치와 유사

지역사회복지의 실천 대상을 규정하는 것은 사회복지사의 근본적인 가치 철학과 매우 밀접하게 연결되어 있다는 것이다. 선별적 접근과 보편적 접근은 지역사회복지 실천에서 활동의 주체들과 연계된 영역이 확연하게 차이가 나타난다.

선별적 복지 관점에서 접근한다면, 지역사회 주민을 대상자나 수혜자로 일반 주민과 분리, 하위 계급화하는 과정이 진행된다. 이들은 스스로 자립할 수 없는 존재이므로 외부의 원조에 의존해야 할 존재로 규정하며, 사회복지 서비스의 제공은 제공자와 수혜자로 일방향성을 갖게 된다. 지역사회복지 실천의 대상은 서비스 제공자와 수혜자를 중심으로 형성된 지원 체계로 국한된다.

보편적 복지 관점에서 접근한다면, 지역사회 주민은 누구나 지역사회 복지의 수혜자이자 동시에 제공자이며 참여자이다. 모두가 강점과 잠재성을 가지고 있으며, 풀뿌리 민주주의 참여자로 지역사회 복지정책과 전달체계에 관여할 수 있는 정당성도 가지게 된다. 따라서 지역사회의 주인으로서 주민으로 성장하기 위한 마을공동체의 조직화, 이를 이끌어가는 마을 리더 육성을 지원하는 지역사회복지 실천이 필요하게 된다. 또한 지방자치단체는 자신들의 정보와 권력을 개방하여 협의체를 구축하고, 협력과 소통을 통한 공생적 관계가 형성된다. 이를 통해 지역사회 문제를 해결하며, 지방자치를 견고하게 만드는 데 기여한다. 즉, 지역사회를 포괄적으로 접근할 수 있게 된다.

3 지역사회복지 실천 과정

지역사회복지 실천 과정은 어떤 관점으로 보는가에 따라 다양하게 구성할 수 있는 영역이다. 가장 일반적인 패턴은 문제의 인식과 분석, 계획과 목표 수립, 실천이나 행동, 평가와 검토 등으로 이루어진 체계로 볼 수 있다. 여기서는 우수명의 세부적으로 구조화된 실천 과정과 지역사회 조직화를 위한 브라운(Brown, 2006)의 실천 과정을 살펴볼 것이다.

우수명의 지역사회복지실천을 위한 실천의 단계별 구조를 모형화하면 [그림 6-4]와 같다. 이는 사회복지사의 역할 중 구조적 역할에서 세부적으로 다루고, 그 중 중요한 영역을 별도의 하위 영역으로 구분하여 더 세부적으로 다루게 될 것이다.

지역사회복지 실천 과정의 첫 단계는 실천 토대의 구축이다. 사회복지사는 자신이 수행해야 할 지역사회복지사이자 조직가로 실행해야 할 구조적, 기능적 역할을 충분히 이해하고 알아야 하며, 미션과 비전, 핵심가치 & 전략목표들을 통하여 무엇을 지향해야 할지에 대한 가치적 요소를 내면에 품고 있어야 한다. 세부적인 실천의 목표는 주민들로부터 나와야 하지만, 궁극적으로 이루고자 하는 지역사회복지의 모습에 대한 청사진을 사회복지사는 명확하게 가지고 있어야 한다. 실천토대는 실천전략 및 실천의 성공을 본질적으로 담보하는 것이다. 지역사회가 자동차이고, 실천전략 및 실천이 자동차의 운전기술이라면, 실천토대 구축은 연료(역할)와 내비게이션(미션·비전)과 같은 역할이라고 볼 수 있다. 따라서 무엇을 해야 할지, 어떻게 해야 할지에 대한 답이 없는 실천은 방향타를 잃은 항해와 같이 표류할 수밖에 없게 된다.

지역사회에 대한 개입의 시작은 '지역사회 분석'에서 출발한다. 직·간접 경험적인 지역사회 정보를 수집·분석하면서 주민들과 다양한 접촉을 통하여 지역사회를 알아가는 것이 중요하다. 때때로 욕구조사 등을 통하여 지역사회에 대한 정보를 직접 수집하고 분석할 수 있다. 이를 통하여 다양한 욕구 조사와 분석, 주요한 이슈 및 과제의 탐색, 지역사회에 함께 할 수 있는 개인, 조직들에 대한 체계적인 탐색과 정리를 수행한다.

무엇이 문제인지가 정의되면 실천대안을 탐색하고 그에 따른 의사결정을 해야 한다. 이 때 중요한 것은 실천 전단계로 주민들과의 관계 형성을 시작해야 하며, 주민들이 갖는 강점과 그들의 관계망 등 응집력의 수준을 파악하고, 미션과 비전에 따른 의사결정을 통한 성공할 수 있는 단계적 실천 계획을 수립하는 것이다.

실천 단계로 접어들면, 지역사회복지 실천을 주민들에게 알리고, 참여를 이끌어낼 마케팅을 전개한다. 만약, 자체 브랜드를 이미지화하면 더욱 효과적이다. 다양한 참여 주민을 발굴 및 양성하고, 그들이 가진 강점을 성공적으로 발휘하며, 자신들의 문제를 가장 낮은 단계에서부터 성공적으로 성취하여 자부심을 느끼고 지역사회에 필요한 존재로서 자리매김하도록 한다. 그리고 주민조직화를 강화하고, 지역사회 내 다양한 네트워크를 구축하여, 지역사회 연대감을 형성하여 공동의 문제들을 점진적으로 해결해 나간다.

실천 평가는 미션과 비전의 가치 실현을 점검하고, 기대했던 목표의 달성이 성공적으로 이루어졌는지 성과를 평가하며, 무엇보다 참여주민들의 의사를 반영하도록 한다.

실천의 전반적인 과정은 늘 글, 영상, 이미지 등으로 기록되며, 가시적 성과물로 남아야 한다. 이러한 아카이브를 통하여 지역사회의 기억될 가치들을 쌓아가고, 그것이 다시 지역사회의 한 역사의 장으로 남을 수 있도록 구축해 간다.

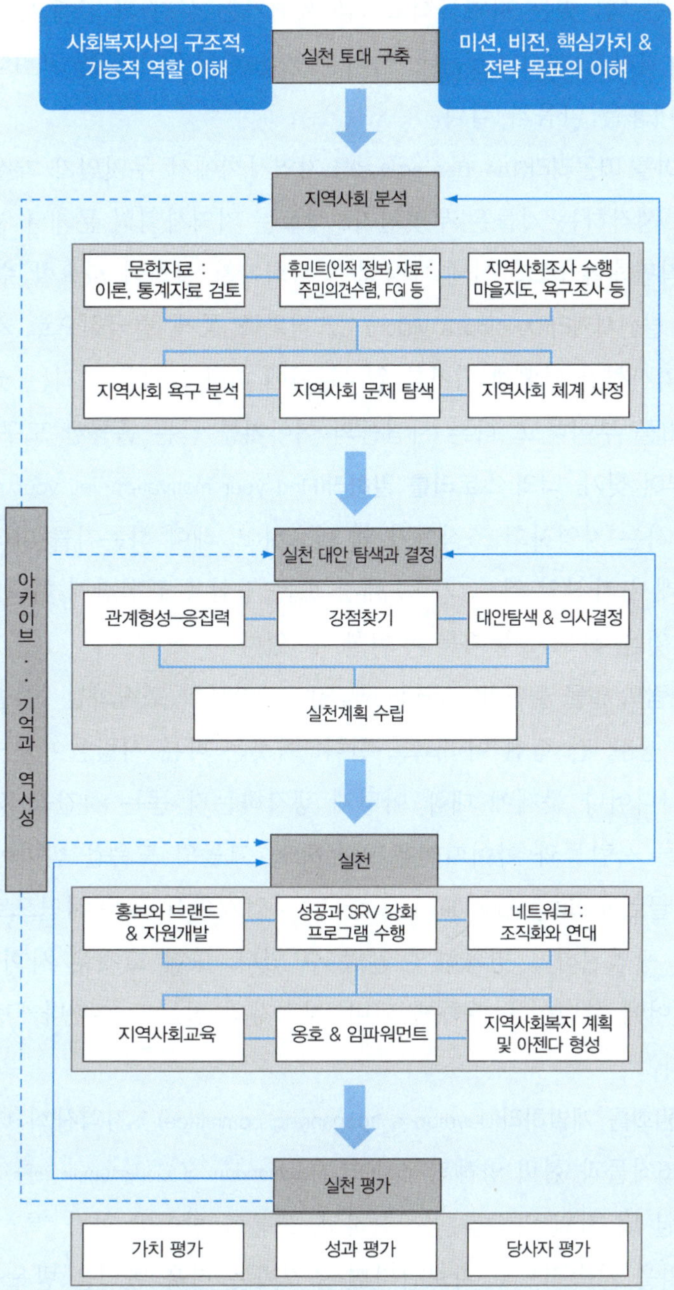

| 그림 6-4 | 지역사회복지 구조적 실천 모형

Brown(2006)은 '힘 있는 지역사회조직을 세워가는 실천 과정'에 대하여 12단계의 단계적 절차를 제시하였는데, 이의 내용을 한국적 상황을 고려하여 수정하였다. 그 내용은 다음과 같다.

① **아이디어를 떠올려라**(The idea arrives) : 지역사회에서 무엇인가 개선이 필요하다고 생각하는 것들은 무엇인가? 때로는 지역사회의 문제나 새로운 상황이 직면해야 하고, 이에 대응하는 사회복지 실천이 필요할 수도 있다.

② **비전을 발전시켜라**(Develop a vision) : 조직화를 통해 궁극적으로 가고 싶은 곳, 지역사회가 어떻게 되기를 원하는지에 대한 그림을 그리는 것이다. 이는 동기를 부여하고, 다른 사람들의 이야기를 듣는 훌륭한 도구가 된다.

③ **동기 부여 찾기-너의 스토리를 말하라**(Find your motivation-tell your story) : 사회복지사는 지역사회 조직화가 왜 필요하고, 해야 하는지를 이해해야 한다. 그래서 자신의 역사, 가족, 배경 또는 경험을 표현하게 하고, 그를 통해 이 일을 하도록 동기를 부여할 수 있다.

④ **다른 사람의 말을 들어라**(Listen to others) : 지역사회 조직화는 "주방이나 커피숍을 통한 긴 행진"이라고도 한다. 이것은 다른 사람들이 사회복지사의 아이디어나 문제에 대해 어떻게 생각하는지 듣는 시간을 갖는 것이다. 다른 사람들과 아이디어를 공유하고, 그들의 도움을 받아야 한다.

⑤ **생각을 글로 써라**(Put your idea in writing) : 사업계획서 혹은 서면으로 정리된 비전은 광범위하고 명확하게 알릴 수 있다. 또한 그것은 사회복지사의 아이디어에 합법성을 더하게 되며, 지지자의 설득과 후원마케팅의 근거가 된다.

⑥ **후원위원회를 개발하라**(Develop a sponsoring committee) : 지역사회 다양한 지지자, 조직들과 협력 양해각서(MOU, Memorandum of Understanding)를 체결하거나, 후원 및 지원 약속을 공식화하고, 도움을 받아야 한다. 특히, 재정적인 지원을 지속적으로 확보한다면 조직화는 더욱 탄력을 받을 수 있다.

⑦ **핵심 그룹을 모아라**(Bring together a core group) : 지역사회 주민 모두를 조직화하거나 다수를 상대로 시도하는 것은 비효율적이다. 사회복지사가 개

발한 비전을 공유하고, 공감하는 조직화를 시작하기 위해서는 10명에서 15명의 적극적인 동조자들이 필요하다. 이들에 집중하고, 이들과의 신뢰 관계 형성을 통해 핵심 그룹으로 만들어야 한다.

⑧ **미션을 설계하고, 목적과 목표를 구체화하라**(Draft a mission, identify goals and objectives) : 핵심 그룹의 구성원들을 중심으로, 이들과 함께 조직화를 통해 앞으로 달성하려는 미션, 목적과 목표를 명확히 해야 한다.

⑨ **체계적 구조를 발전시켜라**(Develop a structure) : 시간이 지나도 버틸 수 있도록 올바른 조직화의 기반을 마련하고, 조직의 운영과 실천을 위한 행정, 인력관리, 사업 수행 체계를 구축하는 것이 중요하다.

⑩ **권력을 만들어라**(Build Power) : 조직화를 성공적으로 이끌 수 있는 권력은 조직화된 자금, 서로 강한 관계를 유지하는 조직화된 사람들, 그룹이 달성하고자 하는 세부 사항에 대한 지역사회의 긍정적인 정보제공과 협력, 그리고 가장 중요한 것으로 사람들을 행동으로 이끌고, 원하는 것을 이루어가는 능력에서 나온다. 권력은 지역사회의 지지와 자원을 동원하는 데에도 필요하다.

⑪ **전략을 이해하라**(Understand strategy) : 전략은 전반적인 경로이며, 따라가야 할 일반적인 계획과 그 뒤에 있는 영향력들과 가설을 이해하는 데 도움이 된다. 중장기적 전망을 통해 조직화 과정을 살펴보고, 지향할 수 있게 된다.

⑫ **행동으로 옮기고, 평가하고, 성찰하라**(Move to action, evaluate and reflect) : 행동하고, 협상하고, 평가하고, 반성하는 것, 행동의 과정 속에서 배우고 성장하며, 행동을 지속시키는 힘은 조직화에 긍정적인 영향을 미치게 된다.

4 사회복지사의 역할

지역사회를 기반으로 활동하는 사회복지사는 다양한 역할 수행을 할 수 있어야 한다. 이를 구조적 역할과 기능적 역할로 나누어 살펴보고자 한다.

구조적 역할은 지역사회실천활동을 시작하는 과정에서부터 진행, 종결하는 과정에 따른 구조적 흐름에 맞추어 요구되는 역할이다. 기능적 역할은 사회복지사가 수행하는 역할과 기능적 요인에 맞추어 요구되는 역할이다.

1) 구조적 역할

사회복지사의 구조적 역할은 지역사회복지 실천의 과정에서 무엇을 해야 하는지에 대한 역할들을 정리한 것이다. 이 역할들은 다음과 같다. 다양한 지역사회의 정보를 수집하고 정리·분석하며, 앞으로 진행해야 할 계획을 세우는 지역사회 탐색과 계획, 다양한 지역사회 조직 및 주민들을 만나고, 신뢰를 구축하는 관계 형성 및 응집력 강화, 지역사회 강점들을 찾고, 성취경험을 통해 자존심과 참여를 구축하는 강점 찾기와 성공 경험하기, 강점에 기반하여 긍정적 역할 수행을 통한 성장인 SRV 강화, 이를 지속가능한 상태로 유지하기 위한 지역사회 교육과 갈등해결 그리고 자조모임 조직화, 마을 확장을 위한 성과의 공유와 연대, 마지막으로 다음 세대까지 이어지는 비전과 전략 재생산 구조화 등의 역할을 수행하여야 한다.

(1) 지역사회 분석

지역사회를 살펴보고, 정보를 얻으며, 지역사회복지에 대한 계획을 수립할 수 있는 역량은 초보 사회복지사에게 특히 더 중요하다. 그 이유는 깊이 있고 많은 정보를 얻는 데 있어 지역주민과 오랫동안 지역에서 활동한 전문가들의 경험만큼 구체적이고 생생한 정보를 통상적인 욕구조사나 문헌자료를 통해 얻는 것은 거의 불가능하기 때문이다. 결국 지역사회 탐색의 전제조건은 지역사회 주민들, 전문가들과의 소통을 통한 긍정적인 관계 형성이 핵심이다.

① 지역사회 정보 수집

지역사회의 정보 수집은 크게 문헌자료, 인적 자료, 지역사회조사로부터 얻는 경우가 대부분이다.

문헌자료는 가장 강력한 구글(www.google.com) 검색기를 포함한 포털사이트들의 검색기를 활용한다면 대부분 해결할 수 있다. 이때 공식적이고 신뢰할 수 있는 정보를 취사선택할 수 있는 선구안을 갖는 것이 중요하다. 검색의 키워드는 주요 이슈나 문제 혹은 출처를 활용하는 것이다. 고령화, 청소년 학교 부적응, 비행청소년 등은 주요 이슈를 중심으로 검색하는 것이고, ○○시 통계연보, ○○ 종합사회복지관 욕구조사 등은 출처를 중심으로 검색하는 것이다. 이론 및 근거가 잘 실린 한국연구재단 등재지나 등재후보지의 학술논문 등을 검색하려면 KISS(kiss.kstudy.com)나 DBpia (www.dbpia.co.kr)를 이용하면 쉽게 자료를 확보할 수 있다.

휴민트(Humint : human intelligence), 인적 자료는 사람들을 통해 얻어지는 자료인 만큼 객관성과 신뢰성을 확인하는 것이 중요하다. 또한 다양한 소통의 중심점(미용실, 노인정 등)을 활용하는 것도 좋은 방법이며, 사람들과 소통하고 관계 맺기를 통하여 충분한 신뢰감을 형성한 후에 얻어지는 정보들이 더 가치가 큰 경우가 많다. 마을주민들의 생생한 삶의 이야기들, 타 복지관이나 NGO 실무자와 같은 주요 핵심인물이나 주요 당사자(client) 인터뷰, 전문가 혹은 주민 간담회, 핵심집단면접(FGI : Focus Group Interview) 등을 통해 다양한 정보를 얻을 수 있다.

지역사회조사는 지역사회 관찰하기, 지역사회(주민/ 전문가) 설문조사, 마을지도 그리기, 마을자원 조사하기, 마을 네트워크 조사하기 등의 다양한 방법들을 활용할 수 있다. 특히 사전에 지역주민 및 관련자의 핸드폰 번호나 이메일 주소 등의 정보가 확보되어 있다면, Google 설문지 기능을 이용하면 저렴하고 신속한 지역사회 욕구조사나 주요 이슈에 대한 설문조사를 수행할 수 있다.

• IT와 지역조사와의 결합

마을지도 그리기(community mapping)

지역사회의 다양한 활동, 집단, 관심사, 대상자 등에 대한 정보를 지리정보를 가진 지도에 표기하는 일련의 과정을 의미한다.

이는 다양하게 적용할 수 있는데, 지역사회 내 사회복지기관들과 서비스 대상자의 규모를 유형별로 표기하여 마을복지서비스 지도를 만들 수 있으며, 교통사고가 빈번한 위치를 학생들 통학로와 연계하여 안전지도를 만들 수 있다. 그 외에도 특정 주제에 맞는 마을지도 그리기를 얼마든지 만들어 낼 수 있다. 이를 통해 지역사회의 문제점이나 구조적 공백을 찾아낼 수 있으며, 대응전략을 세울 근거가 되기도 한다.

최근에는 포털사이트의 지도를 활용하여 정리하거나, 지리정보시스템(GIS : Geographic Information Systems)을 활용한 '함께 서울 지도(http://gis.seoul.go.kr)'를 통하여 다양한 마을 정보를 얻거나 커뮤니티맵을 만들 수 있다. 또한 모바일 프로그램인 Mapplerk를 구글 플레이, 애플 앱스토어에서 검색 후 무료로 다운받아 마을지도 그리기에 활용할 수 있다.

② 욕구 및 문제 탐색

지역사회 정보를 다양한 경로로 수집하였다면 이를 분석하고 내용을 정리하여 지역사회 욕구와 문제를 탐색하고 지역사회 다양한 활동 주체들을 파악해야 한다.[12] 지역사회 욕구 및 문제탐색을 할 때 유의할 사항을 몇 가지 살펴보면 다음과 같다.

- 고정관념이 아닌 열린 마음으로 접근한다. 동일한 현상도 보는 관점에 따라 다른 해석과 결론이 도출되기도 한다. 항상 '왜(why)?'라는 의문을 가지고 접근한다.
- 다양한 관점에서 접근한다. 사회체계론적 관점은 개인부터 국가나 이데올로기 혹은 문화체계까지 폭넓게 볼 수 있으며, 시간의 흐름에 따른 역사적 고찰도 유용하다. 또한 인과관계의 탐색도 도움이 된다.
- 주민들의 욕구와 강점을 우선으로 정보의 중요성을 정한다. 지역사회복지의 접근은 주인으로서의 주민, 공생과 연대로서의 주민, 모두가 존엄한

12) 이와 관련하여, '우수명(2018, 지식공동체), 사회복지 프로그램 개발과 평가', '우수명 · 강병노(2019, 양서원) 사회복지조사론'의 내용을 참고하시오.

존재로서의 주민을 만들어 가는 주민 중심인 것이다.

- 이슈나 문제는 실현 가능성에 따른 우선순위를 살펴본다. 지역사회 정보 중 실현 가능성이 낮은 정보는 중장기적인 요소로 분류하여야 한다(예 병원 부족, 주택문제 등). 특히 주민조직의 초기에는 성공적 경험이 중요하기 때문에 실현 가능성은 중요 고려 요인이다.
- 욕구조사는 미래지향과 주민참여 중심으로 접근한다. 욕구조사의 경우 과거의 실태에 집착하는 경우가 많다. 그러나 욕구는 미래지향적이며, 특히, 당사자의 참여의식을 파악하는 것이 중요하다. 또한 아동부터 노인까지의 전 대상의 표면적 욕구조사보다는 선택과 집중에 따른 접근이 효과적이다.

(2) 실천 대안 탐색과 결정

① 관계 형성과 응집력 강화하기

지역사회복지 실천은 주민을 포함한 지역사회 참여주체들과의 관계 형성이 어떻게 되어있는가에 따라 성패가 크게 갈라지게 된다. 초보 지역사회조직가가 흔히 하는 실수는 자신을 전문가로 생각해서 오랫동안 활동해 온 지역주민들을 가르치거나 우위에 서려고 하는 것이다.

관계 형성 이전에 이러한 개입은 강력한 반발을 불러일으키거나 지역사회 기반이 취약한 사회복지사를 외톨이로 만드는 일이 지역사회에서 흔하게 일어난다. 따라서 주민과의 관계 형성과 응집력 강화에서 중요한 것은 존중과 신뢰를 통해 형성된 관계이면서 동시에 사회복지사의 영향력이 유지되고 지역사회의 구성원 중 하나로 인정받는 것이다. 이를 위해서 겸손한 주민 만나기와 전문가로 인정받는 라포(rapport) 형성이 필요하다.

첫째, 주민 만나기로 주민과 통성명하고 얼굴을 익히기 위해 주민을 만나는 것은 친밀감 형성의 전제조건이다. 이러한 주민 만나기는 두 가지 방식으로 나누어 볼 수 있다.

우선 복지기관 혹은 단체, 인근 '주민과의 무작위 만나기'이다. 복지기관 인근 식당, 미용실, 분식점, 동네 주민 등을 찾아가 만나는 것이다. 특정 욕구나 참여의지를 가진 이들을 만나기는 상대적으로 어렵지만 지역사회 일반적인 상황을 파악하고 조직화 계획을 세우는 데는 큰 도움이 된다. 다음으로 '전략적 목표에 따른 주민 만나기'이다. 클라이언트, 마을 이장/ 통반장, 마을활동이나 모임 대표, 학부모 등이다. 독거어르신 겨울외투 클리닝 서비스를 위해 마을 내 세탁소 사장님들을 만나러 가는 것, 영유아의 건강한 성장에 관심 있는 어머니를 위한 공동육아와 같이 특정 욕구나 목표에 따라 대상을 선택할 수도 있다. 표적(target)의 정확도를 높일 수 있지만, 정말 주민의 욕구에서부터 출발한 것인가에 대한 문제제기가 나올 수 있다.

둘째, 응집력 강화하기로, 주민과 지속적으로 만나는 것과 주민들이 말하기가 핵심이다. 주민들이 원하는 공통요인들을 표현하게 하고, 그것을 묶어 사업의 목석과 목표를 정하고, 식사를 통한 교류, 교육훈련이나 간담회 등의 사전모임을 하고, 연수나 여행 등을 통해 친밀감을 높일 수 있는 다양한 방법을 활용한다. 상호 인지도를 높여야만 친해질 수 있고, 이러한 친밀감은 시간과 만남의 횟수에 크게 좌우된다(관계의 역사성).

주민들과 친해지기 위해 사업을 우선적으로 추진하는 경우가 종종 있다. 예를 들면, 마을의 물리적 환경을 개선하는 마을벽화 그리기, 화단 만들기, 마을길 넓히기 등과 같은 것이다. 초기 관계가 충분히 형성되지 않은 상태에서 실시한다면 금방 소진이 오거나 1회성 사업으로 끝나게 되는 경우가 많아진다. 또한 지속적인 만남을 유지하고 소통을 강화하기 위해서는 지속적인 관계의 매개가 될 수 있는 멤버십의 구축과 전용 공간(space) 및 지원예산의 확보가 중요하다. 자신들만의 공간 확보는 결속감과 안정감을 제공해 조직화에 기여할 가능성이 높아진다.

② 강점 찾기

주민 및 지역사회 조직화의 성공에 중요한 요인 중 하나는 강점(strength)에 기반한 성공의 경험을 갖는 것이다. 이를 통해 성취감, 자신감, 가능성, 더 큰 도전의 용기 등을 갖게 되기 때문이다. 특히 강점은 잘할 수 있는 역할을 기반으로 발굴하는 것이 중요하다.

강점은 주민들의 일상의 직업, 예를 들면 세탁소 사장님은 세탁, 피자가게 사장님은 피자 굽기와 배달 네트워크 홍보, 은행 다니는 주민은 자금관리, 컴퓨터를 수리하는 주민은 IT 전문가가 될 수 있는 각자 삶에서 경륜과 역량을 갖춘 영역을 포함한다. 또한 과거 자신의 전공이나 경력이나 좋아하는 일, 취미로 오랫동안 해온 일들도 다 강점의 개발 영역이다. 그래서 강점을 찾기 위해서는 성찰과 강점의 실현을 위한 자기결정권이 무엇보다 중요하다.

자기결정권은 자기선택권과 다르다. 만약 커피전문점에 간다면 커피나 스낵류를 '메뉴판 안'에서 자유롭게 선택할 수 있다. 이것은 자기선택권에 가깝다. 자기결정권은 커피전문점을 갈지, 식당을 갈지, 다른 곳을 갈지 결정할 수 있는 권한까지도 갖춰진 상태(empowerment)를 포함한다.

강점과 자기결정권이 중요한 이유는 지역사회복지에 참여하는 주민들은 대부분 낮은 자존감, 수동적이고 방어적인 태도를 가진 경우가 많기 때문이다. 이를 해결하지 않은 상태에서 사업이 수행되면, 예산이 있으면 주민이 있고, 예산이 사라지면 주민도 사라지는 현상이 반복될 뿐이다. 이의 해결을 위한 섬세한 단계적 접근과 함께 성공 경험을 통한 SRV(SRV : Social Role Valorization)의 실현이 매우 중요하다(122쪽 참조).

사회복지사는 주민들 자신 안에 감춰진 강점이 드러나도록 해야 하며, 지역사회 안에서 그 강점을 인정해 주고, 지지해 주고, 격려해 주어야 강점이 강화된다. 다음 사례를 살펴보자.

• 지역사회조직 강점 실천의 사례

다음은 각 사회복지관의 강점을 결합한 시도를 통한 네트워크를 만든 사례이다. 서울 한 지역의 사회복지관인 ○○, △△, □□ 사회복지관은 상호 근접하게 위치해 있었으며, 각각 아동청소년, 노인, 장애인 복지 분야 등 서로 다른 역할로 특화되어 있었다. 지역사회 내 학교사회복지 대상 아동들을 위하여 3개의 사회복지관은 함께 공동의 프로그램을 구성하게 되었다.

"올해는 각각 기관들이 특화할 수 있는 영역을 해보자. 한 기관중심이 아니라 아이들 접근성도 있고 각 기관 특성에 따라 해보자. 멘토링은 (아동청소년복지 중심 기관인) ○○사회복지관이, 조손가정케어는 (노인복지 중심 기관인) △△사회복지관이, 일상생활수행 능력 향상 조리법 교육은 (장애인복지 중심 기관인) □□사회복지관이 주력으로 세팅이 되어있다. 사업비도 동등한 구조로 나누었다. 균등하게 배분하여 사업을 운영하게 된다." (사회복지관 담당사회복지사)

"협의체에서 함께 하려는 노력은 서로 간의 강점을 키우고자 하는 쪽으로 발전하였다. ○○사회복지관의 역할을 점차 긍정적으로 보기 시작하였고, 다른 후발 주자들도 자기 역할들을 잘 만들어 내었다. 더군다나 □□, △△ 사회복지관들도 잘할 수 있는 프로그램을 중심으로 협력사업을 꾸려갔다." (교육청 프로젝트 코디네이터)

각각의 사회복지관은 서로 간의 네트워크 활동을 위하여 새로운 사업이나 연대 프로그램을 개발한 것이 아니라 바로 자신들이 각각 잘하는 프로그램들(강점)을 내놓고, 이들을 조합한 통합 프로그램을 구성하여 협력하는 방식을 선택하였다. 이를 통해 새로운 사업을 수행해야 하는 부담감을 줄이면서 그동안 잘해왔던 역량을 십분 발휘할 수 있었기 때문에 성공의 가능성을 크게 높였다. 이는 탁월한 선택으로 참가자 및 자체적으로 긍정적인 평가를 받았을 뿐 아니라 지역사회 내 다른 기관들의 관심과 참여를 불러일으키는 원동력이 되었다.

출처 : 우수명 · 이혜원(2009). 사회복지관 자아중심 네트워크 성장에 관한 사례 연구. 미간행 자료.

• 밑반찬 서비스에서 강점 실천의 사례

사회복지관에서 밑반찬 서비스를 받기 위해서 어르신들은 자신이 받아야 하는 정당한 이유, 즉 더 불쌍하고, 더 외롭고, 더 가난한 것을 증명해야 한다. 그리고 가난하고 불쌍하면 당연히 서비스를 받아야 한다는 왜곡된 권리의식이 형성된다.

한 사회복지관은 어르신들과 친밀한 관계를 형성한 후 어르신들에게 여쭈어(乞言) 설명을 드리고 도움을 요청하였다. 청년 자원봉사자들과 함께 재래시장에서 장보는 역할을 부탁드린다. 만약 대형마트에 가서 장을 본다면 어르신들은 청년 자원봉사자보다 더 잘할 수 있을까? 장보기 후 밑반찬 조리에도 어르신들에게 도움을 요청한다. 청년 자원봉사자들이 어르신보다 밑반찬 만들기를 더 잘할 수 있을까? 밑반찬 준비가 끝나면 사회복지사는 어르신에게 감사하며 밑반찬을 선물로 드릴 뿐만 아니라 이웃 어르신의 밑반찬 배달도 부탁하며 자원봉사자의 역할을 부여한다. 그 과정은 존중과 감사와 부탁에 의하여 이루어진다. 밑반찬을 받으시는 어르신들은 불쌍해서 받는 분들이 아니라 자원봉사에 대한 긍정적 보상으로 밑반찬을 얻는 것이고, 이웃과 지역사회에 귀중한 활동을 하는 분들이 되는 것이다. 강점은 어르신들이 잘할 수 있는 것, 좋아하는 것, 즐거이 할 수 있는 것에서부터 출발할 때 효과가 커진다.

참고 및 내용 수정 : 우수명(2010). 사회복지 욕구 다시보기. 인간과복지.

③ 대안 탐색 & 의사결정

대안 탐색 및 의사결정의 과정은 지역사회복지 실천의 기획 영역에 해당한다. 기획을 하는 가장 큰 이유는 '의도하는 지역사회복지를 실현'하기 위하여, 수행환경에 대응하며, 불확실성을 줄이고, 효과성과 효율성을 높여 성공 가능성을 높이기 위함이다. 이를 위하여 가장 최적화된 대상과 실천 방법, 방향성에 대한 다양한 가능성들을 살펴보고, 최적화된 곳을 선택하는 의사결정이 이루어져야 한다.

의사결정 과정에서 사회복지 조직의 책무성과 가치지향성을 점검한다. 대안 탐색 및 의사결정에서 유의해야 할 사항들을 정리하면 다음과 같다.

- 필요한 정보가 충분한가? 주민들의 욕구를 파악한 결과 혹은 지역사회 문제를 확인하는데 필요한 정보가 충분한지 확인해야 한다. 제한된 정보를 가지고 있다면 제한된 의사결정이 이루어질 수 있다.
- 지역사회 혹은 주민의 관심사나 욕구, 문제를 구체적으로 정의할 수 있는가? 구체적으로 기술된 문제나 욕구의 내용들은 의사결정에 중요한 판단

의 기준이 될 수 있다. 심각하거나 시급한 문제일수록 더욱 중요하게 다루어져야 하며, 의사결정에 영향을 줄 수 있다.

- 당위성 혹은 목적성을 가지고 있는가? 대안들 중에 무엇을 선택하는데 필요한 것은 실천의 당위성 혹은 목적성이다. 조직의 미션과 비전으로 판단할 수 있고, 사회복지사의 가치성으로 선택할 수 있다. 목적과 목표를 수립하는데 핵심이 될 수 있다.
- 실현(달성) 가능한가? 해야만 하는 것과 할수 있는 것은 다르다. 어떤 과업에 대하여 해야 하지만 당장 수행할 능력이 없다면 그 과업은 실패하게 된다. 실현 가능성은 조직의 자원 투입 역량, 사회복지사의 수행 능력, 지역사회의 연대와 참여 등이 관련되어 있다.

④ 실천계획 수립

지역사회복지 실천 계획 수립의 성공 여부는 미션과 비전에 따른 전략목표를 도출하고, 지역사회 강점에 기반한 실천방안을 수립하는 것에 크게 달려있다. 주민들의 욕구를 경제, 의료, 정서 등과 같은 관점으로 접근해 실천계획을 수립하는 전통적 방식이 있지만, 성공적인 결과보다는 의존적인 결과를 더 많이 나타난다. 욕구의 관점을 성숙한 주도적 인간으로서의 자기결정권을 통한 자아실현의 욕구, 강점에 기반한 실천과 그로 인한 성취를 통해 얻는 존중의 욕구, 소통하고 함께하며 얻는 소속과 사랑의 욕구, 공동체의 안정감을 통한 안전의 욕구 등의 관점에 기반한 접근이 성공의 가능성을 높인다.

실천계획 수립 시 유의해야 하는 사항을 정리하면 다음과 같다.

- **강점 관점** : 주민들의 강점을 실현시키는 섬세한 단계적 계획(step by step)을 수립한다. 특히, 강점의 실현을 통한 가치있는 사회적 역할의 부여와 실행(SRV)를 지향해야 한다.
- **자기결정권** : 의사결정 과정뿐만 아니라, 예산 사용 결정권도 주민들에게 주어지는 지향한다. 주민들의 의식 수준에 따라 점진적으로 단계를 조절할 수 있으나, 기본 방향은 주민들의 자기결정권의 실현이다.

- **참여 자치** : 주민들의 참여가능성이 높은 영역이나 핵심 참여자가 확보가능한 영역을 우선하여 계획을 수립하며, 기본 방향은 주민 자치성에 기초하여 접근한다. 다만, 주민들의 의식 수준이 낮을 경우 부담이 클 수 있기 때문에 점진적 성장을 유도해야 한다.
- **관계성** : 준비 단계 계획에는 소통과 관계에 집중하여 라포를 형성하는 데 많은 부분을 할애한다. 주민조직화 등의 실패에는 주민과의 신뢰관계 부재, 예산의 소진을 위한 사업(과업)의 일방적 수행, 주민역량에 맞는 접근의 부재 등이 있는데, 이를 예방히기 위해서는 주민과의 소통과 관계에 집중해야 한다.
- **성취가능성** : 초기 실천 단계에서는 빠른 시일내에 달성 가능성이 높은 과제를 우선하여 선정한다. 초기에 실패하면 실망한 이들이 포기하게 된다. 가치절하된 부정적 의식을 가진 주민들일수록 그렇다.
- **민주적 의사결정** : 참여 주민들의 성향에 따라 다르지만 민주적인 의사결정이 이루어질 수 있도록 권력 분산, 권한 위임이 철저하게 이루어져야 한다. 소수가 권력을 독점하려는 경우는 초기 단계부터 의사결정을 합의제[13]로 해야 한다. 반대로 수동적이고 관망적인 집단인 경우 자기결정권 훈련을 통해 자신이 의사결정의 주인임을 자각시키는 노력이 필요하다.
- **과업과 결과보다 과정 우선** : 사회복지 현장에서 흔히 결과, 성취 중심의 평가는 지역사회조직이나 마을만들기에 적합하지 않다. 소통과 신뢰 형성이 우선인 과정을 중심으로 한 사업 구성과 평가가 중요하다.

(3) 실천

① 작은 성공의 경험을 통한 긍정적 SRV 강화

강점의 강화를 위한 가장 강력한 전제조건은 처음에 반드시 성공해야 한다

13) 합의제로 하는 방법 중 하나는 '토큰 회의'이다. 회의를 진행할 경우, 모든 참여자에게 토큰을 배분하고(사탕도 좋다), 의사 진행 발언을 한 번 할 때 토큰을 바구니에 넣고 하는 규칙을 적용한다. 토큰이 없는 주민은 다른 이들이 한번씩 다 발언하여 토큰을 모두 바구니에 넣을 때까지 기다려야 한다. 그리고 의사결정은 그 후에 만장일치제로 진행하며, 1명이라도 반대할 경우 진행하지 않는다는 규칙을 지키도록 해야 한다.

는 것이다. 현대인들 중에는 과도한 경쟁과 비교를 통해 열등감이 내재된 이들이 아주 많다. 문제는 지역사회 내에서는 실패를 하면 바로 마음의 문을 닫거나 포기하는 이들이 너무 많다는 것이다. 그렇기 때문에 앞의 지역사회조직 강점 실천 사례에서처럼 성공적인 경험을 하는 것은 지역복지실천의 분수령이 된다. 그렇기 때문에 처음에는 인터넷 게임[14]처럼 성공의 경험을 많이 축적시켜야 한다. 그것이 주민이든 사회복지사든 스스로 내면에 사회적 역할의 가치화(SRV : Social Role Valorization)를 구축할 수 있도록 이미지를 만들어 주기 때문이다. 또한 강점의 실현을 통한 작은 성공은 자존감을 회복·강화시키고, 참여의 용기를 갖게 하며, 자신들의 강점을 더욱 성장시킬 수 있는 원동력이 된다.

• 이미지 이해하기

이미지(image)는 클라이언트의 가치에 대한 투영이사 일반화된 문화적 배경이라고 볼 수 있다. 클라이언트를 대하는 말투나 생각 속에 녹아있는 무의식적인 태도, 클라이언트에 대한 역할의 기대, 가치향상을 위한 프로그램의 적절성, 사회적 이미지의 향상과 사회통합 등이 이미지 분석에서 주요한 평가의 기준으로, 이들의 형성에 프로그램이 어느 정도 기여했는가에 대한 의미들이 이미지 평가의 대상에 포함될 수 있다(우수명, 2008).

예를 들면, 같은 반 장애인 친구가 무거운 책가방을 메고 학교에 가는 것을 본 아동들은 어떤 생각을 하게 될까? 아마 대부분 가서 도와주어야겠다고 생각할 것이다. 반면 같은 반 비장애인 친구가 무거운 책가방을 메고 학교에 가는 것을 본다면 아마 그 아이는 친구와 같이 그냥 학교에 가려고 할 것이다. 장애인 친구를 도와야 한다는 생각은 장애인이 불쌍하고 도움이 필요한 존재라는 무의식적으로 작용하는 이미지의 각인에 의한 효과이다. 장애인에 대한 이러한 이미지가 지배하게 되면 장애인의 정상화된 삶에 대한 기대나 독립생활(IL)은 거부되거나 억압될 것이며, 사회정책으로도 받아들여지지 않을 것이다. 오히려 장애인을 수혜자로 만드는 보호서비스를 더욱 요구하게 되는 현상이 나타날 수 있다. 글로벌 가족과 다문화 가족의 차이, 싱글맘(혹은 돌싱)과 편모에 대한 생각의 차이(여성 차별 포함)도 이미지의 차이이다. 조지 레이코프(George Lakoff)는 『코끼리는 생각하지마』라는 저서에서 이러한 인식을 프레임이라고 해석했다.

14) 인터넷 게임들은 초기 레벨 업을 쉽게 할 수 있는 쉬운 과제(quest)를 수행한다. 이를 통해 재미와 성취감을 높이고 다음 과제 수행의 용기를 북돋는다. 지역사회복지의 실천 초기도 성취 가능성이 높은 과제의 성취를 통한 성장이 중요하다. 그리고 역할의 성취는 SRV 의식을 향상시킨다.

• 강점에 기반한 긍정적 역할 부여의 사례

사례 1) 경기도 한 사회복지관에서 재가복지서비스를 받아오던 어르신 중 한 분이 바느질에 큰 재능이 있는 것을 사회복지사가 발견하였다. 사회복지사는 사회복지관에서 행사 후 남는 현수막을 어르신에게 전달해 드렸고 그분은 이를 장바구니로 재활용품을 만들고 사회복지관에 기부하였다. 이에 사회복지관에서는 어르신에 대한 감사의 표시를 하였고, 그분은 스스로 더 많은 장바구니를 만들어 기부하는 훌륭한 기부자가 되었고 이로 인해 행복감을 크게 느끼게 되었다.

사례 2) 서울 강북구의 청소년들은 자신들이 모임을 하는 주민센터 안에 새로 독서실 개설, 마을자율방범대의 입주 등으로 자유로운 모임의 제한을 받았다. 이에 청소년단체 사회복지사의 제안으로 자신들의 노래, 춤, 연극 등의 재능을 활용한 모금공연을 하였으며, 이천만 원 가까운 돈을 모금하였다. 이를 토대로 지하이지만 자신들만의 공간을 '공간'이라는 이름으로 임대하였다. 그리고 스스로 장식하고, 정리하고, 규율도 만들어 자유로운 공간으로 활용하게 되었다. 청소년들은 자신들의 노력의 결과를 경험하고 이를 통하여 더욱 지역사회에 중심이 되는 마을축제 등을 포함한 다양한 활동들을 지속하고 있다.

② 홍보마케팅과 브랜드 전략, 자원개발

지역사회복지 실천은 소통, 활동, 조직화 등이 무형적으로 이루어지기 때문에 규정하기 어렵고, 참여하는 사람들도 복잡한 욕구와 개인적 특성을 가지며, 수행과정이 동일하게 반복・재생되기 어렵다. 또한 주민들이 실천의 주체이자 대상이 되는 경우가 많다. 따라서 상품 판매를 직・간접 목표로 하는 상업적 홍보의 관점으로는 접근하기 어렵다. 그러나 지역사회 환경과 주민 특성을 분석하고, 주민들에 대한 참여목표를 설정하고 원활한 관계를 유지하고 긍정적 이미지를 구축하는 과정에서는 홍보와 마케팅을 구체화하고, 브랜드 가치를 창출하는 것이 중요하다.

사회복지사의 직접 홍보보다는 주민들을 통한, 주민에 의한, 주민의 홍보와 마케팅이 더 효과가 크기 때문에 입소문 마케팅이나 주민 도움이 필요하다. 홍보마케팅의 내용도 주민에게 직접적 이익을 주거나 상품의 소비처럼 즉각적인 효과를 나타내는 요소가 적다 보니 가치적 요소의 홍보가 더욱 중요해진다.

자원개발은 지역사회복지 실천에 필요한 비인간적 요소를 확보하는 일체의 활동이다. 비인간적 요소라는 것은 생활 용품, 비품, 물품, 기금 등을 의미한다. 인적 자원 개발이라는 것은 사람을 대상화하고, 소모되는 자원처럼 수단화하므로 '인간 존엄성의 가치'에 비추어 적절한 표현은 아니다. 자원봉사자, 후원자, 협력하는 활동가나 타 기관 실무자의 참여 등은 자원개발의 대상이 아닌 연대와 협력의 대상이다.

③ 네트워크, 조직화와 연대

모임의 활성화는 개인 단위의 자조모임이나 지역사회 단위의 협의체로 조직화해야 한다. 초기에 비공식 관계 중심의 활동들이라면, 이를 공식화하여 소속감을 공유하고 연대감을 고취시켜야 한다. 자조모임이든 협의체이든 스스로 이루어지는 모임은 끊임없는 소통과 설득으로 만든 자발적 관계를 통해 유지된다. 소집단의 자조모임은 성장하기도 소멸하기도 하지만 그 강점은 매우 크다. 지역에서의 소모임은 특정인의 리더십에 기대는 경우가 많아 사람 한 명이 떠나면 무너지는 일도 흔하다. 따라서 모임 내에서 초기 친밀감에 기반한 응집력을 극대화하고, 서로가 잘 이해하고 친해지도록 만드는 것이 중요하다.

지역사회 조직화와 연대의 핵심은 소통을 통해 권력을 투명하게 운영하며, 구성원들에게 분배하고, 차기 리더를 성장시키는 노력을 통해 지속가능한 신뢰를 만들어가는 것이다. 모임은 서로 의존관계가 형성되기 때문에 작은 공동체로서 기능하며, 개인의 소속감과 공동체의 헌신성을 동기화할 수 있다. 조직화가 성숙단계에 접어들게 될 경우 민주적 기능 강화를 위한 협약과 참여를 습관화하기 위한 노력을 해야 한다. 조직의 강령, 단체 규범, 정관 등으로 체계화하여 조직으로서의 면모를 갖추어야 하며, 목적과 목적사업의 규정, 회원의 자격, 조직구성과 권력 배분, 재정 등을 포함한 영역들을 다룬다.

조직화된 자조모임들이나 협의체가 있다면, 서로 간의 강점과 활동을 공유하고 연대하는 축제 같은 장을 만들어 주는 것도 중요한 사회복지사의 역할이다. 축제는 목적이 아니라 과정의 결과여야 한다. 소수의 사회복지사가 끌고 가는 것이 아니라 공동의 참여를 통한 '운영위원회' 같이 합의된 역할로 수행되어야 한다. 그리고 무엇보다 칭찬과 지지를 경험하는 자리가 되어야 한다.

지역사회복지실천 과정에서는 많은 사람들 혹은 조직을 대표하는 사람들과의 관계가 만들어지는 과정에서 갈등은 빈번하게 발생하게 된다. 따라서 지역사회 내 갈등의 구조와 역학관계를 잘 이해하고, 능동적인 대처를 하는 것은 네트워크, 조직화와 연대를 구축하는데 필요한 역할이다. 갈등의 상황들은 다음과 같은 경우 더 많이 발생하게 된다. 특정 기관이나 인물이 지역사회 내에서 지나치게 주도하거나 권력을 가질 때 혹은 폐쇄적으로 권력을 독점할 때, 이미 주도권을 쥐고 있는 조직이나 인물이 새로운 조직이나 인물을 경계하거나 적대시할 때 혹은 권력싸움 등으로 축출하고자 할 때, 소통과 협의의 과정을 거치지 않고 일방적으로 사업을 추진하거나 정보 공유가 잘 되지 않아 오해를 불러일으킬 때, 소수의 제한된 자원에 대한 독점 혹은 다툼이 있을 때, 결과의 성과를 소수가 독차하거나 다른 군소조직이나 인물들을 무시하거나 차별할 때, 성숙하지 못한 이들이 자기중심적으로 해석하고 나쁜 소문들을 퍼뜨릴 때 등이다. 갈등상황에 따라 중재하기도, 압박하기도, 별도로 만나 설득하기도 하는 등 사회복지사의 역할에 따라 깊은 소통이 만들어질지 아니면 갈등이 권력투쟁이나 분절의 상태가 될지가 결정된다.

이때 중요한 것이 인내심을 갖고 찾아가 만나고 솔직하게 드러내고, 설득하거나 조율하고, 존중하거나 배려하고, 양보하거나 합의하는 과정들을 반복하는 것이다. 경우에 따라 힘겨루기를 해야 하는 상황이라면 상대가 상처를 받지 않고 합의할 수 있도록 이끌어 내는 것도 중요한 기술이 된다. 경청, 칭찬, 존중, 인정, 수용, 개별화, 눈 맞춤(eye contact), 비난하지 않기와 같은 요소들은 효과적인 경우가 많다. 반면에 약점 공격, 명령, 요구, 강요, 협박, 무시, 힘겨루기의 경우 대부분 역효과를 내는 경우가 많아 사용하지 않거나 아주 제한된 상황에서만 활용한다.

소통이 어렵거나 갈등이 커질 때는 시간적, 물리적 거리두기를 하는 것이 효과적일 수 있다. 거리두기를 통해 사회복지사 자신의 문제들을 우선 살피고 상대의 소통 코드를 신속히 파악하여야 한다.

④ 지역사회 교육

통상적으로 지역사회교육은 교육학, 특히 평생교육학에서 주로 발전해온 개념이기도 하지만, 지역사회개발을 중심으로 다루어온 전통적인 주제이기도 하다. 지역사회교육에서 개인은 학습과 협력의 기회를 제공하는 지역사회교육을 통해 자신의 삶과 자신의 가치를 향상시킬 수 있다. 이 과정을 통하여 지역사회 전체 혹은 학교, 정부, 가족, 이웃 등에게 긍정적인 영향을 미치게 된다.

지역사회교육은 지역사회를 기반으로 한 학습 또는 평생학습을 통하여 주민(학생)–가정–학교–지역사회 간의 참여와 호혜적 관계를 만들어 가는 측면에서는 교육계열이나 지역사회개발의 관점이나 거의 동일하다. 특히, 단순 평생교육으로만 제한하려는 이들을 제외하면 주민참여, 지역재생, 공동체 형성이 주민성장을 위한 주요한 세가지 관점으로 인정하는 태도는 교육학(윤여각 외, 2018)과 지역사회복지 실천이 매우 유사하다.

지역사회복지 실천에서 지역사회교육은 중요한 방법론 중 하나로 다루어져 왔다. 지역사회교육은 지역주민의 강점의 발견과 성장을 통해 지속가능한 주체적 참여 활동으로 연결해 주는 과정이자 매개체이다. 또한 성장한 지역주민을 지역사회의 리더로서 참여하게 할 뿐만 아니라 다른 주민들을 차세대 리더로 성장시키고, 지역사회의 자치적, 공생적 조직화를 확장시키는 역할을 하게 된다.

⑤ 옹호와 임파워먼트(리더십)

지역주민들 스스로 자신들의 권리를 향유하지 못하여 불이익을 당하거나 부당한 상황에 처하게 되었을 때 단기적으로 사회복지사는 이들의 옹호자(대변인) 역할을 할 수 있다. 그러나 지속가능한 권한 지키기는 스스로의 권력을 주민들이 갖고 정당하게 발휘하는 것이다. 지역주민과 지역사회를 위한 임파워먼트는 지역사회에서 일상의 삶에서부터 혹은 지역복지를 위한 수행해야 할 과업 및 긍정적 역할을 당사자 스스로 찾고, 결정하고, 능동적이고 주체적으로 참여하며, 역할을 완수할 수 있는 지식과 기술을 포함한 힘(power)을 갖는 것이다. 임파워먼트는 개인이나 조직문화 안의 내재적으로 존재하는 비공식적인 힘이며, 주체적이고 자발적인 것에 기반하며, 더 나아가 지역사회의 강점을 발굴하고 실현하며, 긍정적인 파급효과를 미칠 수 있는 힘이다.

지역사회복지에서 임파워먼트는 주민 개개인과 그를 둘러싼 관계, 지역사회, 사회정책 및 문화적인 영역까지의 삶의 전체에 대하여 통제하고 조율하고 나아갈 수 있는 긍정적인 힘을 증가시키는 것이다. 사회적으로 낮은 이미지의 클라이언트의 가치를 향상시켜 사회적 힘과 지역사회의 인식의 변화까지 만들어 낼 수 있는 긍정적 이미지의 구축까지 포함한다.

⑥ 지역사회복지 계획 및 아젠다 형성

지역사회복지의 이상적 결과 중 하나는 지역주민 스스로 자신들의 마을의 복지 계획을 수립하고, 수행하고, 평가하고, 기억하고, 진화하는 것이다. 이를 위하여 마을공동체의 활동을 준비하는 데 있어서 여러 이해관계를 가진 당사자인 주민들이 기획 초기단계부터 의사결정과정에 주체적으로 참여할 수 있는 기회를 보장하고, 주민들이 주도하여 마을 전체 공동체의 공동 의제를 발굴하고, 이를 해결하기 위한 실천계획을 만들고, 소통과 연대를 통하여 다양한 자원을 연계하고, 분배하며, 해결방안을 수행하고, 평가하는 역량을 갖추는 것이다. 즉, 개인이나 사업 단위 차원의 마을공동체 수준에서 이루어지는 것이 아닌 다양한 지역사회 구성 주체들 간의 연대와 네트워크에 기반한 광의적 마을공동체 구축 활동이다.

서울시의 마을공동체 지원사업의 경우 초창기 한 단위의 자치공동체 조직을 지원하는 데 중점을 두었다. 이를 통하여 지역사회 안에 다양한 마을공동체들이 자생하게 되었고, 이들을 엮어내어 더 큰 지역사회를 기반으로 한 마을공동체를 구축하기 위한 모색으로 마을계획이 대두되었다. 즉, 마을계획은 교육, 복지, 문화, 안전, 생활 공간, 경제, 건강 등이 포괄된 것이며, 지역사회보장계획과 내용적 유사성이 있다. 지역사회보장계획은 전문가가 주도하는 사회계획에 기반하여 이루어지는 반면 마을계획은 지역주민이 주도하는 사회행동에 기반하여 이루어진다. 이 둘의 조화로운 추구는 마을공동체가 활성화된 지역에서는 의미있는 과제가 될 수 있다.

(4) 실천 평가

지역사회조직의 미션과 비전, 핵심가치에 따라 구성된 가치와 실천 성과 목표들을 기준으로 실천을 계획하고 수행한 다음에는 이들의 달성 정도에 대한 정보수집과 가치판단을 하는 실천 평가의 수행이 중요하다. 목표 달성 정도에 대한 정보수집은 척도를 이용한 점수화 방법, 만족도 조사 방법, 관찰기록과 내용분석을 통한 질적 접근 방법 등 다양한 방법들을 활용할 수 있다. 그리고 그 과정에서 핵심은 질적, 양적 평가 같은 방법론이 아닌 현장을 가장 잘 진단하는 평가여야 하며, 가치 평가, 성과 평가, 당사자 평가가 중요하게 다루어져야 한다.

지역사회복지의 실천 평가는 경영과 행정분야의 평가와 다르게 '가치 평가'가 중요하게 다루어져야 한다. 그 이유는 지역사회복지 실천 자체가 '인간의 존엄성과 사회정의의 실현'에 기초한 복지실천이라는 가치지향적인 본질 때문이다. 성과 평가는 실천 그 자체의 목표 성취에 관심을 둔다. SMART 성과 목표를 중심으로 달성 정도를 평가하게 된다. 그리고 당사자인 지역주민의 관점에서 주민이 평가의 주체가 되어야 하는 당사자 평가가 다른 영역보다 중요하다. 특히, 마을 만들기 같은 주민 조직 사업의 경우 더욱더 중요하다.

(5) 아카이브 : 기억과 역사성

사회복지실천에서 기록의 중요성은 매우 크다. 많은 사회복지사는 자신의 사례지원 서비스나 활동에 대한 기록을 남기며 가계도나 지역관계도(eco map)를 제작하기도 한다. 반면에 지역사회복지 실천에서 기록의 중요성에 대한 논의는 생각보다 강조된 사례들이 많지 않았다.

최근에는 여러 지역에서 마을공동체 재생의 일환으로 후세의 이용가치를 보존하는 마을 기록물의 총체인 아카이브(archives)를 구축하는 데 큰 힘을 쏟고 있다(손동유 · 이경, 2013; 주용국, 2016). 아카이브(archive)는 그리스어로는 공공 건물, 마을회관이나 기록물을 의미하는 ἀρχεῖον(archeion)로 표기되는 라틴어 archīum 혹은 archīvum에서 유래되었다(위키백과, 2020). 즉, 아카이브는 지역사회복지 실천 과정에서 개개인과 마을 만들기의 활동을 통하여 만들어지는 활동의 산물로 역사의 기억이자 기록물로서 가치 있는 것들을 의미한다. 또한 특별히 역사성이 있는 유형, 무형의 것들을 기억하기 위하여 선별하여 보관하는 장소나 기록물을 의미한다.

우리 조상들은 기록의 중요성을 무척이나 강조하였다. 해인사의 팔만대장경이나 조선왕조실록만 보더라도 그 기록의 방대함은 세계적인 자랑거리이다. 또한 행정안전부 산하 국가기록원과 서울기록원, 부산기록원과 같이 주요 지방자치단체별로 기록원을 두어 공공의 모든 활동을 기록하고 남기며, 영구보존을 한다(공공기록물 관리에 관한 법률 제9조).

예술, 건축, 공연 분야에서는 아카이브가 상당히 활성화되고 논의되었으나, 지역사회복지에서는 이에 대한 인식은 낮은 수준이었다. 최근의 마을 아카이브는 마을공동체를 중심으로 마을 역사의 복원과 보존, 공동체 브랜드로서의 수익창출 모색, 공동체 재생의 도구 및 공동체 발전과 계획에 대한 청사진 제시를 목적으로 하고 있다(손동유 · 이경, 2013; 주용국, 2016).

성미산 마을 아카이브는 우리나라 마을공동체의 대표적인 아카이브 사례이다(이경래, 2015; 주용국, 2016). 1994년 공동육아협동조합을 설립하고, 일방적인 지역개발에 맞선 '성미산 지키기 운동' 등으로 유명해졌지만, 성미산 마을공동체는 성평등, 잘 싸우기, 잘 놀기, 협동조합, 성미산 학교, 공동주택, 당사자주의, 자발성, 다양성 인정 등을 통하여 한국사에 의미있는 마을공동체를 만들어갔다(인천투데이, 2018). 그 과정에서 '마을공동서재와 마을아카이브준비모임'에서 출발한 성미산아카이브는 생산자(주민) 참여형 아카이브 허브로 구축하였다. 이는 마을의 개별 하위조직들의 아카이브를 연결하는 허브 방식의 아카이브로 복잡하고 다양한 마을주민들의 공동체 참여활동의 기록을 구축해 가고 있다.

유사한 형태의 다른 아카이브로는 서울 정릉지역의 정말기록당, 경기 군포의 군포책마을, 부산의 산복도로 아카이브, 강원도 원주의 강원아카이브협동조합, 영국의 버밍햄의 Connecting Histories, 일본의 오노미치시(尾道市)의 Ubiquitous Museum 등이 있다.

지역사회복지 실천에서 아카이브의 중요성을 정리하면 다음과 같다.

① 지역사회복지 실천의 가치와 정체성을 담아내는 도구이다. 공동체 활동의 성찰을 위한 도구이며, 마을 만들기의 방향성과 적절성에 대한 매개체가 된다. 아카이브로 선택될 내용의 경우 결국 마을 지향성, 지역사회복지의 가치성에 기반한 내용들이 담기게 될 것이다. 이는 공동체의 복원에 중요한 기재가 된다.

② 활동 과정의 기록을 통하여 기억의 한계를 극복하는 역사성이다. 마을 만들기를 포함한 지역사회복지 실천은 많은 활동은 물론 데이터로 표현하기 어려운 주민 역동성과 상호작용이 존재한다. 그러나 참여자들의 기억은 시간과 함께 사라지기 때문에 글, 그림, 사진, 영상, SNS, 기념품, 각종 안내 책자와 보고서 등으로 남겨서 '기억의 한계'를 보완하여 '저장된 기억'을 남긴다.

③ 지역주민의 삶의 흔적과 이야기를 담은 집단기억의 저장소이다. 지역사회복지나 마을이라는 집단이 아닌 개개인의 삶의 흔적을 스토리텔링으로 기록하여 남기는 것이 포함된다. 개개인의 주민들의 기억들이 모여 하나의 집단기억으로서의 마을기억이 되기 때문에 그 가치가 적지 않다.

④ 주민참여와 소통의 매개체이다. 아카이브를 통해 남겨진 자료들은 새로운 마을교육, 지역사회교육의 교재가 되며, 그 성과의 기록들은 마을과 주민의 자부심이 되며, 주민들 각자가 역사성과 정통성을 만들어간다. 이 과정 또한 주민들의 소통으로 이루어지는 것이다.

⑤ 마을공동체의 복원에 기여한다. 마을공동체가 갖는 주인으로서의 주민 의식, 모두가 주민으로서의 평등한 가치, 소통과 협력을 통한 연대 의식 등은 도시화, 산업화 과정에서 상당부분 상실된 마을의 가치들이다. 마을의 기억은 연대와 공유를 통하여 주인으로서의 마을 주민의 가치를 살리는 데 기여하게 될 것이다.

2) 기능적 역할

기능적 역할은 사회복지사가 수행하는 역할과 기능적 요인에 맞추어 요구되는 역할이다.

(1) 비전가(vision maker)

지역사회의 이상향을 수립하고 현실화하도록 이끄는 비전을 제시하고, 이를 마을모임이나 지역사회조직들이 받아들이고 실천해 나갈 수 있도록 이끌어 가는 역할이다. 지역사회에게 비전을 심는다는 것은 목표를 현실로 만들기 위한 참여를 이끌어 내는 것이며, 긍정적이고 바람직한 삶으로의 변화를 수용하는 것이다. 지역사회에서의 변화는 오랜 시간, 끈기있는 참여와 노력이 있어야 한다. 그렇기 때문에 지속가능하고 중장기적인 목표를 위해서 변함없이 걸어갈 수 있는 원동력을 주민들 각자 가슴 속에 담아내야 한다. 이것이 비전가의 역할이다.

(2) 교육자(educator)

지역사회 교육하기의 역할로, 지역사회 공동의 욕구 및 문제에 함께 참여하기 위한 인식 개선 교육, 지역주민들이 스스로 참여하는 동기화 및 주도성 중심의 교육, 지역주민들의 사업 수행 및 실천 역량을 강화하는 교육, 지역사회 후속 리더들을 재생산하여 선순환을 만드는 교육 등 다양하다. 지역사회 교육은 지역사회에 대한 정보 제공, 자신의 이야기를 내어놓고, 강점을 찾게 되는 과정, 문제 해결 능력의 습득, 리더와 참여자로서 성장하기 등 다양한 형태로 이루어질 수 있다.

(3) 기획자(planner)

기획자는 지역사회 문제를 파악하고, 해결하기 위한 가이드를 제공하는 역할을 수행한다. 지역주민의 욕구와 강점에 기반하여 주민들의 참여를 위한 환경을 구축할 계획을 세우고, 다양한 자원을 확보하며, 지역사회복지 실천을 구체화하는 계획을 수립하는데 밑바탕의 역할을 수행한다.

(4) 분석가(analyst)

지역사회에 필요한 정보 수집를 수집하고, 분석하고, 유용한 정보를 도출하여 제공하는 역할을 수행한다. 또 다른 역할로는 지역사회의 역사를 기록하고 미래를 찾는 역할을 하며, 지역사회 조사를 포함한 다양한 자료들을 토대로 지역사회 문제, 욕구 등을 이슈화할 근거를 제시하거나 사람들의 관심을 환기시킬 수 있는 데이터를 내놓을 수도 있다.

(5) 활동가(activist)

다소 포괄적이지만, 지역사회 주민들의 관계 형성과 응집력 강화하기 등과 같이 다양한 참여 주체들을 결집시키고, 그들의 욕구와 참여를 이끌어내어 지역사회 역동성을 활성화시키는 역할을 수행한다. 다양한 주민조직화의 주도적 선도적 활동을 통해 지역사회복지 실천의 목표에 다가갈 수 있는 구심체의 역할을 수행한다.

(6) 옹호자(advocate)

정당한 권리를 침해받거나 차별적으로 배제된 지역주민들을 위하여 대신 싸우거나 지켜주기 위한 권리보호 활동, 제도적 개선을 위한 참여 활동 등을 수행한다. 특히, 스스로 자신의 권리를 지킬 수 없는 사회적 약자나 소외계층의 이익을 위한 활동을 수행하게 되므로, 자신의 불이익을 극복할 수 있어야 하며, 사회적 권력을 행사할 수 있는 법률적 역량 뿐만 아니라 주민들을 조직화하여 권력화 시키는 역할을 할 수 있다.

(7) 중개자(broker)

지역사회 다양한 참여 주체들의 역량과 소유한 물적 자원을 지역사회의 욕구 및 사회문제 해결에 필요한 영역으로 정보, 사람, 자원을 매칭하거나 연계하는 역할이다. 예를 들면, 학업능력과 욕구는 있지만, 경제적으로 어려워 공부를 지속할 수 없는 소년가장에게 장학금을 연계하여 공부를 계속할 수 있도록 도움을 주는 활동 같은 것이다.

(8) 중재자(mediator) 또는 조정자(coordinator)

거시적으로 제1섹터(행정), 제2섹터(기업), 제3섹터(시민) 영역 간 혹은 각 영역 내에서 다양한 권력 충돌을 조율하거나, 필요한 자원의 흐름을 조절하는 역할을 수행한다. 중시적으로 지역사회 내 다양한 사회복지 조직들 간의 강점, 프로그램, 사업들의 충돌과 중복을 조율하여 자원과 인력의 낭비를 예방하고, 시너지를 창출할 수 있도록 조정하는 역할을 수행한다. 미시적으로 지역주민이 다른 사람이나 조직 내외에 갈등 상황에 처했을 경우 상호 조율과 소통을 통하여 합의를 이끌어 내거나 원만한 결론에 이르도록 돕는다.

(9) 지지자(supporter)

지역주민들의 아픔이나 상처를 공유하고, 개인사를 이해하며 공감하고, 참여하는 이들을 격려하고 안내하며, 그들의 성과를 인정하고 널리 알리는 역할이다. 이를 통하여 사회복지사는 지역주민들 스스로 자신이 달성해야 할 목표들을 이루도록 지원하는 역할을 수행한다.

(10) 촉진가(facilitator) 또는 조력자(enabler)

지역 내 다양한 실천 주체들의 활동력을 강화하고, 긍정적인 관계를 형성하며, 공동의 목표를 향해 결집시키고 성장시키는 역할이다. 마을 인큐베이팅과 같이 주민들이 원하는 것을 스스로 수행하기 위한 역량을 키우고, 공간과 자금을 마련하도록 지원하는 역할이 있다.

(11) 선도자(leader)

지역주민의 자주성이 취약하거나 공동체 조직들이 수동적이거나 리더가 부재할 경우 단기적이며, 선도적으로 수행하는 사회복지사의 역할이다. 지속적인 리더가 되는 것보다 주민들 중 리더를 발굴하고 권한을 위임하는 역할을 해야 한다.

(12) 안내자(guide)

지역주민이 무엇을 해야할지 잘 모르거나 지역사회 혹은 사회문제를 잘 모르는 경우, 주민들이 할 수 있는 역할, 지향해야 할 방향성들을 단계적으로 알려주며, 이끌어주는 역할이다. 다만, 이 과정에서 사회복지사는 자신이 주도적인 역할을 하거나, 세부적인 실천 지킴을 안내하여 주민들의 자발성을 약화시키는 활동을 해서는 안된다.

CHAPTER 07

지역사회복지의 실천 기술 I – 실천토대 구축하기

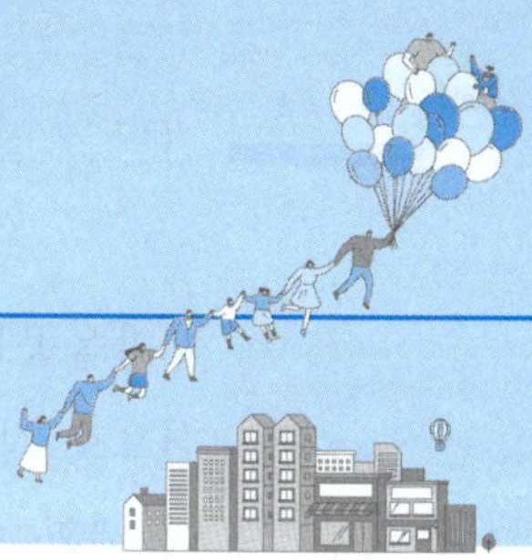

1 지역사회복지 실천의 지향성

1) 미션, 비전, 핵심가치의 기본 개념

미션은 조직의 존재 이유이며, 비전은 조직의 실천 방향이다. 미션과 비전을 통해 조직의 정체성이 드러나게 되며, 제대로 된 방향으로 가고 있는지를 점검할 수 있다.

미션은 왜 이 일을 해야 하는가?에 대한 정의이다. 즉, 조직이 존재하는 가장 중요한 궁극적인 목적이자 존재의 이유나 근거를 포괄적으로 정의한 것이다. 서울시마을공동체종합지원센터[1]의 경우 아래와 같다.

〈표 7-1〉 미션의 사례

미션	주민의 필요에 따라 주민이 계획하고 주민이 직접 만드는 마을공동체 서울	
	1. 주민의 필요	주민들의 실생활에서의 문제를 파악하고 이를 해결하기 위한 자발적인 노력
	2. 주민이 계획	기존 방식이나 행정 편의에서 벗어나서 주민들이 꿈꾸는 마을 상에 따라 주민 스스로 방법을 고민하는 것
	3. 주민이 실행	주민들이 직접 실행주체로 나서서 활동하는 것
마을공동체 서울 - 이웃 간의 호혜적인 관계망 구축을 통해 공동체성을 회복하고 삭막한 도시에서 함께 사는 즐거움을 아는 것		

출처 : 서울시마을공동체종합지원센터 홈페이지(http://www.seoulmaeul.org).

1) 서울시마을공동체종합지원센터는 2021년 오세훈 서울시장 취임 이후 지원예산을 전액 삭감하여 무력화하였다. 그러나, 지역사회복지의 가치성 측면에서 적지 않은 의미가 있어 실천 지향성의 사례로 사용하였다.

마을공동체종합지원센터는 왜 마을 만들기를 해야 하는가에 대한 답을 미션으로 정리하였다. 마을공동체 서울을 만들기 위해서이며, 주민의 필요, 주민이 계획, 주민이 실행하는 그런 마을을 만들기 위해서 마을공동체종합지원센터의 존재가치가 있는 것을 보여주는 것이다.

비전은 무엇이 되려고 하는가? 혹은 무엇을 하려고 하는가?에 대한 정의이다. 즉, 구체적이고 현실적인 미션 도달을 위한 명확한 역할이나 과제 혹은 이루고자 하는 결과를 강조한다. 미래를 위한 동기부여를 만드는 것이며, 동시에 해야 할 구체적인 역할들을 도출할 근거가 된다.

〈표 7-2〉 비전의 사례

비 전	민관 협력으로 주민주도 마을 공동체 발굴, 지원하는 기관	
	1. 공동체 활성 지원조직	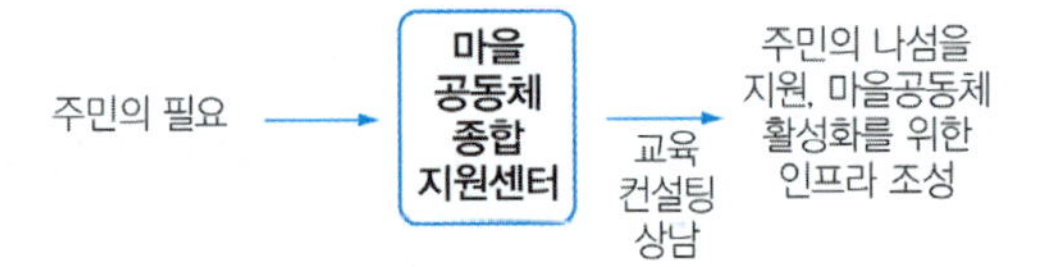
	2. 수요와 정책의 매개자	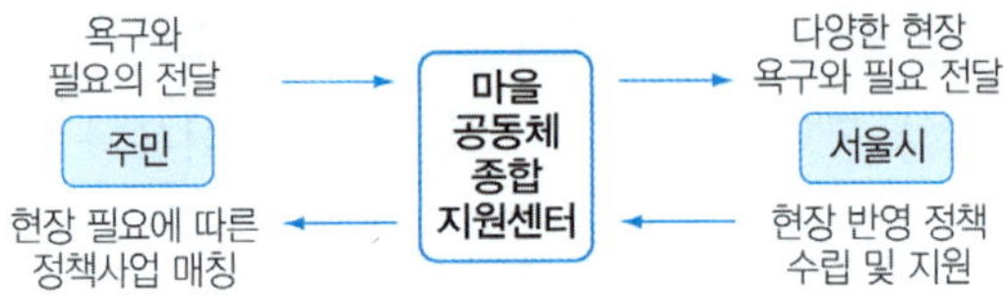
	3. 네트워크 중개자	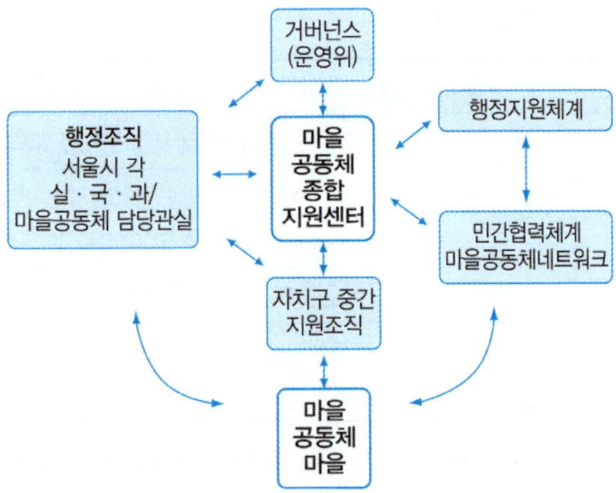

출처 : 서울시마을공동체종합지원센터 홈페이지(http://www.seoulmaeul.org).

마을공동체종합지원센터의 비전, 즉 해야 할 일은 민관협력으로 주민주도 마을 공동체를 발굴하고, 지원하는 기관의 역할을 수행하는 것이다. 즉, 센터가 공동체 활성을 위한 지원조직으로 역할을 수행하고, 지역사회의 욕구와 정책적 필요에 따른 수요와 정책의 매개자의 역할을 수행하며, 행정조직-자치구-민간네트워크 간의 네트워크 중개자의 역할을 이루려 하는 것이다.

핵심가치는 미션과 비전을 수행하는 데 있어서 어떻게 일을 해야 하는가?에 대한 정의이다. 즉, 미션과 비전을 달성하기 위하여 필요한 의사결정의 기준이나 구성원의 조건이나 참여의 원칙 등이며, 정책결정의 우선순위와 의사결정의 기준이 되는 준거이다. 마을공동체종합지원센터는 지역주민들의 나섬과 주인됨에 근거한 주체의 원리인 풀뿌리성, 서로 평등한 관계에 기반한 관계의 원리인 호혜성 그리고 서로 마음과 힘을 합하는 실행의 원리인 협동성을 핵심가치로 제시하였다. 따라서 민주주의적이고 권력의 분배를 추구하게 되는 지향점을 갖는다.

마지막으로 전략목표는 미션·비전을 달성하기 위한 거시적 실천의 방향은 무엇인가?에 대한 정의이다. 미션과 비전을 실현하기 위하여 반드시 수행하고, 완성해야 할 사업들의 결과로서의 목표를 제시한다.

2) 미션 및 비전 찾기

미션 및 비전을 탐색하기 위한 방식은 귀납적인 방법과 연역적인 방법으로 구분할 수 있다.

귀납적 방법은 현재 활동이 이미 이루어지고 있는 기존 사회복지조직에 유리한 방식이다. 현재 구성원들의 업무들을 관찰하고 분석하고, 결과중심의 기대효과들을 도출하고, 이 결과들의 공통적 요소들을 찾아내어 이것이 달성되었을 때의 구체적인 목표들을 통하여 이루고자 하는 미션과 비전을 도출하는 방법이다.

빈곤아동의 주간보호 프로그램을 진행하는 사회복지관을 예를 들어보자. 현재 다양한 교육 프로그램이 이루어지고 있는데, 이 프로그램들이 성공적으로 이루어진다면 어떤 변화들이 생길 것인가를 찾는 방식이다. 국영수 학습 프로그램이라면 성적을 올리게 되고, 그로 인해 좋은 대학을 가고, 직장을 얻게 될 것이며, '아동이 스스로 자립하는 장의 제공'이라는 미션과 '아동 학습 지원, 상급학교의 진학'이라는 비전이 가능할 것이다. 다른 관점에서 접근할 수 있다. 주간보호 프로그램 중 스스로 선택하고 만들어 가는 자기주도 시간을 배치하고, 이를 통해 스스로 자기의 미래 직업을 찾고, 꿈을 이루고자 노력하는 아동들의 경험을 만드는 프로그램이 있다면, 이를 통해 '아동 스스로 자립하는 장의 제공'이라는 미션과 '주도적인 아이, 자신의 직업을 스스로 찾는 아이'라는 비전이 가능하게 될 것이다.

연역적 방법은 새로운 사회복지조직에 유리한 측면이 있다. 미션과 비전을 정하고 거기에 맞게 조직의 세부적인 목표들을 구성하고, 목표를 달성하기 위한 실천사업들을 도출하는 방법이다. 아동 스스로 자립하는 장의 제공이라는 미션을 완성하기 위해 주도적 학습의 기회라는 비전을 제공하고, 주도적 학습의 방식으로 아동들 스스로 교육 프로그램을 짜고 실천하도록 관리하는 프로그램을 만드는 것이다.

미션과 비전 찾기가 중요한 또 다른 이유 중 하나는 이들이 지역사회복지 실천의 '가치 평가'의 판단 기준이 되기 때문이다. 지역사회복지 실천의 평가는 단기적으로는 사업의 결과로 평가될 수 있지만, 결국 지역주민의 존엄성이 구현되고, 주인으로서의 삶을 살아가고, 공생적 관계에서 지역사회 구성원으로 살아가는지가 중요하다는 것을 놓쳐서는 안된다.

3) 목표와 실천 전략의 이해

(1) 목표의 이해

목표란 왜 이 일을 해야 하는가(미션) 혹은 무엇이 되려고 하는가(비전)의 답을 현실에서 구현할 수 있는 결과물로 미션과 비전의 달성 혹은 문제 해결을 위하여 실천할 수 있는 구체적인 실천 과제들의 결과물(objectives)이다. 그리고 실천과제들을 통하여 최종적으로 얻게 되는 문제 해결 혹은 달성의 상태를 목적(goal)이라고 할 수 있다(우수명, 2007).

목표의 사전적 의미는 '어떤 목적을 이루려고 지향하는 실제적 대상으로 삼거나 혹은 그 대상 또는 행동을 취해 이루려는 최후의 대상'으로 되어있다(표준국어사전). 목표의 특징은 구체적이고, 실현 가능해야 하며, 목표들이 모아지면 목적을 달성할 수 있어야 한다. 따라서 목적을 달성하기 위하여 구체적으로 실현되어야 할 방법과 내용, 달성될 계량화 목표수치 등을 목표에 포함하여야 하며, 이는 곧 실천의 효과성 평가기준이 된다. 실천의 관점에서 본다면 실천이 성취하고자 하는 목적을 이루기 위한 방법이자 하위목적의 개념으로, 보다 구체적인 실천적 지향점을 의미한다. 이때 중요한 것은 목표는 실천이 지향하고자 하는 바를 의미하므로, 책무성을 기반으로 규정되어야 한다. 또한 사업수행을 위한 계획을 세우는 기준이 되므로 유용한 목표는 현실적이고 타당한 실천계획의 기반이 된다.

(2) SMART 목표

① SMART 목표

프로그램을 통해 궁극적으로 달성하고자 하는 목표를 규정하는 조건이나 기준은 다양하며, 그중 많은 경영 관련 서적에서 공통적으로 제시하는 목표의 다섯 가지 조건은 SMART이다(신철우 1999; 양용희, 2003).

㉠ S는 Specific으로 목표는 구체적이어야 한다.

㉡ M은 Measurable로, 목표는 측정 가능해야 한다.

㉢ A는 Attainable로 목표는 달성 가능해야 한다.

㉣ R는 Result oriented[2]로 목표는 타당하며(Relevant), 결과중심적이어야 한다.

㉤ T는 Time-bounded로 목표는 제한시간 안에 달성되어야 한다.

2) 몇몇 자료에서는 relevant를 사용하는데, 이는 가치적 타당성을 강조할 때 더 많이 사용한다.

목표는 구체적이어야 한다. 막연한 내용으로 목표를 정한다면 성취 여부를 확인하는 것은 불가능하다. 클라이언트의 건강한 사회적응, 주민조직화 만들기, 네트워크 구축하기 등은 그 내용이 보는 이에 따라 크게 달라질 수 있다. 은둔형 외톨이 청소년들을 위한 마을조직화 사업에서 사회성 향상, 자존감 향상, 네트워크 구축을 목표로 할 경우 구체적이라고 할 수 있을까? 사회성 10% 향상 같은 목표를 흔히 사용하지만, 사회성 10% 향상이 의미하는 것은 무엇인지 구체적으로 설명할 수 있을까?

목표는 측정 가능해야 한다. 수량적 목표는 측정 가능성이 높지만, 항상 그런 것은 아니다. 만약 평가측정의 방법으로 자존감 척도를 사용했다고 하자. 자존감 점수가 사전보다 사후에 10% 향상하는 것이 목표라면 척도를 이용한 측정은 가능해진다. 그러나 그 척도측정의 결과가 수량적 정밀성을 의미하는 것은 아니다. 자존감 점수의 10%의 변화를 척도를 통해 측정할 수 있지만, 의미를 정확하게 담아내는 것은 무리가 있다.

달성할 수 없는 목표라면 적절하지 않다. 은둔형 외톨이 청소년들을 위한 마을조직화 사업에서 자존감이나 사회성 점수가 통계적으로 유의미하게 향상되었다면, 그것으로 참여한 청소년들은 더 이상 은둔형 외톨이가 아니라고 선언할 수 있는가? 조직화된 작은 공동체라고 확신할 수 있는가? 그렇지 않다면 달성했다고 볼 수 없다.

목표는 과정이 아닌 결과여야 한다. 예로, 정상을 향해 올라간다는 의미는 과정, 즉 프로세스(process)를 의미한다. 정상에 서다는 의도했던 위치에 도달한 것으로 이것이 결과(result) 목표이다. 결과로서의 목표는 Yes or No를 분명하게 판단할 수 있어야 한다. 은둔형 외톨이인 청소년들이 이제는 아니라고 할 수 있는 상태가 결과로 나타나야 한다. 동시에 목표는 가치적 타당성을 갖추어야 한다. 인간을 목적으로 대하는 사회복지 가치 지향성은 이윤 추구나 행정 효율성보다 더 중요하 의미를 갖는다. 은둔형 외톨이가 더 이상 은둔형 외톨이가 아닌 지역사회의 훌륭한 구성원이라면 가치성에서 타당하다고 볼 수 있다. 단순한 실적보다 가치성은 우선해야 한다.

목표는 시간 제한 안에 이루어져야 한다. 10년 20년 끌고 가는 것은 의미가 없다. 그러나 단기, 중기, 장기적 목표에 따라 순차적으로 이루어져야 하며, 사전에 설정한 제한 시간 안에 이루어져야 한다.

② 목표의 명료성을 높이는 고민들

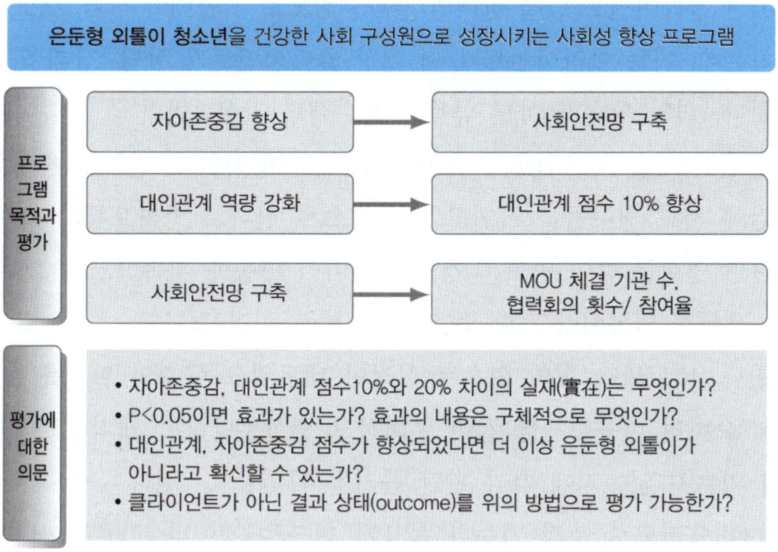

| 그림 7-1 | 은둔형 외톨이 청소년을 위한 전통적 평가 방식의 의문점

출처 : 우수명(2023), 프로그램 개발과 평가, 지식공동체.

은둔형 외톨이 청소년들을 위한 작은 공동체를 조직하는 사업을 수행한다고 해보자. 통상 청소년들의 경우 '자존감 강화'나 '사회성 향상'을 그리고 이들을 위한 '마을 네트워크 구축'을 목표로 세울 수 있다. 적지 않은 목표들이 ~ 강화한다, ~ 향상한다, ~ 구축한다와 같은 행동중심의 과정 목표처럼 기술되는데, 이는 프로그램 진행 과정과 유사하며, 결과중심의 목표로 보기 어렵다. 또한 목표의 달성 정도를 측정하기 위해 흔히 사용하는 기준은 자존감 사전사후 점수 10% 향상, 사회성 사전사후 점수 10% 향상, 안전망 구축 네트워크 회의 00회 실시 등을 내세우곤 한다.

그러나 사회성이 10% 또는 10점 향상된 것은 무슨 의미를 갖는가? 구체적으로 10%와 20%의 차이를 설명 가능한가? 사회성이 10% 향상되면 이 청소년들이 더 이상 은둔형 외톨이가 아닌 상태라고 주장할 수 있는가? 이러한 문제의 보완 사항으로 여섯 가지 유의점을 정리하였다.

첫째, 클라이언트 종결 상태 혹은 변화의 상태가 목표여야 한다. 목표를 과정이 아닌 클라이언트 종결 상태의 결과중심으로 기술해야 한다. 목표란 결과여야 하는데, 이는 클라이언트가 더 이상 클라이언트가 아닌 '상태'의 기술이어야 한다. 회의 횟수가 아닌 공동사업 수행과 같은 '변화'의 기술이어야 한다. 이들은 대부분 비율척도로 측정할 수 있는 영역이다. 만약에 참여한 청소년들 간에 서로 친구들을 사귀고, 정기적으로 만나고 카카오톡도 자주 하고, 함께 단편 영화를 같이 만드는 청소년 동아리 활동에 지속적으로 참여한다면 이들을 은둔형 외톨이라고 할 수 있을까? 바로 이런 결과적 상태가 목표가 되어야 한다. 네트워크 회의 횟수는 실적인 네드워크 구축의 결과를 보여주지 못한다. 오히려 마을축제를 같이 준비하고 역할분담하고 개최하고 공유하는 활동이 있는지 없는지에 따라 판단 근거를 확인할 수 있다.

둘째, 비율척도로 측정 가능한 목표가 더 구체적이다. 자존감이나 사회성 점수는 등간척도이며, 추상적인 정보의 점수이다. 추상적인 정보이기 때문에 자존감이나 사회성이 0점으로 변화가 없거나 2점 변화한 경우, 10% 변화한 경우와 20% 변화한 경우 간에 무엇이 다른지 그 차이를 알기 어렵다. 그러나 정기적인 카카오톡 및 만나는 친구 유무, 연극동아리 참여 유무(출석률 포함), 긍정적 역할수행 유무 등을 통해 확인할 경우 더 명확한 평가가 가능하다. 카카오톡 친구가 한 명도 없는 청소년과 매일매일 연락하는 친구가 2명 있는 청소년은 다른 목표 달성의 결과로 이해하기는 쉽다.

셋째, 실험설계를 적용할 경우 명확하게 적용해야 한다. 사전사후 검정을 이용한 목표 설정에서는 실험설계나 준(quasi) 실험설계가 아닌 통제집단이 없는 전(pre) 실험설계는 심각한 타당성의 문제를 안고 있기 때문에 클라이언트의 변화라고 단정하기 매우 어렵다. 또한 사전사후의 통계분석에서도 통제집단의 변화량을 제외한 순 효과(net effect)를 측정해야 하며, 다른 외부요인을 통제한 공분산분석이나 반복측정분산분석을 적용하는 것이 필요하다.

넷째, 목표에 집중하는 선택과 집중의 효과를 극대화해야 한다. 사회성 향상을 목표로 할 때와 친구들을 만들어 주기를 목표로 할 때 프로그램의 내용은 크게 달라진다. 사회성 범위 향상 자체가 광범위하고 향상의 구체적인 훈련 또한 다양하다. 반면에 외톨이 친구들을 하나의 공동체로 만들기 위해서는 함께 식사도 하고, 놀이도 하고, 밤도 같이 지새며 좋은 추억과 공감대를 만드는 노력을 하면 효과가 더 크다. 처음 조직화 때부터 특정 분야에 공통의 관심사가 있는 청소년들을 모아 놓은 경우 효과를 극대화할 수 있다.

다섯째, 통계적 검증력에서 자유로울 필요가 있다. 통계적 검증력이라는 것은 확률(p. probability)이고, 사회과학의 기본 원칙은 '절대적'이 아닌 '확률적 결정'이다. 즉, 확률적으로 0.05보다 작은 유의수준으로 나왔기에 프로그램의 효과 있다는 결론을 내린다 하더라도 이는 절대적으로 옳은 결론이 아닌 것이다. 즉, 5% 미만이지만 틀릴 확률을 가지고 있는 '확률적 결정론'이라는 것을 잊어서는 안된다. 또한 통계적 유의수준은 사례수에 매우 큰 영향을 받는다. 소집단 하나는 효과가 없더라도, 그 소집단을 여러 개 진행한 후 데이터를 하나로 통합해 사전-사후 비교를 한다면 완전히 다른 결과가 나올 수 있다. 즉, 사전-사후 검증 방식은 통계를 적용하더라도 불완전성에 기초하고 있다는 것을 명심해야 한다.

여섯째, 성장과 성찰을 할 수 있는 평가인지 점검해야 한다. 과정 중심의 접근이나 추상적인 등간척도를 이용한 사전사후 평가와 같은 애매한 목표 설정 및 평가는 결과에 대한 불분명한 진단을 할 수밖에 없는 문제가 있다. 그렇기 때문에 목표 달성이 실패해도 딱히 실패했다고 알기 어렵다. 이는 우리 평가가 강제적 평가이기 때문이다. 목표의 설정과 평가는 결과중심으로, 성장과 학습을 위한 긍정과 지지의 형태로 진행되어야만 이런 문제를 해결할 수 있다.

현재 사전·사후 척도를 이용한 프로그램 평가를 하는 것이 시설평가나 외부 프로포절 제출에 필수적으로 인식되고 있다. 그렇기 때문에 평가에서는 사전·사후 평가와 더불어 실질적인 목표달성을 확인할 수 있는 다양한 평가 방법의 적용이 필요하다. 보다 자세한 설명과 실무적 대안 평가 방식 등은 '지식공동체의 우수명(2023), 프로그램 개발과 평가'를 참고하기 바란다.

(3) 실천 전략

실천 전략은 미션과 비전, 그리고 목표를 달성하기 위한 실천의 방향성과 단계별 실천 지침을 구성하는 것이다. 지역사회복지 실천전략은 같은 목표라도 다른 접근이 가능할 수 있다.

빈곤아동의 주간보호 프로그램을 진행하는 사회복지관을 예를 들어보자. 아이들의 성공적인 자립 지원을 목표로 한다고 해보자. 하나의 실천전략의 구성은 현재 다양한 교육 프로그램이 성공적으로 이루어진다면 어떤 변화들이 생길 것인가를 찾는 방식이다. 좋은 국영수 학습 프로그램 제공을 통해 성적을 올리게 되고, 그로 인해 좋은 대학을 가고, 직장을 얻게 하는 것을 전략적 방향으로 설정할 수 있다. 이때 아이들의 성적을 올리기 위한 학습 지원 프로그램의 체계적 지원(실천 전략)을 통한 성적 향상(목표 달성), 인정 받는 진학을 달성(목표 달성)하기 위한 개인의 욕구별 진학 코칭을 제공(실천 전략)하는 것이 포함될 수 있다. 또한 이를 달성하기 위해서는 아이들의 동기를 촉진하기 위한 활동이 선행되어야 하는데 이 또한 실천 전략이 될 수 있다. 이를 통해 '아동이 스스로 자립하는 장의 제공'이라는 조직의 미션과 '아동 학습 지원, 상급학교의 진학'이라는 비전의 달성이 가능할 것이다.

다른 관점에서 접근할 수 있다. 아이들의 주도성을 자립과 성공의 중요한 요소로 인식하고 있을 경우이다. 주간보호 프로그램 중 스스로 선택하고 만들어 가는 자기주도 시간을 배치하고, 이를 통해 스스로 자기의 미래 직업을 찾고, 꿈을 이루고자 노력하는 아동들의 경험 풍부하게 하는 방향으로 전략을 구성할 수 있다. 이때 아이들은 자신의 적성을 찾기 위한 다양한 강점 찾기 및 자주적 프로그램의 체계적 지원(실천 전략)을 통한 자기 주도적 인격체로의 성장(목표 달성)을 이루고, 자신의 전공 분야로 진학을 하거나 또는 직업 관련

자격을 갖추고 직업인으로서 취업에 성공(목표 달성)하기 위한 개인의 욕구별 코칭을 제공(실천 전략)하는 것이 포함될 수 있다. 또한 이를 달성하기 위해서는 아이들의 동기를 촉진하기 위한 자기 결정권의 성취를 통한 흥미 유도 활동이 선행되어야 하는데 이 또한 실천 전략이 될 수 있다.

이를 통해 '아동 스스로 자립하는 장의 제공'이라는 미션과 '주도적인 아이, 자신의 직업을 스스로 찾는 아이'라는 비전이 가능하게 될 것이다. 이 경우 국영수 공부 잘 시켜 성적 올리는 것을 성공의 중요한 키로 생각하는 경우와 주도적이고 자립적인 경험을 통해 스스로 하는 것을 성공의 중요한 키로 생각하는 경우에 따라 유사한 미션과 비전이라 할지라도 목표의 구성과 프로그램을 통한 실천을 수행하는 과정은 크게 달라질 수 있다.

실천 전략은 구체적이고 실현 가능한 목표를 이룰 수 있는 방향성을 정하고, 이들의 일관성을 성찰하여 미션과 비전의 방향을 현실 세계에서 이루어 갈 수 있는 노력의 구체적 표현이 될 수 있다. 또한 사회복지사에게 중요한 것은 속도보다 방향이라는 의미를 되새길 필요가 있는 부분이다.

2 지역사회 사정

1) 지역사회 문제의 개념

(1) 사회복지 문제의 이해

사회복지의 문제는 전통적으로 빈곤, 장애, 차별과 인권, 심리사회적 병리, 부적응 등의 사회적으로 바람직하지 않다고 인식되거나 그런 상태로 인해 사회나 구성원이 위협에 노출되는 것을 의미한다. 사회복지는 이러한 문제에 공통적으로 처한 다수의 사회 구성원(클라이언트)의 어려움과 위협의 해결에 초점을 둔다. 또한 사회복지 문제는 당사자 스스로의 해결을 지원하거나, 사회복지서비스와 같은 미시적 체계나 사회정책과 같은 거시적 체계와의 연계를 포함하여 지역사회의 역량과 연대를 극대화하여 해결을 추구하는 것이 지역사회복지의 접근방식이다.

(2) 사회문제를 바라보는 가치

자본주의 태동기인 산업혁명 시대 영국의 빈민과 부랑인 증가는 엔클로저(encloser) 운동과 장원 해체로 인한 결과일까? 산업사회에 적응하지 못하거나 게으른 이들이 늘어났기 때문일까? 또는 개인적 문제일까? 구조적 문제일까? 당시 산업자본가들과 귀족들은 자신들이 책임졌던 장원경제 하의 농노들에 대한 생존권보다 양털산업과 같은 고부가가치 산업을 더 매력적으로 생각하였다. 이들은 자신들의 이윤을 추구하기 위하여 해체한 장원의 농노들이 도시빈민이나 부랑인이 되었음에도 불구하고, 방임하거나 제한적으로 우호 방문하여 근면성실함과 빈곤의 개인 책임을 세뇌하는 노력을 자선조직협회(COS)나 우호방문가(Friendly Visitor)를 통해 지속하였다.

기독교 사회주의자들은 사회구조적 문제를 더 중요하게 여겨 인권과 연대를 통한 인보관운동을 통해 빈곤문제 해결에 도전하였다. 최초 인보관인 토인비홀에서 활동했던 베버리지(W. H. Beveridge)의 보고서는 사회보험 등을 통한 국가의 개입과 구조적 해결에 더 중점을 두었다.

사회문제의 가장 중요한 관점은 시장주의, 즉 자본주의에 대한 관점에 따른 접근이다. 전통적으로 자본주의, 수정자본주의, 사회주의, 공산주의의 4개 축에 생태주의와 여성주의 등의 관점이 결합되어 다양한 변화를 갖는다. 그 내용은 다음과 같다.

〈표 7-3〉 이데올로기와 사회문제의 진단

구 분	반집합주의 (anti collectivism)	소극적 집합주의 (reluctant collectivism)	페이비언 사회주의 (fabian socialism)	마르크스주의 (Marxism)
	자본(시장)주의	수정자본(시장)주의	사회주의 소극적 반시장주의	공산주의 적극적 반시장주의
사회문제의 관점	개인의 병리학적 부적응이 문제, 개인의 자유, 노력을 통한 해결	자본주의의 한계 인정, 개인의 병리학적 부적응 치유 우선, 국가의 최저수준, 열등처우기반 사회보장	자본주의 사회의 구조적 문제. 복지국가의 적극적 개입과 평등	자본소유 토대로 인한 계급문제, 자본체제의 붕괴와 공산체제로 이행
중심적 사회가치	개인 무한자유 불평등의 인정	최소로 제한된 개인 자유, 기회의 평등	공공선 기반 자유, 기회 및 결과의 평등, 사회연대	완전한 계급해체, 평등
사회문제	개인의 무능력, 게으름, 나태 시장의 자유로움을 유지할 경우 해결	시장의 비효율성으로 인해 일부 발생하는 시장왜곡 요소	불평등, 분배의 문제, 인권의 제약	생산수단의 자본가 계급의 독점 자본주의 국가의 모든 복지제도는 자본가의 하수인
정부의 개입	부정적 사회적 붕괴/ 자원의 낭비 경제적 비효율 개인 자유의 침해	조건부 인정 자본주의의 원활한 기능 및 시장체계의 약점 보완을 위해, 사회악의 제거와 사회적 균형 유지를 위해	적극 인정 자유시장 체계는 필연적으로 실패하므로 시장체계의 수정·보완 및 대리기능을 정부가 수행하여야 함	적극 인정 산업민주주의와 생산수단의 국유화는 경제적 평등을 실현시키며 계획경제 체제는 정부의 개입에 의해 가능함
복지국가에 대한 관점	반대 중앙집권적 계획의 결과로 권위적 사회주의 국가로 나타남	소극적 찬성 자동조절 능력이 없는 자본주의를 보완	적극 찬성 복지국가의 확산을 통해 자본주의의 개혁이 가능함, 복지국가는 사회주의 이행의 전 단계임	적극 반대 혹 소극 찬성 복지국가는 자본계급의 노동계급에 대한 불가피한 최소한의 양보(도구적 복지)
빈곤 완화에 대한 국가의 책임	필요악 자선과 이웃사랑의 정신에 입각한 개인의 참여	국민 최저수준의 보장에만 국가의 책임을 인정	점진적이고 지속적인 불평등의 완화에 대한 국가 책임	자본주의 체제가 존속되는 한 빈곤은 어떠한 형태의 국가 개입에 의해서도 소멸 불가능

출처 : 빅터 조지, 김영화·이옥희 역, 한울아카데미, 2008.

주류에 토대를 둔 사회심리 영역에서는 사회구조적 관점을 최소화하고 개인적이고 미시적 관점에서 사회문제를 바라보도록 이론화하였다. 이들은 기능주의와 갈등주의의 이론에 토대를 두고 상호주의적 관점 등이 다양하게 결합되었다.

〈표 7-4〉 사회심리 영역에서 사회문제의 진단

구 분	이론적 관점	사회문제의 정의	사회문제의 원인
기능주의 : 사회화의 실패와 통제규범의 약화	사회병리론	사회구성원이 제 기능을 하지 못하는 것, 약물중독, 게으름, 범죄, 비행 등	개인의 사회화 실패로 치료, 교정, 격리 등
	사회해체론	도시화 등 사회변동으로 인한 개인 규제력·유대감 약화, 무규범, 문화갈등, 가치붕괴	모순적 의무, 사회화 문제로 사회변동 속도 완화 및 규범 강화
	일탈행위론 (아노미론)	사회체계에 대한 일탈 혹은 파괴적 행동. 빈곤문화, 하위문화 등의 학습, 무규범 상태(anomie), 동조의 실패, 혁신·도피·반항 등 행위	부자, 사랑 등의 사회 공통의 문화적 목표를 이루는 데 합법적 수단 획득의 실패, 부적절한 사회규범·행위에 대한 노출과 학습
	구조기능론	가족 및 사회제도를 통한 구성원의 사회화를 통한 사회안정 추구 기능이 미작동	부적절한 사회화의 문제, 사회기능 강화
상호주의 : 개인과 사회의 역학관계	낙인이론	일차적 일탈 후 사회적·개인의 반응에 대한 이차적 일탈로 인한 비동조 행위와 낙인의 고통으로부터 왜곡된 자기이미지 형성과 일탈의 강화	사회문제는 역할기대에 못미치는 사회규정의 결과 사회통제 기제(권력)가 원인
	상징적 상호작용론	사회문제는 해석과 상호작용에 따른 관계로 인해 규정. 왜곡된 사회화 과정	사회문제의 규정에 따른 통제
	교환이론	범죄로 인한 보상(이익)과 처벌(비용)에 따른 기대에 따른 판단, 교환관계의 단절이나 불균형 상태의 극복	처벌(비용)보다 보상(이익)이 더 커질 때 발생

갈등주의 : 불평등으로 인한 갈등의 필연	가치갈등론	관념, 가치의 집단이익을 대변하며 생기는 이익갈등. 개인이 속한 집단의 사회적 가치를 우선하는 인식 차이	사회제도가 이익갈등을 조정하지 못할 때 생김 낙태·동성애 등을 바라보는 관점의 차이
	신마르크스론	사유재산과 자유시장에 기반한 자본주의 체제를 유지·영구화를 위한 자본의 강압적 사회통제, 교육 및 미디어를 통한 문화통제와 그 과정에서의 부작용	사회 : 자본으로부터 소외, 경쟁교육·사회 및 양극화로 인한 원자화 개인 : 상류층·성공의 이미지화로 비교와 차별·배제에 매몰된 불안, 무기력, 범죄 발생
	여성주의론	여남은 평등하며, 동일한 권리를 갖지만, 성적 차이를 차별로 사회제도화·규범화함	남성에 의한 성적·권력적 억압으로 여성의 신체적 사회적 통제와 차별

(3) 지역사회 문제

지역사회 문제는 본질적으로 사회문제와 동일하지만, 이를 이해하고 인식하는 주민들의 눈높이에 맞춰서 지역사회 문제를 이슈화하고, 지역사회 교육적 접근을 해야 한다. 즉, 지역사회 구성원들이 공통적으로 인식하고 있는 문제, 해결해야 할 과제, 지역사회 공동체에 위협이 되는 요인이나 잠재적 위험요소들을 주민의 관점에서부터 이해하고자 출발해야 한다. 예를 들면, 방임된 아동, 학교폭력, 빈곤, 사회적 소통의 단절, 소유·경쟁·차별 등으로 인한 갈등 등이다. 물론 계급적·시장주의적 요소들이 더 본질적인 문제이지만, 사전 이해가 별로 없는 주민들에게는 거부감과 동떨어진 이야기가 되고 만다. 사회복지사들도 이러한 구조적 문제에 익숙하지 않은 경우가 많다. 따라서 Social Sytem을 사회복지사들이 공부해야 한다.

2) 지역사회 문제의 탐색 방법

체계적인 계획과 프로그램의 성공적인 수행을 위해 필요한 것 중 하나는 프로그램 개발의 근간이 되는 정보들을 정확하게 수집하고 분석하여 실천 체계에 반영하는 근거기반 활동이다. 기획 단계 중 의사결정에 필요한 정보를 제공하거나, 프로그램 계획의 논리성을 높이며, 성공 가능성을 높인다. 특히 욕구 조사와 만족도 조사와 같은 클라이언트로부터 직접 얻는 정보의 유용성은(정확한 분석을 전제로) 매우 높으며, 프로그램 목표와 기대효과와도 관련이 깊다.

정보 수집은 크게 직접 정보 수집과 간접 정보 수집으로 나눌 수 있다(그림 7-2 참조).

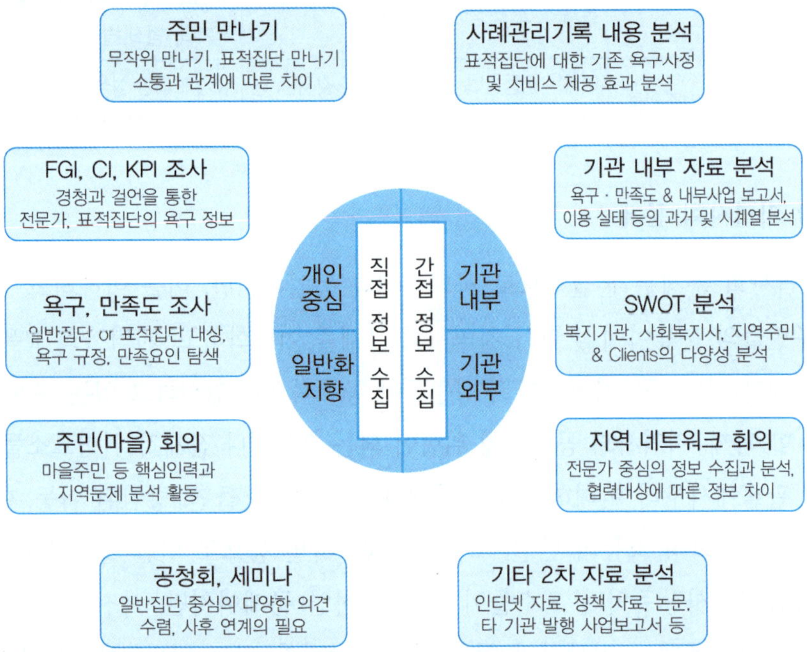

그림 7-2 정보 수집 방법

출처 : 우수명(2023), 프로그램 개발과 평가, 지식공동체.

(1) 직접 정보 수집 방법

직접 정보 수집은 정보 출처를 개인 혹은 집단으로 구분하며, 다음 유형이 대표적이다.

① 주민 만나기와 같은 관계형성은 다양한 삶의 이야기를 수집할 수 있다. 주민은 동네 사람들처럼 무작위, 불특정한 일반 주민들을 대상으로 할 수도 있고, 놀이터의 어린 아이를 돌보는 엄마, 경로당의 어르신같이 표적

대상을 정하여 주민 만나기를 할 수 있다. 낯선 사람을 경계하는 것이 보통 사람들의 특성이기 때문에 자주 만나고 소통하는 노력을 통한 친밀한 관계 형성을 통하여 질적 정보를 획득한다.

② FGI, CI, KPI 등과 같은 인터뷰 방식은 심층적인 정보를 얻기에 유리하다. 핵심집단 면접(FGI : Focus Group Interview)이나 클라이언트 면접(CI : Client Interview), 핵심인물 면접(KPI : Key Person Interview) 등은 대상자들의 욕구를 적극적으로 표현하도록 유도하며, 따라서 면접대상을 의도적으로 선정하게 된다. 이들의 많은 이야기 속에서 중요한 의미를 분석할 수 있는 역량이 중요하다. 주로 질적 정보이다.

③ 욕구 및 만족도 조사와 같은 양적 정보를 수집하는 비교적 규모가 큰 사회조사는 일반화가 유리한 방법이다. 사례관리 대상자와 같은 표적집단을 대상으로 할 수도 있고, 지역주민과 같은 일반집단도 가능하다. 재가서비스 대상자에 대한 사례관리의 일환으로 활용하는 경우 개별화된 정보와 일반화된 정보 활용 둘 다 가능하다.

④ 주민(마을) 회의 참여와 같은 당사자와 관계된 활동은 지역사회의 핵심문제를 살펴볼 좋은 기회이다. 사회복지사가 마을모임을 하는 주민들과의 관계가 형성되어 있을 뿐만 아니라 공식적으로 승인받아야만 가능한 방식이다. 적극적인 마을활동을 하는 주민들의 심층적이고 다양한 정보를 얻을 수 있으며, 참여 주민들이 정보원이나 지역사회와의 가교 역할을 할 수 있기 때문에 정보의 수집 범위는 넓을 수 있다. 또한 이들이 FGI, KPI 등의 대상이 될 수 있다.

⑤ 공청회와 세미나와 같은 행사는 비교적 한시적인 여론 정보 방법이다. 이들은 지역사회의 다양한 목소리를 들을 수 있는 공개적인 장을 만들어 주민들의 이야기를 듣는 것이다. 복지조직의 지역사회 욕구조사 결과 발표회나 마을 발언대, 주요 마을 이슈와 관련된 공청회와 같은 방식을 통해 주민들의 의견을 수렴한다. 적극적인 의견을 표출한 이들은 사후 FGI나 CI의 대상으로 하거나, 프로그램 활동에 참여하도록 유도하는 것도 좋은 방식이다.

(2) 간접 정보 수집 방법

① 사례관리기록 내용 분석은 기존에 사례관리 대상자로 서비스를 받는 표적 집단에 대한 욕구 분석 및 제공된 서비스 효과 분석에 유용한 방식이다. 인테이크에서 수집하는 정보에는 욕구조사와 관련된 사정 체계가 포함된다면 효과적인 활용이 가능하다.

② 기관 내부 자료 분석은 기존에 수행한 욕구조사, 만족도 조사, 내부 사업 보고서, 이용 실적 및 평가 보고서 등을 통해서 과거의 욕구와 정보를 수집하는 방식이다. 오래된 복지기관일수록 일관된 조사 설계에 의한 욕구·만족도 조사가 이루어질 경우 시계열분석이나 연차별 비교분석이 가능하다.

③ SWOT 분석은 분석대상의 긍정적 요인과 부정적 요인을 내부와 외부 강점에 따른 매트릭스에 따라 강점, 약점, 기회, 위협 요인들로 구분하여 다차원 분석을 하는 것이다. 분석대상은 복지기관, 사회복지사, 지역주민 및 클라이언트 모두 해당이 된다. 특히 강점과 약점을 균형 있게 살펴볼 수 있다.

④ 지역 네트워크 회의는 전문가 중심의 정보 수집과 분석의 한 방법이다. 지역사회보장협의체나 통합사례관리 모임과 같은 협력회의를 통해 다른 사회복지사로부터 다양한 정보를 얻을 수 있다. 이 경우 네트워크 회의 내에서의 위상, 협력대상과의 관계 등에 따른 정보 수집의 차이가 발생한다. 또한 클라이언트로부터 직접 정보를 얻는 것이 아니기 때문에 왜곡 가능성이 있다.

⑤ 기타 2차 자료 분석은 문헌정보를 중심으로 수집하는 것이다. 인터넷을 기반으로 대부분의 정보를 얻을 수 있기 때문에 광범위하고 쉬운 자료 수집 방법이다. 정부 정책 자료, 각종 학술논문, 타 기관의 발행 보고서 등을 수집하여 분석한다.

3) 지역사회 욕구 조사

(1) 욕구조사의 지향점

지역사회복지실천은 지역주민 인식의 수준과 관심에서부터 출발해야 한다. 이때 이들의 인식과 앞으로의 방향을 탐색하고자 할 때 욕구조사는 유용한 도구가 된다.

욕구조사가 지향해야 할 방향성을 몇 가지 제시하면 다음과 같다.

① 물질적 필요가 아닌 매슬로(Maslow)의 욕구 관점으로 접근한다. 경제적·정서적으로 무엇이 필요한가? 혹은 어떤 서비스나 프로그램에 참여하고 싶은가는 이미 규정된 틀 안에 주민들을 가두고 수동형으로 만들 뿐이다. 하고 싶은 것(자아실현), 긍정적 역할의 성취(존중), 마을이 함께하는 것(소속과 사랑)에 초점을 두어 접근해야 한다.

② 지금 혹은 과거가 아닌 미래의 것을 묻는다. 낮에 무엇을 하는지가 중요한 것이 아니라 앞으로 무엇을 하고 싶은지, 어떻게 할 것인지에 초점을 둔다. 과거를 탐색하느라 많은 정보를 얻는다면 앞으로 무엇을 해야 할지에 대한 정보를 그만큼 적게 얻게 된다.

③ 문제가 아닌 강점을 찾는다. 개인·가족의 문제, 마을의 문제를 찾으려고 하기보다는 어떤 강점과 경험을 가지고 있으며, 무엇을 좋아하고 원하는지를 찾는다. 잘하는 것 혹은 하고 싶어 하는 것으로부터의 출발은 주민들의 참여의지를 고취시키고, 성공 가능성을 높이며, 타깃 마케팅에 더 유리하기 때문이다.

④ 관망보다는 참여태도에 초점을 둔다. 주민들이 정말 특정 욕구에 대하여 어느 정도 인식수준이 형성되어 있는지, 참여할 상황이라면 정말 참여할 의지가 있는지를 진단해야 한다. 문제 인식 수준이 높고, 참여의지가 낮다면 지지와 성공의 경험을 통한 소통과 동기부여의 과정이 더 중요해진다. 참여의지가 높을수록 당장 해도 성공할 가능성이 높아진다.

⑤ 사회복지조직 혹은 나의 필요가 아닌 주민들의 요구에 초점을 둔다. 내가 필요한 것, 우리 기관에서 하고 싶은 것이 아니라 주민들이 하고 싶은 것, 만들고 싶은 것에 초점을 둔다. 우리가 하고 싶은 것 중에서 고르라는 것은 자기선택권이지 자기결정권이 아니다. 주민들 관점에서 주민들이 요구하는 것을 그들의 언어로 표현하여야 한다.

⑥ 결과를 예상하고, 그에 맞는 대안을 준비해야 한다. 만약 특정 욕구에 주민들의 참여수준이 낮을 때와 높을 때에 따라 어떻게 대응할 것인지 서로 다른 대안을 고민하고 준비한 다음 욕구조사를 시작해야 한다.

(2) 욕구조사의 보완

욕구조사를 계획할 때 유의해야 할 몇 가지가 있다. 이는 욕구조사가 통상적으로 다수를 상대로 하여 이루어지는 양적인 연구이기 때문에 갖는 한계이다.

첫째, 주민들 개개인의 일상욕구나 배경이 숫자에 포함되어 드러나기 어렵게 된다. 이때 FGI(Focus Group Interview)나 개별 인터뷰를 통해 다양한 일상의 정보들을 수집하여 욕구조사로 표현할 수 없는 주민, 마을의 이야기들을 풀어내는 것이 좋다.

둘째, 핵심 대상자들은 별도로 관리해야 한다. 특정 욕구를 가지고 있는 대상, 마을 조직화의 중심인물들이나 예상되는 마을 리더들, 부각되지 않았지만 새로 설문조사를 통해 발굴되는 이들은 별도로 관리를 해야 한다. 필요하다면 이들에 대한 개별 인터뷰를 통해 보강하는 것도 좋다.

셋째, 마을이나 지역의 역사가 될 수 있는 공통성 있는 질문을 구성해야 한다. 특별한 경우가 아니면 지역사회 욕구조사는 수년 단위로 반복될 것이다. 이때 마을이나 개인을 아우르는 포괄적인 질문이나 조직의 미션·비전에 맞는 전략적 질문이 있다면, 하나의 역사 이야기를 만들어 낼 수 있다.

넷째, 꼭 필요한 질문만 선별해야 한다. 해결이 불가능하거나 관심 없는 질문들은 적극적으로 배제하여야 한다. 가끔 설문지에 백화점이나 극장 같은 문화시설이 우리 동네에 충분하게 있는지 묻는 경우를 본다. 이러한 소비시설이 문화시설의 대표라고 생각하는 것도 심각한 문제이지만, 백화점이 없다면 그것을 세우거나 유치하는 것이 지역사회복지의 목표가 되는 것은 바람직하지 않다. 조직의 미션과 비전에 맞는 내용인지, 중장기적으로 꼭 해야 할 과제인지, 우리가 할 수 있는 것들인지 아니면 필요한 사업인지 충분하게 살피고 설문지를 구성해야 한다.

3 지역사회복지 실천 기획

1) 지역사회복지 실천의 기획[3)]

(1) 지역사회복지 실천 기획의 이해

어렸을 때 만들었던 조립식 완구에는 여러 개의 부품들과 조립 방법을 설명하는 설계도가 항상 같이 있었다. 특히 복잡한 조립식 완구일수록 복잡하고 자세한 설계도가 들어 있으며, 이에 따라 차근차근 만들게 되면 멋진 완구가 완성된다.

기획(planning)은 의도한 목표가 이루어지도록 지역사회복지 실천의 계획을 수립하는 과정이다. 강태룡 · 정규서(1999)는 기획을 인식론의 관점에서 다루며, 현재(사실)보다는 미래를 만들어 가는 규범적인 미래 창조로 보았다. 기획을 통하여 현재의 상태로부터 긍정적인 미래의 모습을 만들어 가고, 미래의 상을 위해 현재를 변화시켜 갈 수 있게 된다.

기획을 하는 가장 큰 이유는 '의도하는 지역사회복지를 실현'하기 위하여, 수행환경에 대응하며, 불확실성을 줄이고, 효과성과 효율성을 높여 성공 가능성을 높이기 위함이다. 이를 위해 지역사회복지 실천의 다양한 실현 가능성을 탐색하고, 의사결정 과정을 통해 프로그램의 계획으로 구체화된다. 계획과 승인

3) 우수명(2023), 프로그램 개발과 평가, 지식공동체의 내용을 재구성한 것이다.

이 이루어지기 위해서는 사회복지 가치를 기반으로 한 책무성이 사회복지사에게 필요하다.

승인받지 못한 프로그램 기획은 실행할 수 없다. 승인의 과정에서는 결정권자와 일선 사회복지사, 혹은 사회복지조직 대내외적 환경의 역학관계에 따라 갈등이나 새로운 합의가 필요한 경우가 생기기도 한다. 기획에 포함된 사회복지 프로그램의 방향과 내용을 결정권자가 동의할 수 있는 내용으로 구성하고, 기본적인 승인 요건을 충족하여 계획(plan)으로 완성해야 한다.

기획의 중요성은 계획으로 승인받기 위한 조건들을 갖추는 것이다. 강태룡·정규서(1999)가 제시한 기획의 특성을 토대로 아래와 같이 정리하였다.

① 기획은 사회복지 실천 가치 체계(예 책무성, accountability)에 기초하여 이루어진다. 기획 과정에서 의사결정의 기준은 가치 체계이며, 사회복지사는 가치 체계가 무엇이고 어디를 향하는지 살펴야 한다.

② 기획은 미래 지향적이며, 과거에 무엇을 '했다'에 초점을 두지 않는다. 기획은 예측이나 추측과 구별되는 장래의 행동 계획을 내포한다.

③ 기획은 여러 대안 중에서 우선순위의 대안을 결정하는 의사결정의 과정이다. 합리적이고, 투명한 의사결정 체계를 갖추어야 하는데, 사회 구조와 역학관계에 따라 기획이 영향을 받기 때문이다. 기획과정에서 사회복지사의 프레임과 이미지 또한 마찬가지이다.

④ 기획은 프로그램을 구체화하는 일련의 연속적인 과정을 의미하며, 최종 결과인 계획과 다르다. 기획은 순간적으로 창출되는 것이 아니라 경험과 인식 속에서 반복되는 결정의 과정이다.

⑤ 기획은 목표를 지향하며 전개되지만, 그렇다고 목표 자체는 아니다. 그리고 프로그램 종결 후에도 여전히 지속되는 과정 속에 있다. 사회복지 실천의 가치를 실현할 수 있는 결과로서의 구체적인 목표를 세우는 그림자가 된다.

2) 기획과 의사결정

지역사회 문제분석과 주민들의 욕구분석에 기초하여 해결해야 할 과제를 선정하고, 우선순위와 실천계획을 수립하는 의사결정 과정이 이루어진다. 일반적인 의사결정 과정과 지역사회복지에서의 의사결정 과정은 접근 방식에 따라 크게 두 가지로 나눌 수 있다. 전문가 중심의 사회계획의 관점에서 접근하는 경우 일반적인 의사결정 과정과 큰 차이는 없다. 그러나 마을주민, 당사자 관점에서 접근하는 마을 만들기의 경우 주민들이 의사결정의 주체로 참여하는 것이기 때문에 기존의 의사결정 체계와 큰 차이가 있다. 여기서는 후자를 중심으로 기술하고자 한다.

(1) 의사결정의 개념[4)]

지역사회복지의 기획과 실천은 많은 의사결정의 과정으로 이루어진다. 의사결정(意思決定, decision making)은 다양한 선택지 중에서 특정 가치 기준에 따라 우선순위를 정하고, 일정한 순위까지의 선택을 확정하는 것이다. 지역사회복지 실천에서 합리적인 의사결정은 다양한 정보와 상황을 고려한 선택보다 사회복지 가치에 기반한 선택에 더 가중치를 두며, 그 시작은 주민 참여와 주민의 의사결정 권한의 보장에 기반하고 있다.

의사결정이 필요한 이유는 불확실성의 최소화를 지향하기 때문이다. 밑반찬 배달 서비스를 자원봉사자가 하는 것이 좋은지, 어르신들의 참여 과정을 통한 자연스러운 과정으로 하는 것이 좋은지는 미래의 결과를 알 수 없기에 선택하기가 쉽지 않다. 전통적인 사업 수행에 익숙한 조직일수록 자원봉사자를 더 많이 동원하려는 계획을 선호할 것이고, 마을과 당사자 관점을 중시한 조직일수록 어르신의 주도적 참여 방식으로 진행하려 할 것이다. 사회복지사가 당사자 관점으로 기획안을 제시해도 과거 방식에 익숙한 기관장이 이를 받아들이지 않을 수 있다. 대부분의 의사결정에서 사람들은 더 친숙하고, 더 익숙하고,

---

4) 우수명(2018). 프로그램 개발과 평가. 지식공동체의 내용을 토대로 구성하였다.

더 잘할 수 있고, 더 편리한 방식을 선호하지만, 그 결과가 항상 올바른 것은 아니다.

의사결정을 위하여 다양한 방법이 활용된다.

① 장점과 단점 비교

밑반찬 서비스 방식이라면 사회복지사는 관리자 역할을 수행하고 자원동원을 잘하면 원활하게 이루어지는 장점이 있다. 반면에 자원봉사자가 오지 않는다면 사회복지사는 배달을 직접 해야 하는 상황이 된다. 당사자 관점은 어르신의 참여를 이끌어 내기 위한 동력을 초기에 만드는 것이 어렵다. 그러나 어르신들의 주도적 참여가 형성되면 자원봉사의 수요는 줄어들며, 사회복지사는 더 많은 활동의 기회를 만들 수 있다.

② 브레인스토밍(brainstorming)

원래 브레인스토밍은 자유롭고 창의적인 토론을 통한 의사결정의 방식이다. 다양하고 접근 가능한 의견들을 도출하고, 그중에 가장 최적화된 의사결정을 집단의 합리적 판단을 통하여 내린다. 그러나 아무리 많은 토론이 있어도 집단 내 권력구조나 세력판도 등의 역학관계에 따라 획일화되는 결정이 내려지거나 제안을 포기하는 경우도 종종 발생한다. 마을공동체는 마을회의를 통하여 진행하는데, 초기 수동적인 주민들이 많을 경우 브레인스토밍 방식은 제대로 작동하지 않는다. 이때 필요한 것은 사회복지사의 인내이며, 토큰 토론처럼 누구나 한 번씩 한 마디를 할 수 있도록 기회를 제공하는 것이 반복되어야 한다.

③ 명목 집단(paper group) 기법

집단의 구성원은 각각 자신의 의견을 기록하여 제출하고, 구성원들이 검토하여 각자 의견에 대한 점수를 부여하여 우선순위를 정하는 방식이다. 비교적 민주적인 방식이지만 사전에 충분한 지식과 전문성이 없는 집단 구성원이 많은 경우 적절한 선택을 못할 수 있다. 또한 순위가 점수를 통해 결정되므로 융통성이 다소 낮다. 초기 훈련이 잘 되지 않아 의사표현이 힘든 마을주민들에게는 오히려 긍정적 효과로 작용하기도 한다.

④ 조사 데이터 등 근거기반(evidence based)

델파이(Delphai), 욕구조사와 같은 사회조사 데이터, 서비스 제공 실적과 참여자 규모, 서비스 대기자 등의 객관화된 데이터를 토대로 의사결정을 한다. 델파이는 여러 전문가로부터 주요 욕구나 문제를 반복 조사하여 구체화하는 과정으로 시간이 많이 소요된다. 또한 마을주민처럼 전문적이지 않은 이들에게는 매우 부담스러운 방식이 될 수 있음을 유의해야 한다.

(2) 지역사회복지 실천에서의 의사결정 과정

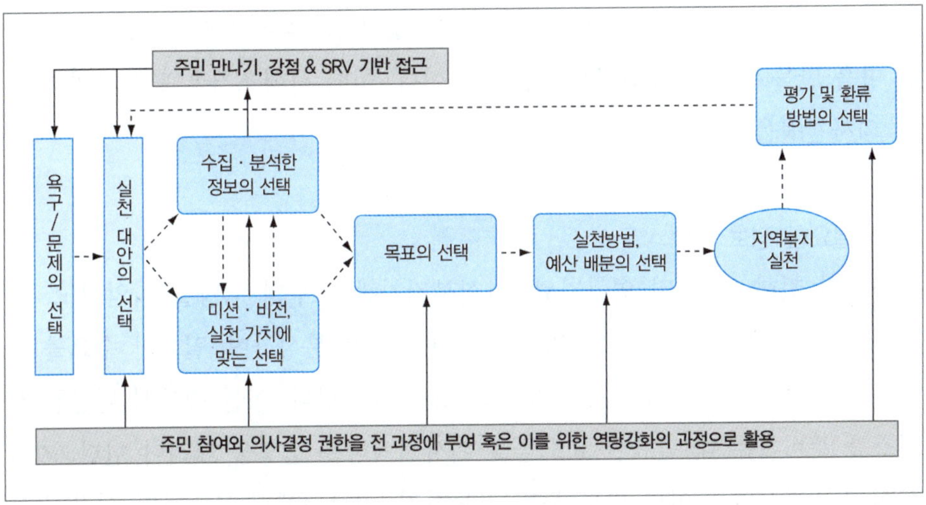

| 그림 7-3 | 지역사회복지 실천에서 의사결정 과정

출처 : 강태룡 · 정규식(1999), 기획론의 내용을 수정하였음

지역사회복지 실천 과정은 여러 단계의 의사결정의 과정을 통하여 진행된다. 특히, 기획 및 실천 계획을 수립하는 과정에서는 주민참여와 의사결정 권한 부여에 따른 진행의 중요성이 더욱 커진다. 만약 주민들의 참여 역량이 부

족하다면, 이를 성장시키기 위한 과정으로서 활용할 수 있다. 이러한 기획의 의사결정의 일곱 단계를 살펴보자.

① 해결해야 할 욕구, 문제 선택

무엇을 해결하기 위하여 기획이 필요한지에 대한 답이다. 지역사회 욕구조사나 문제 탐색을 통하여 발굴한 다양한 마을 이슈나, 어르신들의 결식 문제와 같은 미시적인 문제나 해결해야 할 구체적인 욕구나 문제를 정의하는 것이 필요하다. 그 후에 중요성 및 우선순위 혹은 실현가능성을 고려한 후 선택한다.

② 실천 대안 결정

욕구 해결을 위한 많은 대안들이 도출이 되면 어떤 대안이 가장 타당하고 실현 가능한 대안인지 탐색하고, 결정해야 한다. 밑반찬 서비스 대상인 '어르신에게 사회복지사가 서비스를 제공해 줄 것인가?' 혹은 '어르신들이 중심이 된 마을 만들기를 할 것인가?'와 같은 것이다. 이때 선행조건은 당사자의 참여와 의사결정을 할 수 있는 역량을 키우는 것이다.

③ 필요한 정보 선택

선행의 경험 자료 및 연구자료, 사회복지기관 내부의 역량을 파악하고, 밑반찬 서비스 대상이 될 어르신의 욕구조사 결과를 분석하며, 필요한 수요를 파악하고, 발굴 및 동원 가능한 자원 규모 등을 분석한다. 이들 중에서 밑반찬 서비스를 준비하는 데 필요한 요소들을 취사선택하는 결정을 내려야 한다. 지역사회 자원봉사자는 어느 정도 동원 가능한지, 어르신에게 부탁하면 시장 장보기를 같이 할 수 있는 분이 몇 명인지 등에 대한 사전 정보를 파악해야 한다.

④ 미션과 비전, 실천 가치에 맞는 사업의 방향 선택

실천대안과 분석 정보를 토대로 실천 가능한 방법들을 결정하였다면, 그 결정이 사회복지기관의 실천 방향 혹은 사회복지사의 가치에 적합한지 판단하고 부적합한 요소들을 제거하는 결정을 한다. 만약 어르신에게 서비스 제공을 중요시한다면 밑반찬 서비스 제공 및 자원 확보 방향으로 기획을 결정할 것이다. 어르신의 강점에 기반한 긍정적 역할을 우선한다면 어르신의 마을 만들기를 통한 밑반찬 제공 서비스를 기획할 것이다.

⑤ 목표 선택

실현 가능한 대안 목표들 속에 필요한 목표를 선택한다. 경우에 따라 다양한 목표들 속에 단기목표와 중장기 목표를 구분하고, 외부 자원과 사회복지사의 역량을 고려한 목표를 결정한다. 전자의 경우 밑반찬 서비스를 통한 규칙적인 식사 관리하기를 목표로 정할 수 있다. 후자의 경우 단기적으로 어르신의 밑반찬 자원봉사 활동 참여로, 중장기로 어르신들이 중심이 된 마을 만들기와 같은 목표를 정할 수 있다.

⑥ 실천 방법 결정

목표 달성을 위하여 구체적으로 실천할 수 있는 세부적인 활동 내용을 시간적 순서에 따라 혹은 활동 영역에 따라 수립하고, 사업 수행에 필요한 예산, 인력, 공간 등을 준비하는 방법을 결정한다. 여러 단위의 활동이 하나의 목표로 수렴될 수 있도록 체계성을 갖추어야 하며, 계획된 활동의 내용들은 언제, 어디서, 누구에 의하여, 어떤 방법으로 수행될 것인지 합리적으로 배치해야 한다. 전자는 자원봉사자를 통해 밑반찬을 만들고, 배달하는 일을 수행하며, 자원봉사자를 잘 관리할 수 있는 방법을 모색한다. 후자의 경우 어르신들이 스스로 장보고, 스스로 조리하고, 자신의 것을 가져가면서 이웃 다른 어르신의 밑반찬도 가져가도록 유도하여야 한다.

⑦ 평가 및 환류 방법 결정

프로그램 수행 이후의 효과를 예상하고, 이를 실증할 수 있는 가치 판단의 방법들을 모색한다. 욕구와 문제가 해결되었는지, 실천 대안의 선택은 적절했는지, 미션과 비전 혹은 실천 가치에 맞게 사업이 진행되었는지, 클라이언트의 변화는 무엇인지를 선택하고, 그로부터 파생되는 긍정적, 부정적 정보들을 다시 사업 계획에 반영할 방안을 결정한다. 전자의 경우 밑반찬 제공 횟수, 자원봉사자의 활동 횟수, 제공 받는 밑반찬 품질에 대한 만족도 점수 등이 중요한 평가 기준이 된다. 반면에 후자의 경우 밑반찬 대상 어르신 중 자원봉사자로 참여하는 수, 함께 모여 활동하는 어르신의 수, 참여 후 만족하는 어르신의 수와 만족도 점수 등이 평가 기준이 된다.

(3) 좋은 기획을 위한 고려 요소들

기획의 특성을 잘 살려서 만드는 좋은 기획은 다음과 같은 요소들이 반영되어야 한다.

① 사회복지사의 가치와 경험적 상상력을 기반으로 현장의 아이디어가 반영되어야 한다. 현장성에 기초한 지향점을 가져야 한다.

② 기획은 다양한 대안 탐색의 기회와 의사결정의 기회를 제공해야 한다. 맹목적 몰입이나 강압은 좋은 기획을 만들 수 없다.

③ 기획은 불확실성을 감소시키고, 돌발 문제들을 예상하고 다루어 프로그램의 성공 가능성을 높여야 한다. 또한 프로그램 운영에 도움이 될 정보를 제공해야 한다.

④ 프로그램의 효과성을 높일 수 있는 방안을 모색하고, 이를 통해 사회복지조직의 전략을 달성하거나 조직을 역동적으로 변화시키거나, 조직 내 의사소통을 활성화하는 데 기여해야 한다.

⑤ 기획은 프로그램 계획의 수립 근거가 되어야 한다. 프로그램의 실천의 단계를 예상할 수 있는 아이디어를 제공하고, 프로그램의 목적과 역할, 진행과정, 기대효과, 인력 및 재무구조 등에 대한 전반적인 방향을 제공한다.

⑥ 기획은 계획이 완성되기 이전이라도 프로그램의 홍보 자료와 자원개발을 위한 도구로 활용할 수 있다. 대외적으로 사람들의 관심을 끌어모으

고, 프로그램 계획의 정당성을 구축하는 등 프로그램 활성화의 도구로 사용할 수 있다.

⑦ 기획은 지속적인 순환 과정이며, 미래의 목표를 지향하는 과정이다. 기획은 계획, 실천, 평가, 환류를 거쳐 다시 기획으로 이루어지는 끊임없는 순환 과정이지만, 나선형으로 미래의 목표 달성을 위한 방향으로 이루어진다.

(4) 지역사회복지 실천 기획 사례 1[5)]

┃그림 7-4┃ 욕구기반 실천을 통한 프로그램 기획 사례

출처 : 우수명(2023), 프로그램 개발과 평가, 지식공동체.

5) 우수명(2010). 사회복지 욕구 다시보기. 인간과복지의 자료를 재구성한 것이다.

|그림 7-4|의 상단을 보면 밑반찬 서비스를 받는 독거 어르신이 있다. 일반적인 사회복지사라면 더 많은 후원을 개발하고, 더 많은 자원봉사자를 개발하여 어르신에게 더 많은 밑반찬과 가정봉사 서비스를 제공하려고 한다. 클라이언트 관점에서 바라보자. 독거 어르신이 만약 잘사는 출가한 딸이 있어 부양을 받거나, 비싼 옷을 입거나, 돈이 많다면, 그분에게 사회복지사는 밑반찬과 가정봉사 서비스를 제공할 수 있을까? 독거 어르신이 밑반찬 서비스를 받으려면 스스로 '외롭고 불쌍하고 가난한 노인'임을 증명해야 한다. 또한 밑반찬을 배달하는 자원봉사자들은 주로 청소년이고, 이들이 가정방문에 머무는 시간은 수 분 이내가 대부분이다.

독거 어르신은 이들에게 밑반찬을 가져다줘서 고맙다고 표현하지만, 이 과정에서 존엄성을 경험하기는 어렵다. 그래서 어르신 입장에서 사회복지사는 늘 보이지 않는 저울을 들고 오는 사람이다. 자신이 더 이상 불쌍한 노인이 아니라면 그 저울은 기울어져 서비스 대상에서 제외되는 것으로 생각한다. 이러한 모순적 상황으로 인해 **'더 불쌍해야 더 많은 서비스'**를 받는다는 이미지가 형성된다. 그래서 김장철이면 자신이 더 불쌍하니 김장을 자신에게 달라는 어르신이 생기며, 만약 돈이 생기거나 좋은 일이 생겨도 사회복지사에게는 감추려 한다. 이로 인해 클라이언트는 더 나쁜 이미지를 가지게 되는 악순환에 빠진다.

|그림 7-4|의 하단을 보자. 사회복지사는 어르신들과 친해진 후, 어르신에게 대학생 자원봉사자와 함께 재래시장에서 김치 겉절이 재료 구매 장보기를 도와달라고 부탁한다. 대형마트 대신 재래시장을 선택한 것은 어르신이 잘 아는 곳, 즉 강점을 발휘할 수 있는 곳이기 때문이다. 재료 구매 후 겉절이를 함께 만들 때도 대학생들은 잘 만들기 어렵기 때문에 어르신의 도움이나 가르침을 받아야 한다. 이 역시 어르신의 강점을 우선한 것이다.

밑반찬이 완성되면 사회복지사는 어르신에게 밑반찬 구매와 만들기 자원봉사를 해주신 것에 감사드리고 선물로 겉절이를 드린다. 그리고 이웃 독거 어르신의 것도 가져다 달라고 배달 자원봉사 역할을 부탁한다. 어르신이 이웃집

을 찾아가 밑반찬을 전달하는 경우 청소년의 가정방문보다 머무는 시간은 더 길다. 어르신들은 친구가 되고 함께하는 시간이 늘어나게 된다. 연말이 되면 '올해의 자원봉사자 상'을 어르신들에게 드리게 된다. 이들은 밑반찬을 불쌍해서 받는 것이 아니라 자원봉사라는 긍정적 역할에 대한 보상으로 받는 것이며, 동시에 이웃을 위해 봉사하는 존중받는 어르신이 된다. 어르신들의 참여가 많아지면 어르신들로만 봉사도우미를 조직할 수 있다. 더 이상 수혜자가 아닌 지역사회 구성원이나 참여자로 활동하게 되며, 부정적인 이미지가 줄어들게 된다. 이것이 사회적 역할 가치화(SRV)이다.

사회복지사가 어르신을 밑반찬 수혜자로만 본다면 더 많은 자원개발과 효율적 관리 방안을 위해 고민할 것이며, 밑반찬 만들 때 혹은 배달할 때 참여할 자원봉사자를 발굴할 방법을 기획에 담으려 할 것이다.

어르신 강점과 긍정적 역할을 이루려는 기획을 생각한다면 내용은 크게 달라진다. 어르신의 강점을 활용하여 재래시장에서 장보고, 밑반찬을 만드는 활동에 주도적 역할로 참여하도록 이끄는 기획이 가능하다. 또한 밑반찬 배달도 주변 이웃으로 한정해 서로 소통의 관계를 만들 수 있어 사회적 지지를 강화하는 것도 가능하다. 어르신들이 서로 돕는 관계를 만들고, 어르신들의 주도적인 활동을 유지하고, 더 나아가 자원봉사자의 역할, 밑반찬 진행 관리자의 역할로 성장한다면 그 자체가 욕구기반 실천이자 마을 만들기 기획이 된다. 어르신들이 자원봉사자, 이웃의 친구와 같은 긍정적인 역할을 통해 존중의 욕구를 충족하고, 밑반찬 만들고 배달하는 데 주도적으로 참여함으로써 자아실현의 욕구를 충족하고, 더 나아가 영양관리사에게 함께 밑반찬 메뉴 개발에 대한 교육도 받고, 같이 합의하여 새로운 메뉴도 개발하는 과정을 통해 소속을 느끼고, 함께하는 이들과의 관계를 통하여 사랑의 욕구를 충족할 수 있을 것이다.

사회복지사가 프로그램과 클라이언트를 어떤 관계 속에서 바라보는가에 따라 동일한 밑반찬 서비스도 다른 형태로 기획할 수 있다. 우리가 접하는 많은 프로그램이 어떤 가치에 의하여 수행되는지 살펴보고, 바람직한 기획을 할 수 있도록 성찰하고, 시도하는 노력을 해야 한다.

4 지역사회복지 실천의 평가

1) 지역사회복지 실천 평가의 이해

평가(evaluation)란 낱말의 사전적 정의는 사물 또는 그 속성에 대한 가치판단(value judgement)을 의미한다. 가치판단이라는 의미는 판단의 기준이 되는 근거 혹은 지표가 존재해야 하며, 그에 따른 수행 과정 및 결과의 변화, 이익, 현상의 도출 등이 있어야 한다. 수행하는 과제나 조직의 활동이 성공적인지 아닌지를 결정하는 근거를 평가에서 찾을 수 있으며, 그 과정에서도 계획에 따른 제공 여부(투입), 진행과정의 적절성(과정), 효과와 효율적인 측면에서의 진단(결과)과 클라이언트 관점에서 정보수집(만족도) 등이 포함되기도 한다. 이를 통해 활동의 가치, 질, 중요성 등을 진단하고 지속할지, 변경할지, 종결할지 등을 결정하는 의사결정의 근간이 된다.

미국의 경우 1940년대부터 평가에 대한 논의가 진행되어 왔으며, 1970년대 들어서면서부터 프로그램 평가의 강조점은 통제연구의 기술적 측정(technical measurement)으로부터 현장 평가의 운영 맥락(operational context)으로 이동하였다(정선욱 · 김진숙, 2000). 1975년 이전에는 실험 · 통제집단의 설계와 같은 실험평가의 방법론적 엄격성이 평가의 적합성을 판단하는 가장 우선적인 기준이었지만, 방법론적 엄격함이 평가 결과의 유용한 실무적 활용과 프로그램의 질적 성장을 보장하지 않는다는 사실이 발견되면서 현재는 '평가 결과의 활용'을 강조하는 추세로 변화되고 있다는 것이다(Kuechler et al., 1988).

1970년대 미국의 사회복지사들은 정부에 의해서 자신들의 업무에 대해서 심각한 의문을 받게 되는 '책임성의 위기(crisis of accountability)'를 맞게 되었다. 이러한 대외적 책임성의 위기는 1980년대 미국의 경제위기와 더불어 계속되었다. 모든 사회복지기관에서는 이러한 책임성 요구를 엄격한 평가수단을 사용한 연구를 통해서 극복하려고 했으나 그 결과는 기대보다 크게 결실을 맺지 못하였다. 그것은 실제로 사회복지기관에 종사하는 사람과 평가를 수행하는 연구자 사이에 큰 차이가 있었기 때문이다.

결국 사회복지실천가는 무엇을 알아야 할지 가르쳐 주지 않는다고 하고, 연구자는 사회복지사들이 연구결과를 제대로 이용하지 않는다고 서로에게 불평을 하기 시작하였다. 이로 인해 현장과 학계 간의 서로 다른 입장을 통합하려는 노력들이 전개되었는데, 이후로는 평가연구자 입장보다 사회복지실천자의 입장에 더 중점을 두게 되었다(Brawley & Brawley, 1988, 김통원, 1998 : 73 재인용).

우리나라는 이에 비하여 비록 늦은 감은 있으나 1990년대 후반부터 프로그램 평가의 중요성이 공론화되기 시작하면서 정부기관 등의 외부뿐만 아니라 사회복지계 내부적으로도 사회복지서비스에 대한 평가를 요구하는 분위기가 보다 확대되는 등 평가에 대한 긍정적 인식이 점차 커지고 있다.

그동안 사회복지실천 현장에서 사용되어 온 프로그램 평가는 프로그램이 종결된 후에 함께 모여 논의하거나 토의하는 것을 정리하는 수준이 일상적이었다. 다른 한편으로 임상실천 영역에서는 단일사례설계(single case design)나 집단상담활동(group work)의 실험·통제집단의 사전·사후 검증이 주로 사용되어 왔으나, 유의도 검증 및 완벽한 실험설계 구현의 어려움으로 타당성 입증에는 크게 기여하지 못하였다.

최근에는 만족도 조사가 자주 시도되고 있으나 이는 클라이언트 중심으로 평가하는 측면에서는 유용하나, 클라이언트의 주관적 관념을 반영하여 체계성이 다소 부족하였다. 즉, 프로그램의 전문성이나 효과적인 측면을 좀 더 개념화하거나 인과관계의 관점을 적용하고, 표본과 조사과정에서 객관적으로 평가하지 못하고, 즐겁거나 좋았던 것을 중심으로 평가하므로 한쪽 면만을 강조한 평가방식이 주를 이룬다. 또한 지금까지 사용된 사회복지기관·시설평가 중 프로그램 평가에 적용된 정량적 평가는 사회복지 프로그램의 질적인 영역을 충분하게 반영하지 못하는 문제가 있다. 최근에는 질적인 평가를 강화하는 추세로 2016년에는 질적 평가를 중심으로 주민들의 참여 및 비전과 미션의 완수 등을 강조한 서울형 사회복지관 평가가 실시되기도 하였다.

최근의 평가는 질적 평가와 양적 평가의 논쟁들이 자주 발생하는데, 이것은 본질적인 문제가 아니다. 보다 중요한 것은 가치판단의 근거로 평가하고자 하는 활동이 어떤 가치를 가지고 있으며, 평가의 본질적 요소들이 잘 반영되고, 성장과 학습에 기여할 수 있는지를 살펴야 한다. 즉, 성과(outcome)의 구체적이고 측정 가능한 그리고 '타당한' 정의에 대한 성찰이다.

사회복지 영역에서의 평가는 책무성(accountability)에 기반하여 전문성의 증명 혹은 사회적 요구에 대한 능동적 대응으로 그 중요성이 커지고 있다. 그러나 본질적으로 개인적 차원과 조직적 차원 모두 포함한 사회복지의 비전과 미션을 포함한 전략목표의 실현이 이루어지고 있는가를 구체적인 기준과 과정이 아닌 결과적 관점에서 점검하고 클라이언트의 행복에 기여하였는가를 진단하는 것이 가장 중요하다.

2) 지역사회복지 실천에서 평가 방향

지역사회조직의 미션과 비전, 핵심가치에 따라 구성된 목표들을 기준으로 프로그램을 계획하고, 수행한 다음 이들의 달성 정도에 대한 정보수집과 가치판단을 하는 것이 중요하다. 결과로서 변화된 정도를 살펴볼 수도 있으며, 척도를 이용한 점수화 방법, 만족도 조사 방법, 관찰기록과 내용분석을 통한 질적 접근 방법 등 다양한 방법들이 있다.

시애틀의 지속가능한 사회를 만들기 위한 '지방의제 21(Local Agenda 21)'에서 '연어들의 수가 증가하는 것'이 실천 프로그램의 목표이다. 이에 따라 지속가능한 사회가 이루어졌는지를 평가하는 주요 지표 중 하나가 '강물을 거슬러 오는 연어들의 숫자'이다. 어떻게 강물을 거슬러 오는 연어들의 숫자가 목표이자 평가의 기준이 되는 것일까?

연어들의 숫자가 많기 위해서는 강물이 깨끗해져야 한다. 강물이 깨끗해지기 위해서 기업은 환경친화적인 생산체계를 만들어야 하며, 시민들은 생활 속에 환경보전 활동에 참여해야 한다. 또한 정부 역시 환경친화적 정책들을 장려해 실천해야 한다. 이런 활동들이 모이면, 물이 깨끗해지고, 물이 깨끗해지면 강물을 거슬러 오는 연어들의 숫자가 늘어나게 된다는 원리이다. 반면에 댐이나

보를 쌓거나, 강물이 오염되면 연어들의 숫자는 매년 줄어들게 될 것이다.

연어는 자기가 태어난 곳으로 되돌아오는 회귀본능을 가지고 있는 물고기로, 고향으로 되돌아와 알을 낳고 죽는다. 연어의 숫자를 세는 것은 별로 어렵지 않은 이유가 바로 이 때문이다. 또한 공동체를 강화하기 위한 '연어'와 관련된 지역축제를 함께하면서 강물을 거슬러 오는 연어들의 숫자를 세는 행사를 하게 된다. 시민들이 모여 강물을 거슬러 오는 연어들을 세면서 함께 연어축제를 시행하여 화목을 도모하는 것이다. 즉, 평가의 방법이 '축제'인 것이다. 이는 평가를 통해 부가적인 지역사회 공동체의 회복이라는 득까지 보는 것이다.

프로그램의 평가기준은 위와 같이 쉽고, 함께 참여할 수 있으면서 자신들이 수행한 활동의 결과를 명백하게 확인할 수 있는 특징을 갖출 때 더욱 유리하다. 사회복지 현장에서 이와 같이 쉽게 수행하면서 평가를 통해 얻어지는 이익이 명백한 평가들이 가능할까? 이를 위해 지역복지를 실천하는 조직화 관점에서 고려해야 할 몇 가지 사항은 다음과 같다.

첫째, 조직화 사업이 달성하고자 하는 바, 즉 목적과 목표에 대한 달성 여부의 가치판단과 이에 대한 정보 획득이 가능한가? 이를 위해 필요한 것이 성공(성과)에 대한 객관적이고 타당한 평가기준에 의한 가치판단이다. 이 평가기준을 통하여 사업 목적과 목표가 어느 정도 달성되었는가를 판단하게 된다. 따라서 평가기준은 사업 고유의 목적과 목표와 논리적·경험적 연관성이 있어야만 의미가 있다고 할 수 있다.

둘째, 조직화 사업의 시작, 진행, 그리고 종결과 그 후 성과와 파급효과까지 전 과정과 목표와의 연관성의 근거를 확보할 수 있는가? 평가는 조직화 사업의 과정 중에 실시하며, 앞으로의 변화와 발전에 초점을 맞춘 경우에는 형성(과정)평가로, 조직화 사업 종결 후 계속할 것인지, 또는 종결할 것인지와 같은 어떤 정책결정 등에 중요한 정보로 활용할 경우에는 총괄평가로 보는 것이 일반적이다.

셋째, 조직화 사업이 갖는 긍정적 요인과 부정적 요인들이 무엇인지, 평가기준을 토대로 총체적이고 체계적인 과정을 통하여 탐색하고, 규정할 수 있는가? 조직화 사업 갖는 장점과 효과성 등은 조직화 사업의 필요 가치와 중요성을 입증하여 정당성과 책무성을 증명하는 데 활용된다. 단점과 부족한 요인 등은 조직화 사업에서 개선되어야 할 것들이 무엇인지 명확하게 알려주므로 보다 좋은 조직화 사업으로 발전하는 데 중요한 정보로 활용된다.

넷째, 긍정적이고 발전적인 학습과 성장의 기회가 되는가?, 즉 평가는 조직화 사업을 보다 객관적으로 분석할 수 있도록 해주며, 장단점의 분석을 통해 강화해야 할 것과 유지해야 할 것에 대한 새로운 정보를 제공하게 된다. 이 과정 자체가 중요한 학습이다. 또한 평가 결과를 통하여 각종 문제점을 개선·해결할 수 있는 도움을 제공받으므로 보다 발전적인 조직화 사업으로 성장하는 데 적지 않은 역할을 한다고 볼 수 있다.

조직화 사업 평가는 그 자체뿐만 아니라 담당 전문인력의 학습과 성장에도 기여한다. 이는 궁극적으로 조직화 사업의 질과 수준을 향상시키고, 클라이언트 중심의 사회복지조직화 사업이 가능하게 되므로 사회복지적 책무성의 완성에 보다 한발 다가가게 한다. 그러나 강압적인 평가 분위기가 형성되거나 강제적으로 이루어진다면 자기방어적인 태도가 급증하여 객관적인 평가는 불가능하게 된다.

다섯째, 평가의 지향점이 조직의 자존심인가, 클라이언트의 기쁨과 행복인가? 조직화 사업 평가의 필요성에서도 궁극적으로 클라이언트 중심의 책무성 완성이라는 의미로 표현을 하였는데, 이는 곧 조직화 사업 평가는 '가치지향적'이라는 의미이다. 물론 평가의 과정과 방법 그 자체로는 객관적이고 과학적이어야 한다. 그래야 대외적 의미를 인정받을 수 있다. 그러나 사회복지 자체는 클라이언트의 문제나 욕구를 해결하는 것뿐만 아니라 클라이언트의 능력과 사회적 가치도 존중될 수 있도록 클라이언트 중심이라는 가치를 끊임없이 향상시켜야 한다.

사회복지사는 복지의 가치 실현을 위해서 사회적으로 클라이언트의 가치를 저해시키는 요소들, 사회적 차별이나 편견, 제도의 미비 등과의 싸움도 필연적으로 동반될 수밖에 없으며, 클라이언트의 지속가능한 행복의 반작용 요소들을 제거해 나가야 한다. 예를 들면, (앞에도 있지만) 자존감이 1점 향상된 클라이언트와 2점 향상된 클라이언트의 차이가 무엇인지를 우리는 해석하기 어렵다. 자존감이나 사회성이 향상된다고 더 이상 클라이언트 상태가 아니라고 자신할 수도 없는 척도를 사용하기도 한다. 이런 척도 대부분은 외부에 증명하거나 수량적 평가에 집착해 지나치게 많은 질문의 설문지를 이용해 클라이언트에게 부담이 가고 이해도 못하는 평가를 하는 데 사용된다. 이 경우 과감하게 대안을 마련하고, 과거의 부적절한 것들을 폐기해야 할 필요가 있다.

5 마을 만들기 통합 평가 사례[6)]

1) 초기 고민들의 정리

(1) 평가의 지향점

↑ 주체성		
	소수 리더형/ 주도형	이상적인 마을조직
	초기 미성숙	수동적 집단행동형
	공동체성 →	

❙그림 7-5❙ 마을조직 분류

마을 만들기 평가의 핵심은 주민들의 주체성에 기반한 참여와 공동체성을 지향하는 활동의 조합으로 나아가는 매트릭스 안에서 이상적인 마을조직을 위한 평가를 어떻게 하는가에 달려있다. 이러한 고민 아래 평가 고민 노트를 정리하였고, 이 내용을 토대로 체계화한 서울형 마을 만들기 평가안을 제시하고자 한다.

6) 본 자료의 전체 내용은 지식공동체의 자료실에 기재되어 있음. 우수명 외(2015). 서울특별시 마을공동체 지원사업 성과확인 기초 연구, 서울특별시마을공동체종합지원센터의 내용을 요약・정리한 것임.

(2) 평가 고민 노트

〈표 7-5〉 마을공동체의 평가 영역

	척도 및 조사 영역
미시	인지(앎), 친밀, 신뢰 → 비공식 네트워크 조사 소통, 관계, 상호 존중 → 자기기입 척도 주체, 자유, 참여, 자발 → 자기기입 척도 목적과 목표 : 욕구, 문제, 삶의 질 → 욕구사정 자료, 문제 규정, 삶의 질 평가
중시	의사결정 구조/ 민주성 → 자기기입 척도 공동체, 연대, 공유, 공간, 공공성, 협력, 개방성, 상호 동등 → 자기기입 척도 활동, 실천, 만들기, 바로 지금 여기서 하기, 비전과 전략-중장기 실천 → 자기기입 척도, 활동 과정 기록 및 사례, 공식 네트워크 조사
거시	일상성, 재생산, 독립적인 조직 구조화 → 자기기입 척도 마을 - 자치구 - 마을지원센터 - 서울시의 상호 연계, 상호 이미지 → 자기기입 척도 (공무원 - 종합지원센터 - 마을사업지기 - 마을활동가) 노년 - 중장년 - 청년 - 청소년/ 아동/ 영유아 → 참여의 다양성 자기기입 척도 목적과 목표 : 욕구, 문제, 삶의 질의 해결 → 결과로서 나타난 근거자료
통합	SRV, strength, empowerment, image → 자기기입 및 내용/ 과정 분석 긴 활동의 안목 - 중장기적 접근, 단기적 접근의 조화 → 자기기입 척도 생태계 - 균형 - 순환 - 독립적이되 관계된 결과 → 자기기입 척도
	마을과 마을의 통합 - 모이고 떠들고 꿈꾸다 : 만들고 싶은 마을이 만들어졌는가? → 결과에 대한 평가, 자기기입식 척도
	더 많은 비공식 관계, 더 많은 공식적 활동의 증가 → 공식적 · 비공식적 네트워크 변화(량)

	네트워크 영역
주민 간 관계의 변화	인지 - 앎의 관계의 확장 : 서로 아는 주민
	친밀 - 친해진 주민들의 확장
	신뢰 - 친밀 이상의 깊은 상호 간 신뢰의 형성, 나의 깊은 이야기를 털어놓을 수 있는
	도움 - 손해, 불이익 감수하여 나를 위해 돕거나, 내가 도울 수 있는
마을 간 활동의 변화	정보의 교류-주민 간, 마을 간 필요한 정보의 제공 및 습득
	공동모임의 참여 - 마을활동 관련 회의, 준비, 과정에서의 모임 참여
	마을사업의 공동수행 - 함께 고민하고, 함께 구축하며, 함께 수행하는
	축제와 같은 큰 사업 공동 참여
	함께 의사결정
	상호 협력적인

지역사회 참여의 변화	큰 마을(마을 공동) 어젠다(비전 & 전략)를 함께 만드는
	자원봉사 및 후원 참여의 증가
	민주적 가치, 인식, 참여
	마을, 지역 문제의 가시적 해결

2) 성과 평가의 영역

(1) 성과 평가 대상과 영역

서울시 마을공동체 지원사업 성과를 평가하기 위한 주요 영역은 ❙그림 7-5❙와 같다. 본 연구는 과정중심의 평가와 결과중심의 평가로 구성되며, 마을주민과 모임의 성과를 중심으로 공통지표 및 부문별 지표를 개발하고 적용하는 것이다. 또한 중장기 지표를 개발하기 위하여 마을공동체 임팩트 지표 개발 제안을 포함한다. 이러한 방법을 마을주민의 변화영역, 모임의 변화영역, 마을공동체 임팩트 영역별로 상호 적용할 계획이다.

(2) 성과 평가의 수행방법

서울시 마을 공동체 지원사업 성과 확인을 위한 성과 평가의 수행방법은 ❙그림 7-6❙과 같다. 평가의 주체별로 마을사업지기가 중심이 되어 진행하는 주민주도평가와 연구진이 진행하는 외부평가가 있으며, 전년도와 비교하기 위한 네트워크 평가가 별도로 진행된다(네트워크 평가는 외부평가 영역에 속한다). 평가의 수행은 성과 평가, 산출 평가, 과정 평가로 구성된다. 평가기술적 방식에 따라 자기기입식 평가, 현장 방문 및 FGI 평가, 네트워크 분석 평가로 진행되었다.

	성과(outcome)	산출(output)	과정(process)
주민 주도 평가	**자기기입식 활동 평가** • 모임 **고요 목적, 목표**의 달성 정도, **기대변화** 발생 여부에 대한 자기기술 평가 • 모임의 **공통 가치**의 실현 정도의 자기기술 평가	**자기기입식 실적 평가** • 모임 내용 및 활동 실적, 참여인원, 투입예산 등 **활동 실적** 자기기술 평가	**자기기입식 과정 평가** • 모임의 **준비, 진행, 결과, 환류**의 과정에 대한 자기기술 평가 • 갈등–해결, 관계 확장 등 **핵심요소별** 자기기술 평가
외부 평가	**현장 방문 및 FGI 평가** • 모임 **고요 목적, 목표**의 달성 정도, **기대효과** 발생 평가 • 모임의 **공통 가치**의 실현 정도의 평가	**자기기입 실적 자료 분석** • 모임 **활동 실적**에 대한 데이터화 및 분석 • 모임의 실적에 대한 외부 진단	**현장 방문 및 FGI 평가** • 모임의 **준비, 진행, 결과, 환류**의 과정의 내용 평가 • 갈등–해결, 관계 확장 등 **핵심요소별** 내용 평가
네트워크 평가	**네트워크 결과 분석** • 마을 주민 간 **응집력 형성,** 평가–인지, 친밀, 신뢰 **관계 형성** • 모임–마을 **관계의 확장**과 **성장**의 평가	**네트워크 양 및 단계 분석** • 마을주민 간 **관계의 양** • 모임주민 간 네트워크 **단계 및 도달 가능성**	**네트워크 변화량 분석** • 기초선 대비 네트워크 변화량의 크기 및 통계적 유의미상 검정–인지, 친밀, 신뢰관계의 전년대비 변화량

| 그림 7-6 | 마을공동체 지원사업 성과 평가의 수행방법

(3) 연구의 과정

서울시 마을 공동체 지원사업 성과 확인 기초 연구는 개획, 합의 과정, 평가 설계, 사전 평가 및 보완, 평가, 성과 도출의 방식으로 진해아혔다. 특히, 마을 공동체 활동 성과의 주요 개념들을 마을공동체 참여주체들의 관점에서 도출하고, 전문가 워크숍을 통하여 보다 타당도를 높이는 노력과 함께 바람직한 성과 확인을 위하여 FGI 방식의 워크샵과 토론을 수차례 걸치고, 사전 검사를 통해 다시 재점검하는 토론의 과정을 거쳤다.

3) 서울마을지표의 구성 : 측정대상

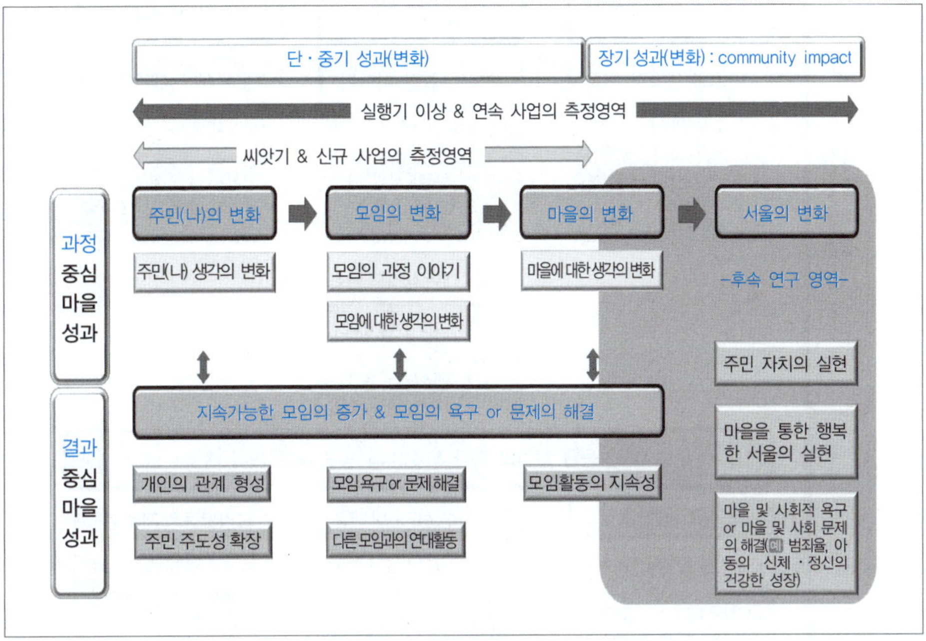

| 그림 7-7 | 서울마을지표의 구성

- 주민의 변화 : 분석단위는 개개인, 나 자신의 변화를 중심으로 진단함
- 모임의 변화 : 내가 속하고 활동하는 가장 작은 단위(수준)의 독립적인 주민 모임 혹은 하나의 단위(수준)의 작은 조직(organization)을 중심으로 진단, 여러 모임에 소속된 경우 나에게 가장 중요한 모임을 하나 선정하여 진단함
- 마을의 변화 : 내가 속하지 않은 다른 주민모임, 마을들과 내가 속한 모임을 포함한 더 큰 범위의 모임들 간의 협동체, 연합체로, 연대하고 협동하는 네트워크된 조직체를 중심으로 평가

4) 결론 및 주민 주도 평가 제언

(1) 서울마을지표를 통한 마을 공동체 성과 확인 결과

서울마을지표를 통한 마을 공동체 성과의 확인 결과 유용성을 점검한 결과는 **| 그림 7-8 |**과 같다.

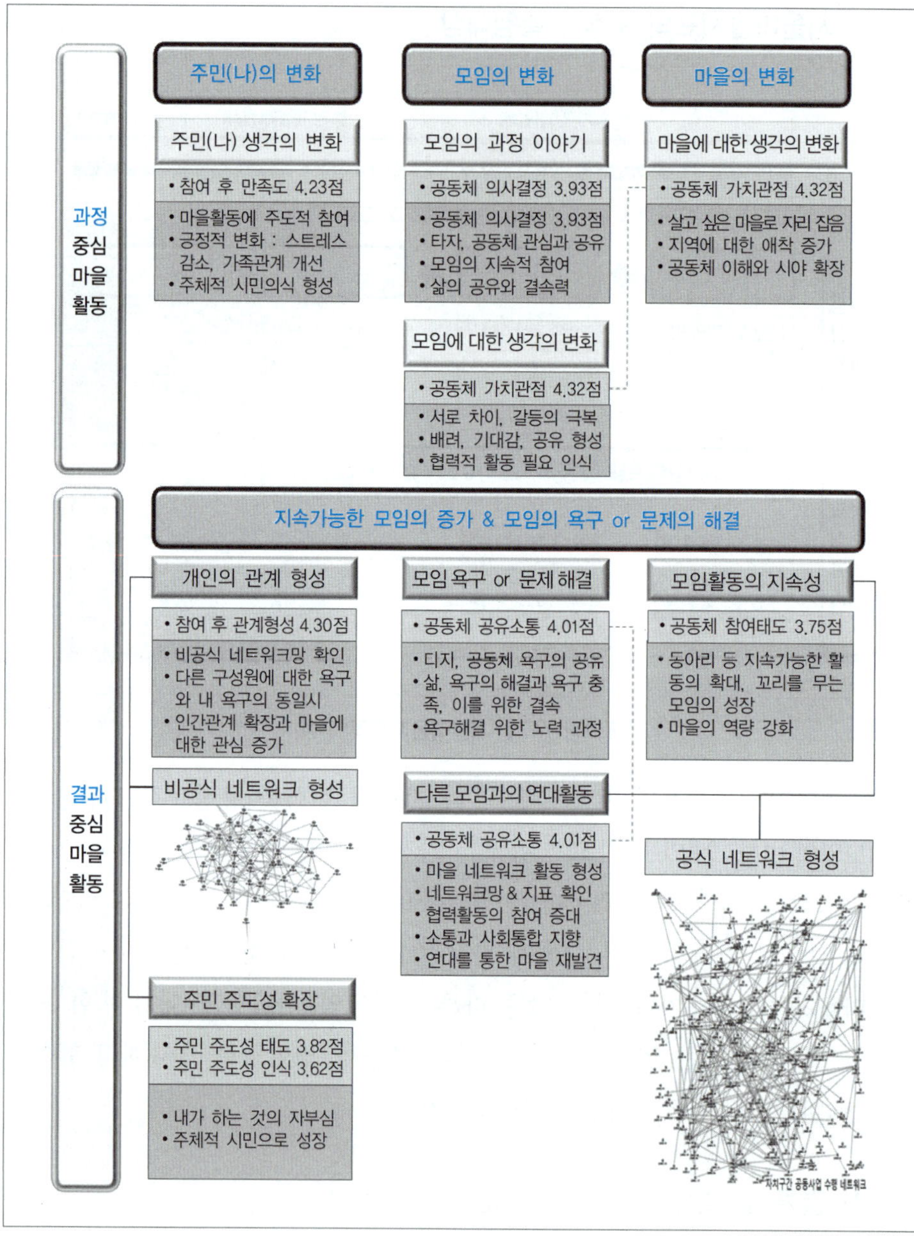

| 그림 7-8 | 마을 공동체 주요 성과 확인 결과

5) 마을지향복지관의 성과 평가[7)]

① 마을지향복지관의 성과평가 모형

마을지향복지관의 주된 목표는 기관의 변화, 주민의 변화 나아가 지역사회변화 및 주민의 삶의 질 향상이다. 이와 같은 목표를 달성하기 위해서는 기관의 민주적 소통 구조, 직원의 관점변화, 기관장 리더십 변화를 촉진하고, 마을주민은 주도적 사업 참여를 통하여 마을 문제를 해결하고, 마을 변화, 지역사회 변화를 견인하고자 노력하는 것이다. 이를 위하여 1차 년도 '복지의 지역력 향상', 2차 년도 '지역의 복지력 강화', 3차 년도 '지역복지 추진력 강화'의 성장적 관점에서 접근하였다. 지역사회에서 주민협치를 위한 복지관의 변화와 마을의 주체로서 주민의 변화를 이끌어 내는 것을 3년 안에 완성시키는 것은 매우 달성하기 어려운 과제이다. 지역사회에서 형식적 공식 네트워크를 쉽게 만들 수 있을지 몰라도, 지속가능성을 만들어 내는 견고하거나 강력한 공식, 비공식 네트워크를 구축하는 데에는 관계의 역사성이 작용하기 때문이다(우수명, 2008).

마을지향복지관 성과평가는 장기적인 관점에서 지역사회 주체인 기관, 주민, 마을이 사업에 참여하는 과정을 살펴보고 결과를 검토한다. 이를 위하여 2013년부터 2019년까지의 실행기관 사업현황, 실행기관 결과보고서, 사회복지사, 주민 대상 실태조사 등을 분석하여 적용하였다.

마을지향복지관의 성과 평가 모델의 특징은 복지관의 축으로 직원회의, 직원교육, 관장 리더십, 실무자 관점의 과정을 통하여 민주적 소통, 관점 변화, 리더십 변화를 이끌어내는 영역을 평가한다. 또 다른 축으로 주민 영역에서 주민 만나기, 주민교육, 주민리더, 주민발의의 성장적 과정을 통하여 주민주도성과 인식변화를 이끌어내는 영역을 평가한다. 이 둘의 조합을 통하여 마을변화, 지역사회변화, 삶의 변화라는 지역사회 사후 영향력(community impact)을 미치고자 한다(【그림 7-9】).

7) 현명이, 최정은(2020), 마을지향복지관 성과평가 연구, 서울시복지재단의 자료를 인용하였다. 마을지향복지관의 성과평가 모형의 경우 우수명의 모형에 비하여 평가 내용 및 분석 과정에서 단순화한 측면에서 장점이 있지만, 마을지향복지관의 가치적 요소들을 포괄적으로 담아냈는가에 대한 부분은 다소 부족한 면이 있다.

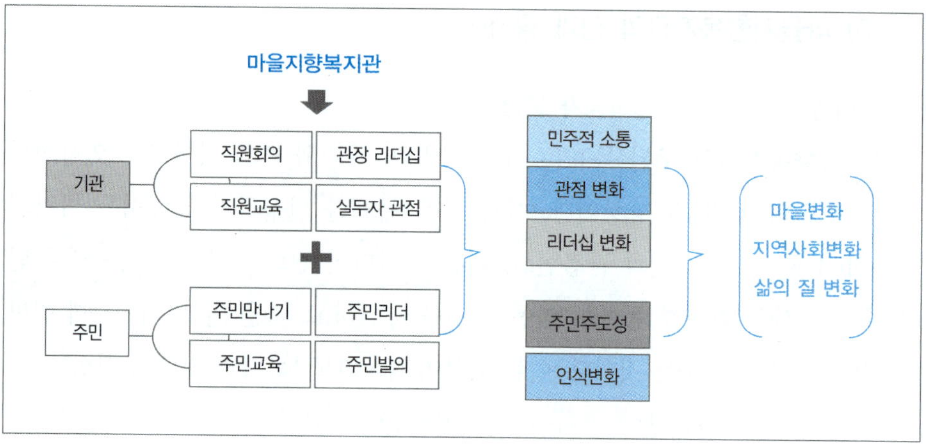

| 그림 7-9 | 마을지향복지관 성과평가 모형

출처 : 현명이, 최정은(2020), 마을지향복지관 성과평가 연구, 서울시복지재단.

마을지향복지관 성과를 검토하기 위한 분석틀은 정량평가와 정성평가로 구분하였다(<표 7-9> 참조). 정량평가는 기관의 내재화, 주민의 외현화, 지역사회 변화를 측정하였고, 정성평가는 텍스트 분석과 포커스그룹 인터뷰로 구분하여 진행하였다. 기관 내재화는 민주적 소통구조(직원회의 횟수), 학습문화(직원교육 명수), 기관장 리더십, 실무자의 관점 및 관계인식 변화를 분석하였다.

생각해볼 것은 직원회의 횟수가 많다고 민주적 소통구조가 이루어지는 것은 아니고, 직원교육 인원수로 학습문화가 형성된 것으로 평가하기에는 논리적 비약이 다소 심각한 것으로 볼 수 있다. 주민 외현화는 신규 주민수, 주민리더 수를 분석하였다. 지역사회 변화는 마을지향 사업 수, 주민 발의 실행 건수, 주민공간 수를 분석하였다. 이도 다소 어려운 것이 주민 발의 수준으로 지방자치화 및 조직화가 이루어지기 위한 시간으로 3년은 매우 어려운 달성과제이다.

정성평가 중 텍스트 분석은 워드클라우드 분석, 의미 연결망, 바이그램 연결망을 분석하였고, 실행기관 담당자를 대상으로 포커스그룹 인터뷰를 실시하고 결과분석을 하였다. 이를 통하여 막연한 지역사회의 변화를 추정하는 것도 평가의 결과 활용 혹은 객관적 근거 제시는 미약할 것으로 보인다.

〈표 7-6〉 마을지향복지관 성과평가 분석틀

<table>
<tr><th colspan="4">구분</th><th>측정도구</th></tr>
<tr><td rowspan="9">정량
평가</td><td rowspan="4" colspan="2">기관
(내재화)</td><td>민주적 소통구조</td><td>• 직원회의 횟수(민주성)</td></tr>
<tr><td>학습문화</td><td>• 직원교육명수(지속성)</td></tr>
<tr><td>기관장</td><td>• 리더십</td></tr>
<tr><td>실무자</td><td>• 관점, 관계인식 변화 등</td></tr>
<tr><td rowspan="2" colspan="2">주민
(외현화)</td><td>신규주민</td><td>• 신규주민 수</td></tr>
<tr><td>주민리더</td><td>• 주민리더 수</td></tr>
<tr><td rowspan="3" colspan="2">지역사회
변화</td><td>마을지향사업</td><td>• 사업수</td></tr>
<tr><td>주민발의실행</td><td>• 실행 건수</td></tr>
<tr><td>주민공간</td><td>• 개소 수</td></tr>
<tr><td rowspan="10">정성
평가</td><td rowspan="9">텍스트
분석</td><td rowspan="3">워드클라우드
분석</td><td>기관</td><td>• 주요 키워드 출현 빈도 분석</td></tr>
<tr><td>주민</td><td>• 주요 키워드 출현 빈도 분석</td></tr>
<tr><td>지역사회</td><td>• 주요 키워드 출현 빈도 분석</td></tr>
<tr><td rowspan="3">의미연결망</td><td>기관</td><td>• 주요 키워드 의미 분석</td></tr>
<tr><td>주민</td><td>• 주요 키워드 의미 분석</td></tr>
<tr><td>지역사회</td><td>• 주요 키워드 의미 분석</td></tr>
<tr><td rowspan="3">바이그램 연결망</td><td>기관</td><td>• 주요 키워드 관계망 분석</td></tr>
<tr><td>주민</td><td>• 주요 키워드 관계망 분석</td></tr>
<tr><td>지역사회</td><td>• 주요 키워드 관계망 분석</td></tr>
<tr><td colspan="2">FGI</td><td>실행기관 담당</td><td>• 주요성과, 향후 지속방안 등</td></tr>
</table>

출처 : 현명이, 최정은(2020), 마을지향복지관 성과평가 연구, 서울시복지재단.

CHAPTER 08

지역사회복지의 실천 기술 Ⅱ – 지원체계 구축하기

1 사회복지 조직간 네트워크[1)]

1) 네트워크의 이해

네트워크는 net(그물) + work(작업)로 사전적 의미는 그물과 같은 망 혹은 망을 만드는 과정을 의미한다(우수명, 2008a). 그러나 그 의미는 매우 넓게 확장되었다. 오래전 활용했던 봉화대나 파발마부터 관료제 통치 시스템, 컴퓨터 LAN과 같은 도구적 연결망이나 무선 통신망(wifi), 철도나 도로의 연결망, 상호 연결된 편의점, 방송망 등 우리 사회의 많은 축들이 네트워크로 되어 있다. 인적자본 등으로 불리는 사람 사이의 친하거나 신뢰하는 관계도 또한 네트워크가 될 수 있으며, 지역사회 내 다양한 구성원들도 네트워크가 될 수 있다.

사회적 관계로서의 네트워크는 사회의 다양한 구성체들, 즉 개인, 가족, 친구, 조직, 사회제도, 문화, 미디어 등 간의 연계된 체계로 상호작용을 하며 영향력을 주고받을 수 있는 동일 망(net)이다(Kilduff & Tsai, 2006). 이는 곧 유무형의, 언어적・비언어적 '소통(疏通, communication)'에 의하여 형성되기도 하며 때로는 그 자체이기도 한 사회적 상호작용의 영역이다(Rizova, 2006).

1) 우수명(2008), 지역사회복지 조직간 네트워크 성장에 영향을 미치는 요인 연구, 숭실대학교 박사학위논문, 우수명(2012), 네트워크 분석을 활용한 집단 프로그램의 사전・사후 응집력 평가 연구, 한국사회복지행정학, 제14권 제1호(통권 34), 한국사회복지행정학회의 내용을 인용하였고, 일부 수정하였다.

네트워크는 결과일 수 있지만, 끊임없는 소통과 상호작용의 과정으로 형성되기도 한다. 지역사회 조직들 간의 네트워크도 사실 사회복지관이나 자활후견기관이 뛰어다니며 만들어 낼 수는 없다. 그 조직에 속한 사람과 다른 조직에 속한 사람 사이의 상호작용을 통해 구축할 수 있기 때문이다.

네트워크의 기반이 되는 상호작용은 개인과 개인인 최소단위인 노드(node)의 연결에 기반한다. 소통이 중요한 요소라는 것은 네트워크 내에서 개인들 간에 서로가 사적관계로서, 즉 비공식 네트워크로 서로를 알게 되고, 친하게 되고, 깊은 신뢰를 형성해 가는 과정이 중요하기 때문이다. 다만, 조직들의 공식적 활동을 통한 네트워크(공식 네트워크)라고 했을 때 조직이 갖는 여러 가지 후광효과들이 개인 간의 소통과 관계에 다시 영향력을 미칠 수 있기 때문에 공식적 네트워크와 비공식적인 네트워크 사이의 명백한 구분이 어려운 경우가 상당하다. 그러나 네트워크와 소통에서 가장 중요한 조직이자 단위는 '개인(node)'이다.

네트워크의 효과를 극대화하기 위해서 관계의 역사성을 이해할 필요가 있다. 관계의 역사성은 지속적 관계 형성을 통하여 서로 간의 신뢰가 생기게 되며, 이를 통해 더 깊은 소통이 되고, 서로 간에 사적 이익을 넘어서는 더 깊은 신뢰 또는 자기 희생까지 가능한 단계에 이르는 과정이다. 이 때 서로 간의 안정감이 강화되고, 정신적 유대감인 응집력이 형성된다. 관계는 개인(조직)의 가치(성향), 과거의 경험, 코드(code)의 일치, 상호작용, 신뢰관계, 피드백, 환경 및 시스템 등 다양한 요소들에 의하여 규정되지만, 관계의 본질은 상대에 대한 신뢰적 역사성에 기반한 '깊은 앎'이다. 물론 오래 알았다고 다 좋은 관계 또는 깊은 앎의 관계라고 할 수 없다.

2) 네트워크의 필요성

(1) 실천 영역에서 필요성

지역사회복지 네트워크는 지역사회 욕구, 문제, 위기 상황의 다변성에 능동적으로 대응하려는 연대적·공동체적 활동이다. 지역사회 네트워크는 사회구조적 문제의 인식에 근거한 전략적 접근과 개개인과 지역사회의 욕구에 기반한 전술적 접근이 함께 요구된다(thinks globally, acts locally). 지역사회에서 네트워크가 필요한 이유는 여러 가지가 있다.

첫째, 공동의 문제를 해결하거나 공동의 이익을 위해 함께 노력할 때 더 가치적, 가시적 효과를 얻을 수 있기 때문이다. 마을주민들을 위한 마을축제를 하나의 사회복지관이 진행할 때와 지역사회 내 수십개 조직이 각각 자신의 강점을 들고나와 함께 축제를 열었을 때 공동체의 가치, 연대의 가치를 높이게 된다. 또한 협력적 경험의 성과를 공유하면, 더욱 큰 성과를 가져갈 수 있어 실체적 이익도 크다.

둘째, 개별 조직이 가진 복지 역량의 한계를 극복하기 유리하다. 개별 조직 차원의 지역사회 변화를 위한 노력 혹은 단일한 복지 서비스의 제공은 특정 조직이 동원가능한 자원과 역량의 경계 내에서만 가능하며, 그 차이도 조직마다 천차만별이다. 지역사회에서 요구하는 문제 해결 수준이나 물적 자원 제공에도 유리하다.

셋째, 다변하게 창출되는 지역사회 욕구와 사회구조적 문제에 대응하는데 더욱 유연성을 가지게 된다. 상황에 따른 유연한 네트워크의 구축은 사회복지 실천 또는 개입의 유형에 따라 적절한 협력 체계를 구축하여 대응할 수 있게 된다. 통합사례관리나 협의체의 중요성이 큰 이유도 여기에 있다.

넷째, 정보의 흐름을 확장하여 효율성을 높인다. 각 복지기관의 역량과 자원에 대한 정보가 공유되면서 서로의 장단점을 알게 되고, 필요한 자원을 적재적소에 배치하기가 용이하며, 불필요한 자원과 서비스의 중복을 막게 된다. 또한 일부 클라이언트에 대한 상호 정보의 교류를 통한 통합적 실천이나 서비스 제공의 기회를 갖게 된다. 또한 클라이언트와 관련된 더 많은 정보 풀(pool)을 갖게 된다.

다섯째, 민간 네트워크의 강화는 민관 거버넌스를 촉진시키는데 영향을 줄 수 있다. 좋은 민관 거버넌스는 수평적, 호혜적 관계에 기초하여 민과 관의 소통과 협력이 이루어지는 상태이다. 그러나 관이 일방적, 권위주의적인 특성이 강한 지역이 아직도 일부 있다. 이런 경우 복지기관들의 연합적 결속력에 따라 관의 영향력에 대한 조율효과가 나타나게 된다. 관에 종속된 네트워크라면 오히려 부정적인 통제 효과나 하청업체 같은 관계가 더 커질 수 있다.

최옥채 교수는 네트워크를 지역사회조직을 다양한 지역사회 내 기관 간의 도움을 주고받는 연계를 넘어서 지역사회복지의 실천 전략이자, 목적을 달성하기 위한 필수적인 과정으로 규정하고 있다. 지역사회 내 다양한 역량과 자원을 조정하고 협력하도록 이끌어내는 과정이 포함된다. 특히 지역사회 내에 하나의 흐름과 같이 형성되며, 지속가능한 협력적 연계 구조로 발전하는 네트워크는 사회복지사가 지역의 구성원들을 이해하고 그들의 문제를 해결하는 데 크게 기여할 수 있다는 점에서 의미가 있다. 이를 위해 사회복지사는 지역사회 집단들, 조직들, 그리고 주민들 간의 관계나 상호작용의 행동 패턴을 바꾸는 조직화 기술을 갖추어야 할 필요가 있다. 이는 지역사회복지 실천의 하위영역으로 지역사회 내 다양한 구성원들 간의 관계 변화는 네트워크 구축을 통해 가능하기 때문이다.

네트워크의 효과에 비하여 지역별 네트워크의 수준은 격차가 크다. 일부 지역의 경우 강력하고 유기적이며 넓은 네트워크를 가지고 있는 반면, 어떤 지역은 지역사회 네트워크가 거의 형성되지 않은 경우도 있다. 지역사회보장협의체의 활동은 네트워크를 촉진시키는 효과도 있어 앞으로 긍정적인 발전이 기대된다.

(2) 공식 네트워크와 비공식 네트워크

지역사회보장협의체에는 대표협의체, 실무협의체, 실무분과, 읍면동 단위 지역사회보장협의체 등의 하위 구성체들이 있다. 각각의 구성체들에는 다수의 민간 사회복지조직의 대표나 참여자, 관공서의 해당 공무원들이 참여하여 정례 모임을 갖고, 계획된 사업을 협력해서 추진해 나간다. 마을 축제가 이루어진다면 기획단에 다양한 조직과 주민의 대표가 참여하여 축제를 기획하고,

진행하기도 한다. 이러한 사례와 같이 개별 조직 혹은 보다 큰 협의체 단위에서건 공식적인 사업 인증 절차를 통해 이루어지는 다양한 연대 사업과 협력 활동으로 형성된 연계망을 공식 네트워크라고 한다.

비공식 네트워크는 공식 네트워크를 진행하는 과정에 형성된 사적 관계, 또는 공식 네트워크와 무관한 지역사회 내 여러 조직에 있는 사회복지사나 활동가, 공무원 등의 사적 관계를 중심으로 형성된 네트워크를 의미한다.

공식 네트워크나 비공식 네트워크나 모두 개인 단위로 활동이 이루어진다. 그러나 공식 네트워크에서는 조직의 이름으로 활동이 진행되며, 협력 활동도 조직의 대표성을 가지고 개인이 참여하게 된다. 따라서 네트워크 안에 소속이 되면 개인의 의사와 상관없이 참여해야 하는 상황들이 발생하게 된다. 반면에 비공식 네트워크는 다양한 사적 모임이나 활동을 의미하기 때문에 개인 간의 친밀감, 선호도, 관계성에 큰 영향을 가지며, 조직의 후광효과나 대표자로서의 역할은 기대하지 않는다. 예산 지원 등 조직으로부터의 지원 체계도 관여해서는 안된다.

공식 네트워크는 합의한 사업이 계획된 단계별 혹은 절차에 따라 사업이 이루어지며, 공식화된 활동을 진행하고, 성과를 도출하게 된다. 조직의 규모에 따라 참여하는 수준이 달라질 수 있지만, 조직 차원에서 자원을 동원하고, 인력을 투입하며, 사업 수행을 독려하는 상황들이 발생한다. 반면에 비공식 네트워크는 참여자들의 관계와 기호에 따라 자유로운 모임과 활동이 가능하며, 공시적인 절차나 예우가 필요하지 않은 경우가 대부분이다.

공식 네트워크는 모든 활동에 대한 기록이 중요하며, 활동의 결과로서 실적과 성과는 조직 평가에 반영되거나 중요한 자료로 활용할 수 있다. 또한 모든 활동에 소요되는 경비는 공식적인 회계절차를 통하여 예산 지원을 받게 되며, 그 증빙 또한 필요하게 된다. 반면에 비공식 네트워크는 기록을 남기는 것은 참여자의 재량이며, 실적과 상관없는 연계 활동이며, 예산도 사적인 차원에 개별적으로 부담하게 된다.

〈표 8-1〉 공식 네트워크와 비공식 네트워크의 비교

	공식 네트워크	비공식 네트워크
특성	공인된 계획에 따른 연계 활동	사적 관계에 의한 연계 활동
노드(node)	개인 단위	개인 단위
활동 · 분석 단위	조직(예 사회복지관, 시민단체, 관공서 등), 참여자는 조직 대표성을 갖음	개인 단위, 참여자는 조직 대표성이 없음
1차 영향요인	조직의 역량, 공신력, 인정, 조직 명예, 후광효과 등	개인의 매력, 친밀감, 선호도, 재미, 보람 등
활동	절차, 공식화에 따른 협력 사업, 개인 의사와 상관없이 참여해야 할 상황 발생 가능, 인력과 자원의 개발, 조정, 연계 등 공식적 관계성	개인과 참여자의 관심, 참여, 노력 정도, 사적 관계성
성과의 공유	네트워크 참여 조직들 우선,	참여자의 만족 우선
아카이브	공식적 활동의 기록과 조직 성과 평가에 반영	개인의 재량(예 SNS)
대표 사례	지역사회보장협의체, 통합사례관리, 마을축제 참여 복지기관, NGO, 공공기관 등의 대표 · 실무자	친목회, 동아리 활동, 사적 활동

공식 네트워크나 비공식 네트워크나 노드는 개인이므로, 개인 간의 소통과 신뢰의 형성을 통한 강력한 연대감을 갖추는 것은 공통적으로 중요한 사항이다. 따라서 비공식 네트워크가 강력하게 형성된 지역에서는 공식 네트워크도 원활하게 이루어지는 경우가 많다. 이러한 네트워크 내 구성원들 간의 결속력을 응집력(cohesion)이라고 한다.

응집(cohesion)은 함께 결합시키거나 점착 시킨다는 의미의 라틴어 'cohaesus'에서 유래되었는데(오치선 외, 2002를 박광민 · 서정찬, 2004에서 재인용), 친밀감과 깊은 신뢰감에 의하여 긍정적 상호관계들이 형성되면, 하나의 유기체처럼 끈끈하고도 밀도 높은 연대의식이 형성되고 갈등직면과 문제해결의 효과도 뛰어나게 된다(Cole, 2011).

네트워크 내에서 응집력은 구성원 사이에 상호작용하는 영향력이자 매력으로 긍정적 변화의 핵심 요소이며, 네트워크 구성원 간의 상호 수용을 만드는 힘이고, 성공적인 네트워크 형성의 결정요인이기도 하다(Yalom and Leszcz, 2005). 네트워크 내 구성원들은 응집력을 통하여 내면세계를 정서적으로 공유하고, 다른 사람으로부터 인정받는 존재로서 인식하게 된다(Yalom and Leszcz, 2005). 그리고 응집력은 네트워크 내에서 활력, 몰입, 소속감 및 공동체에의 헌신, 더 적은 탈락과 적극적인 참여 등의 긍정적인 영향을 미치고, 더 나아가 사회자본 형성에 기여하고, 지역사회 문제 해결 능력을 증가시킨다(Cole, 2011).

3) 네트워크의 성장

(1) 네트워크 성장의 개념

네트워크는 유동적이고, 변화의 역동성을 갖는 경우가 대부분이다. 특히 지역사회 네트워크는 더욱 그러하다. 요시다(Yoshida, 2003)는 네트워크 효과를 직접적인 네트워크 확대에 의한 연계의 수요 증가, 참여 노드(node)에 의한 수요 규모의 증가, 간접적으로 비용감소에 대한 경쟁력 향상이라고 보았다. 아후자(Ahuja, 2000)는 네트워크에서 상호 간 연계의 증가, 구조적으로 발생하는 네트워크 공백의 감소를 네트워크 효과로 보았다. 즉, 지역사회에서 다양한 구성원들의 참여가 늘어나고, 서로 간의 소통과 관계가 깊어지며, 이를 통해 원하는 변화들을 성취해 가는 유기적 혹은 기능적 연계망을 만드는 것이 성공적인 네트워크의 모습이다.

사회복지조직들의 활동으로 네트워크가 발전하는 것은 단기적으로 측정이 쉽다. 그러나 마을이나 지역사회의 변화의 경우 중장기적으로 접근해야만 측정 가능한 영역들이 많다. 만약 사회복지사가 고독사를 줄이기 위한 마을 만들기를 실행한다고 하면서 독거어르신끼리 서로 친구가 되게 해주고, 하루에 한 번씩 안부 묻는 활동을 지속하여 서로가 친구가 되게 하는 것과 같은 예는, 마을활동의 결과로 어르신들의 관계 네트워크가 확대되는 것이며, 단기간 측정이 가능하다. 그러나 고독사가 얼마나 줄었는지는 기초선(base line)과 최소 1년 이상의 고독사율의 비교를 통해서 확인하지 않으면 효과성을 판단하기 어렵다.

네트워크 성장을 과정적 관점에서 살펴본다면, 조직들 간에 형성된 네트워크의 양과 내용을 측정함으로써 파악할 수 있으므로(이혜원 · 우수명, 2005), 이의 증가를 통하여 확인할 수 있다. 즉, 주민이나 참여조직의 연계 사업의 규모가 얼마나 커졌는지로 측정할 수 있게 된다. 네트워크에 참여하는 구성체들이 서로 연계하는 활동이 점차 증가하게 된다면, 네트워크를 통해 더 많은 자원의 이동이 용이해지고, 협력적이고 유기적인 관계 형성에 따라 네트워크가 성장되었다고 할 수 있다.

네트워크 성장을 구조적 관점에서 살펴본다면 좀 더 복잡한 양상을 갖게 되는데, 이는 네트워크 구조적 특정이 응집력, 중심성(다선중심도, 근접중심도, 매개중심도, 위세도) 등의 여러 개념들을 포함하고 있기 때문이다.

네트워크의 응집력(cohesion)은 네트워크 내에서 각 구성체들 간의 연계의 강도, 직접적인 연계 비율 등을 통해 확인할 수 있다. 직접적인 연계가 많을수록 증가한다.

다선중심도(degree centrality)는 한 구성체가 맺고 있는 관계의 수이다. 빈도분석과 비슷한 개념이지만, 수신과 발신으로 구별한다. 수신은 관계에서 받는 영향력이고, 발신은 주는 영향력이다. 연계가 많을수록 비례하여 증가하게 된다.

근접중심도(closeness centrality)는 하나의 네트워크 내에서 한 구성체가 다른 조직들에 얼마나 잘 접근할 수 있는지, 혹은 다른 구성체들이 얼마나 잘 접근해 올 수 있는지, 네트워크의 단계 수(거리)에 따라 결정된다. 한 구성체가 다른 조직에 도달할 수 있는 직간접적인 최소 단계로부터 추출된다. 연계가 많을수록 비례하여 증가한다.

매개중심도는 두 구성체 사이에 연결역할을 하는 정도이다. 두 구성체 간의 상호작용을 통제하고 영향을 미칠 수 있는 위치에 있어 브로커 혹은 매개적 역할을 하는 정도를 의미한다. 매개중심도는 네트워크 형성 초기에 소수 중심적인 기관들이 높게 나타나다가 다른 구성들 간의 연계가 증가하면 매개중심도가 높은 구성체의 역할이 줄어들어 낮아지게 된다.

위세도는 자신과 관계 맺는 다른 구성체의 영향력이 클수록 네트워크에 미치는 영향력이 커지고, 네트워크를 효율적으로 관리할 수 있는 가능성이 높아지는 정도이다. 호랑이 뒤를 따라가는 여우가 호랑이의 위세를 같이 누리는 것과 같다. 구성체들 간의 직접적인 네트워크가 증가할수록 위세도의 크기는 수평화되어 점차 감소하게 된다.

네트워크의 성장은 단기적으로 주민 혹은 사회복지조직들 간의 형성된 연계의 양의 증가와 같은 과정적 특성의 증가가 중요하다. 이렇게 형성된 네트워크는 중장기적으로는 사회복지 조직들 혹은 주민들 간의 유기적 활동을 증가시킬 것이며, 공동의 협력적 활동의 결과로 더 효과적이고, 효율적인 지역사회 조직화가 가능해질 것이다. 궁극적으로 이를 통하여 지역사회 공동체를 구축하고 클라이언트의 이익을 구현하고, 지역사회복지에 기여하게 될 것이다.

〈표 8-2〉 네트워크 성장의 주요 영역

성장영역	성장 측정 기준	주요 내용	네트워크 성장에 따른 변화
네트워크 과정적 성장	네트워크 참여 기관 수	네트워크 참여 조직의 수준과 증가 정도	증가함
	네트워크 활동 참여 정도	네트워크 연계 활동의 수준과 증가 정도	증가함
네트워크 구조적 성장	조직 간 응집력	네트워크 내 구성원들 간의 연계 강도, 도달단계의 수준	증가함
	다선중심도	네트워크 내 특정 조직과의 관계에 따른 수신·발신 규모	증가함
	근접중심도	네트워크 내 특정 조직에 대한 다른 모든 조직들의 접근 가능성	증가함
	매개중심도	네트워크 내 특정 조직이 다른 조직을 통제하고 영향을 미치는 정도	초기 : 증가함 성숙 : 감소함
	위세도	네트워크 내 영향력에 특정 조직의 지배적 행사 정도	초기 : 증가함 성숙 : 감소함

출처 : 우수명(2008), 지역사회복지 조직간 네트워크 성장에 영향을 미치는 요인 연구, 숭실대학교 박사학위논문.

(2) 네트워크 관계의 성장

리조바(Rizova, 2006, 우수명, 2008 재인용)는 네트워크의 관계의 수준에 따라 기계적 네트워크(instrumental network), 표현적 네트워크(expressive network), 기술적-조언 네트워크(technical-advice network) 그리고 조직적-조언 네트워크(organizational- advice network)의 네 가지 유형으로 정리하였다.

- 기계적 네트워크는 물리적인 이동, 정보나 자원의 이동과 같은 역할관계의 협력적 네트워크이다. 공동사업의 영역에서 발생하는 문제들을 우선적으로 논의하는 협력적 관계를 갖는다.
- 표현적 네트워크는 친밀한 관계와 사회적 지지에 의하여 뚜렷해지는데, 체계적이거나 구조화되어 있지는 않다. 업무적 태도나 공식적 관계를 포함하지 않는다.
- 기술적-조언 네트워크는 사업 진행이나 공동사업 등에서 기술적인 문제 해결을 위한 사문이나 실무적 기술 역량을 강화하는 지원 네트워크 같은 것이다. 이때 실질적인 기술과 역량을 가지고 있는 조력자와의 네트워크가 핵심이 된다.
- 조직적-조언 네트워크는 네트워크 내에서 구성체들이 자신들의 문제 해결과 역량 강화에 대한 지원체계를 공식적이고 명료하게 갖게 되어 있는 네트워크이다. 하나의 유기체와 같이 다양한 하위체계들이 능동적이고 조직적으로 연계하는 네트워크이다.

리조바(Rizova, 2006)는 쉽게 측정하기는 어렵지만, 조직적-조언 네트워크를 가장 성공적인 네트워크의 모델로 제시하면서 네트워크의 발전적 단계를 확인할 수 있는 개념을 제안하였다. 이는 네트워크가 지향해야 하는 방향성과도 일치되는 것이다. 즉, 지역사회 내의 다양한 사회복지 네트워크도 하나의 유기체처럼 체계적으로 조직화되어야 하며, 이를 통해 네트워크 효과를 극대화할 수 있을 것이기 때문이다.

네트워크의 다양한 유형은 표현되는 방식에서나 용어적으로 차이점은 있지만, 네트워크 내에서 하위집단들이 어떻게 형성되어 있고, 서로 간의 관계와 영향력이 어느 정도인가를 분석하는 데 있어서 공통점을 갖는다. 즉, 네트워크가 얼마나 유기적으로 잘 구축되어 있는지, 그리고 그 안에서 누가 중심적인 역할을 하고, 영향력을 발휘하는지 등을 포함한 네트워크의 중심성(centrality)을 규명하는 측면에서 유사성을 갖는다.

(3) 네트워크 성장 분석 사례

다음 ❙그림 8-1❙과 ❙그림 8-2❙는 서울 A구의 1차 및 2차 네트워크 조사 결과에 대한 그래프이다. A구는 새로운 네트워크 사업에 투입되기 전에 기존의 네트워크를 조사하였으며(1차 조사), 10개월 후 2차 조사와의 비교를 통해 네트워크가 어떻게 변화했는지를 비교·분석하였다(우수명, 2008).

그래프를 통해 1차 조사와 2차 조사의 네트워크 연결 정도의 차이를 시각적으로 확인할 수 있다. 또한 중심성이 높은 조직들이 중심부에 위치하기 때문에 중요한 역할을 하고 있는 조직들을 한눈에 확인할 수 있는 장점이 있다.

<표 8-3>은 1차 조사와 2차 조사의 네트워크 통계량을 보여준다. 이를 통하여 사전-사후 비교를 통계적으로 검정할 수 있다. 여기에는 제시되지 않았지만, 각 개별기관들의 네트워크값을 별도로 산출할 수도 있다. 양적 연구의 문제 중 하나는 깊은 정보나 과정에 대한 정보를 얻기 어렵다는 것이다. 이를 보완하기 위하여 FGI를 통해 다양한 정보들이나 네트워크가 형성된 과정에 대한 이야기들을 얻을 수 있다. 이 내용은 <표 8-4>에 제시되어 있다.

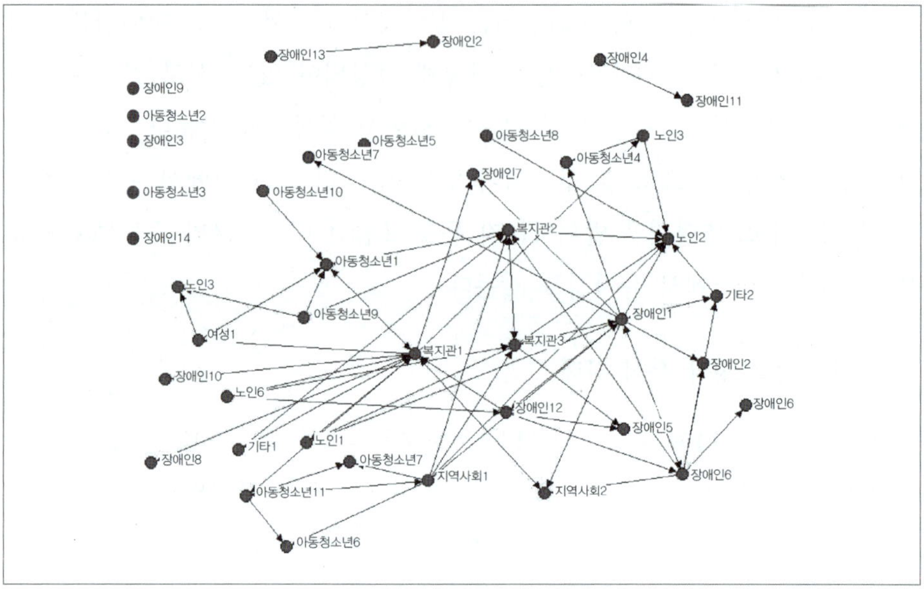

| 그림 8-1 | A지역 1차 조사 네트워크

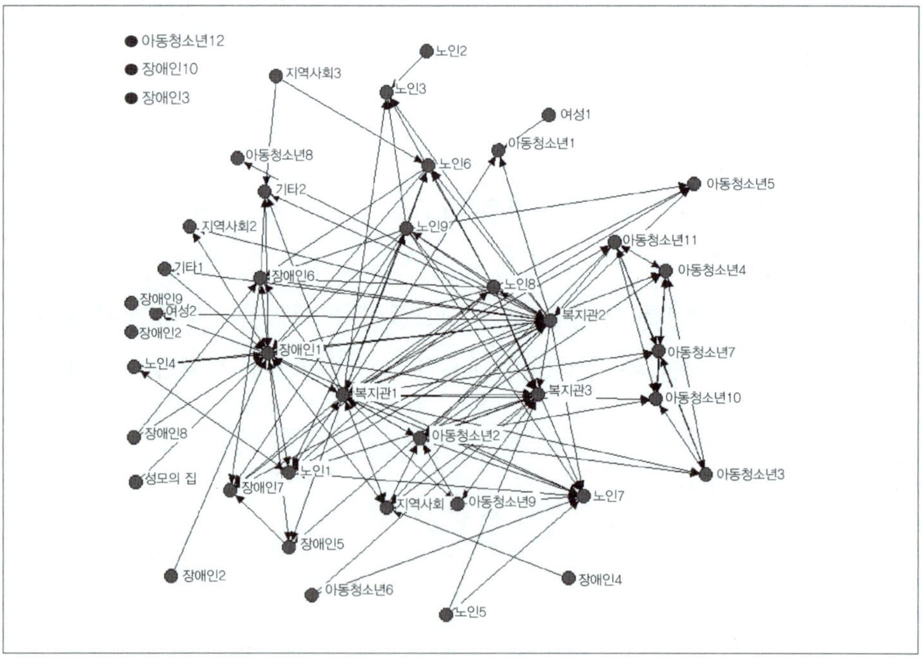

| 그림 8-2 | A지역 2차 조사 네트워크

〈표 8-4〉 A지역 네트워크 1차 · 2차 평균 비교

	지 역	N	평 균	표준편차	t값	r값
연계조직 수	1차 조사	50	1.92	3.76	-4.973***	0.708***
	2차 조사	50	6.08	7.95		
	변화량	50	4.16	5.91		
응집력	1차 조사	50	0.24	0.43	-4.056***	0.194
	2차 조사	50	0.58	0.49		
	변화량	50	0.34	0.59		
다선중심도	1차 조사	50	1.16	2.86	-4.046***	0.537***
	2차 조사	50	5.52	8.76		
	변화량	50	4.36	7.62		
근접중심도	1차 조사	50	2.71	0.73	-3.954***	0.227
	2차 조사	50	3.43	1.23		
	변화량	50	0.71	1.28		
매개중심도	1차 조사	50	18.41	56.65	-.373	0.797***
	2차 조사	50	20.35	58.57		
	변화량	50	1.93	36.73		
위세도	1차 조사	50	0.05	0.09	0.881	-0.148
	2차 조사	50	0.03	0.13		
	변화량	50	-0.02	0.18		

# p<0.1, * p<0.05, ** p<0.01, *** p<0.00

〈표 8-4〉 지역사회 네트워크 관련 FGI 결과 요약

첫째, 지역사회 네트워크는 다양하게 이루어지고 있음을 확인할 수 있다.
• 지역사회 내 문화, 복지, 환경 등 다양한 조직들이 생기고, 이들 간의 네트워크가 성장하고 있다. • 지역축제, 자치모임, 주민대책위원회 등 다양한 형태의 네트워크 활동들이 이루어지고 있다. • 재가복지서비스 조정모임에서부터 지역사회 공동의 노력을 결집하는 시민단체협의회와 같은 다양한 공식적 모임과 사적이고 친밀한 비공식적 네트워크 모임이 있다.
둘째, 신뢰, 리더적 노력, 이타성, 성취경험 등은 지역사회 네트워크의 참여동기들이다.
• 서로 간의 신뢰할 수 있는 오랜 소통의 관계(역사성)를 갖고 있다. • 적극적이고 리더적 역할을 수행하는 기관장이나 단체 대표가 있다. • 개별적인 이익보다는 지역사회 공동의 복지를 추구하는 이타성이 있다. • 축제에서부터 지역사회 문제에 대한 대책위원회에 이르기까지 공동의 노력을 통한 성취경험들을 가지고 있다.
셋째, 예산과 인력 지원과 관련된 의견에서는 지역별 차이가 있었다.
• A지역은 공식적 활동을 위한 예산과 인력 지원의 필요성을 지적하였지만 마인드 등이 더 중요한 것으로 생각했다. • 예산과 인력은 필요조건이기는 하지만 충분조건은 아닌 것으로 보았다.

(4) 구조적 관점에서 성장요인

① 소통과 상호작용

건강한 상호작용은 네트워크를 더욱 견고히 다져주게 된다. 이것은 곧 소통의 성공요인이며, 지속될 때 역사성・신뢰성・지속성의 기반이 될 수 있다. 소통과 상호작용을 강화하기 위해서는 상대의 강점을 발굴하고 성장시키며, 긍정적 역할을 부여하고, 쉽게 성취할 수 있는 역량이 큰 영역부터 네트워크의 과제로 삼는 것이 유리하다.

② 환경, 개체, 상호 의존성과 자율성의 이해

홀론[holon, 쾨슬러(Koestler)가 그리스어의 홀로스(전체)와 온(부분)을 조합한 조어(박용관, 2001)]의 구조를 갖는다. 네트워크는 자율성에 기초하되, 상대에 대한 의존의식을 가질 때 더 강화될 수 있다. 즉, 상대에 대하여 종속화되지 않으면서 독립적이되, 서로의 필요를 위해 헌신하는 네트워크를 만들어야 한다.

③ 공유된 가치와 언어(멤버십과 유대감)

공유되는 가치는 종교나 이데올로기적 신념, 공동의 목표, 운동의 배경, 학벌, 전공분야 등을 통하여 나타난다. 특정 전문가들은 그들의 전문용어를 사용하며, 그들만의 언어로 소통이 이루어지며, 이는 곧 그들의 친밀감을 향상시키고 네트워크를 강화한다. 견고한 네트워크일수록 그들만의 고유한 공유된 의식을 갖는다. 그러나 가치나 언어적 폐쇄성이 지나치면 오히려 네트워크에 독이 될 수 있다.

④ 공통의 관심사와 이익

공통의 관심사나 이익(이권)은 서로 간의 다른 가치를 가진 조직까지도 하나로 묶을 수 있다. 공통의 관심사는 가치, 배경 등의 조건보다는 좀 더 현실적인 요인들이 중요하며, 네트워크의 지속성을 위해 요구된다. 가치가 달라도 이슈중심의 연대가 가능한 것은 이런 관심사와 지향점에 있어서의 일치가 이루어질 때 가능해진다. 그러나 가치가 다른 공통의 관심사는 관심사의 해결 이후 와해되기 쉽다.

⑤ 개방성과 변동성의 이해

네트워크의 내부와 외부의 경계는 불명확하며 일정한 유지가 힘들다. 때때로 무너지기도 하며 다른 형태로 진화하기도 한다. 네트워크는 현재 고정된 형식이 아니기 때문에 그 자체로 과정이 된다. 따라서 네트워크를 통해 당장의 실적을 기대하는 것은 네트워크를 제대로 이해하는 것이 아닐 수 있다. 네트워크가 갖는 개방성과 변동성을 이해하고 좀 더 큰 관점과 긴 시각으로 접근할 때 네트워크는 지속 가능성이 높아진다.

⑥ 코디네이터 혹은 리더의 존재

네트워크의 핵심을 이끌거나 조율하는 구성체가 존재할 경우 네트워크는 강화된다. 민주적 권력의 분산구조라 하더라도 그것을 조율하는 존재가 없고,

상황에 따른 결단을 추진할 수 있는 구성체가 없다면 그 네트워크는 오래지 않아 와해되거나 친목단체가 될 것이다.

⑦ 민주주의와 참여의식

이는 곧 권한과 책임의 분산인 동시에 성숙한 참여의 조건이라고 볼 수 있다. 네트워크를 통해 권력을 쥐려 하지 않으면서 동시에 구성체로서의 참여의무에 관심이 더 많을 경우 네트워크는 강화된다. 이는 곧 구성원들의 인격적 성숙과 관련된다. 이를 위한 교육훈련이나 의식화를 위한 노력이 필요하다.

⑧ 사회적 강제 혹은 조건

교육복지사업의 네트워크, 지역사회보장협의체의 네트워크 등과 같이 스스로의 자발성보다는 외적 조건의 영향이 더 큰 경우 네트워크는 강화될 수 있다. 네트워크는 결국 사람의 소통에 기반하기 때문이다. 관료화되는 시스템은 네트워크도 수직화・관료화된다.

⑨ 네트워크 저해요인 최소화

네트워크에 무관심(혹은 무지)하며, 네트워크에 들어가지 않으려고 하는 사회복지조직을 네트워크에 끌어들이기 위한 설득은 실패할 확률이 높다. 주체적 역량을 가진 사회복지사(social worker)로서의 자기 철학의 부재, 개방되고 성숙된 의식의 부재, 의사소통이 단절되고 관료화된 조직, 지역사회 중심의 지향점을 갖지 못하거나, 관련이 적다고 생각하는 조직 등은 네트워크 참여가 어렵다.

네트워크 과정에서는 관계 간의 잡음(noise)이 생길 수 있다. 단순히 물리적 거리에 의하여 발생될 수도 있으나, 서로 간의 다른 가치관・관점, 다른 이해관계, 조직이나 외부적 요구의 차이, 다른 기대치나 권력싸움 등에 의해서도 발생될 수 있다. 동일한 주제나 대화라도 서로 간에 다르게 해석할 수 있으며, 이 경우에도 잡음은 발생된다.

개인에게는 가족과의 관계 내에서도 네트워크가 있을 수 있으며, 그들의 친구 혹은 사회적 관계에 의한 네트워크가 만들어질 수도 있다. 이것은 다시 조직에게 영향을 미칠 수 있는데, 조직에 의하여 개인의 네트워크가 하부구조화될 수도 있으나(예 보험에서 개인이 가족부터 보험을 들게 하는 것), 개인에 의하여 조직의 네트워크가 하부구조화(예 조직의 개인 사유화)가 될 수도 있다. 따라서 네트워크 내에서의 권력의 분산과 통제는 중요하다. 이를 위한 가장 중요한 핵심은 '참여민주주의'이다.

다양한 네트워크의 저해요인을 더 찾아보고 이를 예방하거나 최소화하기 위한 협의노력이 네트워크의 성숙을 가져오는 좋은 기회가 될 수 있다.

2 지역사회 참여 및 동원 전략, 홍보 마케팅과 브랜드

1) 자원동원의 새로운 프레임짜기

자원에 대한 두 가지 사전적 의미는 인간 생활과 경제 생산에 이용되는 광물 산림 수산물 노동력 기술 등을 의미하기도 하지만, 어떤 일을 자원하고자 스스로 나선다는 의미도 있다. 정의 ①은 동원에 해당 되는 정의가 될 수 있고 정의 ②는 협동에 해당되는 정의이다(배지영 외, 2021).

지역복지 서비스가 제공되는 현장에서는 공급자와 수요자가 명확히 구분되고, 공급과 수요의 매개, 중재, 조정의 과정에서 당사자인 지역주민은 지역사회와의 관계에서 배제되거나 소외되는 경우가 발생한다(배지영 외, 2021). 지금까지는 발굴하고 개발하는 제공자 관점이 지역사회 자원동원 전략의 주를 이루었다. 배지영 외(2021)에서 제안한 다른 관점은 '어떻게 강점과 욕구에 기반하여 주민과 지역사회를 연결할 것인가?'이다. 당사자주의, 연대성, 강점관점의 가치들을 적극적으로 반영한 접근법이 필요한 분야가 바로 자원동원의 영역이다.

일반적으로 생각하기에 자원동원이라는 개념은 동원하는 주체와 객체가 전제된 개념으로 연대성이나 호혜성 관점에서 적절한 개념은 아니다. 스스로 협동에 나서는 주체와 동원의 대상은 가치가 상충되는 측면이 없지 않기 때문이다. 제7장에서 기획의 예로 다루었던 밑반찬 서비스를 생각해보자. 전통적인 밑반찬 서비스는 밑반찬을 조리하고, 배달할 자원봉사자를 끊임없이 공급해야 한다. 규모가 클수록 교회, 성당 등의 자원봉사조직을 동원하거나, 중고등학생들을 모집해야 하는 상황도 생긴다. 반면에, 어르신이 자발적으로 참여하는 밑반찬 활동은 자원봉사자도 필요없을 뿐만 아니라, 어르신의 강점들을 발휘할 수 있도록 해주고, 긍정적 역할(SRV)의 기회를 제공한다.

다른 관점에서 복지기관 간의 자원연계에 있어서도 동원의 관점보다 수평적 연대와 협동의 관점이 중요하다. 이는 지역사회 내에서 공생성을 높이는 관점이다. 부족한 재원과 사람의 역할이 필요한 상황은 자주 발생하게 된다. 그렇기 때문에 지역사회에 대한 충분한 정보는 물론, 입소문 마케팅처럼 지역주민의 네트워크와 역량에 의존하게 되는 경우들이 발생한다. 이를 사회적 자본의 관점으로도 볼 수 있지만, 지역사회 주민의 강점으로 볼 수 있다.

만약 제6장의 현장성과 현상화에서 다루었던, 세탁소 사장과 독거 어르신을 연결해주는 사례를 생각해보자. 지역사회 안에서 이웃 주민으로 둘의 관계가 형성되면, 어르신은 세탁소 사장으로부터 옷을 관리하는 방법을 배우거나 정례적으로 도움을 받을 수 있게 될 것이다. 피자가게 사장은 배달나가는 피자에 복지기관의 참여 홍보지와 여러 지역복지 정보를 제공할 수 있을 것이다. 주민이 가지고 있는 역량들은 지역사회에 긍정적인 관계를 만들수 있는 힘을 가지고 있고, 복지기관은 훌륭한 자원봉사자 상을 수여하거나, 사회적 인정의 기회를 제공하여 공생할 수 있도록 기여할 수 있다. 그리고 이를 촉진하고, 유지하도록 돕는 역할을 복지기관이 할 수 있다.

배지영 외(2021)에서는 자원발굴 연계 및 사회적 자본은 욕구의 연결(욕구의 조직화)을 통해 만들어 진다고 하며, 다음 사례를 설명하였다.

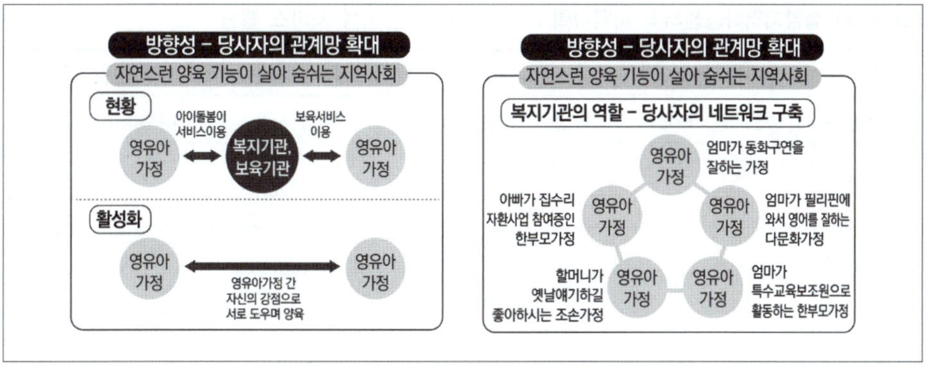

┃그림 8-3┃ 주민 욕구 조직화의 사례

출처 : 배지영 외(2021), 지역사회 통합돌봄 표준교재 개발 연구, 한국보건복지인력개발원.

시소와그네 마포영유아통합지원센터(이하 시소와그네)는 2010년부터 양육품앗이라는 방식으로 영유아 가정을 상호간에 연결하는 커뮤니티를 구축하였다. 아이돌봄서비스로 예를 들면, 보통의 방식은 영유아가정이 보육 또는 복지기관에 서비스를 신청하면 질문・검증・통보의 과정을 거쳐 서비스가 제공된다(왼쪽 그림). 시소와그네는 영유아 가정이 갖지고 있는 돌봄에 대한 욕구에 주목하였다. 각 가정이 고유한 강점을 사정(assessment)하고 돌봄에 대한 욕구가 있는 가정을 조직화하기 시작하였다.

그림에 나와 있듯 각 영유아 가정은 강점이 있었다. 서로에게 필요한 욕구를 연결하여 일상에서 점진적 관계를 쌓게 하고 프로그램 또는 행사를 통해 가족간의 관계력을 높이는데 주력하였다. 만약 연결된 가정에 대한 욕구를 서비스 또는 프로그램으로 대응하였다면 각각의 욕구에 대응하는 프로그램을 계속 늘려가는 것도 부담이고 관리 측면에서도 어려움이 있었을 것이다. 욕구의 조직화를 통해 동화구연, 영어교육, 장애아동 케어, 동화구연, 집수리 등의 자원이 사회적 자본으로 창출되었다(배지영 외, 2021).

다른 사례로 <표 8-6>처럼 철암지역아동센터의 지역사회 협동의 자원연계를 통한 아동 서비스 활동[2]이 있다(배지영 외, 2021).

2) 연구 보고서의 표현을 그대로 가져왔다.

〈표 8-5〉 철암지역아동센터의 지역사회 자원관계를 통한 아동 서비스 활동

구분	아동서비스	내 용	잘하는 곳	의논할 분
가정	송편찌는 노하우	송편 잘 찌는 비법	협동방앗간	아주머니 582-88
과학	하천수질검사 (반나절)	BOD, DO, 산성도 검사	수질환경사업소	581-8
과학	화석과 지층	화석보기, 석고화석만들기	구문소화석박물관	550-2
교련	사고안전교육	붕대, 응급처치, 인공호흡	태백소방서	550-81
교련	소방교육, 불조심	소방장비설명, 응급처치	철암소방파출소	황○일 소방사 01-639-
교련	물놀이 안전교육	준비운동, 구호, 응급처치	철암소방파출소	황○일 소방사 01-679-
국어	한글익히기 (주 3회 낮 2시)	철암초 3학년 박○○선생님	철암초등학교	582-82
국어	문해, 한글강좌	초중급, 검정고시준비	장성공부방	581-64
국어	엄마와 책읽기 (1, 2학년)	독후감, 독서달력, 독서신문	강원도독서대상수상	임○○어머니 01-959-9
도덕	교통안전교육	교통 안전	철암파출소	장○경경사 01-722-3
도덕	직업과 예절	직업선택, 예절교육	철암중앙경로당	○○교회 장로 582-
도덕	종교-불교	불교 이해	흥복사(피네골)	582-8
문화	우리마을 문화생활	음악회, 뮤지컬, 영화보기	문화예술회관	550-2
문화	DVD 빌려보기	태백시민 무료대여 1박 2일	상장문화의집	550-2
문화	레고마을	레고를 빌려줍니다 (회원제)	(상)철암지역아동 센터	○○교회 사무실 582-9

출처 : 배지영 외(2021), 지역사회 통합돌봄 표준교재 개발 연구, 한국보건복지인력개발원.

강원도 태백의 철암은 폐광지역 소도시로, 일반적인 대도시보다 지역사회 연대가 더 어렵다고 생각할 수 있다. 김동찬 관장은 아동과의 인격적 관계를 중요시하여, 강제적으로 참여하는 프로그램이 없는 곳이다. 또한 철암어린이도서관에서 자라난 아이들은 대학생이 되어 다시 자원봉사자로 오기도 할 정도로 아이들에게 일방적으로 주는 관계가 아닌 곳이다. 이곳의 아동 참여 활동은 지역사회가 가지고 있는 강점들을 협력적 관계로 만들어 마을이 아이들을 함께 돌보는 마을공동체를 구현해 가고 있는 것이다.

이러한 관점을 유지하는 방향에서 홍보와 마케팅, 브랜드 전략을 새롭게 구성하고 활용할 수 있다면 좋을 것이다.

2) 홍보와 마케팅

(1) 홍보와 마케팅의 개념

사회복지 네트워크를 이용한 영향력을 확대하는 방법으로 많이 활용되는 것이 홍보와 마케팅 그리고 브랜드 전략이다.

지역사회 홍보(PR : Public Relation)는 마을 구성원, 민관기관 등 지역사회의 이해당사자들을 대상으로 특정 조직이나 사업 등에 대한 이해를 높이기 위해 알리거나, 협력이나 참여를 끌어내려는 영향력을 만들기 위한 활동들이다. 정보제공에 초점을 둔 광고(publicity)를 포함하여 더 적극적인 개념이며, 직접적인 영향력을 행사하거나(가치창출) 참여를 끌어내는(수요창출) 면에서는 마케팅(marketing)과 유사하다.

마케팅은 주민이 지역사회 조직 또는 실천에 참여(소비)하도록 하는 것이 더 중요하고, 홍보는 설득이나 이미지를 구축하는 목적이 더 강하지만 경우에 따라 혼용하여 사용하기도 한다. 마케팅 전략은 소비자와 쌍방향 소통을 통해 행동을 창출하는 다양한 커뮤니케이션 기능들의 전략적 통합(IMC : Integrated Marketing Communication) 방식이나 브랜드 전략으로 점차 접근방식이 확장되고 있다.

지역사회복지실천은 소통, 활동, 조직화 등의 무형적으로 이루어지기 때문에 그 형태를 규정하기 어렵고, 참여하는 사람들도 다양하고 복잡한 욕구와 개인적 특성을 가지며, 수행과정이 동일하게 반복·재생되기 어렵다. 또한 주민들이 실천의 주체이자 대상이 되는 경우가 다반사이다. 따라서 상품 판매를 직간접 목표로 하는 상업적 홍보마케팅의 관점을 그대로 도입하는 것은 큰 무리가 있다. 반면에 조직 및 지역환경과 주민들을 분석하고, 주민들에 대한 참여 목표를 설정하고 이끌어 내거나 원활한 관계를 유지하고 긍정적 이미지를 구축하는 과정 측면에서는 유사한 특성이 있다.

사회복지사의 직접적 홍보마케팅 보다는 주민들을 통한, 주민에 의한, 주민의 홍보마케팅이 더 효과가 크다. 따라서 홍보 서포터즈와 같은 주민들의 참여 기회를 만드는 것이 유리하다. 홍보마케팅의 내용도 주민에게 직접적 이익을 주거나 상품의 소비처럼 즉각적인 효과를 나타내는 요소가 적다 보니, 가치적 요소의 홍보마케팅이 더욱 중요해진다.

(2) 홍보마케팅을 위한 매체

① 홍보마케팅을 위한 매체의 종류

지역사회에서 홍보마케팅을 위해 다양한 매체(도구)를 활용할 수 있다. 이러한 매체는 인편매체, 시각매체, 청각매체, 시청각 매체 등 크게 네 가지로 구분할 수 있다.

㉠ 인편적 매체

인편적 매체는 지역사회조직과 직간접적으로 관련된 주민들, 후원자들, 자원봉사자들, 프로그램 및 시설 이용자들, 인근 주민들까지 폭넓은 네트워크의 영향력과 관련이 있다. 많은 사회복지기관들이 시민기자단이나 대학생 홍보 서포터즈와 같은 프로그램을 운영하는데 이도 인편을 통한 홍보의 일환이다. 기자단이나 서포터즈와 같은 소수에게 전문화된 소속감과 다양한 혜택을 부여하고, 홍보의 책무를 수행하게 함으로써 홍보의 효과를 극대화하려고 하는 노력들이다.

가장 좋은 방법은 좋은 지역사회 활동 혹은 서비스 제공을 통해 감명을 받고, 담당 사회복지사와의 좋은 관계 형성(rapport)을 통하여 얻은 신뢰를 통한 자발적 참여이다. 사회복지사와 친해진 피자가게 주인은 복지관 홍보물을 창문에 붙이고, 안내물을 배치하고 배달 시에도 배부를 자연스럽게 하게 될 것이며, 그 파급효과는 지역사회복지 조직에서 직접 하는 홍보보다 더 효과가 크다.

ⓛ 시각적 매체

시각적 매체는 지역사회조직의 홈페이지를 포함해 소식지나 회보 등과 같은 자체 제작 홍보물이 많이 활용된다. 시각적 매체에서 영향력이 큰 것은 신문과 잡지 등이다. 지역신문의 경우 게재는 상대적으로 쉽지만, 구독자가 제한된 경우가 많으며, 주요 일간지 등의 신문들은 파급효과가 크지만 게재되기는 쉽지 않다. 따라서 다른 매체에서 관심을 가지고 취재를 할 수 있는 주요 아이템과 홍보문구를 개발하여 적극 제안하는 노력이 필요하다.

청각적 매체는 인터넷 방송을 포함한 라디오 방송 등이 활용된다. 청각적 매체는 점차 그 영향력이 점차로 줄어들고 있는 상황이다. 인터넷 라디오 방송의 경우 간단한 세팅만으로도 방송국을 만들고, 인터넷을 통한 방송이 가능하다. 그러나 동영상을 포함한 생방송이 강화되는 최근 경향을 고려하면 신중해야 할 측면이 크다.

ⓒ 시청각적 매체

시청각적 매체는 전통적으로 텔레비전, 영화와 같은 대중매체가 비중이 컸다. 특히 지역방송이 과거에 비해 활발해지면서 지역사회복지 조직들의 방송횟수도 크게 늘어가고 있다. 그렇지만 지역소식을 전하는 방송은 시청자가 제한적이며, 주요 방송국에서의 방영은 쉽지 않은 것이 사실이다. 최근에는 페이스북, 유튜브, 아프리카TV 등을 이용한 개인방송이 점차 증가하고 있다.

인터넷 방송의 경우 인지도가 낮아 초기에는 홍보효과를 기대하기 어렵지만, 일정한 네트워크가 구성되고, 좋은 콘텐츠들이 누적되면 파급효과가 상당히 커지기도 한다. 경우에 따라 광고수익과도 연결될 수 있으며, 특히 젊은층에서 익숙하고 편리하게 접근할 수 있기 때문에 장기적으로 효과가 클 것으로 보인다. 그러나 세대나 빈곤에 따른 정보 접근성의 차이가 크기 때문에 노년 및 저학력층, 저소득층의 접근성은 제한될 것이다.

② 홍보마케팅을 위한 매체 활용 시 유의점

홍보마케팅 매체는 지역주민들에게 지역사회복지 조직에 대한 인지도를 높일 뿐만 아니라 관심과 참여를 불러일으키는 도구로 활용할 수 있다. 많은 INGO(International Non Governmental Organization)들의 경우 포털사이트에 후원을 모집하는 광고를 많이 올리기도 하는데, 홍보마케팅의 효과가 적지 않기 때문이다. 또한 지역사회 이슈를 선도적으로 알리거나 정책이나 프로그램 홍보에도 유용하게 활용할 수 있는 장점이 있다. 이러한 홍보마케팅 매체를 활용하는 데 주의해야 할 사항들이 있다.

중요한 것은 클라이언트의 인권보호 문제이다. 지역복지 조직의 홍보는 일반 홍보와 다르게 홍보의 내용과 결과가 클라이언트의 존엄성을 높이고, 긍정적인 역할, 강점을 보여주는 요소들이 포함되거나 긍정적 효과를 미쳐야 한다. 클라이언트에 대한 신상명세가 방영되거나 얼굴이 비춰지게 될 경우 빈곤 이미지의 악순환으로 더 부정적인 이미지를 고착화할 수 있다.

불쌍한 사람을 도와주려 하는 측은지심(惻隱之心) 자체는 나쁜 것이 아니다. 그러나 불쌍하고 도움을 받아야 한다는 이미지가 강화된다면, 클라이언트의 자립적이거나 주도적인 프로그램에 대한 호응이나 후원은 거부감이 커지게 된다. 그럴수록 클라이언트의 자존감과 인권에 대한 기대치는 더 낮아지게 되고, 악순환될 경우 불쌍한 존재라는 이미지가 더욱 고착된다. 이는 정상화(normalization), 사회적 역할 가치화(SRV)를 방해하는 매우 중요한 문제이다. 또한 불쌍하기 때문에 강점 관점의 접근도 방해한다.

다음으로 다양한 매개체들과의 좋은 네트워크를 구축하려는 노력이 있어야 한다. 지역의 언론인과 투명하고, 정당하지만, 긍정적인 관계를 구축하는 것도 중요하다. 마을주민들과도 좋은 관계를 맺어두는 것도 필요하다. 특히 불특정 다수보다는 마을의 세탁소, 피자가게, 마트, 미용실 등 많은 사람들이 이용하는 곳이 더 효과적이다. 이들은 모두 홍보의 대상이자 주체가 될 수 있는 잠재력을 가지고 있다. 또한 이용자들도 훌륭한 홍보의 동참자가 될 수 있다. 예를 들면, 피자가게 사장님은 피자 배달 박스에 사회복지관의 홍보물을 부착하거나 첨부할 수 있다.

홍보마케팅은 불특정, 보편성을 갖는 것으로 할 것인지, 특정 대상에 대하여 집중하는 방식인지에 따라 접근방식이 달라진다. 지역복지 조직의 브랜드 이미지를 구축할 것인지, 구체적인 사업에 대한 참여자들에게 집중할 것인지를 고려해야 한다. 브랜드 이미지라면 전체적으로 밝고 긍정적이며, 강점, 희망, 주인 등을 부각시키되, 빈곤, 수혜, 원조와 같은 부정적인 인식을 심어주는 전략은 피하는 것이 좋다.

마지막으로 시각적으로 효과가 높은 문구나 디자인을 활용하거나 고유 브랜드를 정착시키는 노력도 필요하다. 복잡한 것을 점차 보기 싫어하는 현대인의 특성상 짧고 관심을 끌 수 있는 제목이나 내용으로 구성된 홍보물의 제작이 필요하다. 많은 지역복지 조직들은 예산이 충분하지 않기 때문에 전담 인력을 배치하는 경우가 많지 않을뿐더러 심지어 외부 전문기관에 위탁하는 것조차도 여의치않는 경우가 많다. 따라서 홍보를 직접 수행할 수 있는 카피라이팅(copywriting), 포토샵 등의 역량을 갖추는 것도 필요할 수 있다. 특히 오랫동안 활동을 하는 지역사회복지 조직은 전략적으로 자체 브랜드를 개발해 알려나가는 노력도 중요하다.

(3) 홍보마케팅 활성화를 위한 방안

홍보마케팅은 주민의 시청각에 의한 자각과 이에 대한 반응을 끌어내기 위한 노력이 포함되어 있다. 그렇기 때문에 홍보마케팅에 반응하는 주민들의 심리적 특성을 고려한 접근과 주민들 개개인의 자존감을 높이는 가치적인 요소가 함께 고려되어야 한다.

① 긍정적인 자극의 반복적 효과 만들기

우선 행동주의의 고전적 조건화와 조작적 조건화 실험과 같이 특정 자극에 대한 특정 반응이 나올 수 있도록 하는 것이되(Watson & Rayner, 1920; Skinner, 1938), 일관성을 갖춘 긍정적인 자극이 반복되는 것이 효과적이다. 브랜드 마케팅 또한 조건반사와 같은 우리의 무의식에 의식을 심어넣는 과정과 유사하다. 지역사회에서 만들 수 있는 긍정적인 자극들은 '주민 만나기', '교양 · 문화교육', '동네 청소하기', '마을벽화 그리기', '이벤트 및 동네 축제' 등과 같은 특정 요소들을 구체화하여, 이를 반복하고 자극하여 주민들의 관심과 참여를 불러일으키려는 노력이다. 이는 일관성, 지속성, 반복성을 통해 자극이 이루어질 때 더 큰 신뢰와 참여를 가능하게 하는 영향력이 구축된다.

② 주민의 반응에 능동적, 적극적 반응하기

주민들은 지속적인 자극을 받으므로 이에 대한 반응이 생길 뿐만 아니라, 다른 유사한 환경에서 유사한 자극에 같은 반응이 나타나는 일반화된 반응이 형성되면 더욱 효과적일 것이다. 또한 조건화된 감정이 소멸되거나 반응이 약화되는 둔감화가 이루어지지 않도록 유지 · 관리하는 것이 중요하다. 조작적 조건화된 사람들의 반응행동에는 즉각적이고 능동적으로 대응하고, 심리적인 지지와 격려, 조끼와 배지와 같은 자극, 민주시민으로서의 우월성 등을 통한 긍정적 영향력을 행사하여 주민들의 관심과 참여 행동이 강화되고 유지될 수 있도록 노력하는 것이 필요하다.

③ 동조현상의 활용

만약 적극적인 참여조직이 있다면 집단심리와 동조현상도 홍보에 활용할 수 있는 유용한 방법이다. 동조실험은 주변의 여러 사람이 잘못된 특정한 행동을 하게 되면, 한 개인은 그 주변의 사람들의 행동과 태도를 그대로 따라 하는 경향성이 생기는 것을 확인한 실험이다(Asch, 1956). EBS에서 방영한 인간의 두 얼굴－상황의 힘(2008. 08. 11)은 이러한 사람들의 특성을 잘 보여준다.

길을 가다 단지 세 명이 하늘을 올려다보고 있으면 많은 사람들이 걸음을 멈추고 하늘을 올려다보는 실험, 화재의 위험에 노출되어 있어도 많은 사람들이 그대로 있으면 피실험자도 무기력하게 있는 모습의 실험 등을 통해 우리는 주변의 상황에 쉽게 동조하는 현상을 보이는 것이다. 집단심리도 마찬가지이다. 동질성을 갖는 집단에 소속될 때 우리는 안정감을 느끼게 된다. 따라서 마을 혹은 주민들의 집단소속감을 강화할 수 있는 홍보는 효과가 더욱 커질 것이다.

④ 명확한 목표(target) 집단에 집중하기

홍보마케팅은 경우에 따라 특정 집단을 표적으로 하는 것이 필요할 때가 있다. 1964년 뉴욕에서 키티 제노비스(Kitty Genovese)라는 여성이 흉기에 찔리고 폭행당했을 때 최소 목격자가 38명 이상이었음에도 30분 넘게 방치되어 사망한 사건이 벌어졌다. 이를 실험을 통해 증명한 것이 비상사태 발생 시 방관자의 태도를 증명한 것이 방관자 실험이다(Darley & Latane, 1968).

동조실험과 비슷한 측면이 있지만 불특정 다수에게 도움을 요청하는 경우 효과가 떨어지지만, 특정 대상에 대한 홍보마케팅은 책임감을 높이고 행동으로 연결될 가능성이 높다는 것을 시사한다. 특히 언론매체를 활용한 홍보마케팅을 하게 될 경우 언론이 요구하는 특정 홍보 조건이나 상황에 맞는 제목과 내용을 정리해 먼저 적극적으로 제공하는 것도 필요하다.

⑤ 호플링 효과 활용하기

특정 대상의 홍보마케팅에는 호플링 효과를 활용하는 것도 유용할 때가 많다. 호플링 효과는 복종과 권위에 대한 실험으로 가짜 의사의 부당한 전화지시에도 불구하고 그 권위에 의하여 복종하는 간호사와 간호과 학생들의 순응

태도에 대한 연구이다(Horfling et al., 1966).

지역사회 네트워크의 구심점에 있는 종교 지도자, 마을모임의 장, 조직의 대표, 동장 혹은 통반장 등을 통한 홍보마케팅 효과는 더욱 강력한 힘을 가질 수 있다. 그 구성원들은 장의 의견에 적극적으로 반박하기 어렵기 때문이며, 오래되고 잘 훈련된 조직일수록 그 효과가 더욱 커지기 때문이다. 따라서 무작위로 홍보마케팅을 하는 것보다는 지역사회 네트워크의 중심점에 있는 구성원을 찾고, 그들에 대한 존중과 지지를 통한 동조를 확보한 후, 이들을 통한 홍보마케팅을 하는 것은 지역사회에서 미치는 파급 효과가 매우 크다.

⑥ 입소문, 자존심 높이기를 통한 동기화하기

입소문을 통한 홍보마케팅, 주민의 자존심을 높이는 홍보마케팅을 어떻게 할지도 고려사항이다. 많은 사회복지관의 욕구조사에서 공통적으로 나오는 것 중 하나는 사회복지관을 처음 이용하게 된 동기가 주변 친구나 이웃의 권유인 경우가 가장 높은 비율로 나온다는 것이다. 사회복지관이 홍보물이나 언론매체보다 효과가 큰 것이 바로 주변 사람을 통한 입소문의 힘이다. 지금 이용자들이 가장 큰 홍보의 매체이자 마케팅의 수단이며 긍정적인 참여를 이끌어 낼 열쇠이다.

사회복지 서비스의 질을 높이는 것이 중요하지만, 이는 결국 이용자와 사회복지사와의 관계성에 의하여 영향을 받게 된다. 이 관계성 또한 이용자 스스로가 자존감을 높이고, 자신이 존중받는 경험을 사회복지관에서 많이 할수록 긍정적으로 형성될 가능성은 커지게 된다. 자존감을 높인다는 것은 관심과 사랑을 받을 뿐만 아니라 자신들이 인격적인 대우를 받으며, 강점과 긍정적인 역할들을 수행할 수 있는 기회들이 제공되며, 자신들의 결정권이 존중받는 경험을 하는 것이 포함된다.

많은 이들은 좋은 서비스가 좋은 결과를 가져온다고 생각하지만, 경우에 따라 반대 결과가 나올 수 있다. 사회복지관에서 흔히 볼 수 있는 풍경 중 하나는 서비스에서 자신이 제외되었을 때 클레임을 거는 주민들이다. 자신이 더 불쌍하고 힘들게 사는데 왜 자신에게 서비스 제공이 안 되는지 문제를 제기하는 것이다. 이것은 처음부터 사회복지서비스가 인격적으로 전달되는 것이 아니라 더 외롭고, 더 불쌍하고, 더 가난한 주민들에게 서비스를 주려고 성실하게 노력했기 때문에 나타난 나쁜 사마리아인 효과이다. 주민들은 자신들이 서비스를 받기 위해서는 더 외롭고, 더 불쌍하고, 더 가난한 것을 끊임없이 증명해야 한다.

불쌍한 이유로 서비스를 받는 어르신들은 자신에게 어떤 이익이나 긍정적인 일이 생길 때 이것을 사회복지사에게 알리려 하지 않을 것이다. 서비스 박탈에 대한 두려움이 형성되어 있기 때문이다. 즉, 문제를 거는 상당수의 클라이언트의 행태는 사실 사회복지사에 의하여 조작적 조건화가 형성되었기 때문에 나타난 결과로 볼 수 있다. 긍정적이고 강점에 기반한 관계는 존중감을 높여준다. 주민들이 자신들이 하고 싶어 하는 것, 바라는 것들이 지역복지 조직을 통해 성취되는 것을 경험하면 더욱더 높은 존중감을 갖게 될 것이다. 그러면 이들은 자연스럽게 지역복지 조직의 가장 큰 홍보자들이 될 수 있다.

사회복지 홍보마케팅의 최선은 '자존감 있는 클라이언트의 자발적 참여'를 통해서 이루어지는 것이다. 소통을 통한 신뢰의 형성, 걸언과 자기결정권의 경험, 강점의 발견을 통한 긍정적 역할의 작은 성취, 그리고 그에 대한 사회복지사와 동료들의 칭찬과 지지를 통해 자존감 있는 클라이언트로 성장하며 홍보는 완성된다. 그들은 스스로 지역사회복지 조직의 가장 강력한 입소문 홍보마케팅의 주체가 되기 때문이며, 신뢰의 상징이자 결과이기 때문이다.

3) 사회복지 브랜드 전략

(1) 브랜드의 이해

미국 마케팅협회의 브랜드 정의(Farquhar, 1989, 이승재, 2013 재인용)를 지역사회에 맞게 정리하면, '특정 지역사회복지 조직의 서비스나 프로그램을 지역주민들이 바로 확인하고, 다른 지역사회조직들과 차별화시킬 목적으로 사용되는 명칭,

말, 기호, 상징, 디자인 또는 이들의 결합'으로 정의할 수 있다. 따라서 브랜드를 접하게 된 지역주민들의 마음이나 생각 속에 고정된 이미지가 떠오르거나 반응을 유발할 수 있도록 가슴에 상징이 새겨진다. 그렇기 때문에 브랜드는 그 자체로 연상과 지각에 의하여 부가되는 가치(added value)를 가지고 있다. 애플 하면 아이폰이 떠오르는 것도 같은 맥락이다.

브랜드의 중요성이 커지는 이유는 정보의 홍수 속에서의 변별력을 높이기 위한 노력 때문이다. 다른 지역사회복지 조직들의 서비스 개발 및 보급, 문화센터 등과의 경쟁, 언론 등을 통한 눈높이 향상 속에서 브랜드는 지역주민의 해석, 긍정적 수용, 참여 결정에 대한 확신, 사후 만족 등에 영향을 미치게 된다. 그렇기 때문에 지역주민에게 긍정적이고 수용성이 높은 상징적 의미(symbolic meaning)와 이를 통한 연상작용의 창출은 높은 가치를 가진 브랜드의 조건이 된다.

브랜드의 영향력이 커질수록 효과도 증대된다. 브랜드는 사람들로부터 선택 시 예상되는 위험이나 회피를 낮추는 역할을 한다. 브랜드의 영향력이 클수록 지역주민들은 브랜드를 통해 지역사회복지 조직의 새로운 사업의 시도에 대한 신뢰를 갖고 참여로 이어질 수 있다. 특히 효과가 큰 영역이 후원과 자원봉사 참여 확대 영역이다. 후원자를 개발할 때도 단순히 어려운 사람들을 돕는 것이 아닌 가치를 전달할 수 있는 도구로 활용되며, 후원 프로그램의 가치를 설명하는데에도 유용하다. 브랜드에 기반한 사업의 신뢰성 구축은 적극적인 지지자와 참여자를 갖게 되며, 지속가능한 사회복지조직의 발전에 기여하게 된다.

(2) 브랜드 전략

브랜드 전략은 지역사회복지 조직의 핵심영역에 역량을 집중하여, 지역주민들과 후원자들에게 최대한의 만족을 제공하는, 기여자의 자기만족을 높이는 목적을 이루려는 전략이다. 지역주민에게 브랜드 경험은 지역주민의 참여와 후원에 대한 접근성을 쉽게 하고, 브랜드에 대한 믿음으로 참여 결정의 장애요인을 제거하며, 참여 결정 후 브랜드를 통해 자신의 결정이 옳은 결정임이 확신할 수 있도록 하여, 참여주민의 만족감을 높이고, 지속적인 참여율을 유지하게 할 것이다.

이를 위해 브랜드의 전략화 과정을 진행하는 것이 필요하다. 브랜드 전략화 과정은 브랜드 정체성(identity)과 이름을 정의하고, 브랜드 홍보 및 적용을 통한 활용, 그리고 그 효과를 진단하고, 브랜드 가치 제고를 위해 확장시키는 과정으로 이루어진다.

브랜드 정의는 브랜드의 활용 목적과 목표를 구체적으로 정하고, 브랜드의 사전적 정의 개념을 규정하고, 이름을 짓고 상징이 되는 그림, 마크 등을 개발하는 것이다. 다음으로 브랜드를 지역사회에 홍보하고, 다양한 소통의 수단으로 사용하는 브랜드 활용이다. 브랜드 활용의 결과에 대하여 효과를 평가하고, 가치를 진단하여 분석하는 브랜드 진단을 수행한다. 이를 통해 얻어지는 피드백은 브랜드 확장을 위한 방안으로 적용하여 브랜드의 효과 및 가치를 제고하는 과정을 갖는다(|그림 8-4|).

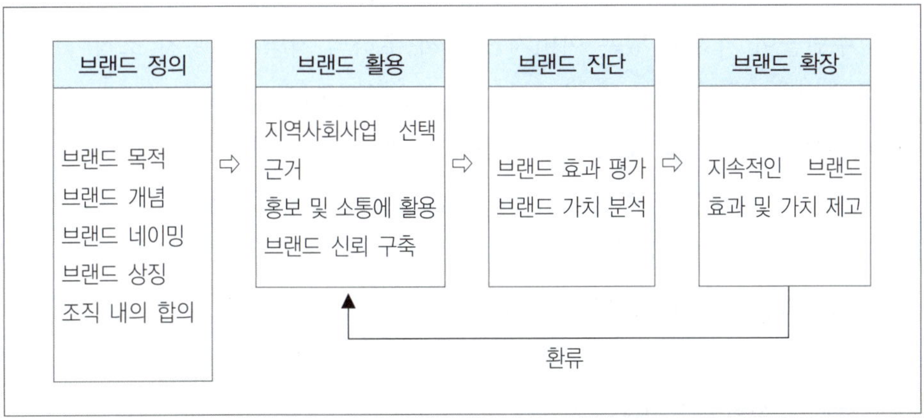

|그림 8-4| 브랜드 전략화 과정

① 브랜드 정체성을 결정한다

브랜드 전략의 첫 출발은 어떠한 브랜드 정체성(identity)을 갖는가를 결정하는 것이다. 정체성에는 브랜드가 지향하고 얻고자 하는 목표와 궁극적인 지향점으로서의 목적을 규정하여야 한다. 이를 통해 브랜드 개념이 도출되고, 일관성 있는 브랜드화의 기반이 마련되기 때문이다.

양원석(2005)은 브랜드의 출발점으로 자기 사회복지실천 가치의 비전을 세우는 것이라고 하였다. 유한양행의 경우 기업의 이익은 사회에 환원해야 한다는 비전을 제시하였다. 이를 통해 사회환원에 가장 적합한 이미지를 브랜드에 접목시킬 수 있게 된다. 다음은 카테고리 분할이다. 브랜드가 활용되는 영역(시장)을 나누어 내 조직의 비전이 더 가치 있는 브랜드로 자리 잡을 수 있도록 해야 한다. 그리고 지역주민 중심의 관점을 지향해야 한다. 지역주민 입장에서 공감하고, 받아들일 수 있어야 하는 것이다. 그리고 그 기반은 지역사회복지 조직이 있는 지역사회에 두고 있어야 한다. 지역의 상징, 지역의 문화, 지역의 역사적 배경 등을 반영할 수 있다면 더 좋을 것이다.

다른 측면에서 브랜드 정체성에 대한 이미지 관리도 중요하다. 브랜드에 대해서 주민들이 가지고 있는 이미지 중에서 우리의 지역사회복지 조직이 원하는 이미지만 더 구체적으로 각인시키고 수용하도록 하는 것이 브랜드 관리이다. 주민들에게 다가갈 때도, 프로그램을 수행할 때도, 외부와의 네트워크에서도 브랜드 정체성을 드러내야 한다. 브랜드의 정체성은 브랜드의 개념 정의(concept)를 통해 구체화된다. 브랜드가 지역사회에 보이고 싶은 모습을 담아내는 개념 정의를 통해 브랜드 이름과 상징들이 만들어지게 된다.

② 브랜드 신뢰성을 구축한다

브랜드 활용의 핵심은 브랜드의 신뢰를 구축하는 것이다. 만약 후원금을 모집하는 사회복지사라면, 지역주민을 만났을 때 후원금의 이야기를 먼저 꺼내기보다는 라포 형성이 더 우선이 되어야 한다. 그리고 사회복지조직에 대한 이해와 가치를 수용하고 함께할 신뢰관계를 구축하는 것이 필요하다. 이때 브랜드는 사회복지조직의 가치를 쉽게 수용할 수 있도록 해주고 보증하는 역할에 활용한다. 후원의 가치가 브랜드를 통해 보여야 하며, 그것이 다시 후원자에게 긍정적 가치로 되돌아갈 수 있음을 확신시켜야 한다.

브랜드의 신뢰성은 사실 사회복지조직의 신뢰성과 동일하다. 브랜드에 기반한 활동들이 사회복지조직을 통해서 이루어지고, 이를 지역주민들이 확인하는 것이 반복되는 경험을 통해 브랜드에 대한 신뢰가 형성된다. 따라서 개별 사회복지사 한 명 한 명이 브랜드에 대한 이해를 가지고 있어야 하며, 자신의 업무에 적용할 수 있도록 노력해야 한다.

③ 가치를 판매하고 주민들을 관리한다

지역사회복지 조직의 브랜드는 상호 가치의 교환이라는 가성비가 중요한 시장에서 물건을 살 때 얻는 브랜드 효과와 외형적으로는 차이가 있다. 눈으로 보이는 교환가치가 거의 존재하지 않거나 기념품이나 소식지 수준으로 투자가치에 비하여 매우 저렴하기 때문이다. 그러나 본질적으로 소비자라는 지역주민이 상징성을 통해, 관계성을 통해 그리고 브랜드에 기여도를 통해 자기만족을 얻는다는 측면에서는 유사성을 갖는다.

투자할 인력과 자본이 부족한 지역사회복지 조직은 소비상품을 대체할 브랜드 가치를 지역복지실천의 성과를 통해서 만들어 내야 한다. 그렇지 않다면 결과적으로 브랜드는 물론 지역사회복지 조직의 존재가치를 잃어버리게 된다. 브랜드의 가치 향상은 사회복지조직의 성공적 활동의 결과와 그를 통한 긍정적 이미지 구축과 밀접하게 연결되어 있다. 지역주민들은 브랜드를 통해 신뢰를 얻는 것이 아니라 브랜드를 가지고 있는 사회복지조직의 일관되고, 당위적인 활동을 통해 지속가능한 신뢰를 얻게 된다.

새로운 주민들을 후원자나 자원봉사자로 참여하게 하는 것보다 이들을 유지하는 것이 몇 배 더 어렵다. 그러나 지속적으로 1만 원을 후원하는 후원자 한 명은 100만 원을 한 번 후원하고 떠나는 사람보다 더 가치가 있다. 후원자 한 명이 가지고 있는 네트워크가 함께하기 때문이다. 그렇기 때문에 작은 후원자나 자원봉사자라 하더라도 자신의 참여의 결과로부터 특별한 관심과 만족을 얻게 하는 것이 사후 이탈을 막는 데 중요한 관리요인이 된다. 즉, 참여자들이 원하는 가치가 브랜드에 담겨야 하고, 그 결과와 성과들이 참여자로부터 가능한 것이라는 겸손한 설득은 참여자의 자기만족으로 이어지고, 지속가능한 참여의 원동력이 된다.

④ 조직의 선택과 집중을 끄집어 내고 결합해야 한다

지역주민 중에 지역사회복지 조직이 무엇을 하는지 구체적으로 알고 이해하는 이들은 적으며, 너무 많은 프로그램이나 서비스가 있을 때에는 막연한 이미지만 갖게 된다. 그렇기 때문에 사회복지조직의 브랜드 이미지를 구축하기 위하여 전략적으로 핵심사업에 선택과 집중을 하는 것이 필요하다.

종로노인종합복지관은 '신(新) 노인문화의 중심 1번지'라는 브랜드와 함께 전통 장류 담그기와 관광객 및 지역주민이 참여하는 강점을 갖는 '종로 & 장금이' 사업을 하고 있다. 종로라는 서울의 중심으로서의 상징성과 결합하고, 전통과 새로운 문화를 결합한 특화사업은 새로운 문화를 선도하는 이미지와 브랜드를 구축하는 데 크게 기여하고 있다. 모든 사업을 다 홍보하는 것보다 선택과 집중을 통해 브랜드와 사업의 이미지가 결합되면 그 상호작용 효과는 더욱 극대화된다. 사회복지조직의 강점이 브랜드와 연결되고, 그 강점을 통한 지역사회 인식의 변화는 브랜드 효과를 더욱 강화하는 데 기여한다.

지역사회복지 조직은 내부적으로 선택과 집중의 효과가 최대로 발휘될수록 조직의 역량을 집중할 필요가 있다. 내부 소통을 통해 구성원들이 브랜드를 이해하고, 브랜드 확산의 노력에 동기화되고, 적극적인 참여자로 동기화되어야 한다. 지역주민의 동기화보다 내부 구성원의 동기화가 더 어렵지만 더 중요하다. 이러한 동기화는 직원들의 강점의 발현, 자기결정권의 성숙한 권한 확보, 조직의 미션에 대한 이해를 통해 더욱 효과적으로 기능할 수 있다.

⑤ 브랜드 진단을 통한 강화방안을 모색한다

브랜드 진단은 사실 용이하지 않지만, 크게 브랜드 홍보 대상으로부터 정보를 얻는 것과 내부 실적과 비판적 분석을 통해 점검하는 것이 가능하다.

브랜드 홍보 대상으로부터 얻는 것은 광범위한 일반 지역주민을 대상으로 지역사회조사나 욕구조사를 실시할 때 브랜드 이미지와 수행사업과의 연관성, 참여 등의 파급효과를 물어보고 정보를 획득하는 방법, 실제 이용자들이나 다른 기관의 실무자나 통반장 등의 주요 인물(key person)들로부터 정보수집을 통해 얻는 방법이 있다. 또한 이용자나 주요 인물들의 경우 FGI(Focus Group Interview)나 개별 면접을 통해 심도 깊은 정보를 설문조사 내용과 함께 파악한다면 더욱 유용한 정보를 얻을 수 있다.

조직 내부로부터 수행하는 평가는 브랜드 효과나 가치 분석에서 좀 더 긍정적인 결과가 나올 수 있는 내부 효과가 생길 수 있다. 따라서 SWOT 분석처럼 브랜드의 효과와 가치에 대하여 강점과 약점, 위기와 기회를 분석하고, 이에 더하여 브랜드 가치평가를 해보는 것도 유용한 방법이다.

가장 중요한 평가기준은 브랜드 홍보를 통해 새로운 후원, 자원봉사자, 마을 만들기 등의 참여자들이 얼마나 증가하였는가를 그 전 자료와 비교하여 분석하는 것이다. 실제 파급효과로 볼 수 있는데, 이는 중장기적인 효과에 해당하기 때문에 당장 가시적으로 나타나기 어렵지만, 지역주민의 참여라는 변화가 수년간 나타나지 않는다면 지금까지 수행된 브랜드 효과에 대하여 진지한 비판적 진단을 해야 한다.

4) 복지관 브랜드 사례[3)]

(1) 브랜드 개요

춘의종합사회복지관은 2014년 2월부터 후원사업 계획에 의한 브랜드 사업 전략회의와 사내 교육을 시작하였다. 양원석 선생의 푸른복지사무소와 BI(Brand

3) 부천동종합사회복지관(전 춘의종합사회복지관)의 홈페이지 자료를 토대로 재구성함.

Identity)[4] 개발을 위한 기관협력 약정 후 '10년 후까지 생각합니다'로 정하고, 직원교육, 리플릿, 후원자 응대 매뉴얼 제작, 캠페인 등을 실시하였다. 이와 연관해서 '살기 좋은 마을 만들기', '+One 김장김치 프로젝트', 지역아동의 10년 후 꿈을 이루기 위한 일일찻집 '10년 후 꿈을 담는 사진 찍기 캠페인'을 연계하여 실시하였다. 현재 법인변경과 함께 "변화를 이끌어 내는 소신"을 BI로 정하고 지역사회 내에서 소신 있게, 장기적인 관점에서 사업을 추진하고 또한 변화를 이끌어 내는 기관으로 자리매김하기 위해 노력하고 있다. 지역의 특성과 주민의 욕구에 대해 명확히 이해하고 사회복지관의 기능과 역할에 따라 지역사회의 복지 증진을 위해 일관성 있는 모습을 지역사회 속에 보여주기 위해 노력하고 있다.

(2) BI체계

① BI 구성

춘의종합사회복지관은 2004년부터 전국 최초로 브랜드 전략사업을 추진하여 오고 있으며, 전체 직원의 브랜드 사업에 대한 이해를 높이고 공감대를 형성하여 사업의 통일성을 기하기 위해 직원 교육과 연수를 정기적으로 실시하고 있다. 후원홍보팀을 구성하여 전체 생각을 공유하는 시간을 정기적으로 갖고 있으며, 브랜드 전략매체를 개발하고 내·외부 커뮤니케이션을 통해 10년 후까지 생각하는 복지관으로서 노력하고 있다.

춘의종합사회복지관은 브랜드를 춘의종합사회복지관으로 하고, 이에 대응하는 슬로건은 다음의 6개를 선정하였다(【그림 8-5】 참조, 2017년 1월 기준).

4) 춘의종합사회복지관은 BI를 사용하므로 여기서는 그대로 사용함

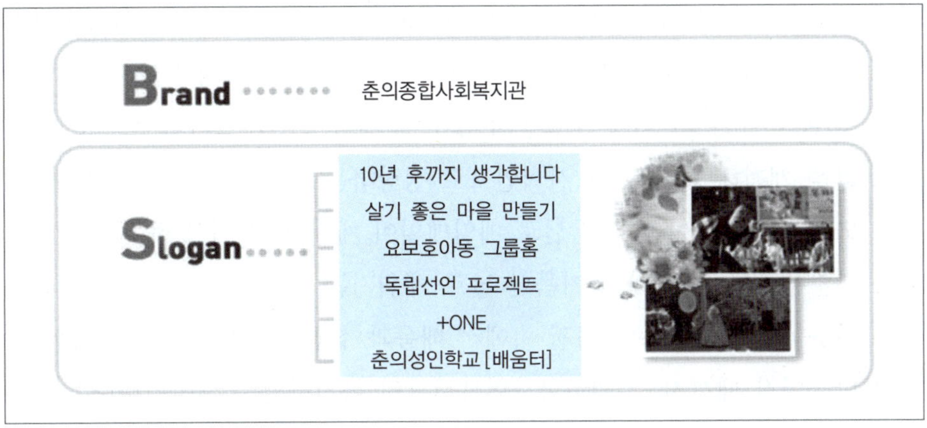

| 그림 8-5 | 춘의종합사회복지관의 브랜드 구성체계

브랜드 전략으로는 내부 커뮤니케이션을 통해 전체 직원교육 및 직원연수, 후원홍보팀 정기회의, 팀별 담당자(후원홍보팀원) 팀 내 정보전달, 전체 사업 구상 및 논의(슈퍼비전), 대표 캠페인사업 후원 방안 연구, 역할극(체험학습)을 수행하고 있다. 외부 커뮤니케이션을 통해 10년 후 꿈을 찍어드리는 사진행사(정기적인 이벤트 행사), 지역 내 소식지 배포처 확대 및 고정 비치, 일일찻집(10년 후 꿈 지원 연계), 심포지엄(대표 캠페인 사업 및 브랜드 사업), 지역방문의 날(만남 행사)을 진행하고 있다.

② BI 방향성

브랜드의 방향성은 '변화를 이끌어 내는 소신, 10년 후까지 생각합니다'로 두 개의 브랜드를 조화롭게 구성하였다. 이를 통하여 "사회복지는 '우리 이웃의 삶' 그 자체여야 합니다"라는 슬로건을 통해 지역사회복지에서 '누구나 참여할 수 있고, 함께하는 지역의 일로 이해하며, 누구에게나 필요한, 누구에게나 도움을 주고받을 수 있는 활동으로 인식할 수 있도록 하기 위해 춘의만의 BI를 바탕으로 복지사업을 실천해 나가고자' 노력하고 있다. 이러한 지향점은 10년 후라는 미래지향적인 단어에서 더욱 강하게 나타난다.

'10년 후 마을공동체가 이루어져 누구에게나 살기 좋은 마을이 만들어지기까지, 10년 후에는 모든 우리의 아동들이 가정에서 행복한 정을 느낄 수 있기까지, 10년 후에는 더 이상 도움받지 않고 주체적으로 자립하여 스스로의 힘으로 삶을 개척해 나가는 참 사회인으로 성장하는 모습을 보기까지, 10년 후에는 모든 어르신들이 특별한 날로 매일매일이 채워져 더 이상 하루하루가 특별하지 않은 평상시 행복이 가득한 날로 채워지는 그날까지, 10년 후 우리의 모든 이웃들이 문해교육의 터전 속에서 배움과 실천이 끊임없이 이어지는 그날이 만들어질 때까지, 춘의종합사회복지관의 복지사업은 계속됩니다.'

CHAPTER 09

지역사회복지의 실천 기술 Ⅲ – 주민 조직화

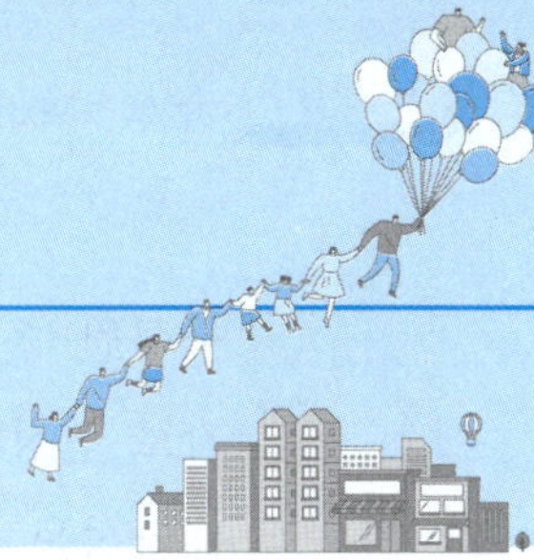

지역사회복지 실천 기술 Ⅲ은 지역주민과 함께하는 실천 활동과 주민 조직화를 중심으로 기술하였다. 주민 만나기를 통해 지역사회를 알아가는 방법, 주민 조직화와 조직 유지 기술, 주민의 자주적 권한을 위한 임파워먼트를 구체적으로 다루며, 그 외 필요한 실천기술인 지역사회교육, 마을리더와 동역자로 성장하기, 옹호와 권리 찾기, 협상과 갈등해결, 마을계획을 전반적으로 다룬다.

1 주민 만나기

주민 만나기는 주민과 관계 맺기이다. 지역사회복지 실천은 주민을 포함한 지역사회 참여 주체들과의 소통 및 관계 형성 수준에 따라 성패가 갈라진다. '정(情)', '우리', '마을'과 같은 단어들은 목적지향형보다는 관계기반형이며, 우리의 삶을 크게 지배하고 있다. 초보 지역사회 조직가가 흔히 하는 실수는 자신을 전문가로 생각해서 오랫동안 활동해온 지역주민을 가르치거나 우위에 서려고 하는 것이다. 관계 형성 이전에 섣부른 개입은 강력한 반발은 물론 지역사회 기반이 취약한 사회복지사를 외톨이로 만드는 지름길이다. 주민과의 관계 형성과 응집력 강화에서 중요한 것은 존중과 신뢰를 통해 점진적으로 형성된 관계이면서 동시에 지역주민에게 사회복지사의 영향력이 유지되고 지역사회의 구성원 중 하나로 인정받는 것이다. 이를 위해서 겸손한 주민 만나기와 전문가로 인정받는 라포(rapport) 형성이 필요하다. 그 관계의 장에 들어가지 못하면 배타성을 갖거나 형식적인 관계만 유지하게 될 뿐이다.

주민 만나기는 프로그램 개발 이전부터 일상으로 해야 하는 영역이다. 주민 만나기, 지역조사 대상자 선정, 프로그램 참여자 선정, 조직화 참여하기 등은 경우에 따라 별개로 이루어질 수 있지만, 사회복지사의 관점이 지역주민 중심으로 전환되면, 이 둘은 동시적 관계로 진행될 수 있다.

1) 주민 만나기의 중요성

① 주민 만나기는 주민이 지역사회의 주인이 되는 과정의 시작이다. 그러나 주민 만나기를 힘들어하는 사회복지사들이 의외로 많고 주민 관점에서 욕구조사를 설계하거나 분석하는 것을 제대로 하지 못하는 경우도 많다. 그러니 주민의 욕구나 의사와 관계없이 일방적으로 사회복지사에 의하여 프로그램을 계획, 진행하는 일이 흔하게 생긴다. 이는 주민 관점에서는 일방적이고 때로는 폭력적일 수 있다. 그러다보니 프로그램이 끝나면 남아 있는 주민이 없고, 자신의 의지와 상관없으니 혜택이 없다면 잘 오지 않는다. 그러니 자꾸 선물 같은 물질적 유인책을 쓰고, 주민들은 선물만 받고 프로그램이 끝나면 오지 않는 악순환이 생기게 된다.

② 주민의 욕구와 문제, 강점을 주민의 관점으로 이해하는 과정이다. 소수 주민의 특정 관심사와 그들에 대한 조직화는 주민 만나기를 통한 욕구 파악이 더 효과적이고, 의미가 있다. 사회복지사가 만나서 소통하는 과정을 통해 주민이 바라고 원하는 것들이 드러나고, 주민들의 강점과 가능성을 알 수 있게 된다. 이를 토대로 사회복지사는 주민을 모아 함께 문제를 해결하거나, 주민에게 필요한 프로그램을 제공할 수 있다. 주민이 바라보는 세상을 사회복지사가 더 많이 알게 되는 것이 주민 만나기이다.

③ 주민 만나기는 사회복지사와 사회복지조직이 지역사회 공동체의 일원이 되는 활동이다. 주민은 주인으로서 지역사회에 터를 잡고있는 사람이다(主民이자 住民). 같은 동네 사람인지, 다른 동네 사람인지에 따라 지역사회 주민들이 대하는 태도가 달라진다. 사회복지사가 다른 동네 사람으로 느껴질 만큼 관계가 없고 주민들에게 공감되거나 긍정적인 이미지가 없다면 사회복지조직은 그냥 이용 시설에 불과할 것이다. 사회복지조직은 우리 동네에 있는 주민의 이웃이어야 한다.

④ 주민 만나기는 지역사회에 효과적이고 섬세한 관계망을 만들고, 영향력을 만든다. 프로그램 참여자를 모집할 때, 주민 조직화를 시도할 때, 복지 사각지대의 주민을 찾을 때 주민 만나기를 통해 친해진 이들의 도움을 받을 수 있다. 사회복지조직의 훌륭한 홍보 서포터즈가 되기도 한다. 주민 만나기를 통해 사회복지사는 주민과 만남에서 더 자연스러워지며, 친근해지는 경험을 쌓고, 그 힘은 다시 주민과의 관계망을 강력하게 만든다.

주민 만나기에서 매우 중요한 사회복지사의 자세 두 가지 있다. 첫째는 Social Worker로서의 진정성이다. 내가 스스로 나의 마음을 담아내지 않는다면, 상대방 또한 그러할 것이기 때문이다. 이것이 황금률(Golden rule)이다. 둘째는 사회복지사가 최대한 입을 다무는 것이며, 질문과 호응 그리고 지속적 만남을 갖는 것이다. 즉, 화자는 주민 당사자여야만 하고, 사회복지사는 걸언(乞言)을 해야 한다.

주민 만나기와 관련된 한덕연 선생님의 사회사업 방법(출처 : 한덕연(2023), 복지요결, 사회복지정보원(welfare.or.kr). * 아래 내용은 요약본으로 의미있는 내용이 담긴 원본을 꼭 살펴보세요.
사회사업 방법은 당사자와 지역사회에 인사하고, 묻고 의논하고 부탁하고, 감사하기입니다.
사회사업 개념 가치 이상 철학 주안점에 따른 행위의 실체가 이러합니다. 사회사업은 대개 이렇게만 해도 잘되고 이렇게 해야 잘됩니다.

인사 : ① 당사자에게 인사합니다. ② 기관의 지역사회에 인사합니다. 절반의 성공방법.

묻고, 의논하고, 부탁하기
(1) **묻기** : ① 잘 알고 대답하게 합니다. ② 희망과 강점을 이야기하게 합니다. ③ 스스로 묻게 합니다.
(2) **의논하기** : ① 당사자의 의견대로 하기 어렵거나 다른 의견이 있으면 의논합니다. ②사회사업가가 먼저 의견을 이야기할 수 있습니다. 먼저 제안을 설명하면서 묻고 의논하는 겁니다. ③ 필요하면 사회사업가의 경험, 지식, 정보를 이야기해 줄 수 있습니다.
(3) **부탁하기** : ① 당사자에게 부탁하기 ② 지역사회에 부탁하기 ③ 잘 부탁하기

2) 주민 만나기

주민 만나기의 진행 과정의 예는 다음과 같다. 주민에게 다가가기 → 주민은 경계하기 → 반복 만나기 → 친밀감의 시작 → 경계 허물기 → 신뢰 관계의 구축 → 주민의 속마음, 바람, 욕구의 솔직한 표현 → 주민을 인정하고 강점 찾기 → 당사자 문제에 대한 참여의 권면 → 욕구, 강점 기반 활동의 시작

주민에게 다가가기 혹 주민과 만나기 어려워하는 사회복지사들이 의외로 많이 있다. 내성적이거나 대인관계가 취약한 경우 더욱 어려움을 느끼게 된다. 이를 위하여 사회복지사는 점진적 다가가기 방식으로 주민 만나기의 초기 접근 훈련을 해야 한다.

(1) 주민에게 점진적으로 다가가기

주민에게 점진적 다가가기는 사회복지사가 주민 만나기를 시도할 때 지역과 주민을 알아가면서, 만나기 훈련을 하는 단계이다. 다음과 같은 방법을 자신만의 방식으로 적용하여 활용한다.

① 복지기관 이용 주민 이야기 들어보기

일상에서 자주 만난 이용 주민, 특히 담당 프로그램의 참여자라면 더 편한 관계가 될 수 있다. 이들을 상대로 주민 자신의 관심사(self interest)를 물어보고, 자기 삶의 이야기를 듣는 것이다. 유의할 것은 이들은 이미 복지기관의 후광효과에 영향을 크게 받고 있어 제한된 소통만 가능할 수 있다. 예 후원서비스 받는 어르신은 자신의 어려움만 토로.

② 우리 동네 탐방하기

동네 구석구석을 다녀보면서 사람들이 사는 공간을 꼼꼼히 살펴보고, 사진으로 담는다. 새롭게 알게 된 정보들을 정리한 후, 여러 추정을 통한 정보들도 정리한다. 여유가 있다면 마을 지도를 만들어 핵심 정보를 기재하는 것도 좋다.

그림 9-1 우리 동네 탐방하기

(사진 : 장위종합사회복지관 제공)

내용 : 놀이터 방문시 보호자와 아동들이 있었지만, 다수의 어르신도 오후의 햇살을 함께 즐기고 계셨다. 찾아가는 놀이터 프로그램에서 공동 육아모임으로 조직화, 어르신의 여가활동으로 시작해 아동 지킴이로 조직화 등을 생각한다.

③ 유관 기관, 관공서 실무자를 만나기(KPI)

복지기관 내 자원봉사 조직의 대표, 이웃 복지기관의 사회복지사, 행정복지센터 사회복지사 등을 찾아가 만나는 주민들에 대한 간접 경험을 할 수 있다.

④ 바라보고 인사하기

마을 카페, 마을 공원의 벤치, 수변 산책로, 미용실 등에는 특정 시간대에 몰리는 사람들, 지나가는 사람들이 있다. 이들을 바라보고 살펴보는 시간을 갖는다. 눈이 마주치면 인사하는 훈련도 한다. 간단한 자기 소개는 덤이다. 자기 소개를 할 때에는 기억에 남을 만한 것을 준비하는 것도 좋다. 예 포장된 작은 과자 모음과 명함.

(2) 주민 만나기의 방식

먼저 찾아가 주민을 만나고, 인사하고, 또다시 찾아가기의 반복인 주민 만나기는 주민과의 친밀감과 신뢰감 형성이 목적이다. 무작위 만나기와 전략적 목표에 따른 주민 만나기의 경우 친밀감과 신뢰감 형성에서 다소 차이가 발생하게 된다. 사회복지사는 이를 유의해서 살펴야 한다.

① 무작위 만나기

의도하지 않은 채 동네 곳곳을 돌아다니며 우연히 만나는 이들과 함께 관계를 만드려고 시도하는 것이 마을 주민을 '무작위 만나기'이다. 마을의 식당, 미용실, 분식점, 세탁소, 길거리의 동네 주민 등 우연성에 기초하여 찾아가고 만나는 것이다.

㉠ 장점

- 지역사회의 일반적인 상황을 파악하는데 도움이 된다. 우리가 통상 만날 가능성이 높은 주민의 성별, 연령대 등 인구사회학적 특성을 확인할 수 있다.
- 일반 상황을 통해 주민의 통상의 관심사와 지역사회에 대한 의식 등을 확인하고 이를 통해 조직화 홍보와 참여 계획을 세우는 데는 도움이 된다.
- 특정 욕구를 가진 이들의 수요를 접근 가능한 주민 안에서 비교적 정

확하게 추정할 수 있게 된다. 주민들의 반응과 참여 의지를 통한 사업의 수행 및 성공 가능성에 대한 예측에 도움을 준다.

㉡ 단점

- 특정 욕구나 참여 의지를 가진 주민을 만날 확률이 낮다. 복지기관에서 세운 전략적 접근에 부합하는 이들을 찾기 어려울 경우 조직화에 지장이 될 수 있다. 이 경우 주민 만나기의 범위를 조금 더 좁히고, 반복된 관계 설정을 더 명확하게 해야 할 대상을 찾아야 한다.
- 비효율성이다. 물론 효율성 관점으로 살피는 것이 위험할 수 있다. 많은 이들을 만나지만 일상적인 인사말의 반복은 사회복지사를 지치게 만들 수 있다. 이 경우 사회복지사 스스로 '왜 만나는가?'에 대한 자기 답을 스스로 분명히 가져야만 한다. 사회복지사의 목적 의식이 분명해지면 비효율성을 극복할 수 있다. 하나 하나 소중하고 잠재력과 강점을 가진 주민을 만나게 되기 때문이다.
- 모호한 방향성으로 인한 고민이 발생한다. 많은 주민 만나기 노력에 비하여 '주민들의 반응은 왜 이럴까?' '우리를 몰라주나?' '왜 이걸 해야하지?'라는 문제의식을 던져줄 수 있기 때문에 무작위 만나기만으로는 답답함을 느끼게 되기 쉽다. 또한 너무 다른 반응과 관심사를 가진 주민의 경우 하나로 조직화하는 것은 실패 확률을 높인다. 이 때 전략적 목표에 따른 주민 만나기를 병행하면서 보완해야 한다.

② 전략적 주민 만나기

'전략적 목표에 따른 주민 만나기'는 사회복지사가 기획 또는 계획한 활동을 수행하기에 가장 적합한 특성이나 조건을 갖춘 마을 주민, 마을 이장/ 통반장, 마을 활동이나 모임 대표, 놀이터에 있은 보호자, 경로당 어르신 등을 의도적으로 만나는 것이다. 또한 전략적 주민 만나기는 지역욕구 조사 공청회에서 의견을 표현하는 주민, 욕구조사 설문지에 욕구와 참여를 기재한 주민, 복지기관에 찾아왔던 주민 등 다양한 방식으로 진행할 수 있다. 이는 무작위 주민 만나기가 어느 정도 진행한 다음 단계로 하는 것이 좋다.

㉠ 장점

- 선택과 집중의 효과가 높다. 주민들의 욕구도 분명하고, 해결해야 할 방향성도 합의하는데 크게 어렵지 않다.
- 더욱 깊은 신뢰관계 형성에 유리하다. 사회복지사가 민감하게 주민 자신에게 집중하고, 그들의 욕구에 반응하는 모습을 보이게 된다. 따라서 당사자는 자신을 보다 쉽게 드러내고, 관계를 형성하는데 더 적극적일 가능성이 높아진다.
- 분명한 목적 공유에 따른 응집력 효과가 커진다. 비슷한 공감대를 가진 이들이 복지기관을 중심으로 모이게 됨으로 이들 간의 공감대가 커지고, 상호작용 또한 보다 쉽게 활발해질 수 있다(group dynamics).
- 참여 가능성을 높이는 효율성이 있다. 욕구에 기반한 활동의 제안과 초기 관계에서 만들어지는 공감대는 이들의 참여 의지를 더욱 높이는 기폭제가 될 수 있다. 혼자 참여하기 힘든 상황도 비슷한 상황의 여럿이라면 용기 내기 용이하다.

㉡ 단점

- 수단화의 윤리적 문제가 생길 수 있다. 실재 주민의 욕구와 다른 의도된 사회복지사의 욕구나 기관의 방침이 강요되거나 배경으로 작용할 때 특히 그렇다. 존엄한 존재로서, 즉 목적론적으로 지역주민을 대하는 것이 아닌 복지기관의 사업과 실적을 위한 존재로서 수단화, 도구화할 우려가 있다. 참여는 주민의 자기결정권에 의해야 하며, 사전에 충분한 정보와 지원이 제공되어야 한다. 발대식이 먼저, 거하게 열리거나, 마을 벽화 가꾸기 같은 화려한 사업을 우선하는 마을공동체일수록 빨리 망하는 경우는 거의 법칙 같이 발생한다.
- 실패의 부담이 크다. 사회복지사가 라포형성 이전에 사업의 목적 의식을 강하게 드러낼 경우 주민은 부담을 느끼고 참여의 거부감을 표할

수 있다. 따라서 전략적 목적으로 주민을 만난다 하더라도 반드시 충분한 만남과 나눔, 신뢰의 관계 형성 그리고 주민 내부의 관심과 욕구로부터 시작해야 하며, 스스로 결론을 내릴 때까지의 기다림이 전제되어야 한다.

- 후광효과로 인한 왜곡 현상이 생길 수 있다. 평소 도움을 많이 받는 주민이라면 더욱 커지는데, 복지기관의 부탁을 거절할 수 없는 상황이라면 형식적인 참여로 이어질 수 있다. 이 경우 당장은 주민 참여가 잘 되는 것처럼 착시효과까지 유발하여 조직화가 잘 되는 것처럼 보일 수 있다.

3) 주민 만나기에서 유의 사항

주민 만나기는 주민 조직화의 가장 중요한 첫 단추이자, 성공의 열쇠임을 기억한다.

① 주민 만나기는 주민의 카이로스의 시간을 만드는 것이다. 주민 만나기는 사회복지사가 말하는 시간이 아닌 주민이 말하는 카이로스(Καιρός)의 시간이다. 즉, 주민의 생각과, 관점과 이야기가 열리는 주민이 주인공이 되는 시간이다. 주민이 80% 말하고, 20%는 사회복지사의 반응과 동조의 말이 나오도록 한다. 특히, 지역사회 문제나 욕구 같은 어려운 주제가 아닌 주민 자신의 관심사(self-interest)에 집중한다.

② 주민 만나기 전 준비 사항을 확인한다. 지역에 대한 정보를 수집하고, 그 안에서 주민들이 잘 알거나 관심사인 질문들을 만든다. 연령대별 맞춤 질문도 생각한다.

③ 관계의 인장을 찍어라. 첫째, 민감성. 우연히 만난 주민의 얼굴에 고민으로 인해 걱정거리를 물었다. 그녀는 딸의 탈모로 인한 고민을 토로하였다. 다음 만남에서 딸의 탈모는 어떤지에 대해 질문한다. 그 뒤 주민의 태도가 친근하게 달라진다. 바로 자기에게 관심을 가졌기 때문이다. 둘

째, 기분 좋은 작은 선물을 준비한다. 예 첫 만남에서는 복지기관 팜플렛 금지–주제를 흩트린다. 작은 과자나 건강사탕을 담은 저비용 선물, 마을 산책로의 음료대 등.

④ 적극적인 자세를 주민에게 보인다. 찾아가서 만나라, 구해서 들어라, 그들의 마음을 노크하라! 과거 지역사회 활동가들은 하루 종일 미용실이나 동네 수퍼마켓에 머물며 주민들을 만났다. 차 한잔 나누며 소소한 이야기를 통해 친밀감을 점진적으로 쌓아가며 주민들의 이야기를 들었다. 다만, 지나친 사적 관계로 전이되는 것을 경계해야 한다. 밤 늦은 술자리에 이성 사회복지사를 불러내는 행위 등 부적절한 행동이 나타날 수 있다.

⑤ 주민의 자기 관심사(self interest)에 집중한다. 일반적 만남에서 이웃에 대한 관심, 동네 문제, 공동체 참여활동 등의 질문은 초기 만남에서 다루지 않는다. 단, 관심이 크거나 불만이 많다면 이를 촉진시키는 것은 상관없다. 그렇지 않다면, 초기 만남에 부담을 느끼거나 사업이라는 인식을 갖게 되면 주민의 거부감이 커지게 되고, 형식적, 사업적 관계로 형성된다. 따라서 초기 관계에서 사회복지사의 관심사는 오직 주민 그 자체로만, 주민의 개인 이야기, 주민의 개인적 관심, 주민의 개인적 강점에만 집중해야 한다.

⑥ 말 속에 주민의 도움과 협조가 필요하다는 것을 어필한다. 지역사회는 지역주민이 더 잘 안다. 전문가인 사회복지사가 우월하다는 편견을 깨고, 주민의 지혜를 구하고, 주민의 도움으로 지역사회가 건강해지는 것임을 인식해야 한다. 만나는 주민 하나 하나가 사회복지사의 자문이자 선배주민이다.

⑦ 불만이 많거나 지역사회에 관심있는 주민을 찾는다. 지역사회 조직화는 많은 주민을 동원하는 것이 아니다. 소수의 한 그룹에서부터 시작해야 한다. 그리고 그들과 깊고 신뢰할 만한 관계를 만들어야 한다. 이때 중요한 것은 사회문화적 배경에 따라 동일한 문제라도 다른 인식을 갖는 사람들이 있는 것이다. 관계 형성에서 필요한 것을 제공하는 것이 아니라,

스스로 관심사를 찾고 스스로 해결할 때 힘을 보태는 프레임을 구축해야 한다.

⑧ 정체성에 대한 성찰과 고민이 필요하다. 내가 만나는 주민이 전세나 월세를 사는 사람이라면 만남의 유지는 어렵다. 다른 관점에서 사회복지사가 자신을 잡상인처럼 생각하거나, 지역사회 및 주민 조직화에 대한 가치나 철학이 부족하다면, 주민 만나기는 스트레스를 강화하는 과정일 뿐이며, 계속 진행하기 어렵다.

⑨ 관계의 서열을 경계한다. 지역에서 적극적인 활동을 하거나 작은 조직의 리더인 경우, 나이가 많은 이들의 경우 사회복지사와 서열 관계를 정리하려는 힘겨루기를 할 때가 종종 있다. 이때는 싸우기보다 잠시 떨어져 경계를 유지해야 한다. 물론 사회복지사도 사업 담당자이자 실무책임자로 힘의 관계에서 우위를 서고자 하는 경우가 있다. 그러나 서열 관계가 수평적으로 만들어지지 않으면 사회복지사는 '부리는 존재'가 되거나 '재수 없는 존재'가 된다.

⑩ 주민 만나기는 동네와 지역사회를 알아가는 것까지 포함한다. 동네를 잘 알수록 사람을 만날수록 늘어나는 정보와 관계의 질이 깊어진다. 마을 탐방을 시작한 사회복지사가 동네에 어르신 공동작업장이 있다는 것을 처음 알게 되었다. 동네 어르신과의 대화에서 어르신의 경제활동 참여와 공동작업장의 이야기는 주요 관심사가 되었다.

⑪ 주민 만나기는 주민들의 강점을 찾는 과정이다. 주민들의 자기 관심사에서도, 그들이 하는 일에서도 강점을 발견할 수 있다. 피자가게 사장님은 피자도 잘 만들지만, 피자 배달 네트워크를 갖고 있고, 이는 홍보의 훌륭한 도구가 될 수 있다. 영유아 양육 어머니에게 양육에 도움이 되는 육아교육 프로그램이 무엇인지 의견을 구하고, 그에 맞는 프로그램을 개발해 초청하는 것이다. 주민 조직화의 성공 핵심 요인 중 하나는 주민이 지역사회에서 인정 받는 경험을 하는 것이다.

⑫ 영향을 미칠 신뢰적 관계 형성에 주력해야 한다. 주민 만나기는 어디까

지 가야 하는가? 이상적인 상황은 사회복지사가 부탁할 때 긍정적으로 들어주거나 반응하는 수준의 친밀한 관계를 만드는 것이다. 이를 위해서는 주민의 이야기를 통해 얻게 된 그들의 관심사(self-interest)를 확장시키고, 친해진 후 필요에 맞는 활동을 제안하고, 격식을 갖추어 초대하고 참여를 독려한다.

⑬ 주민 만나기 후 기록은 중요하다. 만난 주민 중 인상적인 이들의 스토리카드를 별도로 만들 수 있다. 핵심 키워드 중심으로 주민 특성과 관심사 등을 기록하고, 이를 토대로 다음 만남에 활용한다. 친해진다면 사진에 담거나 인터뷰 기록도 가능하다. 이러한 일 또한 기록은 관리와 평가의 중요한 도구가 된다.

2 주민 조직화

1) 주민 조직화의 이해

인보관에 뿌리를 둔 지역사회조직(CO, Community Organization)은 과거 개별사회사업(Case Work), 집단사회사업(Group Work)과 함께 사회복지실천 3대 방법론 중 하나로 불렸다.

지역사회조직의 가장 중요한 핵심이자 실천 과정은 주민 조직화이다. 사회복지 실천에서 주민 조직화(organizing)는 사회복지사의 조력(enable)으로, 지역사회복지적 가치 실현[1]이나 공동의 욕구·문제 해결을 위하여 지역주민이 자주적, 공생적 공동체를 만들고, 지역사회 내 다양한 참여 주체들과 협력적 연대체계를 구축하여 사회복지사와 지역주민이 함께 대응하는 것이다. 단기적[2] 결과로 사회복지사에 의해 촉진(facilitate)되지만, 지역주민에 의한, 지역주민을 위한, 지

1) 지역사회복지의 실천 원칙 중 '2) 가치 기반 지역사회복지 실천의 원칙', '3) 마을공동체에서 주민조직화의 관점'을 참고한다.

2) 여기서의 단기적은 2~3년, 경우에 따라 10년 이상의 오랜 조직화의 결과로 성취할 수 있는 영역이다. 사회복지 프로그램 개발과 평가에서 통상 1년 혹은 3년 단위의 프로그램 방식으로 접근하는 것은 주민 조직화를 망치는 이유가 될 수 있다. 자세한 내용은 본문 참조.

역주민의 공동체를 통한 사회복지의 증진과 지역사회로의 긍정적 영향력의 파급이다. 지역사회로의 긍정적 영향력의 파급은 조직화된 바람직한 가치에 기반한 마을공동체와 또다른 마을공동체의 더 큰 연대인 시민공동체(civic community) 혹은 인민공동체(people's community)로의 확장이다. 이는 곧 민주주의를 지키는 보루이자, 국민에 의한 국민을 위한 국민의 나라를 만드는 기틀이 된다.

2) 주민 참여의 단계

아른스테인(Arnstein, 1969)은 권한을 위임받은 공공 기관과 공무원들이 어떻게 시민의 정당한 권한을 부정하는지, 그리고 이에 대응하여 어떻게 시민 자조직의 통제 역량와 권한의 수준을 성장시키는지에 대한 8단계 모델로 '시민참여의 사다리(Ladder of Citizen Participation)'[3)]를 제안하였다. 그녀는 주민참여에 대하여 원칙적으로 누구나 반대하지 않고 찬사나 존경받는 행동이자, 민주주의의 초석이라고 생각하지만, 가진 것이 없는 사람들이 참여를 권력의 재분배로 정의할 때는 미국에서는 노골적인 인종적, 민족적, 이데올로기적, 정치적 반대의 부정적인 측면을 부각시킨다고 비판하였다. 그녀는 풍요로운 사회의 혜택을 모두가 함께 공유할 수 있는 사회개혁의 수단으로 주민참여를 정의 하면서, 현재 정치적, 경제적 과정에서 배체된 소외된 주민들이 미래에 의도적으로 이에 포함될 수 있도록 권력을 재분배하는 과정에 참여하는 것을 주민참여 전략으로 규정하였다.

3) 상당수의 지역사회복지론에서는 이를 주민참여 단계로 설명하는 경우가 많이 있다. 주민과 시민의 이미지는 다소 차이가 있다. 그럼에도 불구하고 여기서는 citizen을 지역사회복지 실천적 관점에서는 주민으로 번역하여 사용하였다.

Arnstein(1969)을 비롯한 서구적 관점에서는 참여하는 주도적인 사람들을 시민(citizen)과 시민권의 개념의 개념으로 다루는 경우가 많다. 시민이라는 개념은 단절된 개개인의 권한을 강조하는 측면이 조금 더 강하며, 복수도 성숙한 시민의 사후 집합적 개념으로 쓰기에 우리가 주로 사용하는 주민과 개념적 차이가 다소 있다. 주민은 '마을주민'과 같은 복합적 개념으로 더 쉽게 결합하는데, 조금 더 결속력 있고 규모가 작은 공동체를 포함하는 개념으로 더 자주 사용한다. 이는 한국적인 집단 문화의 특성을 반영하는 것이다. 예를 들면, '바구니 안에 오렌지가 있다는 표현은 정확한 번역이 어렵다. 우리는 바구니 안에 오렌지가 하나이든 두 개든 여러 개이든 다 오렌지가 있다고 표현하지만, 서구적 관점에서는 an, two, few, many라는 개념이 포함되어야 가능하다. 심지어 스페인어나 독일어에서는 오렌지의 성별까지 부여한다. 구체적이고 개별화된 관점에서 세상을 보는 것이다. 따라서 지역사회조직의 방법론과 가치성에서도 주민, 당사자라는 가치성 있는 표현을 서구의 용어로 표현하는 것은 생각보다 어렵다. 물론 서구의 citizen이라는 개념 또한 우리에게 마찬가지로 쉽지 않은 의미를 담고 있다. 이와 관련된 자세한 내용은 '리처드 니스벳(2004)의 생각의 지도-동양과 서양, 세상을 바라보는 서로 다른 시선, 김영사'를 참고하기 바란다.

아른스테인의 주민의 참여 권한(participatory power)은 3가지 유형으로 구분된다. 가장 낮은 권한의 수준은 비참여 상태로, 공공 조직들에 의하여 주민들의 참여가 배제된 상태이다. 사다리 8단계 중 공공 기관에 의하여 이용당하는 조작과 주민 욕구 표출과 병리적 인식을 강화하는 참여인 치료의 2단계까지가 해당된다.

다음 권한 수준은 형식적 참여로, 주민은 공공 조직으로부터 정보도 제공받고, 공청회나 집회 참여를 통해 의견을 표출하는 자문, 실질적 권한이 부재한 위원회 참여인 유화(宥和)의 3단계가 포함된다. 토크니즘(tokenism)은 특정 목적을 수행하기 위해 형식적이거나 상징적인 노력만 하는 관행을 의미한다, 특히 노동력 내에서 성적 또는 인종적 평등을 나타내기 위해 소외된 그룹에서 소수의 사람들을 참여시킴을 상징적으로 보여주지만, 실질적인 권한이나 기회를 주지 않는 것이다(Oxford Languages).

이상적인 권한 수준은 주민의 권력으로, 실제 권력이 주민에게 위임되어, 주민이 주도적으로 관리하며 통제하고, 권력을 가진 공공 조직과 협력하는 단계이다.

참여 권한의 수준에 따른 주민 참여의 8단계는 <표 9-1>과 같다.

〈표 9-1〉 아른스테인의 주민 참여 사다리의 8단계

유형 typology		단계 Ladder	참여 권한 participatory power
8	주민이 통제 Citizen control	주민 스스로 공공 프로그램과 공공 조직을 입안하고, 관리하는 권한을 갖고 있으며, 제도적 개선을 공공 조직과 협상을 하는 수준이다. 예 주민이 통제하는 상황에서 공공 기금이 지역사회 조직에 직접 제공되는 것	주민의 권력 (실제 권력, Degree of citizen power)
7	위임된 권한 Delegated power	공공 기관의 통제, 관리, 의사결정 또는 자금 사용 권한에 주민이 영향력을 행사할 수 있는 수준이다. 예를 들어, 도시관리 프로그램에 시민위원회에 위임된 권한. 따라서 공공 기관은 주민과 협상을 해야만 한다.	

<table>
<tr><td>6</td><td>협력 관계
Partnership</td><td>권력의 재분배가 가능한 단계로, 공공 기관은 주민과 협상하고, 의사결정을 함께 할 수 있다. 주민은 공적 자금이나 사업에 대한 제한된 권한을 가지고 있으며, 어느 한쪽이 일방적으로 결정할 수는 없다. 시위, 캠페인, 주민 조직화와 같은 행동을 통해 얻는다.</td><td></td></tr>
<tr><td>5</td><td>유화/ 회유
Placation</td><td>정책의 참여 과정은 주민에게 개방되지만, 주민의 권한은 제한되며, 주민 참여는 형식적인 수준에 머문다. 예를 들어 소수 대표성 있는 빈민을 실질적 권한이 없는 지역 경찰 위원회 위원으로 두는 것이다.</td><td rowspan="3">형식적 권력
(위조 권력)
(Degree of tokenism)</td></tr>
<tr><td>4</td><td>자문
Consultation</td><td>욕구조사, 공청회 등을 통하여 공공 기관은 주민의 자문을 얻는다. 주민의 의견을 듣는 이 과정은 주민 참여의 정당성을 부여한다. 그러나 자문의 내용이 실제로 정책이나 공공 자금의 확보를 보장하지 않는다.</td></tr>
<tr><td>3</td><td>정보 제공
Informing</td><td>정보 제공은 주민들에게 권리, 책임, 정책적 선택 등을 알리는 가장 중요한 첫 단계이다. 그러나 공공 기관은 언제든지 정보를 통제할 수 있으며, 피상적이거나 무관한 정보를 제시하는 수단으로 전락시킬 수 있다. 상황에 따라 주민은 통제된 정보를 받아들이거나 지지를 유도당할 수 있다.</td></tr>
<tr><td>2</td><td>치료
Therapy</td><td>주민은 광범위한 활동에 참여하고 있지만, 근본적인 문제를 해결하기보다, 주민의 병리를 치료하는데 초점을 두게 된다. 주민들은 자신의 욕구를 분출하는 것으로 보이나 실상 자신이 문제인 병리적인 요인임을 확신시키려는 것이다. 병리적 관점은 개인에게 책임이 있고, 개인의 부적응을 강조한다.</td><td rowspan="2">비참여
(권력 없음)
(non-participation)</td></tr>
<tr><td>1</td><td>조작
Manipulation</td><td>조작은 공공 조직이 주민의 권력을 부정하도록 의도적으로 조작된 과정에서 주민은 자신이 권력을 부여받았다고 믿도록 오도하는 것이다. 주민은 권력 조직의 홍보 수단으로 전락하게 된다.</td></tr>
</table>

아른스테인은 주민 참여의 사다리가 현실의 복잡성, 변동성의 역학을 충분히 설명할 수 없다고 보았다. 또한 낮은 수준이라도 어떤 상황에서는 긍정적이고, 높은 수준이라도 어떤 상황에서 더 부정적일 수 있다고 지적하였다. 권력자와 빈민 사이에는 분명한 카스트(계급)가 존재하며, 권력자 안에서도 다양

하고 서로 경쟁하는 기득권 및 하위그룹들이 존재한다. 그리고 권력자 입장에서 인종차별, 가부장주의, 권력 재분배에 대한 저항을 받을 수 있으며, 빈민 입장에서 가난한 공동체의 빈약한 사회경제 및 정치적 기반, 무익, 소외, 불신 등으로 조직화의 어려움에 직면하고 있다고 지적하였다. 그리고 주민이라고 합법적일수도 불법적일수도 있으며, 동기에 따라 권력자들은 빈민과 사귀거나 빈민의 특별한 재능을 키우려고 할 수 있기 때문에 사다리 안에만 갇혀서 판단하지 않기를 바란다고 하였다.

(2) 로스(Ross)의 조직화의 13단계

① 현존 지역사회 상황에 대한 불만(discontent)이 협회(the association)를 결성 혹/또는 조성(initiate and/or nourish)케 한다. 다양한 이해관계자들이 공동의 관심사에 대한 해결책을 찾기 위하여 참여하며, 이는 중요한 동기이다. 그러나 그러한 불만은 인위적으로 유발되어서는 안된다. 불만은 욕구, 지역사회 문제로 해석할 수 있다.

② 불만은 특정한 문제(specific problems)와 관련하여 조직화, 계획 그리고 행동으로 집중되고 전파되어야 한다. 불만은 동기를 부여하기 위하여 우유값, 노인 돌봄의 부족 등과 같은 특정한 문제에 집중되고 전파되어야 한다. 그래야 관련된 주민들이 불안해하고, 관심을 갖고, 그 가치가 확산될 수 있습니다.

③ 지역사회 조직을 시작/ 유지하기 위한 불만은 지역사회 안에서 널리 공유해야 한다. 집중된 불만은 많은 주민이 인식하고 해결을 바라는 것으로, 해결의 발판이다. 주민 집단은 불만의 우선순위를 매기고, 해결 계획하고, 조치를 끌어낼 수 있다.

④ 협회는 지역사회 안의 주요 하위그룹이 동조하고, 수용하는 (공식적, 비공식적)리더를 참여시켜야 한다. 지역사회 조직(community organization)에는 지역주민의 참여가 필요하다. 협회는 지역사회의 대표성을 가져야 하며, 지역사회 규모에 따라 적정한 규모의 회원 대표성을 확보해야 한다.

⑤ 협회는 목표와 수용 가능성이 높은 절차와 방법을 갖추고 있어야 한다. 지역사회는 다양한 관심사, 태도, 행동이 있지만, 협회는 공동의 목표와 합의된 절차를 수립하여야 한다. 이를 위한 첫 번째 과업은 조직의 정관을 구성원의 토론과 합의를 통해 개발하는 것이다. 이는 협회의 운영 기준이 되므로, 명확하게 전달되고, 준수되어야 한다.

⑥ 협회의 프로그램에는 정서적인 취지(emotional content)의 활동들이 포함되어야 한다. 협회는 우정, 상호지원, 즐거운 시간, 고난, 갈등, 축하 행사 등 가족과 유사한 방식으로 지역사회의 힘과 응집력을 만들고 지속적으로 그러한 매체를 개발할 방법을 모색해야 한다. 이는 일반적으로 필요하다는 인식보다 훨씬 더 중요하다.

⑦ 협회는 지역사회 내에 존재하는 명백하거나 잠재적인 선의(manifest and latent good will)를 활용하기 위하여 노력해야 한다. 모든 지역사회에는 건설적인 지역사회를 만들기 위해 노력하고, 기여하고, 공감하고, 참여하는 주민들이 있다. 그러나 지역활동가는 이를 잘 모르거나 활용을 못하는 경우가 많다. 선의를 끌어내기 위하여 활동가는 지역사회 그룹들의 리더의 지혜를 구하고, 소통하고, 호소하고, 지원을 보장받는 방법을 알아야 한다. 이러한 지원은 개인적으로 수행하는 것이 안전하며, 사람들이 편하고 의미있는 방식으로 기여나 참여할 방법을 제공해야 한다. ,

⑧ 협회는 협회 내부에서, 협회와 지역사회와 관계에서 능동적이고 효과적인 소통의 통로를 반드시 개발해야 한다. 공동체의 본질은 소통이며, 자유롭고 안전한 소통은 공통의 이해와 공유된 가치를 확장시킨다. 소통은 관련자 사이의 관계의 질에 의존한다. 또한 소통은 촉진시키는 관계나 의미있는 상호작용처럼 소통이 구성되는 방식도 중요하다. 소통은 소집단에서 더욱 효과적이다.

⑨ 협회는 협동 작업에 함께하는 집단을 지원하고 강화하기 위해 노력해야 한다. 지역사회를 조직하고 힘있는 협회가 되기 위하여 하위집단들과의 결속력이 강화되어야 한다. 따라서 공동의 목표를 달성하는데 필요한 분

위기를 조성하며, 서로간의 의견과 경험을 공유하고, 집단들에게 필요한 직접적인 도움을 제공한다.

⑩ 협회는 정규적인 의사결정 업무를 방해하지 않으면서 조직화 절차는 융통성이 있어야 한다. 승인된 운영 규정과 절차는 협회 업무에 안정감을 주게 된다. 융통성(flexibility)은 승인된 절차의 중단을 의미하는 것이 아니라, 협회의 의사결정에 적극적인 관심과 참여가 유지되기 위해서 필요한 것이다.

⑪ 협회는 지역사회 내에 존재하는 상황에 따라 업무의 진행 속도를 맞추어야 한다. 속도(pace)에는 두 가지 의미가 있는데, 하나는 협회 자체의 작업을 개발하는 속도이며, 다른 하나는 지역사회 내의 생활의 속도와 지역사회에서 수행하는 타 프로그램의 속도를 맞추는 것이다. 후자는 함께 일하는 법을 배우고, 절차가 수용되며, 책임에 대한 합의가 이루어짐에 따라 발전한다.

⑫ 협회는 효과적인 리더를 개발하기 위하여 노력해야 한다. 리더는 지역사회 조직화를 용이하게 하고, 생산적인 협회가 되도록 이끌며, 지역사회 모두에게 사기를 진작할 수 있어야 한다.

⑬ 협회는 지역사회 내에서 강점, 안정성 그리고 신망을 만들어야 한다. 지역사회 조직은 공동의 프로젝트를 다루기 때문에 그룹간 협력을 활성화해야 한다. 지속적이고 일관된 가치, 협회 구성원의 높은 명성과 성공적인 성과 등으로 협회는 지역사회에서 협력의 상징이 될 수 있다. 이를 통하여 지역사회는 함께 성장하고, 협회의 안녕과 충성심은 견고해질 수 있다. 이는 다시 긍정적인 성과로 이어지고, 더 높은 지위를 얻고, 역사가 된다.

(3) 주민 조직화 유지 기술

주민 만나기, 참여를 위한 홍보마케팅, 공청회나 욕구조사를 통한 참여자 확보 등의 다양한 방법으로 주민 조직화의 첫 발을 디뎠다면, 처음 모인 주민

간의 관계를 강화하고, 조직의 성장과 발전을 이끌기 위하여 사회복지사는 의도적 개입을 준비하여야 한다. 이 때 필요한 여러 가지 조직화 기술들을 살펴보자.

① 초기 단계 : 모임과 관계

- 사업은 수단이지 목적이 아니다. 특히, 자신의 삶에서 주도권을 가져보지 못한 이들은 스스로 자기결정권을 보장해도 누릴 수 없다. 사업의 시작보다 더 중요한 것은 소통과 앎의 관계를 형성하는 것이다. 사업의 목적과 목표도 관계 이후 주민의 자기 관심사로부터 도출해야 한다. 1박 2일 MT, 공동 식사(밥상공동체), 차를 함께 나누는 등을 활용한다.
- 주민의 자기 관심사(self interest)에 집중한다. 그래야 주민은 자신이 특별한 존재라고 인식하고 관계와 참여가 달라지기 시작한다. 또한 주민이 원하는 공통 관심사를 매개로 참여를 이끌어내야 한다. 주민의 관심사, 주민의 이야기가 출발점인 것은 아무리 강조해도 지나치지 않다. 영유아 양육 어머니에게 양육에 도움이 되는 육아교육 프로그램이 무엇인지 의견을 구하고, 그에 맞는 프로그램을 개발해 초청하는 것이다. 인정받는다고 주민이 인식한다면 자신의 욕구 표현은 물론 참여의 적극성도 커지게 된다.
- 단기적이고 필연적인 성공의 경험이 중요하다. 주민이 할 수 있는 것을 중심으로 단계적 접근을 통해 작은 성취라도 반드시 이룰 수 있는 것부터 시작해야 한다. 오랫동안 패자의 삶을 살아온 주민이 있다면 실패는 매우 위험하고 포기를 만든다. 기다림은 물론 사회복지사가 수행하는 것은 절대 금지이다. 주민 조직화에서 복지기관/사회복지사의 역할 한계를 명확히 하고, 하고자 하는 활동을 결정하고, 수행할 권력을 주민에게 부여해야 한다. 예 확보된 예산은 얼마이고, 어떤 범위 내에 쓸 수 있는지 정보를 제공하고, 세부 항목의 결정은 주민모임에서 결정하기.
- 협력과 연대의 대상으로 주민을 바라본다. 조직가로서 사회복지사는 지역사회와 참여 주민을 동원 대상, 혹은 인적 자원, 개발 대상으로 인식해

서는 안된다. 내가 성장시키는 것이 아니라 성장의 잠재력을 가진 주민을 촉진시키는 것이다.

- 민주적 의사결정(권력) 구조를 만든다. 주민 조직화에서 종종 발생하는 것은 권력의 사유화 또는 집중화이다. 민주적 의사결정을 포함한 권력의 민주성을 확립하는데 가장 중요한 시점은 바로 조직화 사업이 시작하는 단계이다. 첫 모임부터 주민들 모두가 자신의 의견을 고루 말할 수 있는 기회를 제공한다. 따라서 첫 모임을 하기 전부터 사회복지사는 참여 주민을 개별적으로 만나면서 관계의 영향력을 유지해야 하며, 기대하는 참여의 중요성과 역할을 주민에게 부탁한다.
- 참여 주민에게 존중과 인정의 대상임을 인식하게 한다. 주민 모임이 시작되면 복지기관에서는 별도 공간을 제공해주고, 활동 예산을 지원하고, 교육을 제공하는 등 주민은 특별한 경험을 하게 된다. 그러나 오랫동안 복지기관을 이용했던 주민이라면 이러한 효과는 조금 덜 할 수 있다. 또한 주민 요구가 있기 전에 선도적으로 많은 지원을 하는 것은 주민의 자기결정권을 침해하고, 스스로 생각하고 성장하는 기회를 빼앗을 수 있다. 따라서 주민의 요구에 능동적인 반응하는 방식으로 존중과 인정을 경험하도록 해야 한다.

② 성장 단계 : 조직 체계화

- 스스로 목표를 세우고, 사업을 구성하고, 예산을 배정할 권한을 부여한다. 모임이 조직의 단계에 이르고, 지속성을 유지하는데 중요한 것 중 하나는 '내 모임', '내 공동체'라는 인식이다. 임파워먼트와 자기결정권은 이를 향상시키는 확실한 촉진제이다.
- 조직의 운영 절차를 체계화한다. 하나의 조직으로 성장하면, 조직의 사명과 비전을 담은 정관을 만들고, 조직의 의사결정과 진행방식을 정하는 운영체계를 합의한다. 또한 조직을 대표하고, 타 조직과의 연계를 위한 주민 리더와 운영진을 세운다.

- 민주적이고 체계적인 활동을 위한 교육을 제공한다. 주민 모임이 하고자 하는 활동과 관련된 직무 교육을 포함하여, 모임의 정관을 만들고, 사업계획서를 짜고, 예산을 관리하는 방법을 배울 수 있다. 또한 교육을 선택하는 과정과 진행은 민주적이어야 하며, 뒷풀이 등을 통해 결속력을 다지는데 기여한다.
- 서로에게 선생님이 되는 기회를 제공하다. 참여 주민의 강점을 공유하고, 모임 안에서 다른 이에게 발휘할 수 있는 기회를 제공한다. 피자가게 사장이라면 맛있는 식빵피자 만들기를 여가 프로그램으로 넣을 수 있고, 전기공이라면 우리 집 전기안전 관리법을 강의할 수 있다. 서로에게 선생님의 역할을 부여하는 것은 상대에 대한 존중과 다양성을 상기시키며, 지지와 격려의 환경을 조성할 수 있다.
- 자원 참여자와 실무자 사이의 경계와 역할을 이해한다. 주도적 주민이 할 수 있는 것과 한계의 이해, 실무자의 역할공식적 관계와 개별적 관계 사이의 조율이 필요하다. 개별관계의 유지와 공식적 관계의 유지 : 친밀과 경계 사이 균형 잡기
- 활동의 모니터링, 평가가 주민의 시각에서 쉽고 적합하게 이루어져야 한다. 너무 많은 사전, 사후 평가를 위한 척도들을 들이밀거나 자주 만족도를 조사하는 행위는 위험하다. 주민들의 일상을 담고, 이야기를 담아야 한다. 포토 보이스(photo voice)[4] 방식도 좋다.
- 참여의 유동성을 기억하라. 주민 모임 과정에서는 항상 높은 출석과 활동이 보장되지 않는다. 개인차도 적지 않다. 주민은 자신의 일, 자신의 관심사라면 더 많이 참여할 것이지만, 남의 일, 남의 것이 된다면 멀어지게 된다. 이런 상황에서는 갈등이 더 많이 표출될 수 있다. 따라서 사회복지사는 항상 주민이 주인되도록 조성하고, 서로 소통을 통해 배려와 협력이 이루어지도록 해야 한다.

4) 포토 보이스는 주민활동과 참여, 사업진행 중 기록한 사진들을 사후에 보고, 과거를 회상하며 의미를 부여하거나 느낌을 공유하는 시각 이미지 분석 방법이자 기록이다. 프로그램 질적 평가에 유용하다(우수명, 2023, 프로그램 개발과 평가, 지식공동체 참조).

- 합력과 갈등의 조정 상황은 늘 발생한다. 실천으로 이어지는 합력은 소통에 기반하고 있다. 그러나 서로의 신뢰가 부족하거나 비판적 표현을 건강하게 수용하지 못할 경우 상호간의 갈등이 커진다(최종덕 외, 2010).

③ 자립 단계 : 독립과 연대

- 주민 리더는 새로운 주민 리더 성장 프로그램의 선생님이 된다(Brown, 2006). 선임 활동가들은 새로운 참여 주민의 멘토이며, 선배시민으로서 함께 하는 역할을 한다.
- 복지생태계 선순환을 구축해 간다. 조직 활동의 경험을 자기 조직 내에서, 지역사회 내 이웃과 다른 조직, 마을 공동체로 확장시켜야 한다. 조직 활동의 성과를 이웃과 나눌 수 있으며, 복지기관 및 지역사회에 봉사 활동에 참여할 수도 있다. 다른 조직과 협력해서 함께 할 수 있는 것들, 지역축제나 공정한 지역선기 캠페인 등을 연대해 나갈 수 있을 것이다. 지속적으로 '지역사회에 필요한 존재'로서 인정받고, 지역사회 복지의 건강한 생태계 속에 당당한 구성체가 되어야 한다.
- 자립화하고 성장하면 어떻게 해야 할까? 주민 스스로 자신들의 모임을 이끌어가면 주민과 합의를 통해 예산 지원 같은 요소들은 점진적으로 줄여야 한다. 이런 어려움을 극복하고 독립적인 조직을 꾸리게 되는 주민 조직이 있다면, 복지기관은 동등한 지역사회의 연대 기관으로 인정하고 협력적 관계를 구축해야 한다. 복지기관의 자랑거리가 되도록 관심을 가져야 한다. 물론 경우에 따라 예산, 교육 등의 지원이 있을 수 있지만 지역사회 연대의 관계로 풀어야 한다. 그렇다고 해서 복지기관에 의하여 태동된 조직이라는 점은 불변하며, 공동사업을 하더라도, 그 성과 공유나 실적을 복지기관의 것으로 활용할 수 있다.

3 자주적 권한을 위한 임파워먼트

1) 임파워먼트 개념

1960년대부터 미국 기업들이 조직에 활력을 불어넣기 위해 도입한 개념이 '임파워먼트(empowerment)'이다. 임파워먼트는 기업들의 하위 구성원에게 의사결정 등 많은 권한을 부여해 자율적·능동적 활동을 이끌어 내려는 분권화 및 전결권 등을 부여하는 개념으로 도입되었다.

임파워먼트의 핵심은 분권화 시스템을 통해 조직 구성원 개개인이 스스로 판단하고 행동할 수 있는 권한을 갖는 것으로 조직 구성원에 대한 신뢰와 존중이 뒷받침되어야 한다고 하였다. 임파워먼트는 주민과 사회복지사가 원하는 것을 성취하려는 행동과 의지가 되며, 강한 유대감을 이끄는 매력이 되며, 지역사회내 권력과 자원을 동원하는데에도 영향력을 미친다.

사회복지 분야에서는 1970년대부터 생태체계 관점, 강점관점, 해결중심 접근 등이 접목되면서, 이를 임파워먼트로 재구성한 모델들이 제시되었다. 지역주민과 지역사회를 위한 임파워먼트는 지역사회에서 일상의 삶에서부터 혹은 지역복지를 위한 수행해야 할 과업 및 긍정적 역할을 당사자 스스로 찾고, 결정하고, 능동적이고 주체적으로 참여하며, 역할을 완수할 수 있는 지식과 기술을 포함한 힘(power)을 갖는 것이다. 이 힘은 조직에서 공식적으로 부여하는 전통적인 힘과 차이가 있다. 전통적인 힘은 법적·행정적·조직적 체계 혹은 신체적 능력에서 나오는 힘이다. 반면 임파워먼트는 개인이나 조직문화 안의 내재적으로 존재하는 비공식적인 힘이며, 주체적이고 자발적인 것에 기반하며, 더 나아가 지역사회의 강점을 발굴하고 실현하며, 긍정적인 파급효과를 미칠 수 있는 힘이다.

임파워먼트는 주민 개인과 그를 둘러싼 관계, 지역사회, 사회정책 및 문화적인 영역까지의 삶의 전체에 대하여 통제하고 조율하고 나아갈 수 있는 긍정적인 힘을 증가시키는 것이다. 더 나아가 사회적으로 낮은 이미지의 클라이언트의 가치를 향상시켜 사회적 힘과 지역사회의 인식의 변화까지 만들어 낼 수 있는 긍정적 이미지의 구축까지 포함한다.

임파워먼트는 권한위임 혹은 역량강화로 번역되어 사용된다. 클라이언트의 주도적 관점에서 본다면 권한 회복 혹은 권한 갖기라는 의미가 더 적절하다. 역량강화는 사회복지사에 의하여 지역주민의 역량이 커지는 것이고, 권한위임도 권한을 더 많이 갖고 있는 누군가가 나누어 준다는 의미를 갖는다. 이것은 주민들을 주체라기보다 객체로 대상화하는 것이며, 부족한 존재라는 것을 전제로 한다. 권한 회복이나 권한 갖기는 지역주민들이 스스로 자신이 '천부적 권리를 가진 주체이자 존경받는 인격체로서' 응당 가져야 할 것을 다시 되찾는 것을 의미한다.

임파워먼트는 부족하고 나약한 존재에서 성장하는 것이 아니라 처음부터 가지고 있어야 했을 힘과, 사회화 과정에서 퇴화되거나 상실되었던 존엄한 인격적 권리들을 당사자 스스로가 주인이 되어 회복하거나 되찾는 것이다. 결국 임파워먼트는 존엄한 인간으로서 존중받는 인간과 사회를 현실에서 만들어 가는 힘과 역량을 갖는 것이다.

2) 임파워먼트의 특징

임파워먼트의 몇 가지 특징에 대하여 정리하면 다음과 같다(Miley, O'Melia, & Dubois. 1995; 장인협, 1999 조정).

① 생태체계적 관점

임파워먼트는 (사회)생태체계적 관점과 같은 맥락을 가진다. 클라이언트와 지역사회 및 사회복지 조직의 체계는 하나의 생태계적 공동운명체이며, 개인에게 국한된 개입은 한계를 갖는다. 자연생태계의 순환체계는 조화와 균형을 이루며, 잡초와 같이 아무리 작은 체계라도 생태계의 사슬고리에서 단절될 경우 생태계 자체가 허물어지게 된다. 아인슈타인(Albert Einstein)의 벌이 사라지면 인류가 멸망한다는 예언도 벌에 의한 식물의 멸종이 동물의 멸종을 가져오는 생태계의 특징 때문이다.

모든 체계의 구성원들은 자신의 강점과 중요한 위치를 갖고 있다. 이를 사회와 자연의 구조로 결합한 것이 사회생태학이다. 인간이 인간(여성, 약자)을 지배하는 태도는 다른 체계의 구성원을 소멸시키기 때문에 사회가 무너지게 된다. 권한의 균형, 즉 인권에 기반한 상호 존중의 관계 및 사회체계의 구축과 자원의 공유를 통해 사회생태계의 균형을 추구하는 것이 사회생태학의 핵심이다. 따라서 환경 속 인간(person-in-environment)이면서 다양한 사람들 간의 평등(equality of unequals)을 지향한다. 이는 인간은 합리적 이성을 가진 존재라는 것과, 존엄과 자유를 강조한다. 또한 임파워먼트는 개인적 차원에서의 변화로는 한계를 가지며, 참여자치와 공동체의 회복, 사회 및 억압의 제거, 도덕경제의 회복 등에 의하여 강화된다.

단순히 주변 환경(체계)을 변화시키면 인간(혹은 문제를 가진 개인)의 변화에 도움을 주기 때문에 환경에 대한 개입도 함께해야 한다는 단순한 생각이 아니다. 사회 구조와 변동을 이해하고, 그 속에 권력관계를 알아야 한다. 무엇보다 사회복지사가 주는 존재 혹은 전문가라는 것과, 클라이언트나 지역주민은 변화의 대상이라는 생각 자체가 위계적 관계로 생태체계적 평등가치와 조화되지 않는다.

임파워먼트는 본질적으로 권한 및 권력의 문제와 밀접하다. 지역주민(클라이언트) 체계가 평등한 존재이며, 그들의 권한이 존중받아야 하는 평등의 가치가 전제되지 않는다면 본질적으로 임파워먼트는 불가능하다.

② 강점관점

강점관점은 클라이언트가 결함이 있다거나 클라이언트에 관한 병리적 견해보다는 가능성과 강점을 가지고 있다고 보는 관점이다. 앞서 제6장에서 다뤘던 강점관점의 운동기능 강화실과 물리치료실의 예를 생각해보자. 강점관점은 병리적, 수동적, 수혜적 주민의 개념과 양립할 수 없다. 주민은 도움을 받는 대상이 아니라 자신이 스스로 자신의 힘으로 지역사회에 도움을 주는 주체가 되게 함으로써 지역주민들에 대한 긍정적 이미지를 향상시킬 수 있다. 긍정적인 이미지의 향상은 '맞아! 할 수 있어!'라는 사람들의 인식의 변화를 끄집어 낼 수 있는 촉진제가 될 수 있다.

결과적으로 강점관점은 주민이 자신을 치료의 대상이 아님을 자각하게 하고, 자신의 내부에 존재하고 있는 긍정적 에너지를 발굴하여 강점 발휘를 통해 가능한 성취를 이루고, 점진적으로 자신의 사회적 권력을 확보해가는 역량을 갖추는데 기여한다. 임파워먼트는 지역주민의 강점을 통한 자기권력의 획득 과정 혹은 훈련을 중요시한다. 그렇기 때문에 강점관점은 문화적으로 억압된 부정적 자신의 알을 깨고 나올 수 있도록, 주민 스스로의 잠재력과 힘을 키우고, 문화적 억압에 당당히 맞설 수 있도록 이끈다. 스스로 권력을 갖지 않는다면 임파워먼트는 불가능하다.

③ 당사자주의

당사자주의는 '자기결정권'을 강조한다. 전통적 사회복지서비스는 '자기선택권'을 강조한다. 제한된 범위, 통제된 서비스 안에서의 자기선택권은 클라이언트를 수동적인 선택자로만 이끈다. 반면에 자기결정권은 어떻게 할지를 스스로 결정할 수 있는 권한까지 가지고 있다. 당사자주의는 당사자가 '자기결정권'을 행사할 자기권한을 가질 수 있도록 지식, 기술, 태도를 향상시키려는 노력을 포함한다. 이때 사회복지사는 지역주민의 협력적 동반자이자, 촉진자이고, 지지자가 된다.

임파워먼트는 사회복지사가 주인이 아니라 지역주민이 주인이 된다. 그렇기 때문에 당사자주의의 관점에 기반한 인식과 태도가 지역주민에게 얼마나 형성되어 있는지도 중요하다. 낮은 수준이라면 높이는 과정 자체도 임파워먼트가 될 것이고, 높은 수준이라면 동반자적 협력관계를 통해 극대화할 수 있다.

④ 리더십

지역사회 네트워크 구축, 마을 만들기 등의 조직화를 시작할 초기에는 아직 참여의식이 높지 않은 주민들을 리더로 성장시키는 양성계획을 수립하고, 마을 리더들을 통한 주민들의 훈련과 성장, 차세대 리더 발굴의 순환적 성장을 추진하게 된다. 결국 리더의 양성은 임파워먼트의 과정이자 결과가 된다.

리더십은 조직의 구성원에게 영향을 미치는 힘으로, 과업을 수행하는 데 적절한 혹은 그 이상의 성과를 구성원들이 스스로 이루어 내려고 하는 동기와 노력을 불러일으키고, 성과를 이루게 하는 역량이다.

리더는 조직을 관리하는 것에 그치는 것이 아니라 이끌고 나가며, 다른 조직들과의 연대를 만들어 가는 주도적인 역할을 수행하여야 한다. 따라서 스스로 임파워먼트를 갖고 있지 않다면 마을조직의 리더가 되는 것은 불가능하다. 즉, 리더는 조직 구성원들과 소통과 신뢰를 통해 비전과 미션을 수립하고, 수행 과업에 대한 참여를 동기화하여 목표 달성을 위해 자발적인 참여를 이끌어 내서, 성취와 변화의 토대를 만드는 역할을 해야 하는데, 이 과정이 바로 지역사회조직화 리더의 임파워먼트에 의하여 가능하게 된다.

3) 임파워먼트의 실천

① 임파워먼트 차원의 이해

프리드만(Friedmann, 1992)은 임파워먼트를 변화의 축에 따라 세 가지 차원으로 구성하였다.

첫째, 개인의 사고 변화에 초점을 둔 심리적 임파워먼트이다. 물질적 · 정신적 양측 면에 대해 자원뿐만 아니라 사회적 가치에 대한 접근성의 획득에 근거하여, 지역주민에 대한 임파워먼트는 주민의 구체적인 욕구를 충족시키고, 자원을 지원하여 문제의 원인을 최소화하는 데 있다. 이를 통해 심리적 무력감을 제거하고, 현실에서의 변화와 선택할 가능성을 높여 스스로 주도적인 사고를 가질 수 있도록 하는 의도를 가지고 있다. 개인의 사고 변화뿐만 아니라 외부의 생태체계적 환경을 통한 자원의 동원과 문제해결의 과정으로 선택한다.

둘째, 관계의 변화에 초점을 둔 사회적 임파워먼트이다. 집단이나 지역사회에서 표현되는 사회의 권력의 관계를 변화시키는 데 목적이 있다. 즉, 사회복지서비스를 제공하는 조직, 지역사회 지원체계 등을 변화의 대상으로 삼는다. 임파워먼트를 통해 조직은 새로운 구조와, 가치, 상호관계가 수립되고 통제력을 나누고, 의사결정에 지역주민의 폭넓은 참여가 가능해진다. 이것은 심리적 임파워먼트의 강화가 전제되어야 가능해진다.

셋째, 구조 및 제도 변화를 추구하는 정치적 임파워먼트이다. 지속·반복적으로 지역주민을 빈곤, 무력감, 사회적 약자의 상태로 만들거나 유지시키는 사회 구조 및 제도에 대한 변화를 모색한다. 정책에 영향을 미치고, 지역주민의 정치사회적 권리를 향상시키고, 이를 통해 장기적으로 사회구조적인 문제의 해결을 지향한다. 정치·사회적 임파워먼트는 특히 빈곤층이 가지고 있는 정치적 보수성의 이미지와 충돌하므로 중장기적이고 조직적으로 접근해야 한다. 지방자치단체의 올바른 예산 사용에 대한 시민감시와 같이 좀 더 일상생활과 밀접하고 정의로운 관점에서의 접근도 효과적으로 활용할 수 있다.

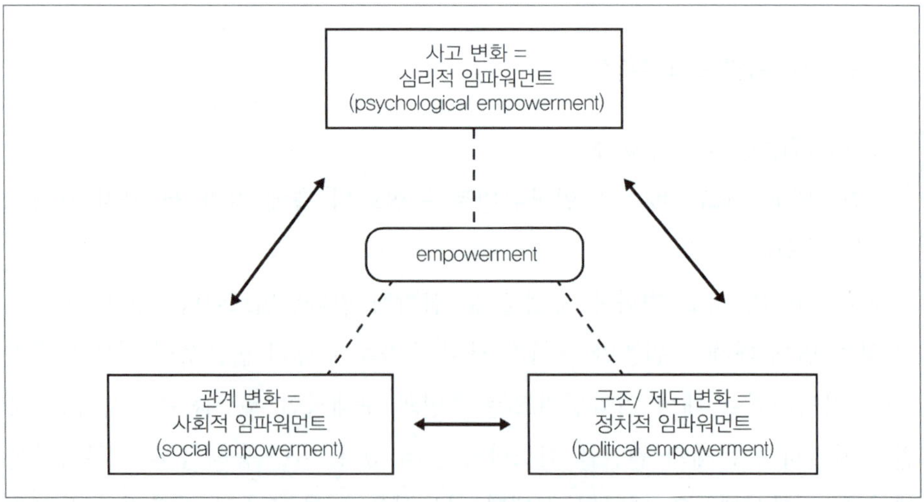

| 그림 9-2 | 프리드만의 임파워먼트의 차원

출처 : Friedmann, J.(1992). Empowerment : The Politics of llternative Development, p. 117 재구성.

콕스와 파슨즈(Cox & Parsons, 1992)는 임파워먼트에 대하여 개인적 차원, 대인관계적 차원, 환경·조직적 차원, 사회·정치적 차원으로 4개의 차원을 제시하였다.

개인적 차원은 지역주민 개개인과 가족 차원에서 서비스와 정보 전달 과정에 초점을 둔 미시적 접근으로 의식고양의 과정의 시작으로 보았고, 지역사회에서 자원을 어떻게 찾고, 주민 스스로가 요구하는가에 대한 인식을 중요하게 보았다.

대인관계적 차원은 주민들 상호 문제 해결을 위한 지식과 기술을 개발하는데 초점을 두고, 문제해결에 공통의 문제를 가지고 있는 자조집단을 활용한다.

환경·조직적 차원은 중간수준 체계의 변화를 지향하는 것이며, 지역사회 조직 및 자원에 대한 획득 지식과 역량을 개발하고, 공식적인 자조조직에의 참여와 지역사회의 변화를 동시에 추구한다.

사회·정치적 차원은 정치적·사회적 권리를 위한 사회행동(social action)에 참여하고, 개인의 문제를 정치·사회적 문제로 구체화하여 법률적·제도적 문제 해결을 추구한다.

〈표 9-2〉 콕스와 파슨즈의 임파워먼트의 차원

<table>
<tr><th>차 원</th><th>의식고양
문제사정</th><th>문제 해결 활동</th><th>행동가</th><th>변화
대상</th></tr>
<tr><td>개인적
차원</td><td rowspan="4">정치·
경제적
억압에 대해
내외부적
측면에서
지속적인
사정과 비판
적 사고의
증진</td><td>1. 사회복지사와 지역주민의 관계 설정/ 직접적인 욕구 충족
2. 개인과 가족에게 존재하는 서비스와 정보전달
3. 의식고양의 과정 시작
4. 지역사회 자원 찾기 및 요구에 대한 인식</td><td>개인
가족
사회복지사</td><td>개인
가족</td></tr>
<tr><td>대인관계적
차원</td><td>1. 자조, 개인성장
2. 상호 문제 해결을 위한 지식과 기술의 개발
3. 문제해결 위해 자조집단 이용
4. 새로운 기술발달을 지지하고 조정함
5. 육체적·심리적·사회적 관점에서 문제 해결</td><td>개인
가족
사회복지사
소규모 집단</td><td>공통의
문제를
가진
개인집단</td></tr>
<tr><td>환경·
조직적
차원</td><td>1. 자원에 대한 접근성의 보장 및 중간수준의 체계 변화
2. 조직·자원에 대한 지식의 획득 및 개발
3. 전문가와 관리자와의 의사소통 기술 개발
4. 조직 변화와 지역사회와의 변화 기술 개발
5. 의사결정 기회에 참가, 조직체의 결성
6. 공식적 조직에 참가와 자조 프로그램 개발</td><td>개인·가족
사회복지사
소규모 집단
대규모 집단
문제중심
관계망</td><td>개별 기관
조직체</td></tr>
<tr><td>사회·
정치적
차원</td><td>1. 정치·사회적 변화를 위한 사회행동에의 참가 – 캠페인, 로비, 피케팅 등
2. 개별적 문제의 정치적 특성으로 구체화
3. 정치·경제·국가적 이슈에 대한 기술 획득 및 개발
4. 협상기술, 변화활동에의 참가</td><td>개인/ 가족/
사회복지사
대소규모 집단
지역사회
지방정부조직
국가조직</td><td>공동체
입법부
사법부
지방정부
국가</td></tr>
</table>

출처 : Cox, E. O., & R. J. Parsons(1994). Empowerment Oriented Social Work Practice with the Elderly, p. 15 재구성.

② 임파워먼트의 실천방법

임파워먼트 실천방법은 ❙그림 9-3❙과 같이 다양한 대상체계별 접근으로 이루어진다.

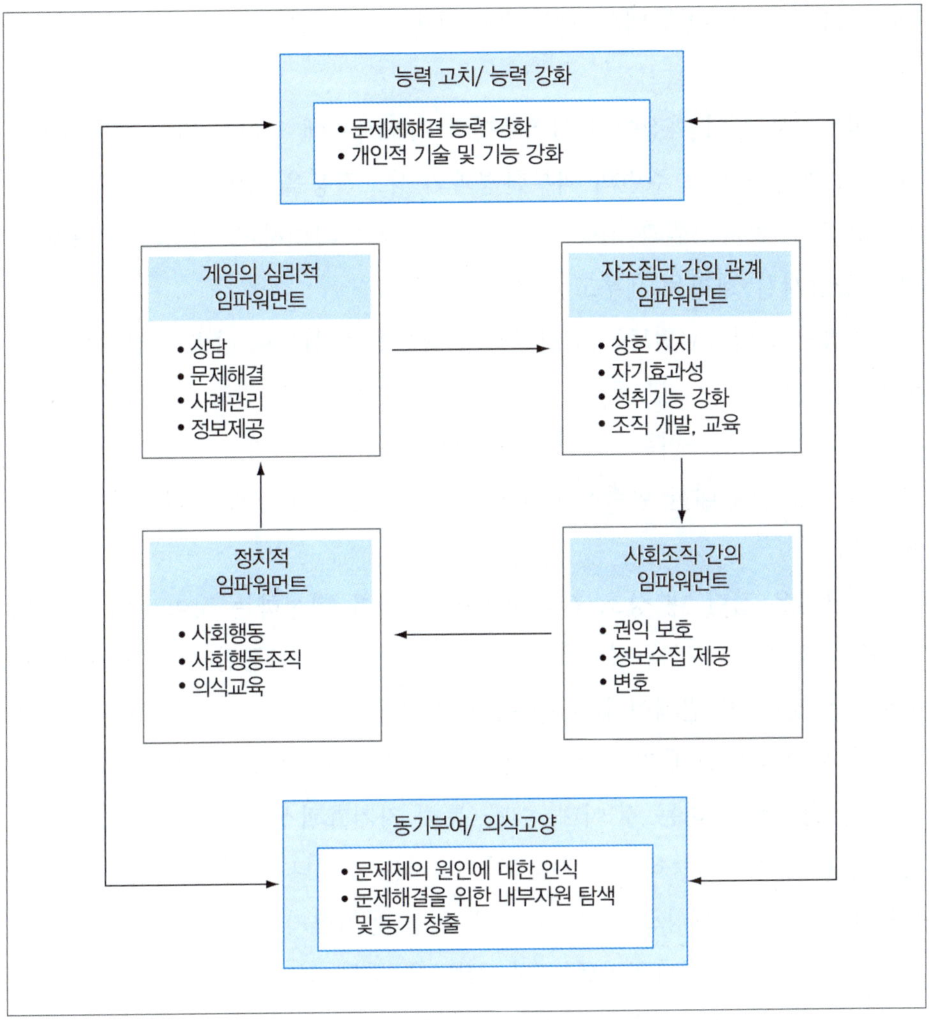

| 그림 9-3 | 임파워먼트 체계별 실천방법

출처 : Cox, E. O., & R. J. Parsons(1994). Empowerment Oriented Social Work Practice with the Elderly 재구성.

개인의 심리적 임파워먼트는 지역주민이 지닌 강점을 부각시키고 현재의 상황에서 할 수 있는 과제를 탐색함으로써 달성해야 할 목적을 명확하게 하여 심리적으로 임파워먼트를 형성하는 것이 핵심이다. 개입 이전에 지역주민이 가지고 있는 긍정적인 잠재능력으로서의 자원을 확인하고, 정서상태 및 해결 의지를 파악해야 하며, 문제해결 능력의 수준, 즉 현재의 문제를 바라보는 인식수준과, 주민의 변화 태도, 해결방법 선택 및 결정을 할 수 있는 훈련과정이 필요하다.

사회복지사는 이 과정에서 지역주민과 상호작용에 있어서 지역주민 당사자와 그의 가족들과 그 주변의 외부환경과의 상호작용을 파악하고, 현재 그들이 가지고 있는 보유자원과 기능 및 동원 가능성을 확인하며, 강점과 잠재적 능력을 향상시킬 계획을 세우고 추진해야 한다.

자조집단의 임파워먼트는 집단조직의 활동을 중심으로 상호 공감대를 형성하여 개인이 갖는 '나만 문제야'라는 인식을 개선하고, 위축, 두려움 등을 극복할 수 있도록 원조하는 자조모임을 만드는 것이 중요하다. 자조모임을 통해 공감되는 문제에 대한 협력적 대응으로 임파워먼트의 효과를 극대화할 수 있게 된다.

자조모임은 집단 내 상호 간의 친밀과 신뢰를 형성하는 것이 매우 중요하다. 즉, 과업보다는 관계 형성을 우선해야만 하며, 이를 통한 상호 지지체계를 구축하는 것이 첫 번째이다. 이를 통해 친밀에 기반한 정서적 안정감 획득과 직면한 문제의 해결에 참여할 수 있는 힘을 갖는다. 이때 중요한 것이 반드시 '성취를 경험하게 하는 것'이며, 이를 통해 자기효과성을 극대화하여 임파워먼트가 나에게도 가능하다는 것을 인식시키는 것이다. 그래야 자존감 향상과 동료애의 긍정적 형성으로 문제해결을 위한 동기화가 유지된다.

지역사회조직의 임파워먼트는 자조집단을 통한 임파워먼트 다음으로 사회서비스 조직 간 임파워먼트가 있다. 이때 자조집단 또한 하나의 사회조직으로서 참여하게 된다. 사회조직의 임파워먼트는 사회복지조직과 자조조직 간의 동반자적 협력관계가 중요하다. 자조조직은 자신들의 권익을 스스로 옹호할 수 있는 조직, 자신들의 올바른 혹은 지역사회를 위한 권익과 이익을 추구할 수 있는 연대의 힘을 갖추어야 한다. 사회조직의 임파워먼트에서는 상호 간의 비공식적인 친밀관계뿐만 아니라 조직 대 조직으로서의 상호 존중의 관계를 형성하는 것이 중요하다.

정치적 임파워먼트는 지방자치를 지향하며, 사회제도적 변화를 통해 문제해결에 기여하는 조직들의 힘을 강화하는 것이다. 자신들의 권리 보장을 위한 지방자치 조례 제정 운동이나, 다양한 정치적·사회적 압력을 행사하는 사회행동조직으로서의 참여가 중요하다. 주민들은 지역사회 변화의 주역이 되며, 지방자치 예산 사용 및 정치활동 감시, 시군구의 장 및 중앙 및 지방 의원을 선출하는 정치적 행위 등을 포함해 정치적 영향력을 행사하는 힘을 갖는다.

개인, 집단, 지역사회, 정치적 임파워먼트는 별개로 존재하는 것이 아니라 하나의 체계 안에서 상호 영향을 주고받는다. 정치적 주권의식이 없다면 개인의 임파워먼트도 불가능하며, 개개인의 임파워먼트에 기반하지 않은 정치적 임파워먼트는 동원되고 소모되는 주민들만 존재하게 될 것이다. 즉, 이들은 상호 유기적 관계를 맺으며 순환되는 생태적 관계에 있다. 임파워먼트는 개인과 지역사회 그리고 우리 사회가 인권에 기반한 건강한 힘을 서로가 공유하고 소통하며 조화롭게 구축해 가는 것을 지향한다.

③ 임파워먼트의 성공적인 일반론

마을조직의 상황과 성숙 정도에 따라 임파워먼트의 형성 정도의 수준과 목적이 달라질 수 있다. 중요한 것은 객관적 임파워먼트의 수준보다는 주관적으로 내린 임파워먼트를 어떻게 잘 실천하여 성과로 연결시키느냐는 것이다. 이와 관련해 다양한 관점을 소개하고자 한다.

㉠ 마르티네즈 박사(Martinez, 2011)의 '임파워먼트 10계명'

1. 임파워먼트를 통해 조직의 생산성과 웰니스(wellness)를 동시에 이룰 수 있다.
2. 지혜는 내부에서 나온다. 위기 시 기존 자원과 자기 능력으로 무엇을 할 수 있는지 먼저 고민하라.
3. 문제에 직면했을 때 통제보다는 창조성이 발휘되도록 필요한 자원을 제공하라.
4. 인센티브가 많아도 임파워먼트 없이 직원의 웰니스를 유지할 수 없다.

5. 직업만족도는 금전적 이익이나 승진보다 임파워먼트에 달려있다.
6. 임파워먼트는 내재된 특성보다 훈련을 통해 배우는 것이다.
7. 임파워먼트에 따른 권한과 자율은 점진적으로 도입되어야 한다.
8. 변화가 힘든 것은 능력 부족이 아니라 두려움 때문이다.
9. 임파워먼트를 위해선 고위 임원들의 의지가 확고해야 한다.
10. 수치심과 비난의 문화가 아닌 긍정과 존중의 문화를 만들어라.

ⓛ 바이햄(Byham, 1991)의 임파워먼트 성공 14개 요소

1. 임파워먼트의 의미와 성취방법 이해
2. 의사결정의 기준이 되는 비전과 가치의 이해와 수용
3. 직무책임의 명확한 이해를 제공하는 성과관리 체계와 성과측정 기법(의 존재)
4. 주인의식(ownership)과 책임감을 부여하는 직무설계
5. 계획, 성공, 실패에 대한 효과적인 의사소통
6. 자신감과 긍지(자긍심)를 형성하는 보상과 인정(recognition)체계
7. 질적으로 우수한 구성원의 선발과 승진체계
8. 체계적(제도적) 뒷받침, 학비보조, 제안제도, 승계제도 등 좋은 제도 확대
9. empowerment leadership으로의 리더역할 변화, 구성원 격려 및 자신감 강화, 주인의식 부여
10. 직무수행 능력 증진, 직무수행교육, 권한 확대에 따른 과업 명확화 등
11. 대인관계 능력과 문제해결력 증진, 대인관계에서 주도성·상호성의 조화
12. 일선 고객서비스 지원그룹의 존재
13. 임파워시키는 지원그룹의 존재, 지원부서의 교육훈련 확대 등
14. (자율적) 팀제의 활성화, 전결권 등 권한 위임 공식화

4 기타 다양한 지역사회복지 실천 기술들

1) 지역사회교육

지역사회교육은 지역사회를 기반으로 한 학습 또는 평생학습을 통하여 주민(학생)–가정–학교–지역사회 간의 참여와 호혜적 관계를 만들어 가는 측면에서는 교육계열이나 지역사회개발의 관점이나 거의 동일하게 보인다. 특히, 단순 평생교육으로만 제한하려는 이들을 제외하면 주민참여, 지역재생, 공동체 형성이 주민성장을 위한 주요한 세가지 관점으로 인정하는 태도는 교육학(윤여각 외, 2018)이나 지역사회복지 실천이나 거의 유사한 것으로 볼 수 있다.

지역사회복지 실천에서 지역사회교육은 지역사회개발을 위한 중요한 방법론 중 하나로 다루어져 왔다. 지역사회교육은 지역주민의 강점의 발견과 성장을 통해 지속가능한 주체적 참여 활동으로 연결해 주는 과정이자 매개체이다. 또한 성장한 지역주민을 지역사회의 리더로서 참여하게 할 뿐만 아니라 다른 주민들을 차세대 리더로 성장시키고, 지역사회의 자치적, 공생적 조직화를 확장시키는 역할을 하게 된다.

지역사회교육은 강의실에서 강의로 이루어지는 형식만을 의미하지 않는다. 이에 더하여 다양한 현장 경험을 통한 체험학습, 자유로운 토론과 공유를 통한 사유의 힘을 키우는 학습, 엠티 혹은 뒷풀이처럼 주민들 사이의 인정과 관계를 위한 소통의 기회 등 비학문적 욕구에 대한 관계형 참여 활동, 선배 활동가를 찾아가 만나는 멘토링 활동 등 다양한 방식으로 이루어지기 때문이다. 이러한 지역사회교육은 다양한 목적을 가지고 복합적으로 운영한다.

첫째, 지역사회복지의 보편적 가치의 이해를 위한 교육이다. 주체(주인)와 공동체, 다양성의 평등, 나눔과 돌봄, 참여와 협동, 연대와 배려, 소통과 관계, 마을, 희망, 마중물, 신뢰, 공생, 민주주의, 권리, 보편적 복지, 지속가능한 사회와 소비, 함께 먹고, 모이고, 기르고, 일하며, 즐기고, 나누는 등 기초한 공유가치에 대한 이해이다.

둘째, 공감과 동기화를 위한 교육이다. 지역사회 구성원으로 지역사회 욕구, 문제 혹은 삶의 질을 위협하는 요소들에 대한 공감대 형성을 목적으로 하거나 수혜자의 주도적 참여를 준비하기 위한 전환교육이다. 자녀양육과 공동육아 등이 있다.

셋째, 자기결정권과 능동적 참여 훈련이다. 민주주의적 가치에 따른 공동체에 대한 능동적 참여뿐만 아니라 자기권리에 대한 자유인으로서의 가치를 깨닫고, 스스로 주인으로서의 자기결정권을 향유하기 위한 교육을 통해 지역주민 스스로의 의지와 강점에 기반한 재능을 발휘하고, 마을지향적인 공동체에 참여하며, 협력적 활동에 주도적인 참여를 위한 훈련이다. 강점 찾기 및 성공하기에 초점을 맞춘다.

넷째, 지역복지 수행 역량 갖기 교육이다. 복지 공동체(공동육아, 마을돌봄, 자활사업 등), 경제 공동체(사회적 기업 및 협동조합, 마을장터 등), 문화공동체(문화예술체육 활동 및 자치동아리, 마을문화 공간 조성 등), 교육 공동체(교육복지, 마을도서관, 대안학교 등) 등 다양한 역활을 수행할 권력과 힘을 스스로 갖추는 교육이다.

다섯째, 마을조직 간 협력적 교육이다. 사람중심의 가치 회복과 신뢰의 관계망을 구축하기 위한 관계성 회복과 지속가능한 마을살이, 함께하기를 위한 협력적 관계 개선을 위한 교육이다.

여섯째, 지역복지 운영 관리를 위한 교육이다. 마을사업 및 주민조직화 계획하기, 프로포절 작성, 프로젝트 관리, 회계 및 자원 관리, 마케팅, 실천평가 등의 준전문가로 NGO 조직을 운영하고 관리할 수 있는 운영교육으로 독립단계에서 이루어진다.

지역사회교육에서 놓치지 말아야 할 핵심 과제는 '미션, 비전과 재생산의 구조화'이다. 지역사회 미션과 비전 수립은 지속가능성에 기초한 참여와 공동체를 포함하여 이루고자 하는 이상적인 지역사회의 모습을 구성원들이 함께 공유하고 만들어 가는 작업이다. 이를 통하여 지역 구성원들의 목적의식이 강화될 수 있다. 또한 중장기적 전략이 가능하게 되므로 소진을 예방하고 지속적인 참여에도 기여할 수 있다. 또한 주민참여에 기반한 마을계획을 수립할 때 미션과 비전이 기준점 역할을 하게 된다.

다음으로 인재 및 자원의 재생산을 위한 구조화 노력이 필요하다. 마을교육, 주민 워크숍 등을 통한 마을리더를 양성하고, 양성된 리더들을 통하여 새로운 후기 리더를 양성하는 선순환 양성체계를 구축하기 위한 지역사회교육이 필요하다. 이 과정에서 선행 교육을 받은 주민은 실천성취를 공유하는 선배시민으로서 모델이 되며, 새로운 강사가 되어 가르치고, 이끄는 긍정적 역할(SRV)을 수행하도록 사회복지사는 지원해야 한다. 또한 지역사회 내 지속가능한 후원자나 지지자 발굴과 관리를 포함해 안정적인 공간과 재원을 마련하기 위한 지역사회교육을 통해 지속가능한 지역사회복지 실천의 토대를 만들어 간다.

지역사회조직화의 더 큰 성장은 민주적 자치의 실현이다. 이를 위해서는 지역사회교육의 확장에 관심을 가져야 한다. 시민정치 참여 교육의 중요성으로 우리 자치구 예산 감시하기, 매니페스토(manifesto), 지속가능한 발전을 위한 지역 어젠다 만들기(sustainable development & local agenda 21), 더 나아가 지역복지 관련 조례를 만들어 법적 근거까지 만들어 내면서 지속가능성을 높일 수 있는 토대를 만들어 낼 수 있다. 그러나 대다수의 주민들은 이러한 영역에 대하여 불편함을 갖거나 잘 모르는 경우가 많다. 따라서 기존의 교육을 통한 지역사회 문제를 미시적인 차원의 해결과 성취를 경험한 다음, 성숙한 교육의 단계로 지역사회의 민주적 자치 실현을 추구하는 지역사회교육이 더해져야 한다.

2) 리더로 성장하기

리더(leader)란 우리가 가고자 하는 방향을 보게 하고, 우리가 그 방향으로 가도록 돕는 사람이며, 그들이 누구인가 뿐만 아니라 우리가 누구인가를 깨닫게 한다(Khan, 2002). 주민이 스스로 움직이는 곳에는 반드시 주민 지도자(community leader)가 움직이고 있고, 주민 조직가(community organizer)가 리더를 돕는다(최종덕 외, 2010).

최종덕 외(2010)는 리더를 주민을 조직하는 사람이며, 주민 조직을 세우는 사람이며, 주민 조직을 움직여가는 사람이자 주민운동의 비전을 실현해 가는 사람으로 정체성을 제시하였다. 또한 기본 역할로 주민의 생각을 모으고, 주민의 소통을 원활하게 돕고, 주민이 행동하도록 하며, 주민 조직의 대안을 실천해 나간다고 하였다.

주민 조직화에서 리더는 단순히 조직만 이끌어가는 존재의 가치를 넘어선다. 새로운 이슈를 파악하고 대응하도록 주민을 설득하고 참여하도록 이끌며, 필요한 자원을 연계하고 동원하는 책무도 부여받는다. 동시에 지역사회와 다른 조직에 대하여 대표성을 갖고 협력적 관계를 만들어야 하고, 존중받은 역할을 통해 조직의 명예를 높여야 하는 측면도 있다.

그렇고 적극적이고 똑똑하며 뛰어난 능력이 있는 사람이 리더의 주류를 차지하지 않는다. 주민이 인정하고 존경하는 리더가 되는 것은 쉽지 않다. 또한 조직화된 힘을 자신의 사적 도구로 사용하지 않는 것도 어렵다. 오히려 마을 조직에서 내성적이거나 조용했었던 관망자였던 이들이 주민 조직의 리더가 되는 예도 적지 않다.

Khan(2002)은 리더에게 필요한 기술로 16개를 제시하였는데, 요약하면 다음과 같다.

① 사람들과 함께 일한다. 사람들과 소통하고, 사람들이 원하는 바를 할 수 있도록 도우며, 잠재된 지도력, 동기, 흥미를 일깨우고, 실제 기여하도록 격려한다.

② 이슈 제기. 지역사회 이슈를 정의하고, 의미있는 이슈를 찾아내며, 사람들이 자신의 욕구와 우선순위를 규정할 있도록 함께 일한다.

③ 회의. 회의를 이끌고, 아젠다를 세우고, 의장직을 맡고, 회의 참여를 독려한다.

④ 조직. 조직이 움직이는 방식과 구성 방식들, 의사결정 과정을 이해한다.

⑤ 전략과 전술. 장단기 전략, 목표, 우선순위를 정하며, 전술을 선택하고 사용한다.

⑥ 자금. 조직 내외부에서 모금할 방법을 이해하고, 예산을 계획하고, 조직 회계를 관리한다.

⑦ 조사. 지역조사를 알며, 정보 활용 감각을 갖추고, 어떻게 정보를 얻을지 안다.

⑧ 의사소통. 조직 내 의사소통 체계를 유지하고, 홍보 마케팅을 알며, 지역사회와 소통할 수 있는 체계를 갖춘다.

⑨ 미디어 활용. 공동으로 사용되는 미디어를 다룰 줄 알고, 이용하며, 전략적으로 이용하여 언론화할 줄 안다.

⑩ 훈련. 개인과 집단의 욕구 해결을 위한 프로그램을 만드록 훈련 시킨다.

⑪ 문화. 인이 이룩한 역사를 배우고, 교훈적인 역사적 투쟁을 이해하고, 주민이 자기 집단의 문화를 이해하도록 돕고, 문화를 유용하게 활용할 수 있다.

⑫ 기관들. 외부 기관을 이해하고, 연합 관계를 맺고 함께 활동하는 법을 배운다.

⑬ 정치. 선거 정치의 기본 기술을 이해하고, 풀뿌리 선거운동에 참여하거나 후보로 출마할 방법을 안다.

⑭ 대중 연설. 작은 집단과 큰 집단에서 연설하는 능력을 향상시키고, 자치, 비전, 전략과 전술을 이야기할 수 있어야 한다.

⑮ 조직원 감독. 조직원을 감독하고, 조직원을 위한 방침과 절차를 개발할 수 있다.

⑯ 권력. 어떻게 권력이 사용되며, 누가 권력을 가지고 있고, 권력 획득 과정을 이해하며, 어떻게 유지하거나 잃는지를 배운다.

리더의 지도력이 장기간 유지되는 것은 주민 운동의 성장에서 매우 중요하다(Khan, 2002). 그렇기에 리더는 ① 과도하게 일하지 않으며, 위임하는 법을 배워야 한다. ② 합리적이고 달성할 수 있는 목표를 세우고, 성취를 이루어야 한다. ③ 개인적인 지지체계를 개발하여 정서적 압력에 대응한다. ④ 리더 자신만을 위한 시간을 가져야 하는데, 소진 혹은 과도한 업무로부터 벗어났을 때를 대비한다. ⑤ 축하할 수 있는 시간을 가지며, 혼자 혹은 동료들과 유머와 웃음을 함께 공유한다.

리더에게 요구되는 공통적인 역할 중 하나는 자신의 다음 리더를 찾거나 키우는 일이다. 자신이 속한 조직으로부터 찾는 것이 가장 이상적이며, 새로운 주민으로부터 시작할 수도 있다. 이는 리더가 조직의 독점적 항구적 소유자가 아니며, 자신의 부재 상황에서도 조직은 언제든지 그 역할을 다할 수 있게 하며, 조직 구성원들로부터 존중을 만드는 힘이 된다.

3) 갈등 조율하기

(1) 주민 조직화에서 갈등 상황의 이해

주민 조직화 과정에서 참여 주민 간, 사회복지사와 주민 간에 갈등은 종종 발생하게 된다. 갈등의 요인은 여러 가지 있지만 주민 조직화와 관련된 요소를 살펴본다.

① 권력. 앞서 설명한 초보 지역사회 조직가가 자신을 전문가로 생각해 주민 우위에 서려고 하여 생기는 갈등은 전형적인 서열 정리 또는 권력 쟁투이다. 권력을 중심으로 생기는 갈등은 주민 리더가 조직을 일방적으로 통솔할 때에도 종종 생기게 된다. 투명한 운영 관리를 요구하는 목소리를 무시하거나, 조직 내 서로 대립하는 하위조직들이 생기는 경우에도 그러하다.

② 관계성. 다른 형태의 갈등 유형은 관계의 문제이다. 다른 주민의 의견을 무시하거나 지나치게 반대하는 행위, 나이가 적다고 아랫 사람 취급하는 행위, 자신의 지식이나 재산을 자랑하는 등은 조직 구성원 사이에 갈등을 일으킬 수 있다. 권력 싸움이든 마음 상함이든 그 골이 깊어지면 조

직은 와해되거나 갈라지거나 탈퇴하는 등의 부작용이 발생할 수 밖에 없다.

③ 문화. 이는 성격 차이로도 볼 수 있지만, Peterson(2004)에 의하면 개인의 삶을 지배하는 문화적 영향에 의해 형성된 성격의 차이다. 적극적이고 모험적인 성격의 주민과 신중하고 온화한 성격의 주민이 상호 이해 없이 과업을 수행하면 충돌이 생길 수 밖에 없다. 과업 지향적인 주민과 관계 중심적인 주민의 협업도 충돌이 생긴다. 자율성을 선호하는 개인주의 성향(또는 회원)과 조직 활동과 헌신이 우선인 집단주의 성향(또는 리더)도 상호 비판적일 수 있다. 위계질서를 중요하게 여기는 주민과 평등적 관계를 선호하는 주민의 관계에서도 마찬가지이다(Peterson, 2004).

④ 다양한 기타 요인들. 복지기관에서 지원하던 예산이 줄거나 없어지는 상황, 과업에 찌들려가지만 수행할 역량이 부족한 상황, 조직 리더나 구성원이 책무를 소홀히 하거나, 회의 진행이 진부해지는 상황, 누군가 성과나 명예를 독자치하려는 상황 등 다양한 상황에서도 갈등이 발생하게 된다.

갈등 상황이 생기게 되면 사회복지사는 주민 각자를 만나 그들의 이야기를 듣고, 그 속에 담긴 표면적 요인과 내면적 요인을 살펴야 한다. 예를 들면, 표면적 요인은 '나를 무시했다'지만, 내면적 요인은 자신이 조직에서 인정받고 싶거나 혹은 권력을 쥐고 싶은 마음이 있거나 아니면 자신의 영향력을 확인하고 싶은 것일 수도 있다. 내면적 요인은 근본적인 문제이며, 이를 해결하지 않는다면 더 많은 갈등이 반복될 수 밖에 없다.

(2) 갈등 조율하기

누구든지 주인이 되어야 하는데, 이는 주민 각자가 상호 존중에 기초한 성숙한 관계일 때 가능하다. 그러나 조직에서 자신만이 주인이 되고자 하는 경우가 가장 어려운 상황이 된다. 이는 사회복지사에게도 매우 곤란한 상황이 될 수밖에 없다. 합리적 판단이나 조율은 감정이 상한 단계에서는 거의 불가능한 경우가 많다.

① 경청하기. 경청은 갈등 조율의 태도를 갖추는 것이다. 즉, 주민 각자의 이야기를 그들의 관점에서 잘 들어주고, 서로 다른 관점의 이야기 속에서 중첩 지점을 확인하고, 실마리를 찾기 쉬워진다. 경청의 초기에는 개별 만남이 중요하고, 갈등의 흐름과 내용이 정리되면 전체 회의를 통해 조율하는 순서가 효과적이다.

② 성격과 문화의 차이를 이해하기. MBTI, 태니지먼트(tanagement)[5)]와 같이 서로 간의 성격과 태도의 차이를 배우고, 아이(I) 메시지 등을 통해 의사전달력을 높인다. 상호 이해를 높여주고, 역지사지의 기회를 갖게 한다.

③ 명분 만들기. 갈등 당사자의 욕구와 관심을 이해하고, 이를 대신할 정당성을 확보하는 방법이다. 예를 들면 지위와 체면을 살리기이나. 나이 많고 경험과 지역사회 영향력이 큰 주민의 태도가 갈등 요인이면, 젊은 사회복지사에 의한 갈등 조율을 수용하기가 매우 어렵다. 이들 세대에게는 지위와 체면의 문제이기 때문이다. 역으로 본다면 복지기관의 장, 부장이 지위와 체면을 살려주는 명분 얻기는 효과적인 대응방법이 될 수 있다.

④ 타협하기. 서로 간에 욕구와 관심사를 터놓게 하고, 공통점을 찾아가는 기회를 만든다. 타협의 실패는 대결로 이어진다.

⑤ 협동하기. 문제를 외부의 요인에서 찾고 그 해결을 위해 전략적 제휴를 요청한다. 조직의 명성에 해가 되거나 외부 기금 축소 등의 명분을 찾을 수 있다.

⑥ 권력 싸움하기. 타협과 조율이 더 이상 진행되지 않으면 주민은 상대에 대하여 압도적 우위를 점하려는 행동을 한다. 그 결과는 가장 안좋은 상황이며, 이기나 지나 언제나 상처만 남긴다. 이로인해 주민 조직은 기능을 상실하거나 일부가 이탈하거나 심지어 해체될 수 있다. 어쩔 수 없는

5) 태니지먼트는 개인의 욕구와 강점에 따라 동기부여형, 외교형, 추진형, 완벽형, 조정자형, 평가형, 탐구형, 창조형의 8개 업무 특성을 분석하고, 조율하여 시너지를 추구하는 경영기법입니다.

상황이라면 조직의 규칙이나 복지기관 운영 방침에 따라 결별 절차를 밟는다.

• 갈등 해결?

주민 조직화 과정에서의 수많은 갈등이 생긴다. 미리 미리 경청하고, 조율하며, 주민에 영향력을 미치는 신뢰적 관계를 잘 형성하면 일정 부분 예방이나 조율에 유리할 것이다. 그 중 좋은 방법 중 하나는, 오랜 시간이 필요하지만, '성숙한 관계의 역사성'을 만드는 것이다.

박사논문을 쓰던 시절, 한 자치구의 지역사회 네트워크 사업의 회의에 참여한 적이 있었다. 사회복지공동모금회의 3년 지원사업 중 첫 1년간 평가를 하면서, 3억 가까운 예산 사용과 관련한 논쟁이 생겼다. 많은 예산은 네트워크 강화의 기회로 보는 입장과 돈을 쓰기 위한 네트워크라면 반대하는 입장이 첨예하게 갈렸고, 심지어 몇몇 단체는 탈퇴를 선언할 정도로 심각한 상황이었다. 그런데 정작 놀란 것은 이 모든 이들이 뒷풀이에 함께 하는 것이었다. 또한 첨예하게 대립했던 이들이 여름에 섬진강 자전거 트래킹을 같이 가는 새로운 모임을 결성하였다. 이런 상황에 대하여 당시 사회복지관 부장은 "우리는 이러고 20년을 보냈다."라고 하였다. 오랜 관계 속에서 서로의 한계와 특성을 잘 이해하고, 배려하는 '성숙한 관계'가 만들어진 것이다. 사회복지관의 역할과 한계, 진보적 NGO의 역할과 한계를 서로가 너무 잘 이해하였고, 그에 맞는 경계를 잘 지켰다. 성숙한 사회복지사와 지역활동가들이 만드는 관계의 역사성이야말로 어떤 갈등이라도 극복할 수 있는 힘으로 느껴졌다.

4) 마을계획[6)]

마을계획은 마을공동체의 활동을 준비하는데 있어서 여러 이해관계를 가진 당사자인 주민들이 기획 초기 단계부터 의사결정 과정에 주체적으로 참여할 수 있는 기회를 보장하고, 공동 의제를 발굴하고, 실천 계획을 만들고, 소통과 연대를 통하여 다양한 자원을 연계하고, 분배하며, 해결방안을 수행하고, 평가하는 과정이다. 즉, 개인이나 단위 차원의 마을공동체 수준에서 이루어지는 것이 아닌, 다양한 지역사회 구성 주체들 간의 연대와 네트워크에 기반한 광의적 마을공동체 구축 활동이다.

---

6) 마을계획과 관련된 내용은 서울시마을공동체종합지원센터의 2014년 마을컨퍼런스 콘서트의 마을계획의 자료를 참조하여 재구성하였다.

서울시의 마을공동체 지원사업의 경우 초창기 한 단위의 자치공동체 조직을 지원하는데 중점을 두었다. 이를 통하여 지역사회 안에 다양한 마을공동체들이 자생하게 되었고, 이들을 엮어내어 더 큰 지역사회를 기반으로 한 마을공동체를 구축하기 위한 모색으로 마을계획이 대두되었다. 즉, 마을계획에는 교육, 복지, 문화, 안전, 생활 공간, 경제, 건강 등이 포괄된 것이며, 지역사회보장계획과 내용적 유사성이 있다.

마을계획을 수립하는 핵심 조직은 '마을계획기획단'이다. 마을계획기획단은 마을의 다양한 이해관계를 대변하는 대표성 있는 이들이 중심이 된다. 이들은 마을계획을 위한 사전 준비모임부터 마을 조사와 마을 이슈 발굴, 마을계획의 수립, 마을계획의 홍보, 마을총회 등을 통하여 마을계획 실천단을 구성하고 진행하는데 주요 역할을 한다.

마을계획을 위해서는 소규모 마을 회의와 마을총회를 통한 공유와 소통을 통한 합의가 이루어져야 한다. 마을회의는 대표성을 가진 마을주민들이 참여하거나, 다수의 주민들이 참여할 경우 마을 의제별로 분과를 구성해 진행할 수 있다. 특히, 마을주민 중 참여를 동의한 전체가 참여하는 마을총회는 민주적 절차에 따라 진행되어야 하며, 사전 충분한 홍보와 참여기회가 보장되어야 한다.

마을 조사는 마을의 주요 의제나 마을 이슈에 대한 주민들의 의견을 수렴하고, 주제별 워크숍 등을 통하여 마을 토론이 이루어지는 과정까지 포함한다. 또한 마을 조사의 과정은 지역주민에게 자연스럽게 홍보하는 과정이기 때문에 주민참여를 위한 다양한 홍보 방법도 적용할 필요가 있다.

마을계획 실천단은 마을총회를 통하여 결정한 마을계획의 의제들을 실무적으로 수행할 인력들로 구성한다. 마을주민과 관련 전문가들 사이의 매개자 역할을 하며, 자원분배와 공유, 마을 네트워크와 연대의 핵심 축이 된다.

5) 옹 호

옹호(advocate)는 지역주민의 이익이나 권리가 침해당할 때, 스스로 자신의 권리를 지키기 위한 활동을 할 수 없는 상황에서, 사회복지사가 이들을 지지하고, 대변하는 활동을 지칭한다. 특히, 정치적인 권리의 침해나 정부 예산의 배정에서 배제되거나 소각장이 빈민지역에 배치되는 상황과 같은 경우에도 옹호 활동을 폭넓게 적용할 수 있다. 또한 옹호를 적극적으로 본다면, 임파워먼트를 통한 지역주민의 자기 옹호 역량을 키우는 것과 조례 제정 등의 입법 활동을 통한 제도적 권리 확보까지 해석할 수 있다.

복지현장에서는 새로운 영역에서의 옹호의 요구는 증가하고 있는 것 같다. 예를 들면, 이용자 또는 사회복지사에 의한 도전적, 공격적 행동, 성폭력/ 추행, 언어적 폭력, 왕따, 몰래카메라 등 생활 속 위험 요소 등에 대한 문제들이다. 사회복지사협회에서는 사회복지사 관점에서, 인권단체는 이용자 관점에서 각자의 옹호 활동을 펼치곤 한다. 그러나 사회복지사와 클라이언트 간의 인권에 대한 호혜적 접근이 필요하다.

한국적 특성에서 복지기관에서의 옹호 중 법원에서 법률 투쟁하는 경우는 매우 드물 것이다. 대부분의 복지기관에서도 자문 변호사나 법무사를 통한 법적 자문을 해주는 경우는 매우 많지만, 실제 소송을 지원하거나, 대정부 투쟁에 참여하는 경우는 매우 드물다. 이는 복지기관은 관할 자치단체의 지도감독을 받을 뿐만 아니라 예산 의존도가 매우 높기 때문이다.

지역사회 차원에서의 옹호는 아니지만, 참여연대, 세상을 바꾸는 사회복지사(세밧사), 지역별 복지시민연대 등을 통해 제도적 개선 운동은 가시적인 성과를 이루기도 하는 등 다양하게 이루어지고 있다.

• 주민 조직화 및 마을 만들기를 위한 추천 도서

주민 조직화 이론, 실천 기술, 사례의 영역은 매우 광범위하여 본 서에서 충분하게 다루지 못하고 있다. 따라서 지역복지의 레벨 업과 마을공동체에 관심있는 예비 사회복지사를 위하여 의미있다고 생각하는 도서를 추천한다. 다음은 추천순이다.

- 한덕연(2023), 복지요결, 사회복지정보원(www.welfare.or.kr)
- 김세진(2021), 복지관 지역복지 공부노트, 구슬꿰는실.
- 헬레나 노르베리 호지, 양희승 역(2007), 중앙문화사.
- 박재동, 김이준수(2015), 마을을 상상하는 20가지 방법 - 우리가 꿈꾸는 마을이 펼쳐지고 있다, 서울특별시 & 샨티.
- 마하트마 간디, 김태언 역(2011), 마을이 세계를 구한다. 녹색평론사.
- 김성오(2012), 몬드라곤의 기적, 2012.
- 한덕연(2022), 탈시설론, 사회복지정보원(www.welfare.or.kr)

PART 03

지역사회복지의 실제

CHAPTER 10

지역사회복지의 체계와 추진기관

1 지역사회보장의 개념

1) 지방분권화와 지역사회복지

지방분권화는 중앙정부의 권한과 행정사무, 재원 그리고 인력 등을 지방정부로 분산시키는 것으로, 일반적으로 정치, 행정, 재정 등의 여러 영역에서 전개된다(고혜진 외, 2014; 최영, 2015). 참여정부에서 '지방분권'을 국정과제로 선정하고, 중앙정부의 국가사무를 지방정부로 이양함으로써 지방자치의 질적 향상을 도모하였다. 이러한 지방자치의 일환으로 2003년 「사회복지사업법」을 개정하여 사회복지의 책임을 지방자치단체에 두는 것으로 규정하였다. 이 법에 따라 지방자치단체는 자체적으로 지역사회복지계획을 수립하고 지역사회복지협의체에 대한 구성 및 운영을 지원하는 등 지자체의 자율성과 책임성이 강화된 것이다(이정은, 2016). 2005년에는 보건복지부의 138개 사업 중 67개 사업(5,959억원)이 지자체로 이양되고 재정지원 방식도 분권교부세로 전환되는 등 사회복지 지방분권화를 본격 추진하였다(채현탁 · 박종철, 2017). 지방분권은 지역사회 중심의 사회복지전달체계의 구축이라는 패러다임 전환에 따라 제기되었고, 공공과 민간, 시민사회의 참여를 통한 지역복지의 통합적 체계를 구축하는 것을 의미한다. 따라서 각 지방자치단체는 지역사회 중심의 사회복지 계획 수립 및 운영에 필요한 네트워크 구축과 자원 발굴 및 연계기능 수행에 대한 과제에 직면하게 되었다.

지방분권화가 사회복지에 미치는 영향에 대해서는 긍정적, 부정적 요인들이 모두 제기되고 있다. 먼저, 지방분권화가 사회복지에 미치는 긍정적 영향은 다음과 같다.

첫째, 지방분권을 통해 지방정부의 역할과 권한이 강화됨으로써 지역주민들의 욕구에 보다 효율적으로 대응할 수 있기 때문에 적합한 공공서비스를 제공해줄 수 있다는 점이다. 즉, 사회복지서비스의 집행기관으로서 지방정부를 중심으로 하는 지방분권은 지역주민의 삶의 질과 관련된 복지서비스의 수준을 높일 수 있다.

둘째, 복지의 다원화와 분권화를 통해 복지 집행 체계 구축이 용이하다는 점이다. 전통적으로 서구 국가의 사회복지는 중앙정부의 책임하에 복지제도와 정책들이 계획 및 추진되어 왔으나, 중앙정부 중심의 복지 공여 체제에 대한 효율성 문제가 제기되었다. 이에 따라 지방정부의 역할 및 책임증대를 통한 복지의 분권화와 다원화를 시도하였다. 따라서 한국의 지방분권은 복지측면에서 세계사적 조류를 반영하였다고 볼 수 있고, 보다 효율적인 복지 집행 체계를 구축할 수 있다.

셋째, 지방분권화를 통해 주요 공공정책 및 서비스 제공과정에 지역주민들이 직접 참여할 수 있어, 지역주민의 욕구에 부응하는 복지프로그램을 개발할 수 있다는 점이다. 또한 주민 참여를 통해 주민 친화적인 복지프로그램을 확산하여, 지역적 특성과 수요자의 욕구에 맞는 지방정부의 독자적인 복지체계를 구축할 수 있다(류진석, 2003).

반면에 지방분권화가 사회복지에 미치는 부정적인 영향들은 다음과 같다.

첫째, 지역 간 재정력의 격차로 복지발전의 수평적 불균형을 초래할 수 있다는 점이다. 복지서비스가 지방정부의 재정력 수준에 따라 제공됨에 따라 재정이 열악한 지방정부에서는 인구의 이동과 자본유출로 인한 공동화 현상이 나타날 수 있고, 지방정부간 복지재정 운영상의 빈익빈 부익부 현상이 심화된다는 점이다. 그 결과 지역간 사회복지 격차를 확대 재생산시킬 수 있다.

둘째, 지방의 자율성 강화는 복지발전에 있어서 지역적 균형 간의 긴장 관계가 발생할 수 있고, 복지권의 확립이라는 차원에서 전국적 통일성을 저해시킬 수 있다. 지방정부의 복지서비스에 대한 행정 역량의 차이와 복지자원의 불균형으로 인해 복지행정 수준이 미달되는 지방정부는 복지 수급의 질적 저하를 가져올 수 있다. 따라서 다양한 복지서비스의 수급권 제한이나 복지 수급 자격요건의 엄격성 등으로 동일한 자격요건을 갖추고 있음에도 불구하고 지리적, 공간적 위치에 따라 복지급여의 수급 여부가 결정되는 결과를 초래할 수 있다.

셋째, 중앙정부와 지방정부 사이에 복지재정의 책임 전가 현상이 나타날 수 있다. 또한 지방분권화는 지역주민의 욕구에 신속하게 대응할 수 있어 빈곤층에게도 친복지적인 자원배분이 가능하지만, 만약 지방정부가 재정 건정성을 위해 중앙정부보다 지출을 더 많이 통제할 경우 상대적으로 힘이 약한 복지수급자에게는 불리할 수도 있다. 이러한 지방분권화의 부정적인 영향은 지역간 복지수준의 불균형한 발전을 초래할 수 있고, 특정 지역의 수급자는 사회경제적 자원으로부터의 불평등, 공간적 차원에서의 불평등 등 이중적 불평등을 경험할 수 있다(류진석, 2003).

2) 지역사회보장의 개념

지역사회보장의 개념을 이해하기 위해서는 사회보장의 정의를 파악하는 것이 중요하다. 「사회보장기본법」 제3조 제1호에서는 사회보장을 출산, 양육, 실업, 노령, 장애, 질병, 빈곤 및 사망 등의 사회적 위험으로부터 모든 국민을 보호하고 국민 삶의 질을 향상시키는 데 필요한 소득·서비스를 보장하는 사회보험, 공공부조, 사회서비스로 규정한다. 국가와 지방자치단체는 모든 국민의 인간다운 생활을 유지 및 증진하는 책임이 있고, 사회보장에 관한 책임과 역할을 합리적으로 분담해야 하며, 국가 발전수준에 부응하고 사회환경의 변화에 선제적으로 대응하며 지속가능한 사회보장제도를 확립하고 매년 이에 필요한 재원을 조달해야 한다. 그리고 국가는 사회보장제도의 안정적인 운영을 위하여 중장기 사회보장 재정추계를 격년으로 실시하고 이를 공표해야 한다(사회보장기본법 제5조).

지역사회보장은 「사회보장기본법」에 따라 복지와 보건 및 의료, 교육, 고용, 주거, 문화, 환경 등의 다양한 영역에서 지역사회가 가지고 있는 문제들을 해결하고, 지역주민의 삶의 질을 향상시키기 위해 지방자치단체를 중심으로 제공되는 사회보장을 의미한다. 즉 사회적 위험으로부터 지역주민을 보호하고 주민의 삶의 질을 향상시키는데 필요한 소득과 서비스를 보장하는 보험, 공공부조, 사회서비스를 의미한다(김승권 외, 2013).

「사회보장기본법」이 제정되기 이전에는 「사회복지사업법」에 근거하여 사회복지와 보건의료 영역에 한하여 지역사회복지를 실행하였으나, 2015년 7월 「사회보장급여의 이용 · 제공 및 수급권자 발굴에 관한 법률(이하, 사회보장급여법)」이 제정되면서 지역사회복지가 지역사회보장으로 변경되고, 지방자치단체의 책임성이 강화되었다. 이에 따라 지방자치단체는 지역사회의 복지사각지대를 발굴하여 사회문제를 해결하고, 사회보장 정책의 실질적 집행이 이루어지는 지방자치단체의 사회보장체계를 개선하며, 중앙정부와 사회보장에 대한 새로운 역할을 분담할 수 있게 되었다(이정은, 2016). 또한 「사회보장급여법」 제35조에 따라, 지방자치단체는 지역의 욕구에 반응하는 지역사회보장에 관한 계획을 4년마다 수립하고, 계획의 시행 결과 등을 체계적으로 평가하기 위한 지역사회보장지표를 구성 및 활용하며, 지역사회보장 증진을 도모하는 민 · 관 협력기구인 지역사회보장협의체를 운영하고 있다.

2 지역사회보장의 체계

1) 지역사회보장계획

(1) 지역사회보장계획의 개념 및 기능

지역사회보장계획은 지역주민의 복리증진을 목적으로 지역사회 복지 수요와 자원 그리고 자체 사회보장사업 등을 포괄하는 중기 기본계획이다. 또한 지역사회보장계획은 지자체 사업을 중심으로 사회보장 전략체계를 수립하고, 해당 시·군·구 간 사회보장의 균형적인 발전을 위한 구체적인 정책 노력을 제시함으로써 지역사회보장과 관련된 정책의 이정표 역할을 한다. 지역사회보장계획은 지역 내 복지 수요와 자원을 면밀하게 진단하여 광역자치단체가 사회보장 수준의 균형발전 전략을 제시할 수 있도록 기초자료를 제공한다. 지역사회보장계획은 수립과정에서 지자체의 특수성을 기초로 하지만, 국가 정책의 보편적 방향도 반영하기 때문에, 중앙의 사회보장기본계획과 지역사회보장계획 간의 가교역할을 수행한다. 마지막으로 지역사회보장계획은 4년 단위의 중기 계획을 기초로 하나 급변하는 환경에 대응하기 위해 연차별 시행계획을 수립하고 이를 중심으로 지역사회의 복지 욕구 및 자원의 실태를 점검하고 반영한다(보건복지부, 2022a).

(2) 지역사회보장계획의 법적 근거 및 목적

지역사회보장계획은 사회보장급여법에 제35조에 근거하여 사회보장 부문에 대한 계획을 수립하는 종합계획이다. 지역사회보장계획의 법적 근거로는 2003년 7월 「사회복지사업법」이 개정되면서 지역사회복지계획의 명칭으로 법적 근거를 마련하였고, 이를 통해 지자체 차원에서 지역사회복지계획을 수립 및 추진하게 되었다. 그러나 2015년 「사회보장급여법」이 제정되면서 지역사회복지계획이 지역사회보장계획으로 명칭이 변경되었고, 내용도 확대되었다. 동법 제35조의 1에 근거하여 시·도지사 및 시장·군수·구청장은 지역사회보장계획을 4년마다 수립하고, 매년 지역사회보장계획에 따라 연차별 시행계획을 수립해야 한다. 이때 계획은 「사회보장기본법」 제16조에 따라 중앙의 사회보장기본계획과 연계가 필요하다. 또한 시·도지사 또는 시장·군수·구청장은 계획을 수립할 때 필요한 경우 사회보장 관련 기관·법인·단체·시설에 자료 또는 정보 제공과 협력을 요청할 수 있다(제35조의 6).

시장·군수·구청장은 해당 시·군·구의 지역사회보장계획(연차별 시행계획 포함)을 지역주민 등 이해관계인의 의견을 들은 후 수립하고, 해당 시·군·구의 지역사회보장협의체의 심의와 의회의 보고를 거쳐 시·도지사에게 제출한다(제35조의 2). 시·도지사는 제출받은 시·군·구의 지역사회보장계획을 지원하는 내용 등을 포함한 해당 시·도의 지역사회보장계획을 수립해야 한다(제35조의 3). 시·도지사는 지역사회보장계획을 시·도사회보장위원회의 심의와 해당 시·도 의회의 보고를 거쳐 보건복지부장관에게 제출해야 하고, 보건복지부장관은 제출된 계획을 사회보장위원회에 보고해야 한다(제35조의 5).

지역사회보장계획의 목적은 다음과 같다. 첫째, 지역사회보장계획을 통해 각 지역의 욕구와 자원을 점검하고, 민-관 협력과 지역주민의 참여를 통해 지역에 필요한 과제를 도출하며 지역사회보장 발전을 모색하는 것이다. 둘째, 지역사회보장계획에는 관련 지자체가 해당 기간 동안 추진해 갈 목표와 영역별 추진전략을 설정하고, 세부사업 및 중점사업들을 포함함으로써 사업 관계자와 지역주민 모두에게 지역 정책의 방향성과 구체적인 과제를 공유하는 것이다. 셋째, 지역사회보장계획은 보다 체계적이고 논리적인 근거에 기반한 사업 추진을 가능하게 한다(강혜규 외, 2018).

지역사회보장계획 안에 포함되어야 하는 내용들은 행정구역에 따라 차이가 있다. 먼저 시·군·구 차원에서 지역사회보장계획에 포함해야 할 내용들은 다음과 같다(「사회보장급여법」 제36조의 1).

- 지역사회보장 수요의 측정, 목표 및 추진전략
- 지역사회보장의 목표를 점검할 수 있는 지표(이하 "지역사회보장지표"라 한다)의 설정 및 목표

- 지역사회보장의 분야별 추진전략, 중점 추진사업 및 연계협력 방안
- 지역사회보장 전달체계의 조직과 운영
- 사회보장급여의 사각지대 발굴 및 지원 방안
- 지역사회보장에 필요한 재원의 규모와 조달 방안
- 지역사회보장에 관련한 통계 수집 및 관리 방안
- 지역 내 부정수급 발생 현황 및 방지대책
- 그 밖에 대통령령으로 정하는 사항

시・도・특별자치도에서 수립하는 지역사회보장계획은 다음의 내용들을 포함해야 한다(「사회보장급여법」 제36조의 2).

- 시・군・구의 사회보장이 균형적이고 효과적으로 추진될 수 있도록 지원하기 위한 목표 및 전략
- 지역사회보장지표의 설정 및 목표
- 시・군・구에서 사회보장급여가 효과적으로 이용 및 제공될 수 있는 기반 구축 방안
- 시・군・구 사회보장급여 담당 인력의 양성 및 전문성 제고 방안
- 지역사회보장에 관한 통계자료의 수집 및 관리 방안
- 시・군・구의 부정수급 방지대책을 지원하기 위한 방안
- 그 밖에 지역사회보장 추진에 필요한 사항

(3) 지역사회보장계획 수립 방향 및 절차

지역사회보장의 궁극적인 목적은 지역 주민의 복지 증진에 있고, 이를 위해 지역사회 차원에서 광범위한 사회보장 영역의 목표와 방법들을 결정하는 것이다. 지역사회보장계획 수립의 방향은 통합성, 협력성, 참여성이라는 3가지로 정리할 수 있다(정홍원, 2014).

첫째, 통합성은 중앙정부 차원의 상위계획 및 관련 계획을 지역사회 차원에서 통합하는 것을 지향한다는 의미이다. 실제로 지방자치단체가 수행하는 업

무 중 상당수가 중앙정부 위임사무로, 기초자치단체에 전달되는 과정에서 개별적, 분절적으로 전달된다. 개별적으로 전달된 사업들은 지자체 차원에서 중복 실행되거나 지역의 특성 및 정책과 상충되는 경우가 있고, 지역사회의 특수한 문제들이 누락되기도 한다. 따라서 상위계획 및 관련 계획을 검토할 때 개별적으로 전달된 계획과 사업의 내용을 지역사회 차원에서 통합적으로 파악하고, 적절하게 대응할 필요가 있다.

둘째, 협력성은 지역사회 복지서비스 공급 주체인 지자체(공공기관)와 민간기관과의 협력을 의미한다. 사회보장과 관련된 서비스는 서비스 제공자와 이용자의 대면 관계 속에서 제공되고, 지방자치단체, 고용센터 등 공공기관과 사회복지시설 등 민간기관에 의해서 제공된다. 따라서 지역사회보장계획의 사업들이 효과적으로 수행되기 위해서는 공공기관과 민간기관 또는 민간기관 간의 협력적 네트워크 구축이 필요하다.

셋째, 참여성이란 지역사회보장계획의 수립과 집행에 있어서 지역주민과 지역사회 관련 기관의 참여를 유도하는 것이다. 경직되고 대응능력이 부족한 관료조직이 주도하는 서비스 공급의 문제점을 보완하기 위해서는 지역사회보장계획 수립에 지역주민의 참여를 강조하는 것이 필요하다. 지역주민 참여를 통해 주민의 복지의식 증진, 상호 신뢰의 확대, 사회보장사업에 대한 수용성 증대 등이 있고, 지역사회보장계획의 집행과 목표 실현에 있어서 주민참여는 효과적인 정책수단이 될 수 있다.

지역사회보장계획 수립을 위한 절차는 7단계로 구성되며 각 단계별 주요 내용은 다음과 같다(강혜규 외, 2018).

• 1단계: 계획 준비

지역사회보장계획 수립을 위한 기획, 예산 확보 및 활용계획 등을 총괄한 계획 수립을 기획하는 단계이다. 계획 수립의 전반적 기획은 시 · 도 사회보장위원회 또는 시 · 군 · 구 지역사회보장협의체와 담당 부서가 중심으로 하되, 사회보장 영역의 전문가 및 이해 관계자, 지역 주민 등 지역사회 내 다양한 주체가 참여할 수 있는 '계획 수립을 위한 TF팀'을 구성하여 운영한다. TF팀은 참여 주체 간의 역할을 명확하게 하고, 전체적인 추진 일정과 계획 수립과정에서 이루어져야 하는 지역분석의 방법과 절차, 지역 주민의 의견수렴을 위한 논의 방식과 절차, 지자체의 지원 방향 등의 단계별 과업 내용에 대해서도 구체적으로 논의한다.

- 2단계 : 지역분석

지역사회가 가지고 있는 지역사회보장 자원의 인프라와 질, 지역 주민의 사회보장 욕구 등을 조사 및 분석하여 지역사회의 전반적 사회보장 수준과 문제를 진단하는 단계이다. 합리적인 지역사회보장계획을 수립하기 위해서는 지역분석 단계에서 정확하고 객관적으로 문제의 원인과 실태를 파악할 필요가 있고, 사회보장 영역의 지역단위 중장기 계획들을 검토하는 것은 물론 기존 지역사회보장계획의 수립, 시행 절차 및 성과에 대한 철저한 검토와 진단이 필요하다. 지역 분석을 위한 객관적 근거 자료를 얻는 방법으로는 지역 주민이 가지고 있는 욕구와 사회보장서비스 인식 수준을 분석하는 '지역사회보장조사'와 서비스 공급량을 분석하는 '자원조사'가 있다.

- 3단계 : 계획작성

3단계 계획작성은 각 지자체에서 수행할 구체적인 4개년도 지역사회보장계획안을 마련하는 단계이다. 계획 수립 TF팀은 지역분석을 통해 얻은 자료를 바탕으로 지역사회가 4개년 동안 사회보장 영역에서 가장 집중해야 할 정책적 목표와 추진전략들을 결정해야 한다. 추진전략의 성과를 높이기 위해 우선적으로 추진해야 할 사업들을 선정하며, 사업별로 대상자와 지원내용, 예산 방안 마련, 사업모니터링 방안 등 구체적인 세부 사항들을 논의하고 결정한다. 사회보장계획의 목표를 달성하고 지역 주민의 사회보장 수준을 높이기 위해 부가적으로 필요한 재정 및 행정 계획, 운영 점검 및 평가계획, 시·군·구 지원계획 방안 등 「사회보장급여법 제36조」에 명시된 지역사회보장계획의 내용을 모두 논의하고 구체적인 방안을 마련한다.

• 4단계 : 의견수렴

4단계는 작성된 계획(안)의 지역성과 정당성을 확보하기 위해 지역 주민 의견을 수렴하는 단계이다. 의견 수렴은 계획(안)을 기획하고 마련하는 단계부터 지역 주민 공청회, 전문가 간담회, 공모 등 다양한 방법으로 진행할 수 있다. 최종적으로 작성된 계획안은 법률에서 정하는 대로 지역사회보장 계획의 주요 내용을 20일 이상 공고하여 지역 주민 및 이해관계인의 의견을 수렴해야 한다(「사회보장급여법」 제35조2).

• 5단계 : 계획 심의 및 확정

의견수렴을 거쳐 작성된 계획안을 심의하고 계획안을 확정하는 단계이다. 시 · 군 · 구 및 시 · 도는 계획안을 지역사회보장협의체 및 사회보장위원회에 제출하여 심의과정을 거쳐야 한다.

• 6단계 : 의회 보고 및 제출

심의가 끝난 계획안을 지방의회에 보고한 후, 시 · 도지사 및 보건복지부에 제출하는 단계이다. 의회 보고는 향후 지역사회보장계획에 담긴 사업과 행정 및 재정지원 계획과 관련하여 예산 편성의 연계성을 제고하기 위한 것으로 의회 보고의 방식은 각 지자체에서 협의하여 결정할 수 있다.

• 7단계 : 계획안 최종확정

시 · 도지사 및 보건복지부 장관이 제출된 계획안을 최종으로 확정하는 단계이다. 시 · 군 · 구 및 시 · 도에서 제출된 계획안을 검토한 뒤, 시 · 도지사나 보건복지부 장관은 대통령령에 위배되는 사항이 있을 경우 조정을 권고할 수 있으며, 조정 권고 사항이 마무리된 경우 최종 계획안을 확정한다.

지역사회보장계획을 수립 및 시행을 통해 기대되는 효과는 다음과 같다. 첫째, 계획안을 통해 지자체 단위의 사회보장 수준과 변화 목표를 지역주민을 비롯한 모든 관계자가 확인함으로써 지자체의 주도성이 향상된다. 둘째, 지역에서 필요로 하는 복지를 창출하기 위하여 공공, 민간, 지역사회 주민이 함께 하는 작업의 토대를 통해 합리적인 사회보장사업의 운영기반을 마련한다. 셋째, 지자체의 특수성을 기초로 하면서 국가 정책의 보편적 방향을 반영하는 지역 정책을 설계함으로써 국가 사회보장사업 운영의 효율화를 추진한다. 넷째, 계획안의 기본 틀을 공유함으로써 지자체 간 상호 사회보장사업에 대한 이해와 벤치마킹, 상승 작용을 기대할 수 있고, 이를 통해 전국의 균형적인 사회보장을 추진한다.

〈표 10-1〉 **지역사회보장계획 수립 및 시행의 취지와 기대 효과**

취지	기대 효과
계획안을 통해 지자체 단위의 사회보장 수준과 변화 목표를 지역 주민을 비롯한 모든 관계자가 확인	지자체의 주도성 향상
지역에서 필요로 하는 복지를 창출하기 위하여, 공공, 민간, 지역사회 주민이 함께하는 작업의 토대 마련	합리적 사회보장사업 운영 기반 마련
지자체의 특수성을 기초로 하되 국가 정책의 보편적 방향을 반영하는 지역 정책 설계	국가 사회보장사업 운영의 효율화
계획안의 기본 틀을 공유함으로써, 지자체 간의 상호 사회보장사업 이해와 벤치마킹, 상승 작용을 기대	전국의 균형적 사회보장 추진

출처 : 보건복지부(2018). p. 4의 표를 재구성함

2) 지역사회보장지표[7)]

(1) 지역사회보장지표의 개념과 목적

「사회보장급여법」 제36조에는 '지역사회보장의 목표를 점검할 수 있는 지표'를 지역사회보장지표로 명명하여, 계획 내용으로 이 지표의 설정과 목표를 포함하도록 하고 있다. 지역사회보장계획이 지역의 사회보장과 관련된 정책적 목표를 달성하기 위한 중장기 계획이라고 할 때 이러한 계획은 '목표를 점검할 수

7) 지역사회보장지표에 대한 내용은 강혜규 외(2018)의 연구내용을 일부 발췌하였다.

있는' 지표를 중심으로 구성된다고 할 수 있다(보건복지부, 2018). 지역사회보장지표는 2015년 개발되어 각 지방자치단체에 전달되었고, 이후 지표의 생산 여부 및 확보 가능성, 지표 구성의 적절성, 논리적 체계성 등을 고려하여 수정 및 보완 작업이 계속 진행되고 있다.

지역사회보장지표의 개발 및 구축 목적은 다음과 같다.

첫째, 중앙정부와 지자체가 공유할 수 있는 정책의 지향성을 제시하는 것이다. 보건복지부가 지역사회보장지표를 개발하고 지표값을 조사 및 분석한 결과를 지방자치단체와 공유하는 이유는 지역사회보장지표를 통해 중앙정부와 지방자치단체가 추구해야 하는 정책 목표를 명확히 제시함으로써 국가 사회보장제도의 일관성을 확보하고 지방자치단체의 정책 집행 역량을 제고하기 위한 것이다. 또한 자치단체는 지역사회보장지표에 대한 분석을 통해 지역의 사회보장 수준을 객관적으로 인식하고, 이를 토대로 지역사회보장계획 수립 및 연차별 계획 수립에 활용할 수 있다.

둘째, 지역균형발전을 위한 지자체별 복지 인식 수준을 제고하는 것이다. 지역사회보장지표에 대한 자치단체 간 비교 및 분석을 통해 지역의 사회보장 수준에 대한 상대적·절대적 진단이 가능하며, 이러한 객관적인 현실 진단이 개별 자치단체로 하여금 지역사회보장 발전을 위한 적절한 목표 설정과 효율적이며 효과적인 정책을 추진하도록 독려할 수 있을 것으로 기대된다. 또한 객관적인 현실 인식 부족으로 인해 사회보장정책에 대한 관심과 노력이 부족했던 지역에는 긍정적인 자극으로 작용하여, 지역 간 사회보장 격차를 완화할 수 있고, 타 지역에 비해 사회보장 격차가 심한 지역에 대해서는 적절한 지원정책을 수립하여 지역 간 균형발전을 지원할 수 있다.

셋째, 지역 주민의 지역사회보장 수준 인지를 통한 복지 거버넌스 참여를 활성화하는 것이다. 지역의 사회보장 수준에 대한 객관적 인식은 지역 복지공동체 및 주민 참여, 민관 거버넌스의 활성화 정도가 부족한 지역에 긍정적인 자극을 줄 것으로 기대된다.

넷째, 지역 실행 기반 복지정책의 모니터링 및 성과관리를 체계화하는 것이다. 사회보장지표 관리를 통해 정책 집행 상황의 체계적이고 시계열적인 모니터링이 가능해질 수 있다. 또한 지자체의 복지 집행을 복지급여 배분 위주의 설계에서 지역 주민의 '삶의 질' 제고를 위한 지역사회보장 체계로 전환할 수 있고, 동일한 수준에서 성과가 미흡한 지역에 대한 추가적 지원을 실시할 실천적 근거를 마련할 수 있다.

(2) 지역사회보장지표의 구성 및 내용

지역사회보장지표는 총 10개의 사회보장 욕구 영역으로 구성되어 있고, 영역별로 정책 비전을 설정한 후 비전 실현을 위해 필요한 사항을 지표로 설정하여 관리할 수 있도록 개발되었다. 지역사회보장지표는 지자체 간 사회보장 수준 차이를 측정하고자 사회보장 분야별·사업별·대상자별로 대표성 있는 지표체계를 마련하는 것을 목표로 하고 있다. 또한 「사회보장기본법」상의 '사회서비스' 정의를 고려하여 사회복지, 보건의료, 교육, 고용, 주거, 문화, 환경을 포함하고 포괄적 기능의 복지영역은 주요 세부 기능별(돌봄, 삶의 질 등)로 구분하고 있다.

사회보장지표로 구성된 총 10개 영역은 ① 돌봄(아동), ② 돌봄(성인), ③ 보호·안전, ④ 교육, ⑤ 고용, ⑥ 건강, ⑦ 주거, ⑧ 문화·여가, ⑨ 환경, ⑩ 총괄(삶의질 및 지역 인프라)이다. 10개의 영역과 영역별 정책 비전의 구체적인 내용은 다음과 같다.

〈표 10-2〉 사회보장지표 영역별 정책목표와 정책 전략

영역	정책 목표	정책 전략
1. 돌봄 (아동)	아동의 건강하고 행복한 성장발달을 뒷받침하고 안심하고 양육할 수 있는 육아인프라 확충·개선을 통한 아동-가족친화적 지역사회의 조성	1) 육아인프라의 확충과 서비스 질적 향상의 균형 유지
		2) 아동 돌봄서비스의 접근성(이용가능성, 이용편의성, 욕구적합성) 제고
		3) 돌봄관련 정보공개 내실화 및 이용자 선택권 보장
		4) 돌봄서비스 대상 아동과 제공인력의 권리 보장 강화
2. 돌봄 (성인)	일상생활을 영위하기 어려운 장애나 질병이 있을 때 본인과 가족이 최대한 자립적으로 일상생활을 영위하고 사회참여를 할 수 있도록 환경을 갖추고 쉽게 도움을 찾아 지원받을 수 있는 사회	1) 장애나 질병에도 최대한 자립적으로 일상생활을 유지하고 사회참여를 할 수 있는 환경 조성
		2) 돌봄이 필요할 때 쉽게 도움을 찾아 지원을 받을 수 있는 체계 구축
		3) 질병, 장애 등 어려움에도 본인과 가족 모두 최대한 자립적으로 생활하고 사회참여를 할 수 있는 지원 제공
3. 보호 안전	누구나 학대(방임, 폭력)와 범죄의 위협으로부터 보호받으며, 안전하게 자신의 삶을 영위할 수 있는 사회	1) 학대 위험요인에 대한 예방활동 및 보호 인프라 강화
		2) 학대 피해자에 대한 보호 및 지원체계 강화
		3) 안전사고 및 범죄 피해 위험 최소화
4. 건강	모든 주민의 건강한 삶을 위해 예방 중심의 보건의료 서비스와 건강생활 지원이 이뤄지는 사회	1) 국민의 의료비 부담 경감
		2) 예방적 건강 관리
		3) 의료 접근성 제고
5. 교육	소득이나 가정환경, 장애여부와 관계없이, 누구에게나 다양한 양질의 교육이 차별없이 보장되는 사회	1) 평생 학습 및 자기계발 기회 보장
		2) 양질의 교육환경 조성을 통한 교육 성취도 향상
		3) 장애인에 대한 차별 없는 교육 기회 보장
		4) 저소득 및 취약계층에 대한 교육 기회 보장
6. 고용	일하고자 하는 사람은 그에 맞는 능력을 갖출 기회를 갖고, 적정한 일자리를 보장받아 합당한 소득을 얻고 사회참여를 이룰 수 있는 사회	1) 취업취약계층 일자리 지원
		2) 근로빈곤층 자립 지원
		3) 사회적경제의 지역기반 형성
7. 주거	누구나 거처가 없거나 불안한 주거 상태에 방치되지 않고, 쾌적하고 안정적인 주거환경에서 주거생활을 누릴 수 있는 사회	1) 쾌적하고 살기 좋은 주거생활의 보장
		2) 주거비 부담 경감
		3) 주거의 안정성 향상

8. 문화 여가	누구나 자신이 처한 사회경제적 상황과 관계없이, 최소한의 문화활동을 통해 자기계발 및 지역사회 구성원과의 소통 기회를 보장받는 사회	1) 생활체감형 문화・체육 프로그램 확대를 통한 문화 향유 기회 보장
		2) 문화기반시설 및 문화자원 확보를 통한 지역 문화 인프라 확충
9. 환경	누구도 신체적, 정신적으로 건강하고 쾌적한 삶을 영위하는 데 필요한 환경자원에서 소외되지 않고, 깨끗한 환경을 누리는 데 있어 지역간, 계층간 격차를 최소화하는 사회	1) 건강하고 안심할 수 있는 환경 관리
		2) 쾌적하고 편안한 생활 환경 조성
10. 총괄 (삶의질 및 지역 인프라)	건강하고 문화적인 생활이 가능하도록 빈곤 감소・최저생활 보장을 위해 노력하고, 체감도 높은 서비스 실행 및 효율적 운영 기반을 마련한 사회	1) 최저생활 보장 및 빈곤 경감 노력
		2) 맞춤형 통합서비스 기반 확보
		3) 민관 협력 및 지역 주민의 복지참여 활성화

출처 : 강혜규 외(2018). p. 113-114; 보건복지부(2018). p. 114.의 표를 재정리함

(3) 지역사회보장지표의 활용

지역사회보장지표를 개발하고 설정함으로써 지역사회의 욕구 수준에 대한 표준화된 지표를 생산하고 활용할 수 있다. 한 지역의 욕구 수준을 파악할 때, 해당 지역에 대한 독립적인 조사와 분석을 통해 파악할 수 있는 정보는 제한적이며 불완전하다. 정부의 각 부처가 광역 또는 기초지방자치단체 수준에서 해당 지역의 사회보장 수준을 가늠해 볼 수 있는 다양한 지표를 생산하고 있지만, 아직까지 그 수준과 내용이 제한적이다. 이러한 상황에서 표준화된 지역사회보장지표의 지표값에 대한 분석 결과를 토대로 수요자 관점에서 사회보장 욕구의 내용과 수준을 파악함으로써 앞으로의 정책 수립 방향을 설정하기 위한 기초자료로 활용할 수 있다.

지역사회보장지표는 지역사회보장 수준을 분석하는데 활용 가능하다. 지역사회보장지표에 대한 선행연구에서 지표별 현황을 지역의 인구 규모에 따라 몇 개의 집단으로 분류한 후, 평균적인 지표 현황에 대한 분석 결과를 보고하였다(강혜규 외, 2017). 개별 지방자치단체는 동일한 분석을 각 지자체의 현황에 대

해 실시할 수 있으며, 그 결과를 비슷한 규모의 자치단체 평균값과 비교하거나 비슷한 특성을 갖고 있는 특정 지역과 비교함으로써 해당 지역의 사회보장 수준을 가늠해 볼 수 있다.

마지막으로 지역사회보장지표를 활용함으로써 지방자치단체의 정책적 노력에 대한 성과를 확인하고 평가할 수 있다. 지역사회보장지표는 해당 지역의 사회보장 욕구 수준을 반영한 지표로 지역의 사회보장사업 계획 수립 과정에 유용한 정보를 제공하는 한편, 지방자치단체가 지역의 사회보장 수준을 향상시키기 위해 노력한 결과로 이해할 수도 있다. 각 지방자치단체는 지역의 사회보장 수준을 확인할 수 있는 지표에 대한 분석을 통해 지역의 사회보장 여건을 진단하고, 최근의 정책적 노력에 대한 성과를 확인하는 작업을 시도할 수 있다. 또한 지방자치단체의 지역사회보장지표에 대한 분석은 횡단적인 분석과 종단적인 분석을 모두 고려할 필요가 있고, 영역별 지표를 종합한 지수에 대한 분석보다는 개별 지표 중심의 분석을 실시하는 것을 원칙으로 해야 한다.

3) 지역사회보장협의체

(1) 지역사회보장협의체 개념 및 목적

지역사회보장협의체는 수요자의 복지욕구에 공동대응하고 민·관 거버넌스를 통한 지역사회보호체계 구축 및 지역사회보장 증진을 위해 노력하는 민관협력 기구이다. 지방분권화 이후 지역사회 단위로 민관이 협력하여 사회복지서비스를 효과적으로 제공해야 한다는 필요성이 제기되었고, 2003년 7월 '사회복지사업법' 개정하여 시·군·구에 지역사회복지협의체 설치·운영과 함께 지역사회복지계획 수립을 의무화하였다. 2015년 7월 「사회보장급여법」 시행으로 기존의 '사회복지서비스와 관련복지제도'를 복지, 보건의료, 교육, 고용, 주거, 문화, 환경 등을 포함하는 '사회서비스'로 확장하면서 지역사회복지협의체가 지역사회보장협의체로 변경되었다.

〈표 10-3〉 사회보장급여법 시행에 따른 지역사회보장협의체의 변화

구분	2005. 7. 31. 이전	2005. 7. 31. ~ 2015. 6. 30	2015. 7. 1. 이후
명칭	사회복지위원회	지역사회복지협의체	지역사회보장협의체
법적 근거	사회복지사업법 제7조	사회복지사업법 제7조의2	사회보장급여법 제41조
목적	• 사회복지사업에 관한 중요 사항을 심의 또는 건의	• 관할지역의 사회복지사업에 관한 중요사항과 지역사회복지계획 심의 또는 건의 • 사회복지 및 보건의료서비스 연계협력 강화	• 지역사회보장계획, 지역사회보장 조사 및 지표, 사회보장급여, 사회보장 추진 사항 등 심의 · 자문 • 지역의 사회보장 증진 • 사회보장 관련 기관 등과 연계 · 협력 강화
기타	시 · 도 및 시 · 군 · 구에 설치 · 운영	공공과 민간의 네트워크 강화를 통한 지역복지 거버넌스의 구조와 기능 확대	사회복지에서 사회보장으로 범주 확대

출처 : 보건복지부(2022b), 2023년 지역사회보장협의체 운영안내, p. 5.

지역사회보장협의체의 구성 및 운영목적은 다음과 같다(보건복지부, 2022b).

첫째, 민관협력의 구심적으로서 지역사회보호체계를 구축 및 운영하는데 목적이 있다. 지역사회보장계획 수립 · 집행 · 평가 등 지역사회보장 증진을 위한 과정에 민간의 참여와 협력기반을 마련함으로써 국민중심의 맞춤형 복지서비스 제공에 기여할 수 있다. 특히 서비스 제공 기관의 대표 또는 실무자들의 복지문제 해결에 대한 의지가 지역사회에서 활발하게 논의될 수 있는 상향ㅅ익 의사소통 구조를 확립하고자 한다.

둘째, 수요자 중심의 통합적 사회보장급여 제공의 기반을 마련하는데 목적이 있다. 기존의 보건의료와 사회복지 중심의 서비스 제공에서 벗어나 고용, 주거, 교육, 문화, 환경 등 다양한 서비스 제공자 간 네트워크를 구성하여 수요자의 다양하고 복합적인 욕구에 대응하는 서비스를, Any-stop 또는 원스톱(One-stop)으로 제공하고자 한다.

셋째, 지역사회 내 사회보장급여 제공기관 · 법인 · 단체 · 시설 간 연계와 협력으로 지역 복지자원의 효율적인 활용체계를 조성하는데 목적이 있다. 지

역사회의 다양하고 잠재적인 복지자원을 발굴 및 확충하고, 서비스 제공기관 간 연계 및 협력을 통해 지역사회 복지자원 및 수급권자에 대한 정보 등을 공유함으로써 자원의 중복지원과 누락을 방지할 수 있다.

넷째, 민·관 협력을 통한 사각지대 발굴 및 지원 강화를 위해 읍·면·동 단위에 주민 네트워크 조직하는데 목적이 있다. 「사회보장급여법」시행으로 새롭게 읍·면·동 단위 지역사회보장협의체가 조직 및 운영되면서 주민 스스로 관할 지역의 사회보장대상자 발굴업무, 사회보장 자원발굴 및 연계업무 등의 기능을 수행하는 주민 네트워크를 구축이 요구된다. 즉, 읍·면·동 지역사회보장협의체를 중심으로 하는 읍·면·동 단위 지역사회 인적자원망을 통해 마을 또는 생활권역 내 취약계층 발굴을 위한 역할을 수행하면서 생계곤란 가구 동향 파악 및 필요한 지원을 연계할 수 있다.

(2) 지역사회보장협의체 기능과 운영원칙

지역사회보장협의체의 주요 기능은 협치(governance), 연계(network), 통합서비스 지원 기능 등 3가지로 구분할 수 있다. 첫째, 협치의 기능은 지역사회보장계획의 수립·과정·평가 등 지역사회보장의 주요 사항에 대하여 민간과 공공이 협의하여 심의 및 자문을 제공한다. 둘째, 연계의 기능은 사회보장과 관련된 서비스를 제공하는 관계 기관·법인·단체·시설과 연계 및 협력을 강화하는 기능을 말한다. 셋째, 통합서비스 지원기능은 협의체 내 각 분과 간 통합과 조정의 역할을 수행하고 지역주민의 욕구를 반영한 통합적 서비스 제공체계를 지원한다. 통합서비스를 제공하기 위해 기존의 보건복지 뿐만 아니라 고용·주거·교육·문화·환경 등 다양한 영역과 연계하는 기능을 가진다.

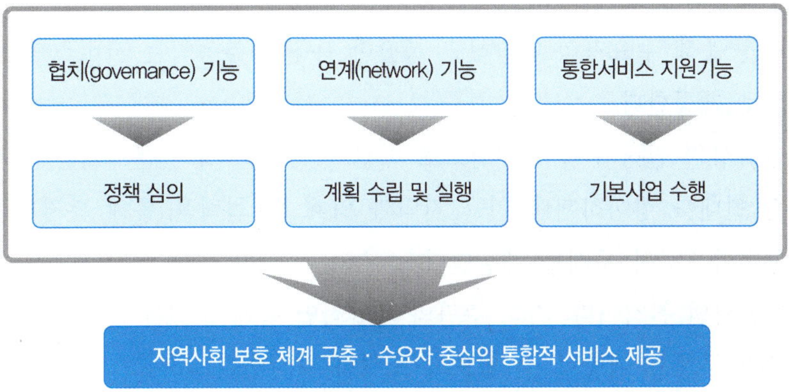

| 그림 10-1 | 지역사회보장협의체의 주요 기능

출처 : 보건복지부(2022b). p. 47.

지역사회보장협의체를 보다 효과적으로 운영하기 위해 요구되는 운영원칙은 다음과 같다(보건복지부, 2022b).

① 지역성의 원칙이다. 지역사회보장협의체는 지역주민의 생활환경을 중심으로 조직되고 운영되기 때문에 지역주민의 복지욕구, 복지자원 총량 등을 고려하여 현장밀착형 서비스 제공체계를 마련해야 한다. 또한 모든 지역에서 수행하는 보편적인 업무뿐만 아니라 해당 지역의 특성과 복지·환경·문화 등을 반영한 지역 고유의 핵심사업도 병행하여 추진한다.

② 참여성의 원칙이다. 네트워크 조직을 표방하는 지역사회보장협의체는 법적 제도나 규제보다는 복지문제 해결을 위한 지역주민의 자발성이 일차적인 동력이 된다. 지역사회보장협의체가 원활한 기능을 수행하기 위해서는 다양한 분야의 대표성을 가진 사회보장과 관련된 서비스를 제공하는 공공과 민간의 적극적이고 자발적인 참여가 전제되어야 한다.

③ 협력성의 원칙이다. 지역사회보장협의체는 네트워크형 조직 구조를 통해 당면한 지역사회 복지문제 등을 해결하는 민관협력 기구이다. 따라서 지역사회보장계획의 수립, 집행, 평가를 위한 협의적 의사결정과 상생적인 조직 관계, 지역사회 공동체, 사회적 자본 등의 주요 개념을 바탕으로 네트워크를 통해 민주적이고 합리적인 방법으로 운영해야 한다.

④ 통합성의 원칙이다. 지역사회 내의 복지자원 발굴과 유기적인 연계와 협력을 통해 수요자의 다양하고 복잡한 욕구에 부응하는 서비스를 통합적으로 제공한다.

⑤ 연대성의 원칙이다. 자체적으로 해결이 어려운 복지 문제들은 지역주민 간 연대를 형성하거나 인근 지역과 연계 및 협력을 통해 복지자원으로 공유함으로써 문제를 해결한다.

⑥ 예방성의 원칙이다. 지역 주민의 복합적인 복지 문제를 조기에 발견함으로써 문제를 예방할 수 있도록 노력하여야 한다.

(3) 읍·면·동 지역사회보장협의체 개념 및 목적

2014년 5월 제7차 사회보장위원회는 「복지사각지대 발굴 및 지원 종합 대책」을 확정하고 민관협력을 통한 복지 사각지대의 상시 발굴 체계구축의 필요성을 강조하며 복지통(이)장제 및 읍·면·동 단위의 민관협의체를 구성하여 운영하는 방안을 추진하였다. 또한 복지지원 절차 구체화 및 복지사각지대 발굴 강화 등을 위해 제정된 「사회보장급여의 이용·제공 및 수급권자 발굴에 관한 법률」의 제41조 제2항 제5호, 제6항에 읍·면·동 단위 지역사회보장협의체의 법적 근거를 마련하였다.

읍·면·동 지역사회보장협의체란 지역사회 복지문제 해결을 위해서 읍·면·동 단위에서 활성화되는 주민네트워크 조직을 말한다. 「사회보장급여법 시행규칙」 제7조 제1항에 근거하여 복지사각지대 발굴 및 지원연계, 지역사회 복지문제 해결을 위한 논의 및 지역사회 특화사업 등을 추진한다. 한편, 거버넌스 구현 및 여러 정부 및 민간 조직등을 연결하는 네트워크 중개자의 역할을 하는 시·군·구 지역사회보장협의체와 달리 읍·면·동 단위의 지역사회보장협의체는 개인, 즉 지역주민들을 대상으로 네트워크와 지역보호체계를 구축하고 지역사회 조직화의 역할을 수행한다는 점에서 차이가 있다(오민수, 2015).

〈표 10-4〉 시 · 군 · 구와 읍 · 면 · 동 지역사회보장협의체 비교

구분	시 · 군 · 구 지역사회보장협의체	읍 · 면 · 동 단위 지역사회보장협의체
법적근거	사회보장급여법 제41조	사회보장급여법 시행규칙 제7조
목적 및 기능	연계 및 협력, 지역사회보장계획 수립, 시행, 평가, 심의 및 자문	위기가구 상시 발굴, 복지 사각지대 발굴, 지역사회 인적 안정망 구축, 지역사회 자원 발굴 및 연계
위원 자격요건 및 규모	• 시 · 군 · 구청장 위촉(사회보장분야 전문가, 사회서비스 기관, 법인, 단체, 시설 대표자, 비영리민간단체 추천자, 읍 · 면 · 동 단위 지역사회보장협의체 위원장, 사회보장 담당 공무원) • 10명이상 40명 이하	• 시 · 군 · 구청장 위촉(사회서비스 기관, 법인, 단체, 시설 실무자, 사회보장 담당 공무원, 비영리민간단체 추천자, 주민자치위원, 행정리의 이장 및 통장, 자원봉사단체 구성원, 지역의 사회보장 증진에 열의가 있는 사람) • 협의체 공동위원장 2명 포함 10명 이상
협의체 운영	• 협의체 업무를 효율적으로 수행하기 위한 실무 협의체 구성/운영 • 보장기관 장의 인력 및 운영비 등 재정 지원 가능 • 읍 · 면 · 동 단위 지역사회보장협의체 구성/운영	• 복지사각지대 발굴, 자원 연계가 이루어질 수 있도록 소단위 분과 및 운영위원 등 운영 가능

출처 : 보건복지부(2022b) p. 6 재구성

읍 · 면 · 동 지역사회보장협의체를 구성 및 운영하는 목적과 기능은 다음과 같다. 첫째, 복지사각지대 해고를 위한 읍 · 면 · 동 단위의 취약계층 발굴망을 구축한다. 둘째, 지역사회 내 복지자원 발굴 및 자원 간 연계협력을 통해 지역사회 복지자원의 효율적인 활용체계를 구축한다. 셋째, 취약가구의 동향을 파악하고 모니터링을 지원한다. 넷째, 지역사회 내 복지문제 해결을 위한 민주적인 의사소통 구조를 확립하고 지역복지증진 과정에 지역주민의 참여 기반을 마련한다.

(4) 지역사회보장협의체 구성 및 역할

지역사회보장협의체는 지역사회보장협의체-실무협의체·실무분과-읍면동 협의체의 수평적 네트워크를 통해 지역사회보장증진을 위한 단위별 역할을 수행한다.

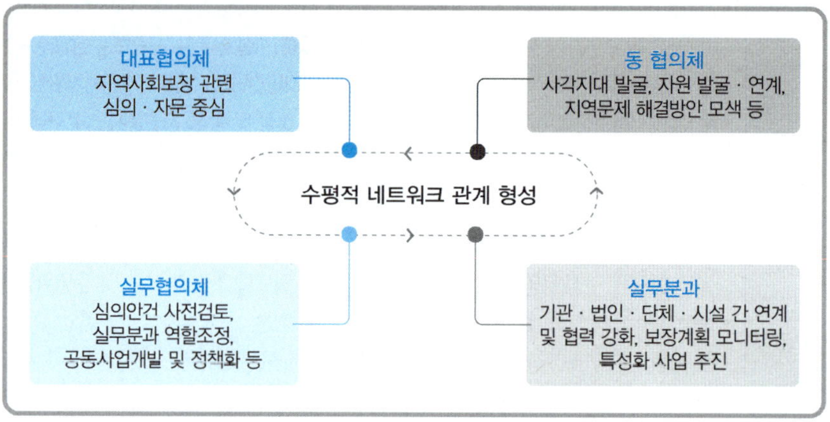

| 그림 10-2 | 지역사회보장협의체 구성체계

출처 : 보건복지부(2022b). p. 15.

지역사회보장협의체는 대표협의체, 실무협의체, 실무분과, 읍·면·동 단위 지역사회보장협의체 등 하위 구성 주체에 따라 다음과 같은 주요 역할을 수행한다(보건복지부, 2022b).

〈표 10-5〉 지역사회보장협의체 구성원의 역할

구분	역할
대표협의체	• (목적) 지역의 사회보장을 증진하고 사회보장과 관련된 서비스를 제공하는 관계 기관·법인·단체·시설과 연계·협력을 강화 • 다음의 업무에 대한 심의하거나 자문역할 수행 – 시·군·구의 지역사회보장계획 수립·시행 및 평가에 관한 사항 – 시·군·구의 지역사회보장조사 및 지역사회보장지표에 관한 사항 – 시·군·구의 사회보장급여 제공에 관한 사항 – 시·군·구의 사회보장 추진에 관한 사항 – 읍·면·동 단위 지역사회보장협의체의 구성 및 운영에 관한 사항 – 그 밖에 위원장이 필요하다고 인정하는 사항 • 대표협의체의 심의안건에 대한 효율적인 심의 및 자문기능 수행
실무협의체	• (목적) 협의체 업무를 효율적으로 수행하기 위해 실무협의체 설치 – 공동사업개발 및 건의 – 지역사회서비스 제공 및 연계 협력에 관한 협의 – 대표협의체 심의(건의) 안건 사전 검토 – 실무분과 간 역할조정 및 협력도모 – 그 밖에 위원장이 필요하다고 인정하는 사항
실무분과	• (목적) 지역의 사회보장 관련 기관·법인·단체·시설 간 연계와 협력 강화 – 사회보장 분야별/대상자별 사례회의 – 서비스 제공 및 연계 – 서비스 제공을 위해 필요한 사항
읍·면·동 단위 지역사회보장 협의체	– 관할지역 내 사회보장대상자 및 자원 발굴 – 사회보장대상자에 대한 서비스 연계·지원 – 지역사회보호체계 구축·운영 – 지역 내 복지문제 해결을 위한 자체 특화사업 수행

지역사회보장협의체 구성의 특성을 종합하여 보면 먼저 민관 협력체계로서 지역사회보장 관련 다양한 구성 주체들의 참여를 전제로 하고 있다. 특히 대표협의체에 복지, 보건 등 사회보장 관련 분야의 다양한 이해 관계자를 대표로 포함함으로써 실무자의 참여와 활동을 독려하고 사회보장 관련 협의의 실행 가능성을 높일 수 있다. 두 번째로 지역사회보장협의체에 실무협의체를 구

성함으로써 관련 분야의 실무자의 참여를 포함, 다양하고 다층적인 구성이 가능하다. 마지막으로 실무협의체 하위에 실무분과를 구성하여 지역사회보장협의체 활성화의 원동력이 되는 기초를 제공하고 있다(오정수 · 류진석, 2012).

3 지역사회복지와 민관협력

1) 지역사회복지를 위한 민간협력의 개념과 역할

(1) 지역사회복지에서의 민관협력의 개념

민관협력은 민간부문의 전문성을 활용하여 서비스 공급의 효율성과 효과성을 제고하는 공공서비스 공급체계를 의미한다. 즉, 정부가 담당하였던 공적 서비스업무를 민간영역의 참여자와 서로 역할분담을 통하여 파트너십의 형태로 공적 서비스 업무를 제공하는 방식을 의미한다(이영글 외, 2018). 민관협력의 목적은 공공서비스 공급의 효율성과 효과성을 제고하는 것으로, 최근의 민관협력 동향은 정부중심의 수직적 통치에서 다양한 이해관계자간 조율, 타협, 협력, 네트워크를 강조하는 유형으로 변화되고 있다.

사회복지서비스 전달체계에서 민관협력은 '사회문제의 해결 과정에서 공공과 민간이 상호이익을 위하여 협력하는 활동'으로 정의된다. 구체적으로 공무원 인력 등의 부족으로 발생하는 복지사각지대와 같이 공공영역이 직접 담당하지 못하는 서비스를 민간의 자발적인 참여를 이용하여 사회복지서비스를 전달하고 복지사각지대를 해소하는 것을 의미한다(김필두 · 최인수, 2018). 지역사회복지에서의 민관협력은 지자체를 포함한 다양한 지역사회 이해관계자들이 수평적이고 협력적 관계를 형성하여 지역복지문제에 대한 정책을 결정하고 문제를 해결할 수 있는 조정기제로서 역할을 한다(함영진, 2017).

민관협력에서 민간영역은 기업을 포함하여 의료보건단체, 복지서비스단체, 시민단체, 종교단체, 협동조합 등과 같이 사적 이윤을 추구하지 않는 비영리

조직들을 포괄한다. 그리고 공공영역은 정부 조직의 유형으로서 중앙정부, 지방자치단체, 복지 관련 공공기관 등을 모두 포함한다. 정리하면, 지역사회복지에서의 민관협력은 정부, 비영리조직, 민간기업, 지역주민 등 다양한 영역의 주체들이 협력적으로 참여하여, 지역사회와 주민들이 요구하는 복지서비스를 생산하고, 전달 및 공급함으로써 주민들의 삶의 질을 높이는 제반 활동을 의미한다(이영글 외, 2018).

지역사회복지에서 민관협력이 긍정적이고 효과적으로 이루어지기 위해서는 다음과 같은 전제조건을 충족할 필요가 있다(이영글 외, 2018).

첫째, 공공영역과 민간영역 간의 적극적인 상호작용과 상호의존성이 이루어져야 한다. 공공영역과 민간영역의 기관들 그리고 주민조직들과의 공식적인 상호작용뿐만 아니라 비공식적인 관계형성이 활발하게 이루어져야 하고, 이러한 관계형성을 지원할 수 있는 법, 조례와 같은 공식적인 제도와 문화 등과 같은 비공식적인 제도적 장치들이 체계적으로 갖추어져야 한다.

둘째, 각 행위 주체들 간의 원활한 토론과 협의를 위한 소통체계가 질적으로 보장되어야 한다. 참여자들 간 협력을 위한 대화가 보장되지 않으면 불신이 쌓여 갈등으로 이어질 수 있으므로 정보공유를 위한 노력과 투명성 확보, 원만한 의사소통, 민주적 의사결정 메커니즘 등이 보장되어야 한다.

셋째, 협력관계 속의 각 주체들의 독립성과 고유성을 인정하고 보호해야 한다. 각 참여 주체들의 고유한 목표와 비전을 존중하고 협력이 가능한 방향으로 합의점을 찾아가면서 협력을 강화해야 한다.

(2) 지역사회복지에서의 민관협력의 역할

지역사회복지의 강화를 위해 민간영역과 공공영역 간 협의체계 구축이 필요하지만 그보다 선행되어야 할 부분은 두 영역이 각자의 역할을 충실히 수행하며, 수평적 협의와 협력을 이루는 것이다. 공공영역은 조직력과 자원력을 강점으로 가지고 있기 때문에 민관협력 네트워크의 조정자(facilitator)로서 지역 내 협의체를 기획하고, 민간영역의 행위자들의 참여를 유도하고, 인적·물적 자원을 제공하는 역할을 수행하는 것이 필요하다. 특히, 지방자치단체는 주민들과 밀접한 종합행정을 수행하는 일선 행정기관으로서 민간조직들의 참여와 협력 지지를 유도하기 위한 노력이 요구된다.

민간영역의 강점은 그동안 실질적인 지역복지 추진자로서 전문성과 업무처리의 융통성 그리고 조직체계의 신축성에 있기 때문에 지역사회복지를 위한 민간조직의 역할 강화가 필요하다(함영진, 2017).

2) 읍면동 찾아가는 보건복지서비스

「사회보장급여법」 제14조에서 민관협력의 필요성을 강조하면서 사각지대와 민간자원 발굴을 위한 민관협력 활성화 시범사업이 진행되었다. 이를 통해 시·군·구 및 읍·면·동 복지공무원과 민간영역의 다양한 서비스 제공자 그리고 지역주민들이 협력하여 스스로 고립되고 소외된 많은 사람들을 발굴하였고, 지역복지 자생력 확보를 위해 민간자원의 발굴이 이루어졌다. 이러한 노력들은 읍·면·동 협의체의 안정적 운영을 위한 기반을 조성하는데 기여하였다(함영진, 2017).

그동안 사회복지전달체계가 개편될 때마다 공공복지행정기관을 중심으로 구심점을 마련하고, 지역 내 민간기관 활동가들의 참여를 독려하여 공공영역에서 충족하지 못하는 부분을 민간영역이 보완하고, 부족한 자원을 보충하려는 노력을 시도해 왔다. 2012년 설치된 희망복지지원단은 민간영역에서 수행하던 사례관리를 공공영역으로 끌어들였고, 읍·면·동 주민센터, 지역사회복지협의체 그리고 민간영역의 서비스 제공기관 등과 협력하여 위기가구를 발굴, 사례관리를 통해 맞춤형 서비스를 제공해 왔다(함영진, 2017).

2015년 시범사업 이후 점진적으로 확대되고 있는 읍면동 복지허브화 사업은 통합서비스 제공을 위한 심층상담 및 사례 관리 기능을 최일선 복지행정기관인 읍·면·동에서 활성화하고, 민관협력 강화로 지역 내 복지사각지대를 발굴하고 지역복지자원 총량 확대에 중점을 두고 있다. 희망복지지원단과 읍면동 복지 허브화 개편을 통해 중점을 두고 있는 사안은 주민의 접근성 강화를 위해 읍·면·동의 기능 강화와 민관협력을 통한 사례관리 기능의 강화이다(함영진, 2017).

2017년부터 진행되고 있는 주민자치형 공공서비스 사업인 읍면동 찾아가는 보건복지서비스는 읍면동 중심의 공공서비스를 민과 관이 함께 계획하고 생산·전달하는 공공서비스이다. 이 사업의 목표는 찾아가는 보건·복지 서비스 확대와 보건·복지 분야의 통합사례관리, 주민 참여형 서비스 제공기반 마련 등을 통한 주민들의 삶의 질 향상과 공동체 가치 회복에 있다. 읍면동 찾아가는 보건복지서비스의 민관협력의 핵심 주체는 읍·면·동 지역사회보장협의체이다. 지역사회보장협의체는 실질적인 민관협력 및 연계를 위해 민관협력의 컨트롤타워 역할을 수행하고, 특히 읍·면·동 지역사회보장협의체는 위기가구 발굴, 자원 발굴 및 연계 등의 역할을 수행한다(행정안전부, 2022).

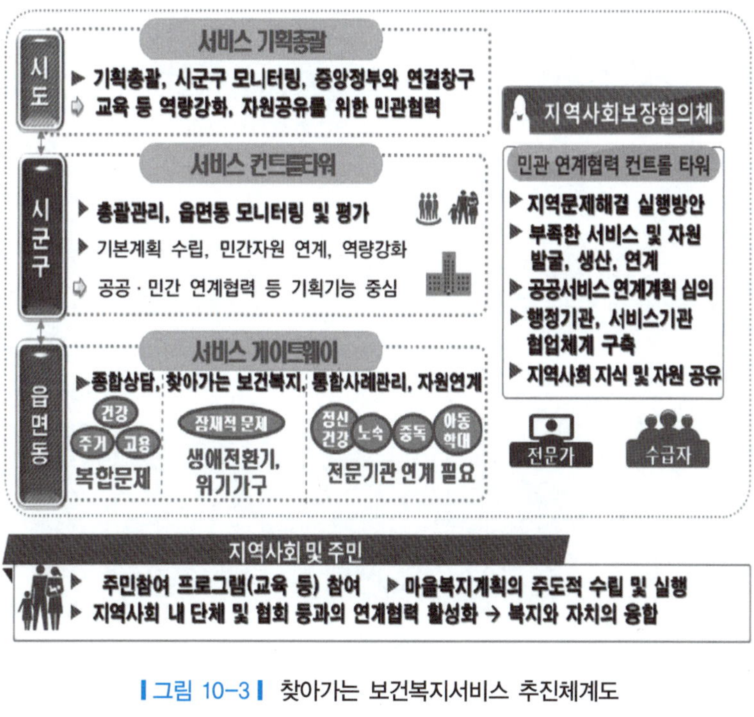

| 그림 10-3 | 찾아가는 보건복지서비스 추진체계도

출처 : 행정안전부(2022). p. 11

CHAPTER 11

지역사회복지관

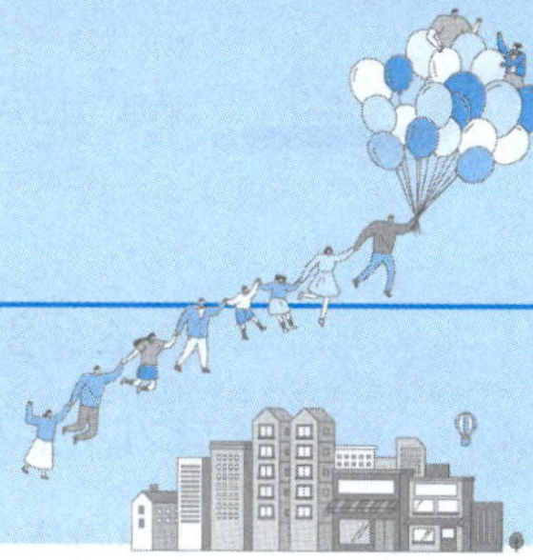

1 지역사회복지관의 이해

1) 지역사회복지관의 정의

지역사회복지는 지역사회를 단위로 지역 주민의 복지증진과 삶의 질 향상을 목적으로 제공되는 복지서비스를 의미하고, 이러한 서비스를 제공하는 주요 전달체계를 지역사회복지관(community welfare center)이라고 한다. 지역사회복지관의 법적근거가 되는 「사회복지사업법」 제2조에서는 사회복지관을 지역사회를 기반으로 일정한 시설과 전문 인력을 갖추고 지역주민의 참여와 협력을 통하여 지역사회의 복지 문제를 예방하고 해결하기 위한 종합적인 복지서비스를 제공하는 시설로 정의하고 있다. 김광희(2010)는 사회복지관이란 일정한 생활권 내에서 거주하며 공동생활을 유지하는 지역주민의 다양한 욕구와 지역사회문제를 발견하고 이에 대한 종합적이고 전문적인 서비스를 제공하여 지역주민의 문제해결능력을 배양하고 지역사회의 연대감을 증대하며 지역주민의 복지증진과 삶의 질 향상 등을 위해 설립된 종합적인 복지서비스기관으로 개념을 규정하였다.

지역사회복지관의 설립 목표는 첫째, 사회복지서비스 욕구를 가지고 있는 지역사회 주민들을 대상으로 보호와 재가복지 서비스를 제공하고, 둘째, 저소득층 주민들의 자립능력 배양을 위한 교육훈련 등 주민들의 욕구에 맞는 다양한 복지서비스를 제공하는 것이다. 마지막으로 가족기능 강화 및 주민들의 연대감 조성을 통한 지역사회 문제를 예방하고 치료하는 종합적인 복지서비스 전달기구로서 지역사회 주민의 복지증진을 위한 중심적 역할을 수행하는 것이다(보건복지부, 2023b).

2) 지역사회복지관의 기능과 운영원칙

(1) 지역사회복지관의 기능과 역할

딜릭(Dillick, 1959)은 지역사회복지관의 기능으로 4가지를 제시하였는데 구체적인 내용은 다음과 같다(최일섭 · 류진석, 2002).

① 근린지역의 다양한 욕구를 충족시키기 위해 통합된 서비스를 제공한다.
② 서비스의 중복과 누락을 방지하기 위해 서비스간 조정을 한다.
③ 지역주민들이 문제해결을 위해 공동의 노력을 할 수 있도록 집단을 구성한다.
④ 주민집단으로 하여금 사회적 목표를 수정하고 새로운 목표를 만들어 낼 수 있도록 한다.

지역사회복지관은 지역주민의 욕구와 문제를 토대로 다양한 역할을 수행한다.

① 서비스센터(Social Service Center) 역할

지역주민의 욕구에 맞추어 서비스를 조정하고 통합하여 효과적인 서비스체계를 수립하는 사회서비스센터의 역할을 한다.

② 공동이용센터 역할

지역주민이 모여 집단활동을 하거나 토론을 할 수 있는 공동이용센터의 역할을 한다.

③ 직업안정센터 역할

직업훈련과 부업 알선 및 중개를 담당하는 매개체로서의 직업안정센터의 역할을 한다.

④ 사회교육센터 역할

지역주민이 필요로 하는 정보와 평생교육 프로그램을 계획하고 실천하는 사회교육센터의 역할을 한다.

⑤ 국민총화의 장 역할

지역사회 내 지적, 경제적, 문화적 배경이 다른 다양한 주민들의 생활양상과 지역사회발전을 위한 국민총화의 장으로서의 역할을 한다.

그 외에 지역사회복지관은 레크리에이션 센터의 역할, 자원 동원의 역할, 지역사회문제파악의 역할, 대변자의 역할, 사회행동으로서의 역할을 한다(황철수 외, 2011).

(2) 지역사회복지관의 운영원칙

지역사회복지관에서 운영하는 사회복지사업은 인도주의와 서비스를 필요로 하는 사람의 존엄성을 유지하는 것을 전제로 다음의 기본원칙에 따라 사업이 수행되어야 한다(보건복지부, 2023).

① 지역성의 원칙

지역사회복지관은 지역사회의 특성과 지역주민의 문제나 욕구를 신속하게 파악하여 지역사회의 문제를 해결하기 위한 사업 계획을 수립하고 이에 따른 서비스를 제공하여야 한다. 또한 지역주민의 적극적 참여를 유도하여 주민의 능동적 역할과 책임 의식을 조성하여야 한다.

② 전문성의 원칙

지역사회복지관은 다양한 지역사회문제에 대처하기 위해 일반적 프로그램과 특정한 문제를 해결할 수 있는 전문적 프로그램이 병행될 수 있도록 지식과 기술을 보유한 전문인력이 사업을 수행하도록 하고, 이들 인력에 대한 지속적인 재교육 등을 통해 전문성을 증진토록 하여야 한다.

③ 책임성의 원칙

지역사회복지관은 서비스 이용자의 욕구를 충족하고, 지역사회 문제를 해결하는데 있어서 효과성을 극대화하기 위하여 최선의 노력을 기울여야 한다.

④ 자율성의 원칙

지역사회복지관은 다양한 복지서비스를 효율적으로 제공하기 위하여 사회복지관의 능력과 전문성이 최대한 발휘될 수 있도록 자율적으로 운영하여야 한다.

⑤ 통합성의 원칙

지역사회복지관은 사업을 수행함에 있어 지역내 공공 및 민간복지기관간에 연계성과 통합성을 강화시켜 지역사회복지 체계를 효율적이고 효과적으로 운영되도록 하여야 한다.

⑥ 자원활용의 원칙

지역사회복지관은 주민 욕구의 다양성에 따라 다양한 인력과 재원을 필요로 하기 때문에 지역사회내의 복지자원을 최대한 동원하고 활용하여야 한다.

⑦ 중립성의 원칙

지역사회복지관은 정치활동, 영리활동, 특정 종교활동 등에 이용되지 않게 중립성을 유지하여야 한다.

⑧ 투명성의 원칙

지역사회복지관은 자원을 효율적으로 이용하고, 운영과정에서 투명성을 유지하여야 한다.

2 설립배경 및 발달과정

1) 지역사회복지관의 설립배경

지역주민의 사회복지증진과 삶의 질 향상을 위해 설립된 지역사회복지관의 설립배경을 살펴보면 다음과 같다(황철수 외, 2011).

첫째, 지역사회복지관은 여러 가지 복합적인 원인을 가진 지역사회문제를 종합적이고 체계적으로 해결하기 위해 설립되었다.

둘째, 지역주민들의 근린식과, 협동정신, 공동체의식을 강화하기 위해 설립되었다. 다시 말해, 현대 사회는 직장과 학업 등의 이유로 지역사회 내 지역주민의 사회적, 지리적 이동이 빈번하게 일어나기 때문에 지역주민간의 이해와 소통이 부족하고, 갈등이 자주 발생할 수 있다. 따라서 주민 간 근린의식과 이해 및 소통의 장으로써 지역사회복지관의 필요성이 제기되었다. 또한 주민들이 혈연이나 지연, 학연 등으로 이루어진 집단의식을 넘어서 지역사회를 중심으로 협동정신과 공동체의식을 강화할 수 있는 매개체가 필요하였다.

셋째, 지역사회 내의 여러 가지 사회복지 서비스의 중복으로 인한 낭비를 방지하고 주민의 욕구와 문제에 초점을 맞춰 다양하고 복합적인 서비스를 조정, 통합하여 효과적인 서비스 체계를 구축하기 위해 설립되었다.

넷째, 현대 사회에서 점차 여가 시간 활용의 중요성이 제기되면서 지역수준에서 주민의 여가를 지도하고 활동을 지원하기 위해 지역사회복지관이 설립되었다.

다섯째, 빠르게 변화하는 사회환경에 적응하고 익숙해지기 위해서 사람들은 새로운 정보와 자기개발을 위한 평생교육이 필요하였다. 이에 따라 지역주민들의 자기성장과 자기실현을 돕고, 새로운 정보들을 제공하는 사회교육의 장으로써 지역사회복지관의 필요성이 제기되었다.

여섯째, 현대 가족의 기능이 약화되고 이로 인해 가족갈등과 가족해체 등의 가족문제가 발생하고, 아동과 청소년들의 비행이나 학교 부적응 등의 문제들이 대두되고 있다. 이에 따라 지역사회 내 가족관계를 강화하고, 가족문제를 해결하고 아동, 청소년들의 비행을 예방하기 위한 서비스의 필요성이 제기되었고, 하나의 방안으로서 지역사회복지관이 설립되었다.

2) 지역사회복지관의 발달과정

우리나라 사회복지관의 발달과정은 다음과 같이 구분할 수 있다.

(1) 제1기(1906~1944년)

우리나라 최초의 사회복시관은 1906년 미국의 감리교 여선교사인 Mary Knowlcs가 원산에 세운 '반열방'이라는 인보관으로 주로 여성들을 대상으로 계몽사업을 펼였다. 1921년에는 태화기독교사회관의 전신인 태화사회관을 설립하였고, 1926년 보혜여자관을 설립하여 이 시기에는 사회적으로 열등한 위치에 처한 여성들의 사회적 지위 향상과 빈곤문제 해결을 위해 노력하였다.

일제 강점기에는 조선총독부가 서울지역을 중심으로 인보관을 세워 생활지도와 구호사업, 직업훈련을 실시하였고, 지역주민의 복지증진 외에도 사회질서 유지나 사회통제의 수단으로 인보관을 활용하였다.

제1기에 나타난 사회복지관 사업의 특징을 살펴보면 다음과 같아. 첫째, 여성의 지위향상과 빈곤문제 해결을 목적으로 사회계몽 또는 사회교육기관으로서의 성격을 가지고 있다. 둘째, 설립주체가 외국의 종교단체에 의한 민간주도로 이루어졌다. 셋째, 국가적 통치차원에서 이루어진 인보관의 시대로 기관들은 국가의 사회서비스를 대행하는 역할을 수행하였다.

(2) 제2기(1945~1979년)

1945년 해방과 독립 정부 수립, 그리고 1950년 한국전쟁으로 인하여 심각한 사회문제가 발생한 시기로, 특히 한국전쟁의 결과로 발생한 전쟁고아, 전쟁미망인, 부랑인과 월남피난민 등에 대한 긴급구호와 수용 시설을 중심으로 하는 보호 사업이 실시되었다. 이 시기는 대학에서 사회복지관을 운영하는 경우가 많았는데 1956년 이화여대가 신촌지역주민들의 생활향상과 사회복지 전공학생들의 실습과 봉사의 참여기회를 제공할 목적으로 최초의 대학 사회복지관인 이화사회복지관을 설립하였다. 또한 1971년에는 성심여대가 봉촌동에 성심사회복지관을 설립하였고, 1975년에는 중앙대학교가 봉촌동에 사회복지관을 설립, 사회복지의 실습, 연구, 주민봉사라는 목적으로 가지고 운영하였다.

대학기관 외에도 1945년 캐나다의 Lotta Hitchmanova 박사가 설립한 캐나다 유니테리안 봉사회가 1964부터 1985년까지 목포(1964년), 인천(1965년), 이천(1966년), 마포(1968년)에 사회복지관을 개관하였고, 지역적 특성에 맞게 대도시형, 중소도시형, 농촌형, 어촌형으루 구분해 복지관의 시범사업이 전개되었다. 1950년에는 한국 전쟁으로 고통 받는 한국인들을 돕기 위해 밥 피어스 선교사와 한경직 목사가 함께 설립한 선명회(현 월드비전)는 1974년 성남사회복지관을 설립하였다.

이 시기의 사회복지관 사업의 특성은 대학기관, 외국기관 등 사회복지관의 설립과 운영의 주체가 다양화되었으나 1970년대 대다수의 외원기관이 철수함으로써 사회복지관 운영의 재정적 어려움을 경험하기도 하였다. 비록 법적 근거는 마련되어 있지 않았으나 국가에서 사회복지관에 대한 보조금을 지원하는 등 국가가 사회복지관 운영에 부분적으로 개입하면서 사회복지관 사업의 기본 형태가 만들어지고 복지관을 정착시키는 형성시기라 할 수 있다.

(3) 제3기(1980~1990년 중반)

1980년대에 들어와서 사회복지관에 대한 정부의 관심이 커지면서 비약적인 발전을 이루게 된다. 1983년 「사회복지사업법」이 개정되면서 사회복지관은 종합사회복지관 가형(건평 2,000㎡ 이상), 나형(건평 1,000㎡~2,000㎡), 다형(건평 1,000㎡ 이하)으로 구분되어 정부의 공식적인 지원을 받게 되었다. 1988년에는 사회복지관의 운영과 관련된 국고보조지침이 마련되었고, 심각한 주택문제를 해결하기 위해 주택 200만호 건설계획을 추진, 저소득층 주민을 위한 영구임대주택을 건설할 때 단지 내에 의무적으로 사회복지관을 건립하도록 하여, 사회복지관의 양적 성장뿐만 아니라 전문화와 체계화 등의 질적 성장도 이루어졌다. 1985년부터는 지방자치시대가 시작되면서 지역사회의 주민을 위한 지역사회복지사업이 활성화되면서 사회복지전문기관으로 그 기능과 역할이 강화되었다.

1989년 한국사회복지관협회가 조직되어 사회복지사 지원 교육훈련, 조사연구사업, 도서출판사업, 홍보활동, 자원봉사알선, 자원개발 및 지원사업 등의 다양한 사업들을 실시하였다. 1990년대에 들어와서는 종합복지관의 설립 증가로 지역사회종합복지관 외에도 장애인종합복지관, 노인종합복지관 등이 건립되었다.

(4) 제4기(1990년대 중반~현재)

1990년대 이후 사회복지관의 수가 꾸준히 증가하여 1995년 261개소, 2000년 338개소, 2005년 391개소, 2010년 현재 418개소가 운영되고 있다. 이러한 사회복지관의 양적 성장과 함께 2000년대에는 지역사회복지시설에 대한 평가를 의무화하는 사회복지사업법의 제정으로 사회복지관의 전문성과 책임성이 강하게 요구되었고, 이를 계기로 사회복지관은 조직과 인력을 정비, 프로그램 수행과정을 체계화, 전문화시키고 지역사회 특성에 맞는 새로운 사업들을 모색하는 등 성숙과 발전의 계기가 되었다. 그러나 사회복지관 운영의 40%를 차지하는 정부보조금이 평가 결과에 따라 차등지원 되면서 사회복지관은 지역주민들의 욕구와 문제에 대한 서비스와 프로그램을 제공하기 보다는 양적 성과를 가시화시킬 수 있는 프로그램을 운영하고 지역 특성이 결여된 천편일률적인 프로그램을 진행할 수밖에 없는 한계를 가지기도 하였다. 이에 따라 지역사회복지관은 양적 성장뿐만 아니라 실질적 서비스 제공에 대한 질적 평가와 정부 보조금 지급방식의 개선을 위한 노력들이 요구된다.

〈표 11-1〉 우리나라 지역사회복지관 연혁

연도	주요 내용
1906년	원산 인보관운동에서 사회복지관사업 태동
1921년	서울에 최초로 태화여자관 설립
1926년	원산에 보혜여자관 설립
1930년	서울에 인보관 설립
1975년	국제사회복지관연합회 회원국 가입
1976년	한국사회복지관연합회 설립(22개 사회복지관)
1983년	사회복지사업법 개정으로 사회복지관 운영 국고보조 지원
1988년	사회복지관 운영·국고보조사업지침 수립
1989년	주택건설촉진법 등에 의해 저소득층 영구임대아파트 건립 시 일정규모의 사회복지관 건립을 의무화
2005년	전국 사회복지관 391개소 설치운영
2010년	전국 사회복지관 420개소 설치운영
2015년	전국 사회복지관 447개소 설치운영
2020년	전국 사회복지관 475개소 설치운영

출처 : 한국사회복지관협회, http://www.kaswc.or.kr

3 지역사회복지관 현황과 사업

1) 사회복지관의 법적 근거

우리나라의 지역사회복지관은 「사회복지사업법」 제34조의 5(사회복지관의 설치 등)에 근거하여 설치·운영된다. 구체적으로 설명하면, 사회복지관은 국가나 지방자치단체(제34조 제1항) 또는 시장, 군수, 구청장에게 신고한 민간 시설(제34조 제1항)로 지역복지 증진을 위하여 다음의 사업을 실시할 수 있다.

① 지역사회의 특성과 지역주민의 복지욕구를 고려한 서비스 제공 사업

② 국가·지방자치단체 및 민간 부문의 사회복지서비스를 연계·제공하는

사례관리 사업

③ 지역사회 복지공동체 활성화를 위한 복지자원 관리, 주민교육 및 조직화 사업

④ 그 밖에 복지증진을 위한 사업으로서 지역사회에서 요청하는 사업

또한 사회복지사업법 시행규칙(보건복지부령) 제23조(사회복지관의 설치기준)와 제23조의 2(사회복지관의 운영기준)의 법적 근거에 의해 사업을 운영한다. 마지막으로 영구임대아파트 단지내 사회복지관 설치, 운영의 법적 근거로 ㉠ 주택법 제2조 제9호 나 ㉡ 주택건설기준등에 관한 규정 제5조 제6호가 있다.

2) 사회복지관 현황

한국사회복지관협회 자료에 의하면 사회복지관은 2023년 기준 전국에 476개소가 설치되어 있으며, 서울 99개소, 경기 88개소, 부산 54개소, 대구 27개소, 충남・세종 24개소, 대전 21개소, 인천과 광주 각 20개소 순으로 절반 가까이가 서울을 포함 광역시에 집중되어 있다. 그 이유를 살펴보면, 1980년대 후반, 심각한 주택문제 해결을 위한 건설계획 당시 저소득층 주민을 위한 영구임대주택 건립사업을 실시하였고 이 때 영구임대주택 단지 내에 사회복지관도 건립하도록 하였다. 영구임대주택이 주로 대도시 저소득층 지역을 중심으로 건립되면서 사회복지관의 수도 급격히 확대되었기 때문인 것으로 보인다(김광희, 2010).

〈표 11-2〉 **지역별 사회복지관 현황**

시도	서울	부산	대구	인천	광주	대전	울산	경기
개수	99	54	27	20	20	21	8	88
시도	강원	충북	충남・세종	전북	전남	경북	경남	제주
개수	16	13	24	18	14	15	30	10
총계	476							

출처 : 한국사회복지관 협회, http://www.kaswc.or.kr

지역사회복지관의 법인 유형을 살펴보면, 사회복지법인이 가장 많고, 그 다음으로 재단법인, 사단법인, 지방자치단체 직영, 학교법인, 협동조합, 시설관리공단, 의료법인 순으로 나타났다. 지방자치단체의 경우 두 가지 유형으로 기관을 설치·운영할 수 있는데 첫 번째는 사회복지관을 설치한 후 직접 운영하거나 사업의 전문성 향상을 위해 운영능력을 인정받은 사회복지법인 등에 위탁하여 운영할 수 있다. 두 번째는 지방자치단에서 공공단체의 시설물을 위탁받아 사회복지관을 설치·운영하거나 사회복지법인 등에 위탁·운영할 수 있다(보건복지부, 2023).

〈표 11-3〉 **법인유형별 사회복지관 현황**

구분	개수
사회복지법인	331
재단법인	58
사단법인	32
학교법인	17
지방자치단체 직영	25
시설관리공단	6
의료법인	1
협동조합	7
총계	477

출처 : 한국사회복지관 협회, http://www.kaswc.or.kr

사회복지관은 시설의 규모에 따라 가형, 나형, 다형의 세 가지 유형으로 구분된다(표 11-4 참조). 2023년 기준 규모별 운영현황을 보면, 가형(2,000㎡)은 223개소, 나형(1,000㎡~2,000㎡)은 202개소, 다형(1,000㎡ 미만)은 51개소로, 규모별 현황에서는 가형이 가장 많은 수를 차지하고 있다. 그러나 전체적으로 가형과 나형이 절대 다수를 차지하고 있어 현재 우리나라의 사회복지관이 대형화되고 있음을 알 수 있다.

〈표 11-4〉 규모별 사회복지관 현황

구 분	개소수
가 형(건평 2,000m^2 이상)	223
나 형(건평 1,000m^2~2,000m^2)	202
다 형(건평 1,000m^2 미만)	51
총 계	476

출처 : 한국사회복지관 협회, http://www.kaswc.or.kr

3) 사회복지관 인력과 재정

(1) 사회복지관 인력기준

사회복지 전문성과 효율성을 높이고 사회복지관의 주요 기능들을 적절히 수행하기 위해서는 전문성을 갖춘 사회복지 전문 인력을 확보해야 한다. 이에 따라 『사회복시관 설치 · 운영규정』에서 사회복지관이 배치해야 할 최소 인력기준을 명시해 왔다. 인력배치 기준은 사회복지관의 규모에 따라 차이가 있는데 가형 사회복지관은 17명, 나형 사회복지관은 14명, 다형 사회복지관은 9명으로 설정하였다. 그러나 1998년 7월에 사회복지 법인의 자율성 보장과 복지관 운영상의 경직성을 완화한다는 이유로 전문 인력 배치기준이 폐지되었다(김지수, 2015). 그러나 배치기준 폐지 이후 인력기준에 대한 법적 근거의 부재로 인해 사회복지현장에서는 사업 확대에 필요한 신규 인력을 확보하는데 있어 어려움을 경험하게 되었다. 또한 필요한 시기에 신규 인력을 확보하지 못하고 기존의 직원들을 통해 신규 사업들을 진행함으로써 직원의 업무과중으로 인한 스트레스, 사기저하, 소진, 이직 등과 같은 부정적인 결과들을 초래할 수 있다는 현장의 우려가 높아졌다(한국사회복지관협회, 2014).

이에 따라 보건복지부는 사회복지관의 원활한 운영과 지역사회 복지 서비스 제공의 질적 향상을 목적으로 사회복지관 인력 배치 권고안을 마련하였다.

〈표 11-5〉 복지관 최소 인력기준 권고안(2023년 기준)

기능		사업분야	도(세종시 포함)	광역시	서울특별시
사례관리	기존	사례발굴, 사례개입, 서비스연계	3명 이상	3명 이상	5명 이상
	특례		6명 이상	6명 이상	8명 이상
서비스제공		가족기능강화, 지역사회 보호, 교육문화, 자활지원 등	4명 이상	4명 이상	5명 이상
지역조직화		복지네트워크 구축, 주민 조직화, 자원 개발 및 관리	2명 이상	2명 이상	3명 이상
행정 및 관리		관장, 부장/총무, 경리/서무, 시설 안전	3명 이상	4명 이상	6명 이상
계		기존	12명 이상	13명 이상	19명 이상
		특례	15명 이상	16명 이상	22명 이상

출처 : 보건복지부(2023). 2023 사회복지관 운영관련 업무처리안내, p. 64.

(2) 사회복지관 재정운용

지역사회복지관의 재정운용은 국고보조금, 법인보조금, 후원금, 수익금 등으로 이루어진다. 정부보조금은 중앙정부와 지방정부로부터 지원받는 기관운영비, 사업비, 시설장비비 등이 있고, 법인보조금은 법인에서 부족한 재원을 보충하거나 법인에서 반드시 추진해야 하는 사업을 지원하는 재원이다. 후원금은 개인이나 단체로부터 제공받는 자원들을 의미하고, 수익금은 기관이 서비스의 생산과 판매를 통해 확보하는 재원을 의미한다(김광희 2010).

사회복지관의 예산은 대부분이 국가로부터 지원받는 국고보조금으로 운용되고 있는데, 2005년부터 국고보조금은 지방자치단체에서 관장하고 있다. 이렇듯 사회복지관의 재정이 정부지원금에 주로 의존을 하기 때문에 서비스 계획 및 프로그램 개발 시 지역사회 주민의 욕구에 초점을 맞추기보다 정부의 지원을 더 많이 받기 위해 방향을 맞출 수 있다(김경우 외, 2009).

4) 사회복지관 사업

사회복지관은 지역사회의 저소득 취약계층과 주민들을 위한 실질적인 사회복지서비스가 제공될 수 있도록 각 사업을 유기적으로 연계하여 실시해야 한다.

(1) 사회복지관 사업 대상

사회복지관 사업의 대상은 사회복지서비스 욕구를 가지고 있는 모든 지역주민을 대상으로 실시하되 다음의 각 호에 해당하는 주민을 우선적인 사업대상으로 삼아야 한다(「사회복지사업법」 제34조의5 제2항).

① 국민기초생활보장 수급자 및 차상위계층
② 장애인, 노인, 한부모가족, 다문화가족
③ 직업 및 취업알선이 필요한 지역주민
④ 유아, 아동 및 청소년 등 보호와 교육이 필요한 주민
⑤ 그 밖에 사회복지 서비스의 긴급 또는 우선지원이 필요하다고 인정되는 주민

(2) 사회복지관 사업내용

사회복지관은 지역사회의 특성과 지역주민의 복지욕구에 대한 조사를 실시, 그 결과를 바탕으로 사업내용을 결정하되, 사회복지사업법 제34조의5 및 동법 시행규칙 별표3에서 명시하고 있는 사회복지관의 3개 기능(서비스제공기능, 사례관리기능, 지역조직화기능)을 균형있게 수행해야 한다. 다만, 관할 시장이나 군수, 구청장이 지역적 특성을 감안하여 필요하다고 인정한 경우에는 별도의 사업을 개발하여 추진할 수 있다(보건복지부, 2023).

〈표 11-6〉 사회복지관 사업

기능	사업분야	사업 및 내용
사례관리 기능	사례발굴	지역 내 보호가 필요한 대상자 및 위기 개입대상자를 발굴하여 개입계획 수립
	사례개입	지역 내 보호가 필요한 대상자 및 위기 개입대상자의 문제와 욕구에 대한 맞춤형 서비스 제공을 위한 사례개입
	서비스 연계	사례개입에 대한 지역 내 민간 및 공공 자원과 서비스에 대한 정보 제공 및 연계, 의뢰
서비스 제공 기능	가족기능 강화	• **가족관계증진사업** : 가족원간의 의사소통을 원활히 하고 각자의 역할을 수행함으로써 이상적인 가족관계를 유지함과 동시에 가족의 능력을 개발·강화하는 사업 • **가족기능보완사업** : 사회구조 변화로 부족한 가족기능, 특히 부모의 역할을 보완하기 위하여 주로 아동·청소년을 대상으로 실시되는 사업 • **가정문제해결·치료사업** : 문제가 발생한 가족에 대한 진단·치료·사회복귀 지원사업 • **부양가족지원사업** : 보호대상 가족을 돌보는 가족원의 부양부담을 줄여주고 관련 정보를 공유하는 등 부양가족 대상 지원사업 • 다문화가정, 북한이탈주민 등 이용자 특성을 반영한 사업
	지역사회 보호	• **급식서비스** : 지역사회에 거주하는 요보호 노인이나 결식아동 등을 위한 식사제공 서비스 • **보건의료서비스** : 노인, 장애인, 저소득층 등 재가복지사업대상자들을 위한 보건·의료관련 서비스 • **경제적 지원** : 경제적으로 어려운 지역사회 주민들을 대상으로 생활에 필요한 현금 및 물품 등을 지원하는 사업 • **일상생활 지원** : 독립적인 생활능력이 떨어지는 요보호 대상자들이 시설이 아닌 지역사회에 거주하기 위해서 필요한 기초적인 일상생활 지원서비스 • **정서서비스** : 지역사회에 거주하는 독거노인, 소년소녀가장 등 부양가족이 없는 요보호 대상자들을 위한 비물질적인 지원 서비스 • **일시보호 서비스** : 독립적인 생활이 불가능한 노인이나 장애인 또는 일시적인 보호가 필요한 실직자·노숙자 등을 위한 보호서비스 • **재가복지봉사서비스** : 가정에서 보호를 요하는 장애인, 노인, 소년·소녀가정, 한부모가족 등 가족기능이 취약한 저소득 소외계층과 국가유공자, 지역사회 내에서 재가복지봉사서비스를 원하는 사람에게 다양한 서비스 제공

서비스 제공 기능	교육문화	• **아동 · 청소년 사회교육** : 주거환경이 열악하여 가정에서 학습하기 곤란하거나 경제적 이유 등으로 학원 등 다른 기관의 활용이 어려운 아동 · 청소년에게 필요한 경우 학습 내용 등에 대하여 지도하거나 각종 기능 교육 • **성인기능교실** : 기능습득을 목적으로 하는 성인사회교육사업 • **노인여가 · 문화** : 노인을 대상으로 제공되는 각종 사회교육 및 취미교실 운영사업 • **문화복지사업** : 일반주민을 위한 여가 · 오락프로그램, 문화 소외집단을 위한 문화프로그램, 그 밖에 각종 지역문화행사사업
	자활 지원 등 기타	• **직업기능훈련** : 저소득층의 자립능력배양과 가계소득에 기여할 수 있는 기능훈련을 실시하여 창업 또는 취업을 지원하는 사업 • **취업알선** : 직업훈련 이수자 기타 취업희망자들을 대상으로 취업에 관한 정보제공 및 알선사업 • **직업능력개발** : 근로의욕 및 동기가 낮은 주민의 취업욕구 증대와 재취업을 위한 심리 · 사회적인 지원프로그램 실시사업 • 기타 특화사업
지역 조직화 기능	복지 네트워크 구축	지역 내 복지기관 · 시설들과 네트워크를 구축함으로써 복지서비스 공급의 효율성을 제고하고, 사회복지관이 지역복지의 중심으로서의 역할을 강화하는 사업(지역사회연계사업, 지역욕구조사, 실습지도)
	주민 조직화	주민이 지역사회 문제에 스스로 참여하고 공동체 의식을 갖도록 주민 조직의 육성을 지원하고, 이러한 주민협력강화에 필요한 주민의식을 높이기 위한 교육을 실시하는 사업(주민복지증진사업, 주민조직화 사업, 주민교육)
	자원 개발 및 관리	지역주민의 다양한 욕구 충족 및 문제해결을 위해 필요한 인력, 재원 등을 발굴하여 연계 및 지원하는 사업(자원봉사자 개발 및 관리, 후원자 개발 및 관리)

출처 : 보건복지부(2023). 2023 사회복지관 운영관련 업무처리안내, p. 11-12.

① 사례관리

사례관리 사업은 사례 발굴, 사례개입, 서비스 연계로 세분화된다. 사회복지관은 지역 내 보호가 필요한 주민과 위기개입 대상자를 발굴, 개입 계획을 수립하고, 사례개입 대상자의 문제와 욕구에 대한 맞춤형 서비스가 제공될 수 있도록 사례개입을 실시한다. 또한 사례개입에 필요한 지역사회 내 민간 및 공공의 가용자원과 서비스에 대한 정보 제공 · 연계 · 의뢰활동을 실시한다.

② 서비스제공

서비스제공과 관련된 세부사업들은 가족기능강화, 지역사회보호, 교육문화, 자활지원 등 기타사업으로 구성된다.

- **가족기능강화사업** : ㉠ 가족관계증진사업-가족원과의 원활한 의사소통과 구성원 각자의 역할 수행을 통해 이상적인 가족관계를 유지하고 가족의 능력을 개발, 강화하는 사업, ㉡ 가족기능보완사업-사회구조 변화로 부족한 가족기능, 특히 부모의 역할을 보완하기 위해 아동 및 청소년을 대상으로 실시되는 사업, ㉢ 가정문제해결·치료사업-문제가 발생한 가족에 대한 진단, 치료, 사회복귀를 지원하는 사업, ㉣ 부양가족지원사업-보호대상 가족을 돌보는 가족구성원의 부양부담 완화 및 정보 제공 사업, ㉤ 기타 사업 -다문화 가정 등 지역 내 이용자 특성을 반영한 사업
- **지역사회보호사업** : ㉠ 급식서비스-지역사회 요보호 노인이나 결식아동 대상 무료 식사제공 서비스, ㉡ 보건의료서비스-노인, 장애인, 저소득층 등 재가복지사업대상자들을 위한 보건 및 의료관련 서비스, ㉢ 경제적 지원-경제적으로 어려운 주민들을 대상으로 현금 및 물품 지원 사업, ㉣ 일생생활 지원-독립적인 생활능력이 떨어지는 지역사회 거주 대상자들을 위한 기초적인 일상생활 지원서비스, ㉤ 정서서비스-독거노인이나 소년소녀가장 등 부양가족이 없는 요보호 대상자들을 위한 비물질적인 지원 서비스, ㉥ 일시보호서비스-노인이나 장애인 또는 일시적인 보호가 필요한 실직자, 노숙자 등을 위한 보호서비스, ㉦ 재가복지봉사서비스-가족기능이 취약한 저소득 소외계층(장애인, 한부모가족, 소년·소녀가정)과 재가복지봉사서비스를 원하는 사람에게 다양한 서비스 제공
- **교육문화사업** : ㉠ 아동·청소년 사회교육-열악한 주거환경으로 가정에서 학습이 어렵거나 경제적 이유 등으로 학원 이용이 어려운 아동 및 청소년에게 학습 내용 등에 대해 지도하는 사업, ㉡ 성인기능교실-기능습득을 목적으로 하는 성인사회교육사업, ㉢ 노인 여가·문화-노인을 대상으로 제공되는 사회교육 및 취미교실운영사업, ㉣ 문화복지사업-일반주민을

위한 여가 및 오락프로그램, 문화 소외집단을 위한 문화프로그램

- **자활지원 등 기타** : ㉠ 직업기능훈련-저소득층의 자립능력배양과 가계소득에 기여할 수 있는 기능훈련을 실시, 창업 또는 취업을 지원하는 사업, ㉡ 취업알선-직업훈련 이수자와 기타 취업희망자들을 대상으로 취업에 관한 정보제공 및 알선사업, ㉢ 직업능력개발-근로의욕 및 동기가 낮은 주민의 취업욕구 증대와 재취업을 위한 심리사회적인 지원프로그램, ㉣ 그 밖의 특화사업

③ 지역조직화

- **복지네트워크 구축** : 지역 내 복지기관 및 시설들과 네트워크를 구축하여 복지서비스 공급의 효율성을 제공하고 지역복지의 중심으로서 사회복지관 역할을 강화하는 사업
- **주민조직화** : 주민이 지역사회 문제에 스스로 참여하고 공동체 의식을 갖도록 주민조직을 육성, 지원하고 이러한 주민협력강화에 필요한 주민의식을 높이기 위한 교육을 실시하는 사업
- **자원 개발 및 관리** : 지역주민의 다양한 욕구 충족 및 문제해결을 위해 필요한 인력, 재원 등을 발굴하여 연계 및 지원하는 사업

<표 11-7>은 사회복지관의 사업운영 지침에 기반하여 현장에서 실재로 제공하고 있는 사업내용을 좀 더 이해하기 위해 수원시에 위치한 우만사회복지관의 복지관 주요 사업들을 정리한 내용이다.

〈표 11-7〉 수원시 우만종합사회복지관 지역사회조직 사업 내용

서비스 제공	교육문화사업	• 청소년공부방 '우만꿈터' : 지역 내 아동·청소년을 위한 청소년공부방 프로그램 • 여가문화사업 '우리동네' : 지역주민 욕구에 기반을 둔 여가, 문화, 공동체 프로그램 • 평생교육바우처 '지식샘터' • '우리 동네 배움터' : 다양한 교육 기회 및 자기계발을 위한 교육문화 프로그램
	지역사회 보호사업	• 급식서비스 : 경로식당, 식사배달, 일시식사지원 • 경제적지원서비스 : 결연후원, 물품후원 • 정서지원서비스 • 일상생활지원서비스, 보건의료 서비스
	노인사회활동 지원사업	• 노인이 자기만족과 성취감 향상 및 지역사회 공익 증진을 위해 참여하는 활동
지역 사회 조직	주민조직화	• 어울림 한마당 : 지역주민의 화합과 결속, 문화생활에 대한 접근성 강화를 위한 주민복지증진 사업 • 공간이음 : 주민 스스로가 주인이 되어 주체적으로 운영하는 주민 공용 공간 사업
	자원개발 및 관리	• 자원봉사자 개발 및 관리 • 후원 개발 및 관리
	지역연계사업	• 지역사회 유관기관 간의 네트워크 사업 • 사회복지현장실습 • 연구조사 : 지역주민 대상 욕구 및 만족도 조사
	홍보출판	• 지역사회 및 주민 대상 복지관 홍보사업
사례 관리	사례관리	• 사례발굴, 사례관리, 사례회의 • 상담, 자원 및 서비스 연계 • 희망이웃사업 • 수사망 네트워크
	희망이웃사업	• 공공·민간의 지원을 받기 어려운 사각지대 이웃의 위기 상황 해결을 위한 경제적 지원
	수사망 네트워크	• 수원시 사회복지관 사례관리자들의 정기모임으로 공동 스터디 및 연구 모임 진행
	월드비전 꿈꾸는 아이들 꿈디자이너	• 취약계층 아동청소년들이 성장단계에 따른 맞춤형 통합 프로그램, 경게적 위기에서 보호하고, 아이들의 꿈을 지원하는 사업

특수 시책 사업	만남의 연결고리	• 주민만남 사업, 우만TALK(주민공청회) • 웰컴 투 우만 : 신규전입세대 지역사회 적응 프로그램 • 우리동네상담실 : 복지상담, 정서상담
	교육의 연결고리	• 우만마을학교 : 지역주민을 대상으로 열린교육, 인권교육, 일일강좌를 진행
	소통의 연결고리	• 주민참여위원회, 관리소통장복지관, 뜨개질 주민 동아리, 여성 동아리
	돌봄의 연결고리	• 동생동락 프로젝트, 온동네 살피미 • 마주걷기 봉사단, 우만 알리미, 아동대상 방학특강 프로그램
푸드 뱅크 사업		• 해누리 푸드마켓 • 수원시 푸드뱅크

출처 : 우만종합사회복지관 홈페이지, http://www.wooman.or.kr/

4 지역사회복지관의 발전방향

1) 사회복지관 운영의 한계

사회복지관은 지역주민들과 복지욕구가 높은 사회적 소외계층들을 위해 다양한 서비스를 제공하고 있지만 여전히 지역사회의 여러 욕구와 문제들에 대처하고 해결하기 위한 전문기관으로써 다음과 같은 한계들을 가지고 있다.

첫째, 지역사회의 특성과 주민들의 욕구를 반영하는 전문적이고 특화된 프로그램 개발이 부족함에 따라 지역사회 복지관의 기능이 효과적으로 수행되지 못하고 있다. 지역주민들의 다양한 욕구와 변화하는 지역사회문제에 적절히 대처하기 위해서는 사회복지관들이 공통적으로 운영하는 프로그램 외에 지역 특성에 맞는 다양한 복지관 프로그램들이 제공되어야 한다. 하지만 대다수의 복지관들은 자원운용의 한계와 사회복지관의 인력배치 기준이 부재하여 신규 인력 확보의 어려움과 사회복지사들의 과다한 업무량으로 인한 소진 등의 문제로 인해 프로그램의 다양화와 신규 프로그램 실행의 어려움을 경험하고 있다. 또한 한정된 자원 배분과 기관 또는 공급자 중심의 서비스 제공이 이루어지다보니 서비스 누락 또는 중복의 문제가 발생하고, 이용자의 욕구에 부합하기 어려운 한계를 가지고 있다.

둘째, 사회복지관의 프로그램을 직접적으로 운영, 실행하는 사회복지사들의 열악한 처우로 인해 직원들의 업무에 대한 사기가 저하되고 결과적으로 복지관 프로그램의 질적 수준이 하락되는 문제가 있다. 사회복지사 1인당 담당해야 할 대상자가 평균 60명 정도로 다른 전문직에 담당인력이 비해 많으며 임금수준도 일반기업체 노동자보다 낮은 것으로 나타나고 있다. 이렇듯 사회복지사에 대한 처우가 개선되지 못하고 복지관 사업들은 보다 다양해짐에 따라 전문적 지식과 기술이 요구되는 사업들에서는 전문 인력들을 확보하지 못하는 문제가 발생할 수 있고, 프로그램 운영에 있어서도 질 높은 수준을 기대하기 어려울 수 있다.

셋째, 사회복지관이 대부분 대도시 지역에 편중되어 설치되고 있다는 한계가 있다. 따라서 농・어촌 지역처럼 상대적으로 소외된 지역에 거주하는 주민들에게는 필요한 복지서비스가 제대로 전달되지 못하여 지역적으로 균형 잡힌 발전을 기대하기 어려울 수 있다.

2) 사회복지관 발전방향

사회복지관이 지역사회에서 보다 전문적인 서비스 전달을 통해 주민들의 복지욕구를 해소하고 지역사회 발전에 공헌하기 위해 다음과 같은 발전방향을 모색할 수 있다.

첫째, 현재 보건복지부에서 규정하는 사회복지 필수 사업들 외에 지역특성 및 주민들의 욕구를 반영하는 프로그램들을 보다 다양하게 실행할 필요가 있다. 변화하는 지역사회의 특성과 주민들의 욕구에 따라 지역사회복지관의 사업 내용들도 함께 변화해야 하는데 이를 위해서는 사회복지관은 정기적으로 지역주민의 욕구와 문제를 조사하고 파악하여, 지역적으로 특화된 프로그램들을 개발해야 한다. 또한 정부차원에서도 획일화된 복지관 사업 외에 지역특성에 맞는 다양한 프로그램 개발과 운영을 지원할 수 있는 제도들을 마련해야 할 것이다.

둘째, 사회복지관의 전문적 서비스 제공을 위해서는 전문적인 기술과 지식을 갖춘 전문인력을 확보하는 것뿐만 아니라 이들의 전문성을 꾸준히 향상시켜줄 수 있는 교육과 훈련 등의 다양한 프로그램들이 마련되어야 한다. 또한 사회복지사의 업무 부담으로 인한 소진과 스트레스, 낮은 급여 등의 문제 등 처우를 개선시킴으로서 전문성을 갖춘 사회복지사들이 더 많이 확보될 수 있도록 노력해야 할 것이다.

셋째, 대부분의 사회복지관의 재정은 정부보조금에 대한 의존도가 높은 편이지만 실제 정부의 지원수준은 높지 않기 때문에 복지관 프로그램을 운영하는데 어려움이 있다. 특히 재정자립도가 낮은 지방이나 지지체계가 부족한 고립된 지역의 복지관은 재정적 어려움을 심각하게 경험하고 있다. 따라서 기관의 규모나 직원 수, 프로그램 내용 등을 고려하여 정부보조금 지원을 확대함으로써 사회복지관이 사업규모에 맞는 전문 인력들을 확보하고 지역주민들을 위해 보다 다양하고 전문적인 프로그램을 개발, 운영할 수 있는 방안을 고려해야 할 필요가 있다.

마지막으로 서비스 중복이나 복지사각지대 해소를 위해 주민중심의 찾아가는 사회복지 사업들이 실행되어 왔는데 이 과정에서 관련 사업들의 한계를 분석하고 개선함으로써 위기 또는 취약가구 발굴 및 지원을 위한 사업을 확대할 필요가 있다. 서비스 중복 또는 누락이나 복지사각지대로 인한 위기 발생 등의 문제를 극복하기 위해 2013년부터 지역사회를 중심으로 하는 '마을' 관점의 마을지향복지사업, 찾아가는 동주민센터(찾동), 지역밀착형 사회복지관 사업 등을 실시해 왔다. 먼저 마을지향복지는 마을구성원들이 마을의 일에 지속적이고 주도적으로 참여하여 자치를 이루고 복지를 이루는 방법과 관점을 말한다(서울시복지재단, 2020). 마을지향복지 사업을 통해 노인, 장애인 등 취약계층의 문제를 지역사회 문제로 대상을 확장하고, 지역사회 주민의 관심과 참여도를 확대한 사업으로 당초 목표로 하는 주민주도성 강화와 지역사회 변화의 성과를 이룬 것으로 평가되었다(서울시복지재단, 2020). 그러나 마을지향복지 사업에 대한 이해도가 낮아 사업 추진에 어려움이 있었고, 사업 담당자는 기존 업무 외에 이 사업에서 요구되는 신규 업무까지 맡게 되어 오히려 업무과부하의 부담이 발생하였고, 이로인해 담당자가 자주 교체되는 문제가 지적되었다. 무엇보다 사업의 지속성의 문제가 제기되었는데 마을지향복지관 사업의 예산을 지원하는 공모사업이 2020년 이후 종료되어 예산 감소에 따라 사업을 실행했던 상당수의 기관들이 사업을 축소 또는 폐지해야 하는 상황이다.

2015년부터 추진된 찾아가는 동주민센터는 동주민센터의 공무원들이 지역현장을 적극적으로 찾아가 주민을 만나면서 사각지대를 발굴하는 등 공공복지 전달체계를 개선하고 공동체·자치를 강화하기 위한 정책이다. 65세 이상 어르신 등을 대상으로 보편 방문을 추진하면서 사각지대 발굴 및 지원, 사례관리를 통한 통합서비스 제공 및 연계, 주민공동체 조직 등의 사업들이 긍정적으로 평가받기도 하였으나, 보편방문에 대한 시민들의 낮은 인식과 코로나19로 인한 방문의 어려움, 동주민센터의 사례관리 업무 경험 부족으로 인한 실무자들의 어려움, 사각지대 발굴 이후 연계할 공적 자원 부족, 공공 전달체계 강화 과정에서 민간 역할의 상대적 소외감 등의 한계들이 지적되었다(황금용, 2017).

2021년부터 시범사업 운영 중인 지역밀착형 사회복지관 사업은 기존의 마을지향복지관 사업과 유사한 배경을 가지고 있고, 동(洞) 또는 지리적 지역을 기반으로 주민중심, 주민주도의 복지사업을 추진함으로서 사각지대 주민을 발굴·지원하고 지역복지문제 해결을 통해 궁극적으로 지역사회통합돌봄체계를 구축하고자 하는 사업이다. 사회복지관 3대 기능사업을 확장하여 지역사회로 나가 주민과의 협력을 통해 복지문제를 해결하는 현장 기반의 지역사회통합돌봄의 실천적 도전으로 평가받고 있다(서울시복지재단, 2021). 그러나 지역밀착형 사회복지관 사업이 성공적으로 정착하기 위해서는 몇 가지 한계점들을 고민해야 할 필요가 있다. 먼저, 동 또는 지역을 중심으로 사업을 수행할 때 지역에 복지관이 적거나 임대 아파트 등 주거지역이 많은 곳에 위치한 사회복지관은 다른 기관보다 훨씬 더 많은 동을 감당해야 하는 부담이 있을 수 있다. 또한 동 중심의 경계를 나누다 보면 도움이 필요한 지역 주민에 대한 지원의 유연성이 떨어질 수 있는 문제들도 고려해야 한다. 또한 지역밀착형이라는 대대적인 복지관의 구조를 바꾸는 사업이 기존의 마을지향복지사업이나 찾동 사업처럼 일정 시간이 지난 후 중단되거나 다른 사업으로 대체된다면 이는 또다시 예산과 자원을 낭비하는 결과를 낳을 수도 있다(임백정, 2022). 따라서 유사한 방향과 내용을 가진 사업들을 새로운 이름으로 바꾸어 시작하기 보다 기존의 사업들을 수정, 보완하면서 발전시켜 나가는 노력들이 필요하다.

CHAPTER 12

사회복지공동모금회

1 공동모금의 이해

1) 공동모금의 배경

지역사회의 사회복지조직을 비롯한 비영리조직의 궁극적 목적은 지역사회의 문제 해결과 욕구 충족을 위해 필요로 하는 서비스를 개발하고 제공하는 것이다. 지역사회의 사회복지조직의 자원 동원은 이를 위한 수단이다. 공동모금회는 자원 동원을 주된 목적으로 설립된 유일한 사회복지기관으로 국가의 제도 정책을 통해 담보하지 못하거나 할 수 없는 분야의 사업을 지역사회복지기관이나 비영리조직이 수행하도록 지원한다. 이를 통해 창출된 성과는 국가의 제도 정책으로서 복지 전달체계에 포함되기도 하였다.

공동모금회 제도는 사회적 공동체 형성과 국가복지체계의 우선순위에 대한 논쟁점을 갖는다. 민간 자원 활성화라는 측면에서 사회적 필요에 대한 나눔문화 활성화에 기여하지만 시장 역할 증대와 자선의 강조라는 측면에서는 신자유주의적 정책 강화라는 비판적 시각이 있다.

실제 지역사회 공동모금제도는 신자유주의가 활성화된, 미국과 같은 영어권 국가에서 발달하였다. 공동모금제도는 특히 미국적인 제도이다. 영어권 국가에서 활발한 반면에, 복지국가가 확립된 유럽에서는 거의 찾아보기 힘든 현상이다.[1] 유럽에서는 대부분의 자선 활동이 복지국가의 틀 속에 흡수 되었지

1) 국제공동모금연합회(United Way Worldwide)의 회원국 현황을 보면, 선진국 가운데는 영어권 국가가 모두 포함되어 있지만 유럽 국가는 거의 없다. 나머지 가입국의 절대 다수는 개발도상국이다.

만 미국이나 영국과 같은 앵글로 색슨 국가에서는 여전히 복지 공급의 주체로서 중요한 역할을 수행하고 있는 것이다.

이러한 비판적 시각에도 불구하고 역사적으로 볼 때, 사회복지 제도는 민간 영역의 자발적인 노력에 국가가 참여하는 방식을 통해서 확립되었다. 국가 주도의 제도는 다분히 보편적인 요구에 대응하는 것이다. 정책 누수에 따른 사각지대 발생에 대한 대응이나 새롭게 출현하는 복지욕구에 대한 대응과 같은 정책 제도의 보완과 제시와 사회적 욕구에 대한 탄력적 대응하기 어렵다. 특히 정치적으로 민감한 경우에는 국가가 제도적으로 대응하는 것이 매우 힘들게 된다.

공동모금제도는 지나친 정부 의존을 줄여 민간 부문에 활력을 불어넣는 결과를 가져오기도 한다. 정부가 사회복지 정책과 제도의 결핍 부분을 보완하고 채우는 것은 어쩔 수 없는 민간 부문의 몫이다. 공동모금제도는 바로 민간 부문의 몫을 상징한다.

공동모금제도를 이해하기 위해서는 이를 둘러싼 정치·사회적 배경과 흐름을 감안해야 한다. 외국에서, 특히 영어권 신자유주의 국가에서 발달한 제도이기에, 급속한 경제발전과 사회문화적 변화가 심했던 한국 사회의 정치·사회적 성격을 인식하고 이에 기반해 우리 사회의 특성에 맞는 공동모금제도에 대한 진지한 숙고가 필요하다.

2) 공동모금의 특성

(1) 주민 운동

공동모금은 지역 주민의 상호부조정신 즉, 연대성을 느끼며 서로 돕고 살겠다는 의식을 전제한다. 공동모금은 이러한 의식을 바탕으로 펼쳐지는 동시에 이 의식을 확산하는 역할을 한다. 공동모금 활동과 주민들의 연대 의식은 상승작용을 하면서 전자를 하나의 주민 운동으로 승화시키는 계기를 마련한다.

(2) 지역 운동

공동모금은 지역사회를 토대로 펼쳐진다. 지역의 사회복지공동모금회는 지역 구성원들의 자발적인 참여를 바탕으로 지역의 자원을 동원하여 지역의 사회복지 기관과 시설에 배분한다. 미국 공동모금회(United Way)는 공동모금제도를 "지역 주민의 상호부조정신에 입각하여 각계 각층의 자발적 협력에 의한 민간 사회복지 기부금을 일원화하는 것이며(United Way, 2009)"으로 정의하였다. 이것이 가능하기 위해서는 자원동원의 결과로서의 복지증진과 이 과정에서 수반되는 주민연대성의 강화가 필요하다. 지역운동은 지역구성원들의 자주성과 연대성을 높이기 위해 펼쳐지는 지역사회 공동의 노력이다.[2] 지역 운동을 지역 구성원들의 자주성과 연대성을 높이기 위해 펼치는 지역사회 공동의 노력으로 정의한다면, 공동모금은 마땅히 지역 운동의 하나로 간주되어야 한다.

(3) 효율적 자원 동원

공동모금제도가 도입되기 전에는 개인이나 사회복지 단체가 개별적으로 모금 활동을 벌였다. 시설이나 단체들이 각각 개별적으로 기부금을 모집하게 되면 모금 주체 사이의 경쟁, 기부자의 이중 부담, 모금 활동비의 낭비 따위의 문제를 일으킨다. 게다가 모금 주체에 대한 기부자의 신뢰 문제까지 겹쳐서 전체적으로 자원 동원의 효율성이 떨어질 수밖에 없다. 또한 모금 주체별로 기부금액을 결정하는데 활용할 수 있는 객관적인 평가 기준이 모호성은 기부자가 합리적인 의사결정을 하기가 어렵게 한다.

공동모금제도는 법적으로 모금 주체의 신뢰성을 높이고 모금을 일원화함으로서 개별 모금의 낭비와 중복을 피할 수 있는 장점이 있다. 모금의 일원화는 기부금을 배분받는 시설과 단체의 별도 모금을 단순히 금지하려는 것이 아니라 별도 모금의 필요성을 없애려고 하는 것이다. 모금 과정에서 행정비용과 의사소통비용을 절약할 수 있어 자원 동원의 효율성은 한층 더 높아지게 된

2) 김종일. 2012. 지역사회복지론. 청목출판사

다. 즉 기부금의 모집, 관리, 배분을 일원화함으로써 통합적인 조정도 도모할 수 있고 이에 따른 효율성을 기할 수 있는 것이다. 공동모금은 기부자들의 의사결정 비용을 줄이고 신뢰를 높임으로써 기부를 촉진하는 결과를 가져온다.

(4) 공표(公表) : 투명한 자원동원

공동모금제도는 기부자의 신탁으로 기부금 관리와 배분을 실행하는 체계이다. 공동모금 주체에 대한 법적, 사회적 승인을 통해 주민들의 신뢰를 얻고, 이것을 바탕으로 모금과 배분 활동을 전개한다. 그렇기에 이 과정은 일반 대중에게 낱낱이 공표되어 한 점의 의혹과 불신도 제기되지 않아야 한다. 바로 이 투명성이야말로 공동모금제도의 지속성을 담보하는 핵심 요소가 된다.

공표하여 운영한다는 원칙은 모금과 배분의 신뢰성을 높이기 위한 당연한 절차일 뿐만 아니라 사회복지사업의 사회화를 위한 과정이기도 하다. 절차적 과정에서 공표라는 방식으로 모금과 배분의 결과를 신뢰성 있게 사회와 공유함으로서 사회적 관심 환기와 나눔문화 형성이라는 사회적 참여의 활성화를 기대할 수 있다.

기부자의 입장에서는 기부금의 용도에 관심을 가지는 것은 당연한 것이다. 공표의 과정과 결과는 기부에 대한 개념적이고 추상적인 이해뿐만 아니라 배분계획과 그 결과에 관한 구체적 설명이어야 한다. 넓게는 기부자가 거주하는 지역사회, 좁게는 기부자의 이웃에 있어서 사회복지의 현상과 문제점에 관하여 구체적이고 현실적인 이해를 구하게 할 수 있다. 이러한 공표의 특성이 발휘되면 그 자체로 모금 운동의 목적을 달성하게 된다.

3) 공동모금의 기능과 목적

공동모금은 민간주도로 지역사회의 복지 재원을 동원하는 제도이다. 즉, 민간 주도로 조직된 모금회가 민간의 기부금을 받아 각 사회복지기관·시설·단체에 배분하는 제도이다. 여기서 공동모금의 '공동'이란 말은 모금 방식이 개별적이 아니고 집합적이라는 사실을 가리킨다. 공동모금은 민간복지 재원 조성, 사회적 연대성 증진, 사회복지에 대한 이해와 여론 조성, 사회복지서비스의 과학화 등의 기능을 수행한다.

이러한 기능을 수행하는 과정에서 각국의 공동모금회가 내건 목적은 각각 다음과 같다. 먼저, 한국의 사회복지공동모금회법 제1조에서 "이 법은 사회복지공동모금회의 공동모금을 통하여 사회복지에 대한 국민의 이해와 참여를 제고하고 자발적인 성금으로 조성된 재원을 효율적으로 공정하게 관리 운용함으로써 사회복지증진에 이바지함을 목적으로 한다"고 규정하고 있다.

미국공동모금회(United Way)의 목적은 "지역사회가 지닌 돌봄과 배려의 힘(caring power)을 동원하여 공동선(commongood)을 증진하는 것"이라 정의한다.[3] 미국 공동모금회는 이것에 대해 공동모금의 목적이 "인간의 가장 중요한 욕구인 파트너십과 합의 형성 그리고 자원 배분의 불평등 해소를 위해 지역사회를 함께 엮는 것"이라고 부연한다. 미국 공동모금제도는 모금활동을 통해 지역사회 내의 파트너십과 합의가 이루어지고 자원 배분의 공정성이 높아지는 것에 목적을 두고 있다.

일본공동모금회는 공동모금 운동요강에서 "주민 상호 도움과 사랑을 토대로 주민 스스로가 참여하는 복지 커뮤니티를 만드는 것"을 목적으로 밝히고 있다.[4] 2000년 6월에 시행된 일본의 사회복지법」은 공동모금의 목적을 지역복지의 추진으로 선언한 상태이다.

이러한 내용을 종합해 보면 공동모금의 사회적기능은 합리적 기부금 모금으로 사회복지자금을 조성하고, 시민의 상부상조정신을 높이며, 사회복지에 대한 이해도모와 여론 형성, 민주적 시민으로서의 권리와 책무의 수행으로 정리할 수 있다.

3) http://liveunited.org/pages/mission-and-goals

4) www.akaihane.or.jp/what/index.htm

4) 공동모금의 원칙

한국의 사회복지공동모금회법은 제3조에서 다음과 같은 기본원칙을 제시하고 있다.

- **자발성** : 기부금품은 기부하는 사람의 의사에 반하여 모집해서는 안 된다.
- **공정성** : 공동모금의 재원은 지역·단체·대상자와 사업별로복지 수요가 공정하게 충족되도록 배분하고 목적과 용도에 맞도록 공정하게 관리·운영하여야 한다.
- **효율성** : 재원의 배분은 객관적 기준에 따라 효율적으로 이루어져야 하며 그 결과는 공개해야 한다.

한편, 일본공동모금회가 제시한 원칙은 다음과 같다.

- **민간 주도** : 공동모금은 다양한 민간 사회복지 활동을 재원 면에서 적극적으로 지원하려는 주민의 자주적 활동으로 민간 활동의 특성인 유연성과 다양성이 발휘되어야 한다.
- **지역성** : 모금 운동은 지역을 단위로 이루어져야 하며 지역의다양한 민간 사회복지 활동에 배분되어야 한다.
- **계획성** : 지역 내 다양한 민간 사회복지 단체의 재원 수요를 폭넓게 반영한 배분 계획을 세워 이것을 토대로 모금 활동을 펼쳐야 한다.
- **공개성** : 공동모금은 주민의 신뢰 위에서 이루어질 수 있는 것이므로 주민들에게 모금과 배분에 관한 정보를 적극적으로 제공하고 투명성과 공정성을 유지하여 주민들의 지지를 얻는 일에 진력해야 한다.
- **참여성** : 모금 과정에 모금회의 임직원은 물론 지역사회 주민이 폭넓게 참여할 수 있도록 노력해야 한다.

5) 공동모금회의 조직 유형

공동모금회는 나라 별로 상이한 조직 형태를 보인다. 공동모금회의 조직 형태는 모금회 자체 구조와 정부와의 관계 그리고 사회복지협의회와의 관계를 기준으로 나누어 생각할 수 있다.

(1) 연맹형과 중앙 집중형

모금회의 자체 구조는 전국 조직을 기준으로 연맹형과 중앙 집중형으로 나눌 수 있다. 연맹형 조직 구조는 지역 단위의 공동모금회가 먼저 만들어지고 이들의 연합체인 전국 조직이 구성된 경우이다. 연맹형은 각 지역 모금회가 자율성을 가지고 실제적인 모금 활동을 주도하고 중앙 모금회는 지역 조직 사이의 연락과 조정 업무 그리고 전국적인 조사·연구 활동에 치중하는 형태를 취한다. 연맹형은 지역사회 중심이라는 공동모금의 특성을 가장 잘 살릴 수 있는 유형으로 평가받고 있으나, 지나치게 지역사회를 강조하다가 지역주의에 빠질 가능성도 없지 않다.

중앙 집중형은 전국 조직이 먼저 만들어지고 이후 지역별 조직을 구성하는 방식을 취하는 경우이다. 여기서 지역 모금회는 자율적인 별도의 조직이 아니라 전국 조직의 지역 분회의 성격을 갖는다. 중앙 집중형 공동모금은 전국 조직이 모든 것을 총괄 운영함으로써 모금의 효율성을 극대화할 수 있는 장점을 지닌다. 하지만 중앙 집중형 조직 구조 아래에서는 지역주민의 참여 기회가 제한될 가능성이 높으므로 지역사회의 잠재적 기부 에너지를 충분히 끌어내는 데는 한계를 가진 제도이다.

〈표 12-1〉 공동모금회 조직형에 따른 국가별 분류

전국 조직이 있는 국가(전국조직형)		일부 지역에만 공동모금회가 조직되어 있는 국가
지역공동모금회의 연맹형	중앙집중형	
미국, 일본, 호주, 캐나다, 필리핀, 남아프리카, 영국, 요르단	홍콩, 싱가포르, 벨기에, 자마이카, 모리셔스 공화국, 푸에르토리코, 태국, 한국	뉴질랜드, 베네수엘라, 버진군도, 인도

출처 : 류기형(1991). 지역공동모금제도에 관한 연구. 서울대학교 대학원 사회복지과 박사학위논문.

(2) 자율형과 정부 주도형

민간을 상대로 한 대규모의 모금 활동은 어느 나라에서든지 일정한 법적 규제를 받는다. 한국의 공동모금은 사회복지공동모금회법에 바탕을 두고 펼쳐진다. 일본의 공동모금은 1951년에 사회복지사업법(2000년에 사회복지법으로 바뀜)이 제정되면서 법적기관으로 자리를 잡았다. 일본과 같이 모법이 없는 경우 정부는 여러 가지 형태로 공동모금제도의 운영에 개입한다. 미국에서 자선 조직을 비롯한 각종 비영리·비정부 조직이 번성하게 된 것도 조세 감면과 같은 정부의 지원에 힘입은 바가 크다. 자선 조직에 대한 미국 정부의 조세 감면조치는 이미 1894년에 이루어진 바 있다.

정부와의 관계라는 관점에서 공동모금회의 유형은 자율형과 정부 주도형으로 나눌 수 있다. 자율형의 경우에는 정부의 통제와 규제가 최소 수준에 그치기 때문에 모금회의 자율적 활동이 보장된다는 장점이 있다. 반면에 정부의 지원 역시 제한적이어서 기부 환경이 열악한 상황에서는 모금의 성과를 거두기가 어렵다. 자율형은 미국처럼 기부 환경이 양호하고 지역사회의 자원이 풍부한 곳에 적합하다.

한편, 기부 환경이 열악하고 민간 활동이 부진한 상황에서 공동모금을 시작할 때에는 대개 정부 주도로 공동모금회를 구성하는 경향이 있다. 정부 주도형 모금회는 정부의 법적·재정적 지원을 받을 수 있는 유리한 위치에 있으나, 자율성 부족으로 준(準)공공기관의 성격을 띠게 될 가능성이 높다. 이러한 상황에서는 지역 주민들의 자발적인 모금 참여를 저해할 수 있다.

〈표 12-2〉 사회복지공동모금회(2009)

유형	자율형	정부주도형
정부의 기능	• 공동모금회의 설립 및 등록에 관한 관련법 제정 • 기부금에 대한 세제상의 혜택	• 재정적 지원 • 세제상의 혜택 • 모금활동의 승인 및 허가 • 모금회 운영 감독
공동모금회기능	• 모금, 운영, 배분	• 공공복지의 보완적 기능
장점	• 최대한의 자율성 확보	• 능률적 효과 기대
단점	• 광범위 대규모 프로그램 지원 불가	• 민간활동의 위축 • 주민의 자발적 참여 저하
채택국가	미국, 호주, 싱가포르, 홍콩, 영국, 캐나다, 인도, 벨기에, 한국	일본, 대만, 필리핀, 자메이카

출처 : 정기원 외(1994). 사회복지사업기금 운영개선을 위한 공동모금제도의 도입방안. 한국보건사회연구원.

(3) 사회복지협의회와의 관계

사회복지협의회와 공동모금회는 다 같이 지역사회복지의 증진을 위해 존재하는 조직으로 때로는 협력하고 때로는 경쟁하면서 밀접한 관계를 유지해 왔다. 그러나 이 두 조직 역시 나라에 따라 다양한 관계 유형을 보인다.

① 사회복지협의회 주도형

이 유형은 공동모금회가 별도로 존재하지 않거나 일부 지역에서만 활동을 하고 있는 상황에서 사회복지협의회가 지역사회복지의 총괄 조직으로 활발한 역할을 수행하고 있는 경우를 가리킨다. 사회복지협의회가 모금을 주도하는 경우, 사회복지협의회에는 지역사회복지 전문가들이 비교적 많이 포진하고 있으므로 모금과 배분과정에서 사업의 효과성을 높일 수 있다는 장점이 있다. 그러나 별도의 공동모금 조직이 있는 경우와 견주어 모금 능력은 떨어질 수밖에 없을 것이다.

② 상호 협조형

상호 협조형은 두 조직이 각기 소정의 고유한 업무에 전념하면서 밀접한 상호 협력 관계를 유지하는 형태이다. 즉 사회복지 협의회는 지역사회복지에 관한 체계적인 연구와 조사로 사회복지의 실태를 정확히 파악하고 공동모금회는 이것을 토대로 필요한 재원의 모금과 배분을 전담한다. 상호 협조형은 공동모금회와 사회복지협의회가 각자의 특성을 살리면서 서로 협조하여 시너지 효과를 거둘 수 있다는 장점이 있다. 상호 협조형은 가장 바람직한 유형으로 여겨지지만 이 관계가 안정적으로 지속되기 위해서는 두 조직의 상호 신뢰와 존중이 선행되어야 한다.

(3) 공동모금회 주도형

이 유형은 사회복지협의회와의 관계에 구애받지 않고 모금회 자체적으로 필요한 모든 활동을 수행하는 경우를 말한다. 이런 경우, 모금회는 사회복지 협의회가 하는 기능을 수행할 수 있는 전문 인력을 갖추어야 하며 내부 조직의 기능적 분화도 이루어내야 한다. 공동모금회 주도형은 조직과 인력이 비대해지고 비용이 많이 들어간다는 단점도 있지만, 자체 조직으로 모든 활동을 수행하기 때문에 일관성과 효율성을 높일 수 있다는 장점도 지닌다.

〈표 12-3〉 공동모금회의 사회복지협의회와의 관계유형

구분	협의회 주도형	상호협조형	모금회 주도형
협의회 기능	• 복지수요 파악 • 민간복지계획 및 실천	• 전문적 정보제공	• 독자적 기능
공동모금회 기능	• 협의회 부서로 기능	• 민간재원 모금 • 협의회 정보 기반 모금 배분	• 모금 • 자체활동 및 민간재원 배분
장점	• 전문집단에 의한 정보수집 • 전문적 조직적 활동	• 협의회형과 모금회 주도형이 단점 보완	• 운영의 신속성 및 용이성
단점	• 적극적 참여동기 기회 제한	• 운영의 묘를 살리지 못하면 혼선 초래	• 전문인력 확보 어려움 • 행정비용의 증가
채택 국가	• 싱가포르, 대만, 태국	• 캐나다, 자메이카, 요르단, 일본	• 미국, 영국, 홍콩, 오스트레일리아, 벨기에, 한국

출처 : 정기원 외(1994) · 표갑수(2005). 『지역사회복지론』. 나남출판.

6) 모금과 배분의 유형

(1) 모금 방법

공동모금회의 모금 방법은 모금원에 따라 개별형, 기업형, 특별사업형으로 나눌 수 있다. 개별형은 개인을 대상으로 하는 모금이며 기업형은 기업과 종업원을 대상으로 삼는다. 특별 사업형은 특별한 프로그램이나 이벤트(가령 걷기 대회, 축제, 바자회 등)를 통해 모금 활동을 벌이는 것이다.

개별형 모금은 사회복지와 나눔의 정신을 지역사회에 널리 퍼뜨리는 데 효과적이며 주민들의 자발적 참여를 촉진한다는 점에서 중요한 의미를 갖는다. 그러나 개별적 모금은 개인에게 접근하여 모금의 필요성을 인식시키기까지 많은 시간과 인력이 들어간다는 단점이 있다. 또한 노력에 비해 상대적으로 모금의 성과가 크지 않다는 한계도 있다.

기업형 모금은 적은 노력과 시간으로 한꺼번에 비교적 많은 돈을 거둘 수 있다. 특히 기업 종업원들의 급여 가운데 일정액을 공제하는 방법(payroll deduction)으로 모금을 할 경우에는 거액의 돈을 안정적으로 확보할 수 있다. 하지만 몇몇 기업가를 대상으로 거액의 모금을 하는 방식은 지역사회 중심이라는 공동모금의 원칙과 배치되기 때문에 바람직하다고 할 수 없다.

특별 사업형은 여러 가지 유형의 모금 방법이 결합된 것으로 각 방식의 장점을 최대한 살리는 동시에 모금 참여자에게 일정한 반대급부를 제공할 수 있다. 그러나 안정성과 지속성이 없으며 특별 사업이 자주 벌어지는 경우에는 주민들의 관심을 끌기 어렵다는 단점도 있다.

〈표 12-4〉 모금유형에 따른 비교

구분	개별형	기업형	단체형	특별사업형
특징	개인 및 가정을 통하여 모금	기업체와 그 기업의 근로자 중심 모금	재단 및 협회 등의 단체 모금	특별한 프로그램이나 사업, 행사 등을 통해 모금
장점	모든 주민의 관심과 참여	적은 노력과 시간으로 일시에 많은 금액 모금	손쉽게 많은 금액을 모금	기부자의 흥미를 제공하고 호응도가 높음
단점	• 많은 경비와 시간 소모 • 많은 금액의 단기간 모금에 제한적	다소 강제적인 부정적 측면이 있음	많은 주민 참여 어려움	• 안정적 모금확보의 어려움 • 사치성, 낭비성 문제 제기
채택 국가	일본, 필리핀	호주, 영국, 캐나다, 미국, 홍콩, 싱가포르, 뉴질랜드, 대만	일본(개별형 중복)	인도, 요르단, 홍콩, 필리핀

출처 : 이태희 · 전태숙(2010). 『지역사회복지론』. 창지사.

(2) 배분 방법

일반적으로 공동모금회는 모금한 재원을 배분하는 일정한 기준을 설정해서 이 기준에 따라 배분 사업을 진행한다. 배분 기준은 시기에 따라 달라질 수 있다. 공동모금회의 역사가 짧은 한국에서는 아직 특별한 우선순위가 정해지지 않은 상태이지만, 미국과 같은 경우에는 해마다 특정한 분야와 프로그램에 배분의 우선권을 부여하는 경향을 보인다. 물론 이 우선순위는 사전에 공표하는 것이 원칙이다.

모금한 재원을 배분하는 일반적인 방법에는 기관 배분형, 프로그램 배분형, 혼합형 등이 있다. 기관 배분형은 사회복지 시설이나 기관을 대상으로 모금액을 배분하는 방법이다. 프로그램 배분형은 지역사회가 당면한 특정한 문제(주제)와 프로그램을 배분의 대상으로 삼는다. 혼합형은 양자를 혼합한 배분 방식이다.

기관 배분형은 기관의 지역별 분포가 고르지 않으므로 지역 사이의 격차를 가져올 가능성이 있으나, 사회의 취약 계층에게 집중적으로 배분된다는 점에서 긍정적인 면도 많다. 프로그램 배분형은 일상적인 사회복지의 틀로 다루기 어려운 문제에 재정 지원을 한다는 긍정적 측면을 갖는다. 이러한 배분 방식은 사회복지 시설과 기관으로 하여금 기존의 일상에 안주하지 않고 새로운 문제에 관심을 가지도록 자극하는 효과도 제공한다. 혼합형은 양자의 장점을 극대화할 수 있는 장점이 있으나 배분 기준이 명확하지 않은 경우 배분의 효과성이 약해질 가능성이 있다.

〈표 12-5〉 **배분유형에 따른 비교**

구분	시설 및 기관 배분형	문제 및 프로그램 배분형	혼합형	지역배분형
특징	사회복지시설 및 기관 배분	특정문제 해결을 위한 프로그램 수행에 배분	시설 및 기관배분형과 문제 및 프로그램 배분형 혼합	지역사회복지증진을 위한 배분사업
장점	특정 대상 지속적 배분	새로운 문제에 탄력적 대응	양자의 장점을 극대화	지역사회복지 증진 및 지역 간 균형 유지
단점	지역적 불균형 초래	지속적 소외계층 간과	배분기준이 명확하지 않으면 효과성 떨어짐	전국적 대규모 사업수행 불가
채택 국가	호주, 벨기에, 인도	필리핀, 대만, 자메이카	미국, 캐나다, 뉴질랜드, 싱가포르, 한국	일본

출처 : 표갑수(2005) · 이애련 외(2010). 『지역사회복지론』. 학현사.

2 한국 사회복지공동모금회

1) 역 사

한국 최초의 공동모금회는 1970년 제정된 공동모금법」에 의해 설립된 사회복지 법인 한국 사회복지공동모금회이다. 이 모금회는 1972년 11월과 12월 두

달 동안 처음으로 공동모금을 실시했으나 여건과 준비의 부족으로 실패하였다. 그 이후 공동모금회는 사실상 활동 정지 상태에 들어갔다가 1983년에 사회복지사업법이 개정될 때 공동모금회 관련 조항이 삭제되고 말았다.

한편, 1975년부터 정부 주도로 시작된 이웃돕기 모금에 대해서는 1980년의 사회복지사업기금법이 제정되면서 모집과 배분의 틀이 들어진다. 1992년부터는 사회·경제 단체가 '이웃돕기 중앙 운동 추진 협의회'를 결성하여 전국적으로 언론과 연계한 모금 활동을 벌이기 시작하였다.

그러나 이웃돕기 모금 활동에 대해서는 정부의 공식적인 예산 투입이 이루어져야 할 사업에 민간의 성금을 투입한다는 비판이 끊임없이 제기됨에 따라 공동모금제도의 재도입에 관한 논의가 다시 점화되었다.

이러한 논의 끝에 1997년 3월 사회복지공동모금이 만들어졌으나 이 법은 시행도 하기 전에 강력한 개정 주장에 직면하게 된다. 이 법에 대한 반대는 주로 민간 자율성 침해와 기부금품모집규제법을 둘러싼 문제 때문이었다. 당시의 공동모금법은 정부로 하여금 모금회에 간섭하고 개입하는 것을 사실상 보장해 주었다. 또한 공동모금 활동 역시 기부금품모집 규제법」에 따라 행정자치부 장관의 승인을 받도록 되어 있었다.

결국 1999년에 독소 조항을 뺀 사회복지공동모금회법」이 새로이 제정되어 사회복지공동모금법」을 대체하면서 본격적인 공동모금이 펼쳐지기 시작하였다.

2) 조직과 운영

한국의 사회복지공동모금회는 사회복지공동모금회법」 제4조에 따라 사회복지 법인이 되어야 하며 보건복지부 장관의 설립 인가를 받아야 한다. 전체 조직 체계는 중앙 모금회와 광역 자치 단체(市·道)모금회(지회)로 이루어진다.

중앙 모금회의 임원은 회장, 3명의 부회장, 15~20명의 이사(사무총장 포함), 2명의 감사로 구성된다. 16개 시도지회, 사무국, 그리고 4개의 실행위원회를 둔다. 회장은 이사회에서 선출하고 이사는 인선위원회의 추천으로 선임된다. 이사회는 모금회의 주요 사항을 심의·의결한다. 분과 실행위원회는 모금회의 기획, 홍보, 모금, 배분업무에 관한 사항을 심의하기 위해 해당 분야의 전문가와 시민 대표로 구성한다.

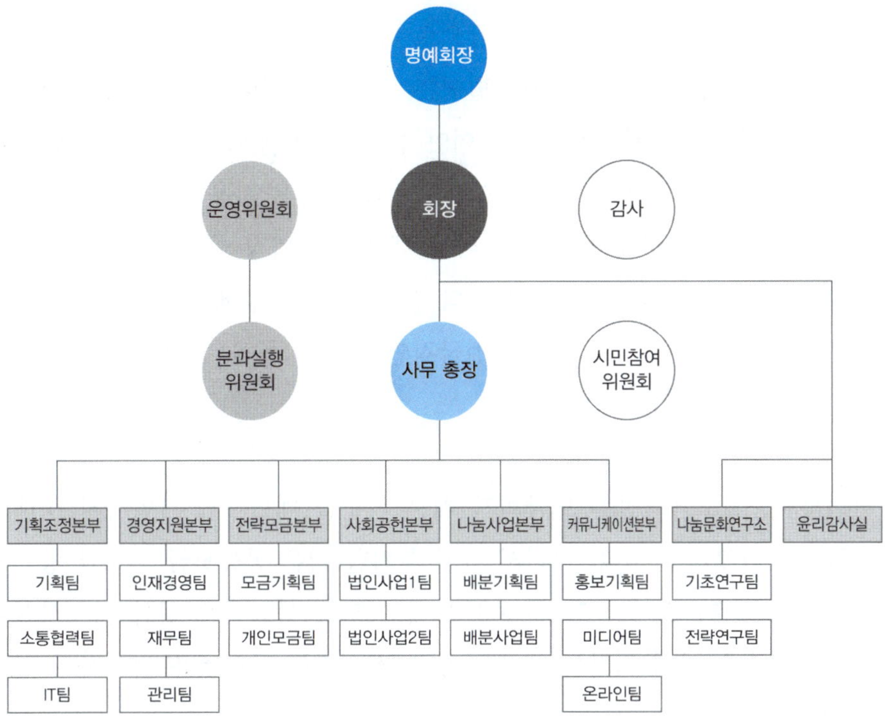

| 그림 12-1 | 한국 사회복지공동모금회 조직도

출처 : 사회복지공동모금회(2023)

시 · 도 지회에는 지회장을 두고 중앙 모금회에 준하는 조직을 갖출 수 있다. 지회장은 이사회의 의결을 거쳐 회장이 임명한다. 지회의 구성과 운영에 관한 사항은 중앙 모금회의 정관으로 정하게 되어 있다.

한국의 공동모금회 조직 체계는 철저한 피라미드형 중앙 집권적 형태를 보인다. 게다가 이사회를 비롯한 각 위원회의 인적 구성과 선출 방식이 너무 제한적이어서 공동모금회가 몇몇 개인에 의해 좌우될 소지를 안고 있다.

3) 모금과 배분

(1) 모금

공동모금은 연중 모금과 집중 모금으로 나뉜다. 집중 모금은 특정한 기간을 정해 모금회의 역량을 총동원하여 벌이는 모금 활동이다. 집중 모금은 사전·사후에 보건복지부 장관에게 보고하여야 한다. 모금 홍보는 신문과 방송을 이용한 홍보, 전광판, 영화관, 옥외 광고, 홍보 대사 등을 사용하고 있다. 모금 사업 가운데는 연말연시에 진행하는 나눔 캠페인이 가장 큰 비중을 차지한다. 이 기간에는 사랑 나눔 음악회, 사랑의 열매 발대식, 캠페인 출범식, 방송 모금, 각종 이벤트와 콘서트를 통해 전국적인 모금 활동을 벌인다.

(2) 배분

사회복지공동모금회법은 모금회가 배분 기준을 매년 5월 31일까지 정해서 공고하도록 규정하고 있다. 여기서 다시 환기할 점은 공동모금의 모금 방식이 배분 신청을 미리 받아 놓고 이것을 토대로 모금 목표액을 정한다는 사실이다. 배분 기준을 미리 정하는 이유는 배분 신청자들이 이것을 참조하여 신청을 하라는 뜻이다.

공동모금회 정관에는 배분 기준과 원칙이 조금 더 구체적으로 나와 있다. 정관 제26조에 규정된 배분 원칙은 다음과 같다.

- 모금회는 공동모금 재원의 배분을 통해 지역사회복지 증진과 사회복지 서비스의 활성화를 기하여야 한다.
- 배분은 사회복지 사업과 사회복지 활동 그리고 사회복지 프로그램을 행하는 자를 넓게 포괄하여야 한다.
- 배분은 지역, 단체, 대상자, 프로그램별로 복지 수요가 공정하게 충족되도록 하여야 한다.
- 배분은 과정과 결과가 투명하게 진행되어야 한다.
- 배분은 평가를 바탕으로 하여 효과적이며 효율적으로 실시되어야 한다.

또한 정관 제27조에 따르면, 공동모금 재원의 배분은 지회를 통해 배분하도록 되어 있다. 모금은 중앙회와 지회가 모두 참여하지만 배분만은 지회 중심으로 이루어지도록 한 것은 공동모금이 궁극적으로 지역사회복지를 구현하는 기관이자 제도(institution)임을 명확히 밝히기 위함이다. 다만 전국 규모의 사회복지 사업, 긴급 지원 사업, 시범 사업과 같이 지회에서 배분하기 곤란한 사업은 중앙회가 직접 배분한다. 한편, 모금회는 배분 사업의 효과를 높이기 위해 배분 사업의 종류를 신청 사업, 지정 기탁 사업, 기획 사업, 긴급 지원 사업으로 나눈다.

4) 과제와 대안

공동모금회가 본연의 기능을 제대로 수행하기 위해서는 다음과 같은 과제가 해결되어야 미래를 기약할 수 있을 것이다.

(1) 국가 복지와 민간복지의 관계 재정립

공동모금제도는 명과 암을 동시에 지니고 있다. 공동모금제도가 민간 복지의 중추로서 국가 복지의 여백을 채우고 나아가 국가 복지 증대에 기여할 수 있을 것인가? 아니면 국가 복지의 대체 제도로 각인되어 결국은 국가 복지를 위축하는 결과를 가져올 것인가?

한국은 국가 복지의 확대가 점진적으로 이뤄지고 있다. 그러나 여전히 복지 사각지대가 사회적 문제로 제기되고 있고, 체계의 정비도 필요한 상황이다. 이러한 상황에서 민간 부문의 재원을 동원하여 국가 복지의 역할을 상당 부분 보충하는 것도 매우 의미 있는 일임이 틀림없다. 하지만 장기적으로는 국가 복지의 확대에 기여하도록 공동모금제도의 운영 방향을 설정할 필요가 있다. 이를테면 생계 보호 사업과 같은 지원은 국가의 손에 맡기고 공동모금회에서는 국가가 손을 대지 않는 사업에 힘을 쏟아야 한다. 즉 국가복지의 보충역할이 아닌, 복지제도의 질적 강화를 위한 선도적 사업을 개발해야 한다. 시범 사업에서 발굴한 프로그램을 국가의 공식 사업으로 제도화할 수 있도록 선도하는 역할도 수행해야 한다.

또한 모금과 배분 사업을 통해 복지 주체와 지지 기반을 넓히는 일에 초점을 맞추어야 한다. 공동모금제도는 바로 이러한 일을 수행할 수 있는 좋은 여건과 위상을 지니고 있다. 구체적인 방법 가운데 하나는 각종 시민 사회 단체로 하여금 다양한 사회복지 사업과 활동을 펼칠 수 있는 기회를 제공하는 것이다. 시민 사회 단체는 그 성격상 실험적인 프로젝트로 지역사회 복지의 지평을 확대하는 데 큰 역할을 수행할 수 있다.

(2) 운영의 민주화와 시민 참여의 확대

한국의 사회복지공동모금회는 자율적인 민간 조직이면서도 정부의 개입과 통제를 많이 받는 것으로 알려져 있다. 특히 기관의 임원을 선임하는 과정에서 적지 않은 잡음이 발생한다. 게다가 특정 세력이 조직을 사유화한다는 비판도 종종 제기된다. 이것은 모금회의 임원을 선임하는 과정이 매우 폐쇄적이기 때문에 생기는 문제점이다. 이러한 문제를 해결하기 위해서는 임원의 선임 과정이 투명하고 개방적이고 무엇보다 민주적이어야 한다.

또한 공동모금회가 지역사회복지의 진정한 일원이 되기 위해서는 지역사회 주민의 참여가 필수적이다. 특히 모금 활동 참여가 크게 확대되어야 한다. 모금 활동 참여는 모금에 직접 참여하는 것과 모금을 위한 홍보 활동에 참여하는 것으로 나누어 생각할 수 있다. 현재 공동모금회의 모금 활동은 언론이나 명망가 중심으로 펼쳐지고 있다. 이것은 주민들을 모금의 대상(즉 기부자)으로만 여기는 태도이다. 기부 자체도 중요하지만 모금 활동에 주민이 직접 참여하는 것이 더욱 중요하다. 그래야만 주민과 공동모금회가 서로를 객체로 보는 시각을 고칠 수 있다. 그 밖에 다양한 방계 조직을 구축하여 주민의 참여가 제도적으로 이루어지도록 하는 방안과 지역 주민이 피부로 느낄 수 있는 지역 사업을 지원하면서 공동모금제도의 존재와 필요성을 적극적으로 알리는 등 다각적인 참여 방안을 모색해야 한다.

(3) 모금 활동

공동모금회의 모금액은 대부분 집중 모금 기간에 들어온다. 그런데 이 기간의 모금 활동은 주로 언론 기관에 의존하는 것이 현재의 상황이다. 이러한 상황에서 일반 시민들은 그것이 공동모금회의 모금인지 언론 기관 자체의 모금인지도 분별하기 어렵다. 대부분의 시민들은 그것이 과거의 이웃돕기 성금 모금과 무엇이 다른지를 구분할 방법이 없다. 말하자면, 공동모금회의 정체성이 시민들에게 뚜렷이 부각되지 않는다는 말이다. 언론사에 모금을 대행시키는 것은 공동모금회의 인지도를 높이는 데 오히려 방해가 되며 장기적으로 모금의 활성화에도 부정적인 영향을 끼칠 수 있다.

또한 연말 집중 모금에 대한 의존도가 지나치게 높은 것도 문제가 아닐 수 없다. 특히 지역 모금회의 경우 집중 모금을 하기 위해서는 행정 기관의 지원을 받아야 하기 때문에 모금회에 대한 관의 영향력을 제어하기가 어렵게 된다. 가장 심각한 문제점은 공동모금에 대한 일반의 시각을 왜곡할 소지가 많다는 사실이다. 모금이 특정 기간, 그것도 연말에 집중되기 때문에 대중에게는 모금 활동이 연말 행사 정도로 치부될 가능성이 높다. 이것은 기부 문화의 확산이라는 점에서도 바람직하지 않다.

모금의 폭이 좁다는 것도 큰 문제이다. 특정 기업과 고액 기탁자에 대한 의존이 지나칠 정도로 심하다. 이것은 공동모금이 지역사회의 폭넓은 참여를 바탕으로 이루어져야 한다는 정신과도 어긋나며 기부 문화 확산에도 도움이 되지 않는다. 미국과 같이 기업 근로자들을 대상으로 자동 급여 공제를 할 수 있는 방안이 조속히 마련될 필요가 있다. 프로 스포츠 팀의 연고지 제도를 이용해서 해당 지역의 모금회와 지속적인 협력 관계를 구축하는 것도 공동모금의 홍보에 도움이 될 것이다.

(4) 배분 활동

배분과 관련해서 가장 큰 문제는 다음과 같다.

첫째, 전국적인 배분 원칙과 기준이 구체적이고 분명하게 마련되어 있지 않다는 점이다. 특히 중앙회와 지회 간에 배분 원칙과 기준에 대한 해석이 다르게 이루어지는 경우가 적지 않다. 배분 사업에서 지회의 자율성을 충분히 존중하되 전국적인 통일성이 관철되는 방향으로 배분 원칙과 기준이 지켜져야 한다.

둘째, 사회복지 프로그램에 대한 지원이 일정 수준을 유지하도록 노력해야 한다. 배분 사업의 추이를 보면 단순 지원 사업의 비중이 지속적으로 증가하는 추세이다. 반면에 사회복지 프로그램에 대한 지원은 오히려 감소하는 경향이 보인다. 이것은 결코 바람직한 배분 방향이 아니다. 사회복지 프로그램은 사회복지 사업의 기본적 인프라에 해당하는 것으로 여기고 충분한 관심을 가져야 한다. 그러므로 기획 사업 같은 방법을 동원해서라도 사회복지 프로그램에 대한 지원이 일정 수준을 유지하도록 각별한 배려를 할 필요가 있다.

셋째는 배분 결과에 대한 적절한 평가 체계에 대한 현장의 이해와 적용이 미비하다. 배분 결과에 대한 평가는 공동모금회 사업의 책임성(accountability)과 투명성을 가늠하는 핵심 요소이다. 2005년 이후 논리 모델 도입을 통해 성과목표와 이에 대한 성과측정 방식을 도입하였으나 현장에서 이해하고 적용하는 것은 미비하였다. 2017년부터 프로포절 양식을 사회문제 해결에서 클라이언트 변화 중심으로 변경하였는데 아직까지 현장에서는 이에 대한 이해와 적용에 어려움을 겪고 있다. 이를 해결하기 위한 현장의 재교육과 좋은 사례에 대한 확산과 전파가 필요하다.

넷째, 사회복지 기관의 운영비를 지원하는 문제도 적극적으로 검토해야 한다. 공동모금의 지원 대상에서 사회복지 기관의 욕구와 필요를 원천적으로 제외하면 궁극적으로 클라이언트에 대한 서비스의 질도 낮아질 수 있다는 점도 고려해야 한다.

마지막으로 새롭게 그 필요성이 제기되고 있음에도 정부의 공식 지원 대상이 아니어서 사각 지대에 놓여 있는 사업과 분야에 대한 지원에 더 많은 관심을 가져야 한다. 특히 지역별 사정이 충분히 반영되도록 사업 지원이 이루어질 필요가 있다.

CHAPTER 13

대안적 지역사회복지 실천

1 사회적 경제 : 사회적 기업, 사회적 협동조합, 자활기업, 마을기업

사회적 경제라는 말을 우리 주변에서 쉽게 들을 수 있게 된 것은 그리 오래된 역사가 아니다. 자치단체들은 경쟁적으로 사회적 경제를 위한 생태계 조성에 참여하고 있고, 정재계에서도 주목하는 개념이 되었다. 사회적 경제 조직인 사회적기업, 마을기업, 소셜벤처에 대해 연구하는 사람들이 늘어나기 시작했고, 많은 이들이 창업을 통해 실천으로 옮기고 있다. 사회복지 현장에서도 전달체계의 대안으로, 새로운 사회복지실천의 모색으로 사회적 경제에 대해 궁리하고 적용하기 위한 움직임이 발생하고 있다. 어딘지 모르게 낯선 그리고 아직까지 많은 이들에게는 생소한 '사회적 경제'라는 개념이 시나브로 우리 사회의 하나의 흐름으로 다가와 있다.

1) 정의 및 시각

사회적 경제라는 용어의 기원 자체는 초기 자본주의가 활성화되기 시작한 1900년대 전후로 거슬러 올라간다. 이 말은 프랑스에서 만들어져 1980년대 후반부터 유럽에 퍼졌으며 오늘날 한국에서도 널리 쓰이고 있다. 20세기 초 자본주의가 진행되면서 시장경제로 인한 여러 가지 문제점들에 대해 노동자들은 집단적 대응이 필요했는데, 기존 자본주의에 대한 대안으로서 또는 보완하는 형태로서 탄생한 개념이다. 역사적 기원에서와 같이 사회적 경제란 '돈'보다는 '사람'을 먼저 생각하는 경제개념이다. 지금까지의 시장주의 경제가 이윤창출을 최우선에 두고 있었다면, 사회적 경제는 사회적 가치 실현을 가장 우선순위에 두고 있다. 즉, 개인보다는 공동체의 이익을 실현하고, 관련 이해관계자들의 의견을 반영하여 운영되는 것을 목적으로 하여, 크게는 사람을 중심에 둔 박애적인 활동, 민주적인 가치와 사회적 목적을 가진 상업적 활동 전체를 의미한다고 볼 수 있으며, 작게는 빈곤해결과 사회의 취약계층들을 다시 주류 경제 안으로 이끌기 위한 수단으로 정의할 수 있다. 이러한 사회적 경제의 특징은 경쟁보다는 참여하는 주체들의 협동과 연대, 신뢰라고 할 수 있다.

장종익(2015)은 사회적 경제에 대해 다음과 같이 정의한다. 사회적 경제란 '지역(주민, 조합원)의 사회경제적 필요(자본의 필요에 우선시하지 않음)에 기반하고 호혜와 연대(배타적 경쟁과 강한 이기주의 배제), 민주적 참여 원리(자유가입 원칙, 투자금액에 기초한 의결권 배분 금지)에 기초하여 지역의 발전, 취약계층의 사회적 통합, 사회혁신, 혹은 사회의 공동체성 제고에 기여하는(이윤 배분 제한 및 사회적 기여) 경제체계'이다.

사회적 경제를 바라보는 시각은 다양하다.

첫째, 사회적 경제를 자본주의의 하나의 새로운 대안으로 보고 기존의 자본주의와 중앙집권적인 정치체제에 대한 해방으로 보는 입장이다.

둘째, 국가와 시장을 보완하는 것으로 보는 시각도 존재한다. 기존의 국가와 시장의 해결하지 못한 영역들을 사회적 경제가 채워나가고 있다는 견해이다.

셋째, 사회적 경제를 정부의 민영화 전략으로 보고 비판하기도 한다. 특히 정부의 사회서비스 영역을 민간, 특히 사회적 경제 조직들에 위탁하는 과정 자체를 정부 서비스의 민영화 전략으로 보고 비판하는 견해이다.

사회가 발달하고 국민들의 삶의 질이 높아질수록 복지에 대한 수요는 증가한다. 사회 전반적으로도 그렇지만 인구 감소와 고령화가 심각한 대다수 소규모 지역사회에서 복지수요는 더 높아질 수밖에 없다. 하지만 기존의 복지담론은 국가라는 단일 개체에, 예산이라는 단일 방법에 대한 의존도가 심하다는 구조적 한계를 지니고 있다. 때문에 복지는 늘 잔여성과 보편성의 논쟁에서 자유롭지 못했다. 이제는 그 인식의 한계를 극복해야 한다. 복지는 단순히 국가에 의해 이루어지는 것이 아니며 사회구조적인 문제까지 아우루는 방법으로 실현될 때 보편성을 획득할 수 있다. 사회적 경제는 이 같은 자본주의의 한계와 복지사회를 위한 열망을 잇는 징검다리가 될 수 있다. 날로 늘어가는 지역사회 복지수요를 사회적 경제라는 방식으로 풀어가는 방법을 모색해 봐야 한다는 것이다.

2) 사회적 경제의 대두

(1) 유럽에서의 대두

유럽에서의 사회적 경제는 오랜 역사를 가지고 있으며, 국가와 지역에 따라 다양한 특성을 지니고 있다. 이는 사회적기업, 협동조합 및 비영리 단체, 재단법인 등의 다양한 형태들로 나타나고 있다. 유럽에서의 사회적 경제는 시민사회와 지역사회를 기반으로 한 사회적기업과 노동통합적 측면을 특징으로 한다. 특히 이러한 모습은 협동조합적 기반에 강하게 의존하고 있는 것이 특징이다. 19세기 후반에 프랑스에서는 시장경제를 견제하기 위한 노력의 결실로 협동조합 등의 조직을 인정하는 법이 제정되었다. 이후 사회적 경제 조직들은 기존 체제 안에서 자본가들의 시장경제와 때로는 분업, 때로는 경쟁을 해오며 성장해 왔다.

사회적 경제 조직은 사회복지정책의 위기 그리고 한계와 함께 성장하였다. 사회적 경제 조직은 경제성장이 둔화되고 복지국가의 위기가 발생했던 1970년대 후반 이후 과거 협동조합의 전통을 재발견하여 유럽의 사회적 경제의 구성에 핵심적 역할을 해왔다. 특히 이탈리아에서 새로운 유형의 협동조합으로 사회적 협동조합을 인정하는 법률이 만들어지면서 사회적기업의 유용성과 역할에 대한 관심이 증가하였다.

1970년대부터 증가하기 시작한 이탈리아의 복지체계는 1990년대 들어 유럽연합에서도 나쁘지 않은 수준이었음에도 불구하고, 사회서비스의 공급수준은 부족한 상황이었다. 공공부문은 재정적 위기로 사회서비스 수요에 적절하게 대응하지 못하였으며, 이러한 수요는 다수의 자발적 조직 등 제3섹터의 발전을 통해 해결되는 양상을 보이게 되었다. 이러한 상황의 대안으로 사회적 협동조합이 주목받게 되었다. 이후 1991년 승인된 다양한 법제도가 마련됨으로써 본격적으로 발전하게 된다. 실제로 이러한 협동조합을 중심으로 한 사회적 경제는 경제에 긍정적인 영향을 미쳤다. 이탈리아 에밀리아 로마냐 지역과 같은 경우 1950년대까지만 해도 경제적으로 낙후된 지역이었지만, 협동조합이 성장한 이후 에밀리아 로마냐 총생산의 30%가 협동조합 경제에서 나오면서 '잘 살기로' 손꼽히는 곳이 되었다.

(2) 국내에서의 대두

한국에서의 시작은 민간 차원의 생산 공동체 운동에서 출발했다고 할 수 있다. 이는 일종의 소규모 노동자협동조합으로 도시의 빈곤층과 노동자들이 경제적 자활을 이루기 위한 일련의 협동적 노력이었다. 이러한 방식은 1990년대 중반 이후부터 정부 차원의 빈곤대책으로 검토되기 시작하였는데 이는 자활정책 프로그램으로 이어지게 된다. 1997년 심각한 실업문제로 인하여 정부 차원에서 다양한 정책적 실험이 행해지는데, 공공근로사업, 자활근로사업, 사회적일자리창출사업 등이 대표적인 형태이다. 2000년대 이후 정부는 자활지원 프로그램과 사회적일자리창출사업을 통해 실업문제와 사회서비스 확충이라는 두 마리 토끼를 잡기 위해 노력했고, 이러한 목적을 달성하기 위해 2006년 사회적기업 육성법을 입안하고 2007년 1월 공표하게 되었다. 이는 사회적일자리사업 등의 지속성을 부여하고, 시민사회에서 시작된 생산 공동체 및 협동조합 등의 경제활동을 지원하여 사회적기업으로 육성함으로써 양질의 일자리를 창출하기 위함이었다. 이후 사회적기업은 대표적인 사회적 경제 조직으로 자리매김했고, 고용문제와 더불어 지역경제 활성화라는 이슈와 함께 각 지방자치단체로 확대되었다. 또한 고용노동부 이외에도 행정자치부의 마을기업, 기획재정부의 협동조합 등 형태 등은 다르지만 사회적 가치를 추구하는 조직들이 정부의 노력과 더불어 다양하게 나타나게 되었다.

(3) 한국과 유럽과의 차이점

선진국에서는 사회적 경제는 시민사회 역량의 발전 토대 위에서 확산되고 있지만 한국은 시민사회의 역량이 취약하고 정부가 주도하고 있다.

서유럽의 사회적기업의 출현과 발전은 시민사회의 주도하에서 정부의 정책이 결합된 형태이고, 미국은 시민사회의 주도하에 시장이 결합된 형태로 볼 수 있다. 한국을 포함한 동아시아 국가에서는 시민사회의 역량(풀뿌리조직, 협회, 재단)이 취약한 상태에서 사회적기업이 추진되어 정부나 시장에 의한 동형화 압력이 시달릴 가능성이 높다(Kerlin, 2009; Defourny & Kim, 2011). 유럽에서는 전통적 협동조합이 발전한 토대 위에서 사회적 협동조합이 발전했다. 이는 협동의 의지와 노하우를 체득한 상태에서 공익적 목적의 협동조합이 발전했다는 것을 의미한다. 한국에서의 전통적 협동조합의 개발독재정권하에서 산업정책의 일환으로 발전한 관제협동조합 형식이었다. 이는 협동의 노하우가 축적되지 않은 상태에서 물적중심 성장(농협 수신호 300조 원, 새마을금고 조합원 2천만 여 명)을 이뤘다는 것을 의미한다.

3) 사회적 경제조직의 형태[1)]

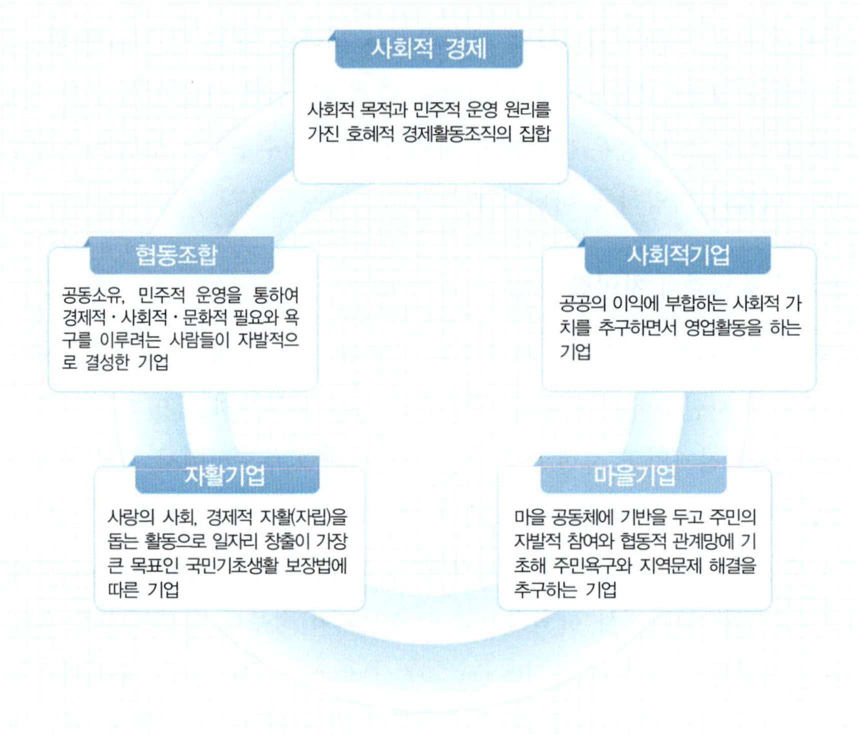

| 그림 13-1 | 사회적 경제 조직의 형태

(1) 사회적 기업

사회적 목적을 우선적으로 추구하면서 영업활동을 수행하는 기업 및 조직

① 사회적 목적

– 취약계층에게 일자리 또는 사회서비스 제공

(취약계층 : 저소득자, 고령자, 장애인, 성매매피해자, 장기실업자, 경력단절여성 등)

– 지역사회 발전 및 공익 증진

1) http://www.successwith.com/social_organization

- 민주적 의사결정 구조
  (서비스 수혜자, 근로자, 지역주민 등 이해관계자가 참여)
- 수익 및 이윤 발생 시 사회적 목적 실현을 위한 재투자(상법상 회사, 이윤 2/3 이상)

② 영업활동
- 조직형태는 비영리법인·단체, 조합, 상법상 회사 등 다양하게 인정
- 유급근로자를 고용
- 영업활동을 통한 수입이 노무비(인건비)의 30% 이상

③ 사회적 가치 창출
- 전통적 비영리 기관
- 수익상 활용을 하는 비영리 기관
- 사회적 책임기업
- 사회적 책임활동을 하는 기업
- 전통적 기업

※ 사회적기업의 법적 개념(사회적기업 육성법 제2조)
- 취약계층에게 사회서비스 또는 일자리를 제공하여 지역주민의 삶의 질을 높이는 등의 사회적 목적을 추구하면서 재화 및 서비스의 생산·판매 등 영업활동을 하는 기업
- 주주나 소유자를 위한 이윤극대화를 추구하기보다는 우선적으로 사회적 목적을 추구하면서 이를 위해 이윤을 사업 또는 지역 공동체에 다시 투자하는 기업

④ 사회적기업 종류

우리나라는 사회적 목적에 따라 5개형으로 분류한다.

㉠ **일자리 제공형** : 조직의 주된 목적이 취약계층에게 일자리를 제공

㉡ **사회서비스 제공형** : 조직의 주된 목적이 취약계층에게 사회서비스를 제공

㉢ **혼합형** : 일자리 제공형 + 사회서비스 제공형

㉣ **기타형** : 사회적 목적의 실현 여부를 고용비율과 사회서비스 제공 비율 등으로 판단하기 곤란한 사회적기업 지역사회 공헌형

㉤ 지역사회 주민의 삶의 질 향상에 기여(2011년 신설)

⑤ 사회적기업 육성을 통해 지속가능한 경제, 사회통합 구현

㉠ **지속가능한 일자리 제공** : 취약계층을 노동시장으로 통합하고 보람되고 좋은 일자리 확대

㉡ **지역사회 활성화** : 지역사회 통합 및 사회적 투자 확충을 통한 지역경제 발전

㉢ **사회서비스 확충**

- 새로운 공공서비스 수요 충족 및 공공서비스 혁신
- 사회적기업의 확대에 따라 취약계층을 포함한 근로자의 수도 증가
- 사회적기업의 유급근로자 수는 기업당 24.1명(인증 시 기준)

(2) 마을기업

마을 공동체에 기반을 둔 기업활동으로 주민의 자발적인 참여와 협동적 관계망에 기초해 주민의 욕구와 지역문제를 해결하며 마을 공동체의 가치와 철학을 실현하는 마을단위의 기업이다. 민주적 운영과 협동조합 원리에 기초를 둔 마을기업은 마을주민이 주도적으로 지역의 특성화된 자연자원, 인적 자원, 가공제품 문화 등 유무형의 각종 자원을 활용, 안정적 소득 및 일자리를 창출하는 사회적 경제 조직이다.

① 마을기업의 3대 특성

- **필연성** : 마을기업은 지역에서 필요로 하는 문제나 해결을 요하는 문제를 다룬다.
- **자립성** : 마을기업은 사업 초기 안정화 이후 지원규모가 축소되어도 자립할 수 있어야 한다.
- **공공성** : 마을기업은 사회적 가치의 실현과 공공의 이익을 지향하는 서비스와 관계되어야 한다.

(3) 자활기업

자활기업(자활공동체)은 자활근로사업단을 통해 근로여건과 의지가 충분하게 높아져 취약계층이 참여하는 형태의 공동창업 모델이다. 즉, 일정 조건을 충족하는 1인 이상의 저소득층이 상호 협력하여 조합 또는 공동사업자의 형태로 탈빈곤을 위한 자활사업을 운영하는 기업으로, 사회적기업의 모태가 되었다.

(4) 협동조합

협동조합은 소비자, 소상인, 소생산자 등의 경제적 약자들이 스스로 힘을 모아(출자자) 조합을 만들어, 민주적으로 함께 운영하고(운영자), 조합원들이 조합의 사업을 이용함으로써(이용자) 생활을 지키고 향상하는 조직이다. 따라서 불특정 다수를 주주로 하여 무한한 이익을 추구하는 주식회사와 달리, 협동조합은 인적인 결합체로 조합원들이 제한된 지역에 한정되어 생활하며, 조합원에 대한 서비스 향상을 추구하고, 잉여금은 조합원에게 재환원하는 것을 원칙으로 한다.

즉, 주식회사는 자본의 결합인 데 반하여 협동조합은 인적 결합을 바탕으로 하고 있다. 주식회사는 주주가 의결권을 행사함에 있어 1주 1표지만 협동조합은 출자액의 많고 적음에는 관계없이 1인 1표이다. 주식회사는 잉여금이 많이 생기면 생길수록 그만큼 주주에게 돌아가는 배당도 많아지지만 협동조합은 이를 일정선에서 제한하고 있다.

국제협동조합연맹(ICA)은 1995년 9월 영국 맨체스터에 개최된 100주년 기념 총회에서 '협동조합 본질에 관한 ICA 선언'을 채택하고 협동조합에 대한 정의와 가치를 제시했는데, 이에 의하면 '협동조합은 공동으로 소유되고 민주적으로 운영되는 사업체를 통하여 공통의 경제적·사회적 필요와 욕구를 충족시키고자 하는 사람들이 자발적으로 결성한 자율적인 조직'이다.

• 협동조합 원칙

협동조합 원칙이란 협동조합이 조직의 특성을 살려 진정 협동조합다운 활동을 하는 데 필요한 기본적인 사항을 나타내는 지침인데, ICA의 협동조합 원칙은 1937년 처음 제정된 이후 시대 여건에 따라 지금까지 2차(1차 : 1966, 2차 : 1995년)에 걸쳐 수정되었다.

① 가입의 자유
② 민주적 관리
③ 조합원의 경제적 참여
④ 자율과 독립
⑤ 교육 및 홍보
⑥ 협동조합 간 협동
⑦ 지역사회에 대한 기여

(5) 기타 한국의 사회적 경제 조직들

- 비영리 민간단체나 법인 등 비영리 조직들
- 새롭게 부각되고 있는 공유기업
- 영리기업의 CSR(Corporate Social Responsibility) 활동 등 사회적 가치를 실현한다면 사회적 경제 조직이라 볼 수 있다.

4) 사회적 경제 부문의 주요 역할

사회적 경제 조직들은 자본주의적 기업들과 공공부문에서 그 기능 발휘가 취약한 분야에서 조직적 혁신(비즈니스 모델의 혁신)을 통하여 사회경제적 가치를 창출하는 데 그 주요 목적이 있다고 할 수 있다.

(1) 사회통합

육체적·정신적 장애인, 장기실업자, 소수자 등 시장에서 경쟁력이 취약한 사회적 약자의 사회적 배제와 경향에 잘 대처할 수 있다. 이탈리아의 사회적 협동조합, 방글라데시의 그라민뱅크 등이 대표적인 사례라고 볼 수 있다.

(2) 지역재생(지역개발) 및 공동체성 증진

사회적 경제 조직들은 ① 지역의 필요에 기초한 대화와 서비스를 생산 및 공급하고, ② 지역에서 어떠한 대화와 서비스가 필요한지에 대한 정보가 풍부하며, ③ 이러한 생산활동을 통하여 획득된 이윤을 지역에 재투자하며, ④ 지역주민의 참여적 경제 조직 활동을 통하여 소위 사회적 자본(신뢰자본)을 형성하는 데 크게 기여할 수 있다.

(3) 사회복지서비스의 효율적인 제공

인구의 고령화와 여성의 경제적 진출에 따라 사회복지서비스의 수요가 증가한 반면에 기존의 공공부문을 통한 서비스 제공 방식의 비효율성이 노정되어 왔다. 이에 다중 이해관계자가 참여하는 사회적기업 혹은 사회적협동조합은 수혜자와의 장기적 관계를 구축하는 데 매우 유리하고, 이를 통하여 수혜자의 서비스 만족도를 제고할 수 있고, 자원봉사자, 기부 등 지역의 다양한 자원을 활용하여 서비스를 제공하고 서비스 제공자가 운영에 참여하기 때문에 수요자 맞춤형 서비스를 효율적으로 제공하는 데 유리하다.

(4) 사회혁신 실현

사회적 경제 조직들은 사회적으로 가치 있는 대화나 서비스를 생산하여 공급할 뿐만 아니라 생산과 공급의 조직화 과정에서 이해관계자들의 사회적 역량의 함양과 관계성의 혁신(호혜성, 연대의 가치 실현), 참여와 민주주의 가치를 실현하는 방향으로 기업 지배구조를 혁신함으로써 사회혁신에 기여하게 된다.

5) 사회적 경제와 지역복지의 접목

최근 각 지방자치단체가 추진하는 사회적 경제 활성화는 결국 '마을 공동체' 만들기와 일맥상통하고 있다. 신뢰, 소통, 협력이라는 사회적 자본을 가지고 자신들이 처한 사회문제를 지역에서 스스로 협력해 풀어나가는 과정을 사회적 경제라고 할 때 이러한 과정을 기반으로 형성된 공동체들이 이상적인 마을을 이루기 때문이다.

한편 지역사회복지는 지역주민과 사회적 약자들의 복지 증진과 삶의 질을 향상시키기 위한 사회복지의 한 영역이다. 역사적으로 지역사회복지의 실천은 풀뿌리 정치의 필요성을 강조시켰으며, 사회경제적으로 가장 불이익을 받는 사람들을 지원하도록 도울 수 있는 가장 중요한 영역의 하나였다. 신뢰와 협력의 '사회적 경제'와 깊은 연관성을 갖고 있는 부분이 바로 이 대목이며, 최근 공공연한 정치계의 화두로 등장한 '보편적 복지'의 필요성과도 연계되는 부분이다. 때문에 최근 지역사회복지관, 지역자활센터, 지역아동센터, 마을 만들기 등 지역을 기반으로 한 사회복지실천 영역의 주체들이 자신들의 정체성과 관련된 고민을 하고 있다. 이러한 정체성과 관련된 고민을 해결하기 위해 무엇보다 '지역'과 '마을'에 대한 정의를 공고히 하고 우리가 그토록 원하던 '지역 공동체'의 실체와 개념이 과연 무엇일지에서 출발해야 할 것이다. 결국 사회적 경제의 궁극적인 목표는 '더불어 잘 사는 공동체'의 완성이다.

6) 과제와 전망(사회복지전달체계 대안으로서의 사회적협동조합을 중심으로)

(1) 사회적협동조합이 사회복지 영역에 미칠 수 있는 영향

첫째, 사회적협동조합은 사회복지사(사회복지활동가) 조직화를 활성화할 가능성이 높다. 매년 쏟아지는 사회복지사들을 기존 전달체계가 다 흡수하지 못할 뿐더러, 관료제 조직 특성을 갖는 복지기관은 상위로 갈수록 인원이 줄어드는 피라미드형 구조이다. 기존 전달체계로는 매년 4만 명씩 양산되는 사회복지사들을 다 수용할 수도 없다. 사회적 욕구는 양적으로 증가하고 있고 질적으로 다변화되고 있는 반면에 기존 전달체계가 이러한 증가와 다변화를 수용하기에는 한계가 있다. 사회적협동조합은 개인사무소를 꿈꾸는 청년 사회복지사와 사회적 경제의 맥락에서 이종 간 결합을 통한 복지를 하려는 비전 있는 사회복지사에게 새로운 길을 열수 있을 것이다.

둘째, 기존 전달체계의 모순(사회복지 법인의 비민주성, 지방자치단체의 관료주의와 행정주의, 위탁방식의 사업구조에 따른 책임소재의 불분명, 전달체계 부품역할)에 많은 사회복지사들이 지쳐있다. 건강한 사회복지사들의 대안 모색이 협동조합의 흐름과 결합될 가능성이 있다. 협동조합이 우리 사회에 잘 안착될수록 기회와 가능성은 더 많아질 것이다. 앞으로의 시대는 협동조합과 공유경제 등 '사회적 경제'라는 커다란 시대정신이 구현될 가능성이 많다. 포지셔닝을 잘 잡아야 할 것이다.

셋째, 사회적협동조합은 기존 공급자 중심의 복지사업을 마을중심, 공동체 중심으로 전환하는 데 역할을 할 수 있는 가능성이 있다. 양육, 육아, 학습, 생활, 지역사회보호, 자활 등 다양한 일상생활에 필요한 것들이 시장 안에서 사적 영역 또는 잔여적 성격의 공공서비스가 아닌 공동체의 방식으로 해결될 가능성이 있다. 잔여적 서비스 정책집행자로서의 공공의 잔여적 전달체계의 부품역할을 하는 민간의 역할만 바뀌어도 많은 변화가 있을 것이다. 폐지로 생활비를 버는 어르신들이 '폐지협동조합'을 만들어 지역사회와 연계하는 것을 돕는 사업을 할 수도 있을 것이다. 어르신들만 복지관에서 먹는 경로식당을 넘어 일인독거청년세대와 동네 아주머니들, 어르신들이 함께 점심을 먹는 '세대통합 협동조합 식당'을 주민이 만들 수 있도록 주선할 수도 있을 것이다. 사그러져 가는 복지관의 사회교육을 경력단절여성과 마을에서 일하고 살기를 꿈꾸는 청년들이 함께 운영할 수 있는 '협동조합 기반 공익학원'으로 전환할 수도 있을 것이다. 요리교실을 협동조합화하여 영국의 피프틴 클럽처럼 사람들에게 꿈과 희망을 주는 자조의 공간을 만들 수도 있을 것이다. 요지는 기존의 하던 일들을 지역사회와 주민이 공동체의 방식으로, 협동의 방식으로 할 수 있도록 사회적

협동조합을 통해 지원하는 기능전환에 대한 상상이다. 가능성을 꿈꾸는 것이다. 앞의 논지에서 반복적으로 사용되는 말은 '가능성'이다. 확정 지어서 말하지 않는 이유는 '협동'을 위한 뜻이 다수의 사회복지사에게 있더라도, 신뢰를 근간으로 하는 '마음 모으기'의 과정을 우리는 경험하지 않았기 때문이다. 가능성을 두되 가능성이 실체화되기 위해서는 마음 모으기를 더 우선해야 할 것이다.

넷째, 사회적 경제 생태계의 구체적・실효적 현장중심 설계가 bottom-up의 방식으로 구성되기 위해서는 협동조합 또는 협동조합 방식의 협동과 협력이 중요하다. 사회적협동조합으로서 복지기관이 운영된다면 기존 예산집행 방식(작은 예로, 기관의 비품 소모품 구매가 어디서 이루어지는지, 프로그램 강사는 어디서 구하는지, 이용공간의 공유, 장비의 공유 등)을 점검하면서 이를 지역중심, 협동조합의 실천방식으로 전환함으로써 사회적 경제 생태계의 기초적 근간을 만드는 것에 공헌할 수 있을 것이다.

다섯째, 사회적협동조합은 전통적인 위계구조부터 위원회가 경영 관련 결정을 내리는 수평적 집단구조에 이르기까지 서로 다른 다양한 많은 경영구조를 갖출 수 있다. 마찬가지로 협동조합 거버넌스는 대의적이 될 수도, 직접적이 될 수도 있다. 대의제는 이사회에 대한 조합원 통제 형태를 취해 경영진을 고용하게 된다. 경영역할이 위계적으로 구조화되더라도, 협동조합 조직문화와 리더십 스타일은 일반적으로 보다 참여적이다. 사회적협동조합의 운영구조는 경영과 거버넌스가 조합원에 의해 주도되는 수평적이고 민주적인 지향성을 갖는다.

(2) 뜻 모으기? 힘 모으기? 마음 모으기!

"협동조합을 만들려면 사람과 출자금이 필요하다는 생각에서 사람을 모으는 데만 집중을 하는데 그렇게 하면 협동조합은 안 된다"고 경고한다. 협동이 신뢰라고 한다면 신뢰는 만들어지는 것이 아니라 쌓이는 것이라서 서로의 삶을 통해서 보는 시간이 필요하다며 조급하게 서두르지 말라고 한다. 마음을 공유하는 것이 제일 중요하고 다음은 가치에 기반을 둔 수익모델을 만들어야 하는

데 처음부터 마음의 공유가 안 된 사람들을 모아놓고 논의를 하는 것은 필연적으로 갈등이 생길 수 있다는 것이다. 그리고 출자자를 모집하는 과정에서 돈을 내는 것이 마음을 내는 것이라는 생각을 하는데 그것은 마음의 공유가 된 후에 결정해야지 그렇지 않으면 돈을 내는 순간부터 갈등은 시작될 수밖에 없다고 한다. 협동조합이 잘 되려면 충분한 시간을 갖고 꾸준히 서로의 고민을 이야기하고 학습을 하며 토론이나 취미활동을 하면서 서로의 마음을 모으는 것이 협동이라고 한다.

이러한 과정에서 중요한 것은 '신뢰'이다. 신뢰는 단번에 만들어지는 것이 아니다. 오랜 역사적 과정을 함께하는 '함께 비를 맞을 수 있는 관계'인 입장의 동일함이 협동조합에서는 무엇보다 중요하다. 시스템만으로 만들어지는 사회를 로 로드(low road) 사회라 하며, 시스템에 혼과 철학을 불어넣은 사회를 하이로드(high road)로 칭한다. 컬럼비아대학교 휘트포드(Whiteford) 교수는 "높은 몰입도를 바탕으로 상호 의존적·상생적 협력관계를 강조해 신뢰적 사회적 자본을 높여 높은 균형의 사회를 만든다"고 설명하며 OECD는 '부패방지를 위해 윤리와 정신을 강조하는' 하이로드를 제시한다. 현재의 사회복지전달체계의 대안으로서 사회적협동조합이 논의되는 것은 바람직하나, 그것을 단순히 기존 법인을 사회복지사들의 의식 있고(?) 진보적인(?) 조직으로 대체한다는 일원론적 생각으로 접근해서는 안 될 것이다. 전달체계로 시스템 구축을 고민하는 것보다 우선되어야 할 것은 협동의 실현 가능성에 대해 고민하는 것이다. 그리고 실현하기 위한 신뢰를 쌓아가는 과정인 '마음 모으기'에 우선 주력할 필요가 있다.

(3) 변화의 시작, 중심과 변방

신영복 선생님은 "인류 역사는 '변방'에서 시작된다"고 말한다.

> "인류 문명의 역사는 언제나 변방이 새로운 역사의 중심이 되어 왔다. 오리엔트의 변방인 그리스·로마, 그리스·로마의 변방인 합스부르크와 비잔틴, 근대사의 시작이 된 네덜란드와 영국, 그리고 영국의 식민지 미국에 이르기까지 인류 문명은 그 중심지가 부단히 변방으로 변방으로 이동해 간 역사이다. 역사에 사표가 된 인물들 역시 변방의 삶을 살았다. 마하트마 간디의 삶이 그러했고, 공자(孔子)의 삶이 그러했다. 조선의 이성계 또한 변방인이었다. 수많은 인물들이 변방에서 역사의 중심으로 나아갔다. '변방'의 중요성은 여기에 있다. 사회를 변화시키고 발전시킬 원동력과 잠재력이 바로 변방에 있다. 생명력 넘치는 변방이야말로 그 사회를 좀 더 나은 사회로, 좀 더 발전된 역사로 만들어 낼 수 있는 구심점이 된다. 새로운 역사는 언제나 '변방'에서 시작된다."
>
> — 신영복의 『담론』 중

사회적협동조합이 사회복지전달체계의 대안이 될 수 있다면 그 시작은 변방에서부터 시작할 가능성이 높다. 주류는 변화하기 어려운 관성이 있다. 변방의 변화가 주류의 관성에 흔들림을 주고, 그 흔들림으로 균열이 있을 때 중심의 변화도 시작될 수 있다. 최근 지역아동센터의 교육협동조합 설립, 우리나라의 요양보호사업과 같은 사회서비스 직종의 협동조합화, 미국의 CHCA는 그러한 사례 중 하나이다. 중심은 중심대로 변화의 필요성과, 그 대안이 사회적협동조합이 될 수 있다는 믿음이 생긴다면 협동의 경험을 통해 신뢰를 구축하는 과정을 선행할 필요가 있다. 기존의 사업을 협동의 방식으로, 협동조합의 방식으로 전환하는 것에 대한 구체적 고민이 있어야 하고, 조직 내에서 꾸준한 학습이 진행되어야 한다. 또한 운영시스템에 있어서도 협동조합의 7대 원칙을 구체적으로 적용하기 위한 고민과 실행이 있어야 한다.

• 사회적협동조합으로서의 복지전달체계 개편을 위해 고려할 사항

1. '새로운 영역'에 '새로운 유통채널'을 만들어 공급할 때 '새로운 시장'이 형성된다.
   잔여적 전달체계의 부품역할에서 벗어나 대상을 새롭게 해석하고, 새로운 실천방법(주민과 지역사회를 서비스 제공의 대상이 아닌 협동의 파트너로)을 모색해야 한다. 잔여성을 벗어난다는 것은 구체적으로 어떤 욕구에 대응하는 것인지, 즉 욕구를 어떻게 해석하느냐에 따라 협동의 주체(주민과 지역사회)는 매우 달라질 수 있다. 협동한다는 것은 마음을 모으고 힘을 모으는 것이다. 누구와 무엇을 통해 마음을 모으고 힘을 모을 것인가?

2. 협동의 성과물로서 상품(서비스 또는 프로그램)의 효용성이 입증되어야만 조합원은 협동의 가치를 인식하고 관계가 변화한다. 즉, 상품이 세상을 변화시키고 관계를 변화시킨다.
   주민과 지역사회와의 협동을 통해 만들어지는 서비스와 프로그램 등이 삶의 질 변화라는 상품의 효용성으로 입증되어야 한다. '제공자와 수혜자'에서 '협동의 동반자'라는 관계형식의 변화는 '가치'에의 동의만으로는 이루어지지 않는다. 협동의 형식은 직접적으로 상품의 효용성(삶의 질 변화)으로 연결될 수 있어야 한다.

3. 조합원 자치는 말 그대로 조합원의 자치이다. 조합원 자치를 조합원의 뜻에 따라 운영하는 것으로 축소 해석하며 직원과 경영자의 운영을 합리화하면, 조합원은 단순한 하나의 소비자로 전락하게 된다. –1인 1표의 형식화와 나그네 민주주의로의 전락
   사회적협동조합으로 법인위탁을 받는 경우 협동할 준비가 안 되어 있는 경영진은 조합원(직원 또는 주민)을 하나의 소비자로 전락시킬 가능성이 높다. 새로운 트렌드에 따라 위탁의 용이성을 높이고, 영역에 대한 포지셔닝을 확보하는 수단으로서만 협동조합이 기능하면 협동조합은 양의 탈을 쓴 늑대가 우글거리는 소굴이 될 수 있다.

4. 자본주의 위기에서 상대적 우위를 점하고 있는 협동조합운동이 성공하기 위해서는 더 높은 비전과 근거를 보여주어야 한다. 마찬가지로 사회적협동조합으로서의 복지전달체계가 기존의 형식과 어떤 차이가 있는지, 어떤 비전을 갖고 그 근거는 무엇인지에 대한 구체적 제시가 있어야 한다.
   사회적협동조합이 왜 전달체계의 대안이 되는지에 대해서보다는 사회적협동조합을 왜 복지전달체계의 대안을 삼으려는지에 대한 고민이 우선되어야 한다. 비전은 미션에 근거한다. '사회적협동조합으로서의 복지전달체계는 왜 존재하여야 하는가?'에 대한 선행적 고민이 '사회적협동조합이 복지전달체계에 대한 대안 가능성'에 대한 해법과 전략을 제시할 수 있다. 그 고민은 철저히 '지금 여기' 그리고 '나의 입장과 사회적 미션'에서 시작하여야 한다.

2 프리랜서 사회복지사와 사회복지개인사무소

사회환경 또는 인간심리 중 어느 한 쪽에만 초점을 두는 것이 아쉽던 중 사회사업 대전제인 '환경 속의 인간'을 듣고 매료되어 사회사업을 공부했습니다. 대형 교회 내 사회사업 부서에서 일하며 사회복지개인사무소를 꿈꾸었습니다. 부동산중개인이 부동산사무소 내는 것처럼 사회복지사도 개인자격으로 사무소를 개소해서 지역밀착으로 활동하고 싶었습니다. 그런 취지로 지역 내 초등학교 교장선생님께도 제안하여 학교사회사업도 진행했습니다.

학교사회사업 도중 인근 복지관에 협조를 의뢰할 일이 생겼습니다. 뜻대로 되지 않았습니다. 학교에서 배운 바에 따르면, 의뢰하면 협조할 거라 여겼는데, 복지관에서 거절하셨습니다. 학교에서 배운 것과 달리, 현장은 어떤 상황과 논리가 있겠다 싶었습니다. 이를 알지 못하면 개인사무소도 쉽지 않겠다고 판단했습니다. 결국 제도권 체계가 어떻게 돌아가는지 체감하기 위해 3년을 한정하여 복지관에 입사했습니다. 막상 입사하니 역시 제도권 복지기관이 처한 상황은 녹록치 않았습니다. 행정을 강조하는 지도점검 감사 평가, 다양한 영역으로 분화하는 복지 분야, 다양한 주체가 진출하는 복지 주체, 혼란 속에서도 붙잡아야할 미션, 비전, 전략의 정합성, 이를 뒷받침할 리더십과 조직문화 등... 급변하고 혼란스러운 상황에서 제도권 복지기관이 먼저 자리를 잡는 것이 중요하겠다고 판단했습니다. 근간이 되는 제도권 체계가 굳건해야, 그 기반 위에 활동할 개인사무소도 비로소 꽃을 피우겠구나 판단했습니다.

이런 이유로 지역 풀뿌리 역할을 하는 개인사무소에서 제도권 복지기관을 혁신하는 개인사무소로 방향을 재설정했습니다. 이로써 복지기관의 혁신을 돕는 개인사무소에 이르렀습니다.

— https://www.sasw.or.kr/zbxe/interview/445405(서울시사회복지사협회 양원석 파워인터뷰)

프리랜서 사회복지사, 사회복지 개인사무소를 설명하기 위해 2017년 서울시사회복지사협회에서 아름다운사회복지사 상을 수상한 양원석 사회사업가의 인터뷰를 소개한다. 위 인터뷰에서 볼 수 있듯 일반적 경로와는 다른 길을 걷는 건 가치와 철학이 중요하고, 이를 구체화하기 위한 준비과정도 있어야 한다. 특히 상황을 통찰하고 자기 성찰에 근거한 컨텐츠가 분명해야 하며, 사회복지 현장의 필요와 적절하게 공명할 수 있어야 한다.

아직까지 현장에서 생소한 '프리랜서 사회복지사', '사회복지사사무소'는 다양한 분야와 영역에서 점진적으로 사회복지 현장에 나타나고 있다. 본 장에서는 전통적인 전달체계에 근거한 사회복지기관이나 재단 또는 법인, 기업 등과 같은 주류 사회복지현장이 아닌 프리랜서 사회복지사와 사회복지개인사무소를 소개하고자 한다. 오역이나 왜곡을 방지하고, 활동가의 실제 목소리를 전달하기 위해 개인사회복지사무소를 운영하는 프리랜서 사회복지사들이 직접 작성한 소개글을 원문 그대로 실었다.

본 장의 내용이 혁신성에 근거해 가치를 새롭게 창출하기를 원하는 예비 사회복지학도에게 도움이 되고, 사회복지현장의 실천 다양성이 증가하는 계기가 되길 바란다.

• '푸른복지사무소'를 소개합니다.

– 양원석(http://www.welfare.pe.kr/)

푸른복지사무소는 사회복지사 개인사무소입니다. 개인사무소로 운영하는 이유는 빠르게 변하는 상황에 대처하며 유연하게 대응하기 위해서입니다. 이를 위해 오프라인 사무실도 따로 두지 않고 홈페이지로만 운영합니다.

푸른복지사무소는 사회복지 현장이 혁신할 수 있도록 지원하는 활동을 합니다. 이를 위한 핵심 활동은 세 가지입니다.

무엇보다 먼저 사회복지 현장이 정체성과 방향을 바르게 잡도록 돕습니다. 이를 위해 사회사업 생태체계 이론과 실천 방법을 궁리하여 보급합니다. 특히 사회사업은 '환경 속의 인간', '생태체계 이론'을 근간으로 삼습니다. 하지만 이에 대한 실질적인 관심과 이해는 부족해 보입니다. 본래 사회사업이 무엇인지 살피되, 시대 변화에 따라 응용 대처할 수 있도록 지원합니다.

실현 가능함을 보여드리기 위해 기관 컨설팅을 진행합니다. 정체성과 방향이 아무리 좋아도 현장에서 실현 할 수 없다면 무의미하기 때문입니다.

컨설팅은 한 기관과 3년 장기 계약을 맺고, 매주 1회씩 기관으로 출근하여 진행합니다. 3년 컨설팅 내용은 첫째, 기관의 사명(Mission)과 이상(Vision)을 기관 구성원 스스로 세우도록 돕습니다. 둘째, 사명·이상을 이루기 위한 사업과 실천방법을 세우도록 돕습니다. 셋째, 사업과 실천 방법을 잘 지원하기 위한 기관 운영 방식 즉 리더십 및 행정 제도 등을 적합하게 세우도록 돕습니다. 이렇게 기관 사명·이상부터 사업·실천방법 그리고 운영 방식, 리더십 및 행정 제도까지 일관적이고 정합적이도록 돕습니다.

이를 통해 현장에서 실천하면 이를 널리 공유하여 현장에서도 실현 가능하다는 걸 알립니다. 말로 설득하기보다 직접 보여드립니다. 이렇게 현장이 혁신할 수 있도록 지원합니다. 다만 한 기관과 장기 계약을 맺는 방식이므로 동시에 최대 2개 기관만 진행합니다.

강사 활동을 통해 이런 내용이 보다 대중적으로 확산되도록 합니다. 서울시사회복지사협회, 중부재단 등과 함께 장기 교육 과정을 만들어 진행합니다. 또한 푸른복지배움터라는 온라인 교육 페이지를 만들어 운영합니다. 교육 주제는 위 활동 내용에서 거의 벗어나지 않습니다. 이후 남는 시간에 일회성 교육 등에 나섭니다.

이것이 푸른복지사무소의 핵심 활동이고, 이로써 혁신을 지원합니다.

• '이드치연구소'를 소개합니다

– 지경주(https://mouserace.tistory.com/)

이드치연구소는 이야기&드라마 치료 연구소의 줄임말로서, 정신건강사회복지사 지경주가 2015년 3월에 개업했습니다. 이야기&드라마 치료는 지경주가 임상 현장에서 많이 활용해왔고 계속 공부 중인 이야기치료와 드라마치료를 접목한 것입니다.

이드치연구소는 정신적으로 더욱 건강한 삶을 사는데 도움 되는 예방적인 활동과 함께, 한 사람의 삶을 더욱 자연스럽게 정리하고 통합하는 데 도움이 되고, 사회 안에서 더욱 안전하고 자연스러운 만남을 만들고 유지하면서 공존하는데 도움 되도록, 어떻게 한 사람의 이야기를 다루고 드라마를 적용할지 연구합니다. 이드치연구소의 '치료'는 사회복지실천의 치료집단(treatment group)을 의미합니다, 이는 의료적 행위가 아닌 교육, 성장, 지지, 치유, 행동 변화, 사회화 등 사회 정서적 욕구 충족을 위한 것이고, 누군가의 이야기를 소재로 연극적인 방법을 활용하여 개인, 가족, 집단의 복지를 실천하고 있습니다.

이드치연구소는 '누구나 한 편의 드라마 같은 소중한 이야기를 갖고 있다'라는 전제하에, 여섯 가지 신조(누구나 나만의 소중한 이야기를 갖고 있다. 나의 이야기는 가치 있고 매력적이다. 문제 있는 이야기는 다시 쓸 수 있다. 서로가 서로의 이야기를 풍성하게 한다. 때로는 내 삶을 위한 연습이 필요할 수 있다. 연극적인 방법은 이야기를 안전하게 다루는 방법의 하나다)를 토대로, 내담자의 소중한 이야기를 충분히 경청하고, 조심스럽게 다가가고, 안전하게 다루려 합니다.

이드치연구소는 한 사람의 삶을 '재편집 가능한 한 권의 책'으로 비유하여, 내 삶의 이야기를 써 내려가는 데 불편함을 주는 과거의 이야기를 점검하고, 부정적인 이야기를 검토하고, 적절하게 수정하고, 수정된 이야기를 여러 번 읽어보고 연습해보면서 보완합니다. 이드치연구소는 수정과 보완 작업을 거친 내담자의 이야기를 지금, 이 순간 나의 현실에 반영하여, 더욱 재미있고 풍성한 이야기가 있는 '나만의 드라마'를 일상에서 경험하고 나만의 책을 계속 쓰는데 도움 되고 싶습니다.

현재 이드치연구소는 사회복지 관련 기관, 정신건강 관련 기관, 평생교육 관련 기관의 의뢰를 받아, 정신건강 중심의 교육(지역사회 내 학교, 사회복지시설, 기관 직원, 보수교육)과 상담(개별, 집단, 가족)을 시행하고 있습니다.

• '소셜프리즘'을 소개합니다.

— 김종원(https://socialprism.co.kr/)

소셜프리즘 소개

소셜프리즘은 2009년에 시작하여 상반기 10년을 '사회복지 홍보'를 주제로 활동하였고 하반기 5년을 '스마트워크' 주제로 활동하고 있는 사회복지개인사무소입니다.

사회복지 홍보를 주제로 운동한 10년

현실적으로 지역 사회복지기관의 홍보담당자를 홍보, 언론, 디자인 전문가로 선발하는 일은 드뭅니다. 홍보의 '홍'자도 모르고 홍보담당을 맡은 사회복지사가 대부분입니다. 업무와 정체성에 대한 고민을 하는 홍보담당 사회복지사를 많이 뵈었고 사회복지기관의 홍보담당자를 돕는 운동을 해야겠다고 생각하고 사회복지개인사무소를 시작했습니다.

10년 동안 핵심적으로 전달한 메시지는 '홍보로 사회사업하기''입니다. 후원 잘 받기 위한 홍보, 평가 잘 받았다고 자랑하는 홍보, 모집 잘하기 위한 현실적인 홍보도 필요하지만, 기관이 지향하는 가치를 지역주민께 적극적으로 알리고 동참을 유도하고 주장해야 합니다. 홍보로도 지역사회 변화를 위해 운동해야 한다는 것입니다. 그래야 기관의 정체성, 홍보담당 사회복지사의 정체성에 맞게 홍보 활동을 진행할 수 있습니다.

마케팅, PR, 기술, 사회사업. 이렇게 사회복지 홍보를 바라보는 네 가지 시각이 있습니다. 소셜프리즘은 그 중에 공중관계를 다루는 PR과 사회와 사회 약자와의 관계를 다루는 사회사업 두 학문을 융합하며 운동을 진행하였습니다. '홍보로 사회사업하기', '사회복지 홍보를 말하다', 'PRism 관계를 살리는 홍보', '사회복지 홍보 포켓백과'를 출간하였고 홍보담당자를 위한 '홍당모 캠프(홍보담당자모임 캠프)'를 진행하였습니다.

스마트워크를 주제로 교육과 스프트웨어 제작하는 5년

5년 전부터 사회복지 홍보 운동을 마무리하고 스마트워크 도구로 사회복지기관의 행정을 줄여 사회복지 본연의 일에 더욱 집중할 수 있도록 돕고 있습니다. 그중에 스마트워크를 주제로 교육을 진행하고 업무 자동화 소프트웨어를 제작하고 있습니다. 지금까지 '구글 팁북', '구글 워크스페이스', '이렇게만 하면 구글 스프레드시트는 끝'라는 도서를 집필했습니다.

이미 많은 기업은 디지털 전환을 통하여 업무를 클라우드 방식과 데이터 기반으로 일하고 있습니다. 간단한 예로는 예약한 병원에서는 예약 날짜 이틀 전에 문자를 보내주고, 택배회사는 택배를 받기 전까지 수시로 택배 위치 알림톡, 문자를 보냅니다. 간호사, 택배직원이 손수 문자를 보내는 것이 아니라 시스템이 자동으로 발송하는 것이죠. 이런 시스템을 만들기 위해서는 행정 데이터와 서비스 데이터가 하나로 연결되어야 합니다.

사회복지기관은 행정 데이터와 서비스 데이터가 분리되어 있어 당사자에게 문자 하나 보내기 위해서는 복사 붙여넣기를 수시로 진행하여야 합니다. 영수증, 이수증을 제작 발송할 때도 많은 시간을 투여하여 일일이 제작합니다. 아직도 사회복지계는 아날로그 프로세서인 종이를 활용하여 일하는 경우가 많습니다. 또, 디지털 활용도가 떨어져 업무의 효율성이 낮은 상태입니다.

이러한 문제를 행정적으로 해결하기 위해서는 가장 먼저 스마트워크 도구를 사용해야 합니다. 구글 워크스페이스는 구글이 제작한 스마트워크 도구로 비영리단체는 무료로 사용할 수 있다는 사실을 확인하고 관련 교육을 꾸준히 진행하고 있습니다. 구글 워크스페이스에서 제공하는 다양한 도구는 클라우드 방식으로 작동합니다. 현장 중심에서 일해야 하는 사회복지기관의 숙명으로 볼 때 업무를 편리하게 진행하기에 최상의 도구라고 생각하고 관련 교육을 진행하고 기관에서 요청하는 다양한 소프트웨어를 제작하고 있습니다.

또 구글 워크스페이스 내 코딩을 입력하여 기관에서 필요한 최적의 도구를 제작하고 있습니다. 현재 사회복지계는 많은 기업이 디지털 전환을 이야기하고 있습니다.

사회복지기관은 홍보할 때가 사회복지 가치를 담아야

현실적으로 지역사회복지기관의 홍보담당자를 홍보전공자, 언론전공자, 디자인 전공자 등 전문가로 선발하는 일은 드뭅니다. 사회복지사 중에 미디어를 잘 다루거나 감각이 좋은 사람을 선발합니다. 홍보담당이 된 사회복지사는 홍보업무를 잘 해보려고 노력하지만, PR학문을 배웠거나, 미디어를 완결성있게 완경해 본 경험이 없어 힘들어 소셜프리즘은 '홍보로 사회사업하기'라는 주제로 소셜프리즘을 되돌아보면 사회복지의 본연의 업무는 아니지만, 기관이 본연의 업무를 잘 하기 위해서는 꼭 제대로 알고 진행해야 하는 사업을 지원하고 있습니다.

• '사회복지사무소 구슬'을 소개합니다.

— 김세진(https://m.cafe.daum.net/coolwelfare/_rec)

사회사업 현장에서 10년 일했습니다. 재미나게 일했습니다. 때때로 실천 사례를 읽고 싶었으나 찾기 어려웠습니다. 다른 동료들도 비슷한 고민이 있다는 걸 알았습니다. 퇴사 뒤 개인 사회복지사사무소를 차렸습니다. 처음에는 개인 사회복지사로서 현장에서 일할 마음이었습니다. 이런저런 이유로 사회복지사들을 지원하는 일이 핵심 사업이 되었습니다. 그곳에서 사회사업 동료들과 공부했습니다. 공부한 내용을 엮어 책으로 만들기 위해 '도서출판 구슬꿰는실'도 차렸고, 그렇게 만든 책을 판매하기 위해 '책방,구슬꿰는실'까지 열었습니다. 지금은 매월 정기적인 공부모임 예닐곱 개가 책방에서 열립니다. 모임에서 읽고 쓰고 나누며 자기 실천을 돌아봅니다. 그렇게 더 좋은 사회사업가로 성장합니다.

사회사업 잘 하려면 이상이 분명해야 합니다. 우리 실천을 여행에 비유한다면, 이상은 목적지입니다. 어디를 향하는지 알지 못한 채 무작정 뛰어갈 수 없습니다. 또한, 이상이 분명하다 해도 이를 이룰 수 있는 구체적 방법이 필요합니다. 그렇게 하면 이상에 이른다는 확신이 드는 방법, 할 수 있고 해볼 만한 방법이 있어야 합니다. 아울러, 그렇게 이상과 방법으로 이른 사례가 있을 때 이루지 못할 일은 없습니다. 현장 사회사업가들에게 이상과 방법과 사례, 이 세 가지를 제안하고 연구하며 다듬어 기록해 나아가는 곳이 사회복지사사무소 '구슬'입니다.

주로 (장애인 · 노인 · 종합) 복지관 사회복지사들과 공부합니다. 때때로 시설 사회복지사, 주간센터 사회복지사, 학교사회복지사, 사회복지사 공무원들과도 함께합니다. 이상을 안내하고, 방법을 익히게 하고, 사회복지사들의 다양한 사례를 읽게 거듭니다. 끝으로 이를 기록하는 데까지 나아가게 합니다. 사회복지사로서 사회사업 글쓰기(기록)가 이런 공부를 체화하게 합니다. 기록하면 실천이 달라지며, 지향이 분명해지고, 맡을 일을 구조화합니다.

사회사업가라면 사회사업가답게 일합니다. 사회사업가답게 일하려면 때때로 내가 한 일이 사회사업인지 아닌지 살피는 도구가 필요합니다. 사회사업 글쓰기는 자기 실천을 돌아보는 도구입니다. 글쓰기는 바르게 실천하고 있는지 살피는 과정으로, 사회복지사사무소 '구슬'에서 힘을 쏟는 공부이며, 공부의 결과로 글이 나오게 합니다.

주로 사회사업 글쓰기 과정, 복지관 실무(사례관리 · 지역복지) 연수, 슈퍼비전 글쓰기 과정, 논문 읽기 모임, 지리산 걷는 독서 연수, 사회복지사 고전 읽기, 사회복지사 학습 여행으로 사회복지사들과 만나 공부합니다.
'도서출판 구슬꿰는실'에서 만든 <곡선의 시선>, <사회복지사의 독서노트>, <복지관 사례관리 공부노트>, <복지관 지역복지 공부노트>, <슈퍼비전 글쓰기>와 같은 책들이 이런 공부의 결실이면서 이어지는 공부의 교재입니다.

뜻있고 바르게 실천하는 기품 있는 사회복지사와 함께 공부하고 싶습니다. 읽는 사람이 쓰는 사람 되고, 쓰는 사람이 우리 사회복지 현장 희망입니다.

• **HD경영연구소를소개합니다.**

— 문대수https://m.blog.naver.com/PostList.naver?blogId=skymds

▶ HD경영연구소는...

HD경영연구소는 '최상의 사회복지가 실현될 수 있도록 지원한다.'는 비전으로 운영하고 있습니다. 여기서 H는 Happy! 행복, D는 Design! 계획을 말합니다. 즉 모든 사람이 의미 있는 행복한 성공을 이룰 수 있도록 디자인 한다는 것이 HD가 추구하는 가치입니다. H와 D를 합친 Happy Design이란? 사람이 가진 능력을 최대한 발휘할 수 있도록 잠재력을 개발하고 스스로 목적 있는 삶을 살아가도록 지원한다는 의미입니다.

▶ HD경영연구소가 주로 하는 일

사회복지사를 위한 사회복지, 사회복지 조직을 위한 사회복지가 이루어지도록 돕기 위해 주로 교육과 컨설팅을 합니다. 주 사업은 큰 틀에서 조직관리와 조사연구, 주민역량 강화 분야로 구분됩니다. 조직관리는 공감하는 비전, 실천하는 비전이 이루어질 수 있게 구성원 스스로 찾을 수 있도록 돕고 시스템을 만들어 내재화 과정을 진행하고 있습니다. 조사연구도 사회복지 프로그램 개발을 위한 욕구조사, 평가조사가 구성원 스스로 조사수행 능력을 강화할 수 있게 조사설계 구성, 자료분석

등 교육과 컨설팅 과정을 통해 진행하고 있습니다. 주민 역량 강화는 사회적 이슈 중심으로 사회복지가 추구하는 가치와 접목하여 주민들이 거주하는 마을에서 사회복지가 실현될 수 있도록 마을공동체, 고립가구, 사회복지 시민교육 등을 하고 있습니다.

▶ 소개를 마치며..

HD경영연구소는 기업, 학계, 시민단체, 문화, 스포츠, 주민 등을 통해 얻게 된 좋은 사례를 꿀벌과 같이 나누려고 합니다. 각계 각층에서 지금도 만들어지고 있는 우수 사례를 알려주려 합니다. 단순히 알려주는 것만이 아니라 사회복지현장에서 적용할 수 있게 안내하려고 합니다. 이를 통해 최상의 사회복지가 실현되도록 한 걸음씩 나아가고자 합니다.

• '마을, 예술, 복지플랫폼 더창고'를 소개합니다.

– 김대근(https://ko-kr.facebook.com/artchanggo/)

1. 탄생배경

마을예술복지플랫폼 더창고는 문화를 통해 마을의 공동체를 복원하고 관계중심으로 마을을 디자인하는 도봉구 마을예술창작소 창고에서 시작되었습니다. 마을예술창작소는 서울시에서 시민 일상 곳곳에서 소통하면서 활동하는 공간 조성사업[2]을 말하며 '창고'는 사업의 거점이 '창고가 있는 동네'라는 뜻인 창동에 있었기에 붙인 별칭입니다. 우리는 창고에 동네의 뜻 외에 특별한 별칭을 더 붙였는데 꿈을 실현하는 공간으로서의 '창고', 창작의 공간을 뜻하는 뜻의 창고, 누구에게나 열린 공간이라는 '창고', 소비와 소진이 주가 되는 삶의 문화를 바꿔보고자 하는 '창고'의 뜻을 붙여 이를 근본으로 하는 활동을 하고자 애써왔습니다.

그러나 이런 활동을 이어오던 2016년, 민관협력 사업이었지만 서로 다른 기대를 갖고 사업을 바라보던 구와 민간위원회는 잦은 갈등을 빚어오다 사업을 종료하였습니다. 사업을 종료하던 시점에서 민간위원회는 워크숍을 갖고 관에서 제공하는 공간의 창고가 아닌 바닥부터 노력을 통해 꿈을 일궈가는 창고를 만들어 가자는 결의를 하게됩니다. 이 때 모인 사람들을 중심으로 창고를 더 이어가자는 뜻에서 '더창고'가 시작되었습니다.

2. 마을예술복지플랫폼 더창고

마을예술복지플랫폼 더창고는 융복합적 활동을 추구합니다. 기술발달, 팬데믹, 지구온난화 등으로 우리 일상 앞에 바짝 다가온 위험사회[3]는 앞으로 우리에게 처음 겪는 세상을 많이 보여줄 것으로 예상됩니다. 이를 해결하기 위해서 우리는 장르와 전문성에 갇힌 정보와 지식이 아니라 문화를 통해 연계된 다양한 사람들이 지식과 마음을 모아야 한다고 생각합니다.

---

2) 마을예술창작소 https://artmasulso.net/

3) 울리히백, 1986 「위험사회-새로운 근대성을 향하여」 '위험'은 재해 그 자체만을 뜻하는 것이 아니라 이에 대한 예견이나 예측도 함께 의미한다. 'Risk' 용어는 신대륙발견을 위해 탐험하는 행위에서 발생했는데 저자는 한국을 오래 위험에 노출되어 위험에 둔감해져 버린 특별한 위험사회로 평가했다.

사회학에선 '문화자본'을 개인이 사회적으로 더 높은 곳에 위치하고자 독점하고 위화감을 조성하려는 것이라고 합니다. 이런 개념으로 인해 문화를 경제적인 여유를 갖는 사람들의 교양적인 행위로 오해해 왔습니다. 반면 '문화복지'의 개념에서 문화는 사람들에게 위험과 불편함을 극복하게 하는 힘이자 스스로가 주체로서 세상을 바꿀 수 있다는 희망을 주는 개념입니다.[4)]

이와 같이 마을예술복지플랫폼 '더창고'는 우리 생활의 근간이 되는 일상의 환경 및 실천에 적극적으로 개입하고 다양한 계층의 사람들이 연대하는 작업을 실행합니다. 스스로 세상을 바꾸는 주체가 될 수 있다고 생각하는 사람들이 연계하는 것을 '문화민주주의'라 합니다. 이와 같은 문화민주주의를 우리의 일상 터전인 마을과 예술, 그리고 복지의 활동을 통해 완성시켜 나가는 것이 더창고가 추구하는 이상향입니다.

3. 활동

더창고는 일상의 다양한 공간에서 다음과 같이 활동을 기획하고 실현하며, 교육하고 있습니다.

1) 예술활동

① 생태지향적 적정기술연구 및 교육

② 재활용 물품을 활용한 리폼아트, 목공교실 등 다양한 수공예활동을 지원

③ '불만합창' '진도구 제작' 등을 이용한 리터러시 교육 및 문제해결방법 도출

④ 주민과 예술인간의 연계, 협업 작업

2) 마을

① 퍼실리테이터 활동을 통한 의제발굴(주민자치회, 지역사회보장협의체 및 주민 공동체 활동 등)

② 커뮤니티 아트 작업을 통한 이웃간 갈등해결, 문제해결 솔루션

③ 주민조직활동을 통한 이웃 만들기, 공간 꾸미기 (빈집활용 등)

④ 마을디자인, 환경개선, 주민축제 기획 및 실행 지원

3) 복지

① 사회복지사 커뮤니티 아트 연수

② 사회복지사 및 조직의 기획 및 실행 교육

③ 소외가구 및 계층 활동 지원 및 사례발표

4) 김연희, 2022 「문화복지서비스와 삶의 질의 인과관계에 관한 연구: 문화자본과 직무성과의 매개효과를 중심으로」 호원대학교 사회복지학과 교수

• '공동체컨설팅 〈움트다〉'를 소개합니다.

— 오영식(https://umtda.tistory.com/)

공동체컨설팅 <움트다>는 주민의 힘이 스스로 조직되도록 돕는 주민조직화 교육 및 자문을 제공하는 1인 사무소입니다. 사회복지현장은 물론 주민자치, 도시재생, 평생교육, 마을공동체 등 주민이 모여 힘을 발휘하는 많은 분야에서 활동하고 있습니다.

주민 누구에게나 자신 또는 지역사회의 문제를 해결해 나갈 힘이 있습니다. 혼자만의 힘으로는 어려울 수 있지만 같은 어려움을 겪고 있는 사람들이 함께 모이면 길을 찾을 수 있습니다. 함께 모여 힘을 보태는 과정에서 자신의 가능성과 힘을 발견할 수 있습니다. 주민 스스로의 가능성과 힘을 발견하는 것 자체가 주민조직화의 시작이자 목표라 생각합니다. 주요 교육 주제로는 주민조직화 방법론, 주민대화와 관계맺기, 민주적 의사소통, 지역밀착형 지역사정, 마을의제개발, 주민조직가/주민지도력 양성 등이 있습니다.

■ 주요 자문활동

서울시 주민주도 동 지역사회보장협의체 활성화 주민조직화분야 자문위원(2018~2019)
서울시 용산구 한남동 마을계획단 촉진자(2018)
서울시 도봉구 창1동, 쌍문4동 마을계획 전문촉진자(2019)
서울형 주민자치회 주민자치학교 표준교안 3강 개발(2019~2020)
서울시 지역밀착형 사회복지관 현장지원단(2022)
경기도 용인시수지노인복지관 사회복지사업 전문 자문위원(2023~2025)

■ 주요 강의활동

서울시사회복지사협회 사회복지사 보수교육(2014~2023현재)
경기도 부천시 동 지역사회보장협의체 마을복지계획 수립 워크숍(2022)
서울시 지역밀착형 사회복지관 지역사정 워크숍(2022~2023)
경기도 군포시 매화종합사회복지관 사회적고립가구 이웃살피미 주민활동가 워크숍(2022)
서울시 마포구 촘촘이음단 교육 "사회적 고립에서 사회적 연결로"(2023)
서울시 도봉구 도봉2동 주민자치회 "마을의제개발 워크숍"(2023)

• '복지영상'을 소개합니다.

– 이성종 '감동'(https://visualwelfare.tistory.com/)

복지영상의 이성종 감독은 사회복지현장의 가치를 영상매체로 기록, 제작 확산하여 사회의 복지를 이루는데 기여하는 독립영상제작자입니다.

한국사회복지사협회 홍보담당시절

약 4년간 라디오에 출연하며 방송 콘텐츠의 가능성을 발견해 VJ(Video Journalist) 형식의 사회복지 영상을 생각하며 방송아카데미에서 카메라를 배우고, 인터넷 방송을 경험했습니다. 2002년 9월 아이들과미래 재단의 홍보영상을 의뢰 받고 사업자 등록을 하면서 프리랜서 제작자가 되었습니다. 사회복지사의 시선이나, 현장의 목소리를 반영하는 제작자로 다양한 분야, 대상, 지역, 형식의 사회복지 영상을 제작했습니다.

홀트장애인 합창단의 노래 이야기를 시작으로, 태화 샘솟는집의 정신장애인 분들을 일 년 가량 만나며 홍보영상을 만들기도 하고, 전국의 공부방을 순회하며 아이들과 선생님들을 카메라에 담기도 했습니다. 만들어진 영상은 호암아트홀 공연장, 후원행사를 하는 호텔이나, 이벤트 자리에서 행사의 목적을 이루기 위한 메시지를 표현하는 역할을 하면서 장기간 기록을 담당하는 일도 생겨났습니다. 최장기록은 약 9년간 기록하고 콘텐츠를 만들어 상영했던 홀트장애인 합창단과 푸른교실 공부방이고, 그때 만난 초등학교 3학년 아동이 성인이 되고, 결혼하는 모습을 기록하는 등 꾸준한 만남이 저절로 다큐멘터리 작품이 되는 것을 경험하기도 했습니다.

'걸어서 세계속으로'처럼 코피온의 자원봉사 프로그램을 영상으로 만들어 볼 기회도 있었고, 코이카 프로그램으로 팔레스타인에 6개월간 체류하며 미디어 교사를 양성하는 일도 하였습니다.

이렇게 사회복지 마인드와 영상제작 스킬을 가지고 있으니 한국 사회복지의 모든 현장을 골고루 섬세하게 볼 수 있는 독특한 경력이 쌓이게 되었고, 그 노하우를 사회복지사 보수교육이나, 웍샵 형태로 교육하는 일도 하고 있습니다.

최근엔 코로나 19로 인해 영상에 대한 관심이 많아지면서 사회복지 현장에서의 바람직한 유튜브 운영과 미디어 제작에 대해 고민하며 교육을 하고 있습니다.

복지영상은 일반 프로듀싱 업체나 상업적인 영화사 같이 많은 비용을 받거나, 흥행을 노리는 영상을 제작하는 것이 아니라, 소규모로 상영을 하더라도 목적을 이룰 수 있는 영상을 제작 합니다. 이혼이나 가정폭력의 아픔이 있는 여성들을 위한 자립지원 시설의 활동을 잘 표현해서 당사자를 지지하거나 소수의 후원자, 관계자들의 응원이 계속 되도록 하는 영상을 제작하고, 화상장애인의 인식을 좋게 하는 영상, 소아암 환자와 가족을 돕는 지원단체의 소중한 활동을 영상으로 표현하기 위해 관계를 맺으며 친근하게 다가가는 카메라 감독이 되다보니, 툭 하면 눈물로 뷰파인더를 적시며 촬영을 하기도 합니다.

홍보영상만 의뢰하던 복지분야에서 다큐멘터리 형식의 기록을 기반으로 한 콘텐츠를 만들고, 과정이 충실히 기록된 프로포절이나 프로그램 진행과정은 전문적인 교육이나 연구에 활용할 수 있게 됩니다.

사회복지영역에서 개인사무소 형식의 독립은 쉽지 않은 일이었으나 개인의 재능과 기술, 관심분야, 시대적인 흐름을 잘 맞춘다면 독립적인 영역의 사회복지도 충분히 가능하리라 봅니다.

3 국제개발협력조직[5)6)]

1) 국제사회복지 활동의 태동 배경

국제사회복지는 전통적으로 기독교·천주교의 해외 선교의 한 도구로 이어져 왔으며, 신부·목사가 아닌 비종교인(非宗敎人)[7)]에 의한 국제사회복지의 태동은 19세기 이후 다양한 NGO의 활동이 모태가 되어 20세기 전쟁을 통해 급격히 확대된 것으로 추정할 수 있다. 종교인이 아닌 민간인들이 주도하는 국제사회복지의 태동은 19세기 이후지만 그 배경에는 중세 천주교(기독교)의 지배력의 악화와 장원제도의 붕괴와 같은 커다란 사회구조적 변동과 르네상스 이후 인간 중심의 가치관의 확장이라는 인본주의의 확대 등 다양한 요인들이 맞물린 것으로 봐야 할 것이다.

국가간 대규모의 전쟁은 국제사회복지 활동의 촉진제가 되었다. 이탈리아의 통일전쟁은 적십자를, 세계 제1차 대전은 세이브더칠드런을, 한국전쟁은 월드비전을 탄생시키는 동기가 되었다. 또한 UN(United Nations)을 기반으로 한 다양한 국제사회복지 활동의 탄생도 제2차 세계대전 때문이다. 전쟁으로 인해 많은 장애인, 고아와 과부가 생겼으며, 이를 돕고자 하는 활동이 증가한 것이다. 다른 나라에서의 전쟁 상처에 관심을 갖고 고아와 과부를 도우려고 하는 체계적인 활동은 과거 수천년의 전쟁사에서 볼 수 없었던 현상 중 하나이다. 즉, 인권의식과 인류애라는 새로운 가치, 자본주의 확장에 따른 세계화는 전쟁을 바라보는 이들의 관점도 다르게 만들었을 것이다.

---

5) 국제개발협력은 '국제개발협력기본법'에서 보듯이, 가장 많이 사용하는 용어이지만, 사회복지 이외의 영역이 더 많은 비중을 차지한다. 본 장에서는 사회복지관점에서 국제사회복지로 용어를 사용한다.

6) 우수명, 주경희, 김희주(2021), 사회복지와 문화다양성, 지식공동체의 내용을 중심으로 정리하였다.

7) 종교인의 개념은 광의적으로 종교를 가진 사람을 의미하지만, '종교인 과세 논란'과 같이 협의적으로 사용하는 경우에는 종교를 본업으로 하는 목사, 신부, 수녀, 중과 같은 분을 의미한다. 여기서는 협의적 의미로 사용하였다.

2) 민간 국제사회복지 활동의 태동

YMCA(Young Men's Christian Association)[8]는 1844년 영국 런던의 조지 윌리암스(G. Williams)에 의해 시작된 기독교 청년 혁신 운동이다. 사회복지에 집중하기보다는 국제적인 협력 네트워크 조직으로 성장한 측면에서 밀접한 관련이 있다.

국제적십자・적신월운동(이하 국제적십자운동, International Red Cross and Red Crescent Movement)[9]은 장 앙리 뒤낭(Jean-Henri Dunant)이 주도해 1863년에 창설하였으며, 전쟁, 자연재해, 난민, 기아 등의 피해자들을 돕기 위한 활동을 하였다. 창립 다음 해인 1864년에는 정치, 종교, 이념, 국적에 구애받지 않는 구호활동을 원칙으로 하는 제네바 협약이 체결되었다. 뒤낭은 1901년 평화에 기여한 공로로 첫 노벨 평화상 수상자가 되었다. 국제적십자운동은 그 후 전쟁, 쓰나미, 지진 등의 재난 지역에서 적극적으로 활동하여 왔다. 지금은 146개국에서 활동하고 있는 대표적인 국제사회복지 조직이다.

사회복지 가치 지향성이 더 뚜렷한 국제사회복지 단체는 세이브더칠드런(Save the Children)[10]이다. 에글렌타인 젭(Eglantyne Jebb)여사는 제1차 세계대전과 기근으로 인해 참담한 환경이 된 당시의 유럽에서 아동들을 위한 구호와 복지 그리고 권리 실현을 위한 원조를 제공하기 위하여 1919년에 세이브더칠드런을 설립하였다. 세이브더칠드런은 기부를 위한 최초의 대중광고 캠페인을 시작하는 등 국제사회복지 실천에서 의미있는 활동을 만들어갔다. 또한 1923년 발표한 '모든 아동에게는 생존, 보호, 발달, 참여의 권리가 있다.'는 아동권리에 대한 선언은 당시 혁명적인 사고[11] 였으며, 이후유엔아동권리협약이 제정되는 데 큰 공헌을 하게 되었다.

---

8) www.seoulymca.or.kr의 내용을 요약 정리함.

9) www.redcross.or.kr의 내용을 요약 정리함. 십자가에 대한 반감이 있는 비기독교국가들의 경우 적십자 대신 다른 표장을 사용한다. 적신월(붉은 달)은 이슬람국가 등 십자가에 대한 반감이 있는 33개 국가에서 사용하는 표장이며, 십자가를 인정하지 않는 유대교 국가인 이스라엘은 적수성 혹은 붉은 다윗의 별(Magen David adom)을 사용한다.

10) www.sc.or.kr의 내용을 요약 정리함.

11) 세이브더칠드런의 아동의 주체적 권리에 기반한 사고의 전환은 그당시 사회에 큰 충격을 주었을 것이다. 또한 1923년 아동의 생존, 보호, 발달, 참여권을 명시한 최초의 아동권리선언문으로 발표되었는데, 이는 아동의 주체적인 교육이 기반이 되는 몬테소리 교육(자주적 실존), 레지오에밀리아 교육(권리와 능력이 있는 유아), 상황중심 교육(독립된 존재와 무한한 잠재력), 프로젝트 교육(주체적 참여) 등 다양한 서구의 유아 및 아동교육에 커다란 영향을 미친 것으로 보고 있다.

제1차 및 제2차 세계대전 전후로 옥스팜(Oxfam International), 월드비전(World Vison)을 비롯한 많은 구호단체들을 결성하게 하는데 크게 기여하였다. 2008~ 2009년판 '국제기구연감'에 의하면 여러 국가에서 회원조직을 두고, 국제적 성격을 가지고 활동하는 비정부기구는 7,600개 이상으로 나타났다(Karns, Mingst, 2009).

수많은 INGOs는 전세계적인 연맹으로 구성되어 있으며, 전세계 곳곳에서 다양한 활동들을 해나가고 있다. 케어(Care)와 같이 인류애에 기초하여 빈곤여성과 아동의 지원 역량강화를 포함하여 국제적인 빈곤과 싸워나가는 전형적인 국제사회복지 단체에서부터 국경없는의사회(MSF, Medecins Sans Frontieres)와 같이 분쟁지역, 자연재해지역, 빈곤지역에서 긴급구호를 하는 국제 인도주의 의료 구호단체도 있으며, 북한 식량 위기 고발로도 잘 알려진 휴먼라이트워치(HRW, Human Rights Watch)나 인권운동으로 유명한 국제엠네스티(AI, Amnesty International), 전지구적인 환경운동을 하는 그린피스(Greenpeace) 등과 같은 많은 단체들이 있다.

4) 공공부문의 국제사회복지활동

사회복지사의 참여는 매우 부족하지만, 정부의 공적개발원조(ODA)와 한국국제협력단(KOICA)를 통한 해외봉사단 파견, UN의 산하기관 및 관련기관 등 정부중심의 공공 기관을 통한 국제사회복지 활동 또한 매년 증가하고 있다.

UN의 새천년개발목표(MDGs, The Millennium Development Goals)는 인류 역사상 최초로 2015년 일차 달성시한을 두고 2000년에 전 세계가 천명한 새천년선언(The Millennium Declaration)에서 도출된 인류 복지 증진을 위한 개발목표로 국제사회의 빈곤해결 노력의 결정체 중 하나이다(UN, 2013~2014). UN은 MDGs를 더욱 확장하여 2030 지속가능 개발의제(2030 Development Agenda)인 SDGs(Sustainable Development Goals)를 제안하였다. 이는 2014년에 UN총회에 제출한 17개의 목표와 169개의 세부목표(targets)로, 2016년에 채택한 국제사회의 개발목표이다(UN, 2020).

SDGs는 빈곤과 저개발의 문제를 일차원적으로 해석했다는 비판을 받았던 MDGs를 넘어서기 위한 것으로, 앞으로 15년 동안 모든 사람에게 보편적으로 적용되는 SDGs를 통해 국가는 모든 형태의 빈곤을 종식시키고 불평등과 싸우며 기후 변화에 대처하기 위한 노력을 동원하면서 아무도 뒤처지지 않도록 노력할 것을 천명하였다. MDGs가 개발도상국을 중심으로 접근하였다면, SDGs는 모든 국가에 보편적으로 적용되는 것이며, 재정 자원의 동원을 포함한 실행 수단, 역량 구축 및 기술·데이터 기반 참여를 통하여 기후 변화에 대처하고 지속가능한 개발과 빈곤 퇴치를 추구한다(www.un.org/ sustainabledevelopment 참조).

이 외에도 UN의 산하기관에는 유엔난민최고대표사무소(UNHCR), 유엔아동기금(UNICEF), 유엔개발계획(UNDP), 유엔헤비타트(UN_HABITAT), 세계식량계획(WFP) 등이, 전문기구에는 유엔식량농업기구(FAO), 국제노동기구(ILO), 유엔교육과학문화기구(UNESCO), 국제개발협회(IDA), 세계보건기구(WHO) 등의 다양한 국제기구들이 인도주의적 목적에 따라 국제사회의 복지증진 활동에 기여하고 있다.

한국 정부는 1991년 제정된 국제협력단법에 따라 한국국제협력단(Korea International Cooperation Agency)을 설립하였으며, 정부차원의 대외무상협력사업을 전담하여 실시하는 기관으로 우리나라와 개발도상국가와의 우호협력관계 및 상호교류를 증진하고 이들 국가의 경제사회 발전을 지원함으로써 국제개발협력을 증진하는 것을 목적으로 하고 있다(www.koica.go.kr). 이를 위해 해외에 전문가 및 자원봉사자를 파견하고, INGO(International Non Gorverment Organization) 및 재난복구 등을 지원하며, 국제기구협력사업 등의 다양한 사업을 실시하고 있다(www.koica.go.kr). 또한 2010년 OECD의 개발원조위원회(DAC, Development Assistance Committee)에 가입함으로 다른 나라를 도와주는 공여국으로 발전하였다. 이에 따라 한국 정부는 공적개발원조(ODA, Offical Development Assitance) 지원규모를 지속적으로 확장해 나가고 있다.

3) 한국 민간의 국제사회복지 활동

개항 이후 조선의 말기에는 구미열강들과 맺은 조약으로 인해 모진 박해를 받던 천주교는 신앙의 자유를 얻게 된다. 조선 정부의 묵인 하에 천주교는 프랑스 신부 등이 주축이 되어 대략 1882년부터 서울에 한한(漢韓) 학교를 세우고, 지방에도 학교 및 맹아학교, 고아원, 양로원, 시약소(施藥所 : 약국) 등을 세우고 본격적인 사회복지 활동에 기반한 선교를 시작하였다. 이 시기 기독교 또한 스크랜턴 선교사를 통해 1888년 마포인근 애오개에 선한 사마리아인의 병원(Good Samaritan Hospital)을 세우는 등 선교를 위한 사회복지활동을 확산시켜나가고 있었다.

해외선교사를 중심으로 한 사회복지의 태동과 다른 축으로 대한제국의 위태로운 현실과 독립협회 해산 등으로 혼란을 겪던 사회분위기를 일신하고 민족운동체를 조직하기 위한 우리 민족의 다양한 노력들이 있었다. 1899년 개화청년이 추축이 되어 개화자강(開化自强)을 YMCA 운동을 통해 실현하고자 하는 열정이 세계YMCA에 전달되었으며, 1903년 황성기독교청년회(현 서울YMCA)가 창립되었다. 황성기독교청년회는 다양한 체육 및 클럽활동, 실업(직업)교육, 외국어 교육 등 청년(주민)조직화 운동 및 집단활동을 실시하였다(서울YMCA 홈페이지, 2015). 이는 흥사단을 비롯한 많은 국내 자조직에도 영향을 주었다.

1921년 서울 종로에는 최초의 사회복지관으로 알려진 태화여자관이 마의수(miss Mamie D. Myers)를 초대관장으로 하여 세워지게 되었다(태화종합사회복지관 홈페이지 자료). 태화여자관은 여성과 아동을 대상으로 태화유치원, 태화여학교, 성경학교, 야학반, 아동보건사업, 공중위생사업 등을 실시하였다(태화기독교사회복지관 홈페이지, 2015).

이 시기의 활동들은 흥사단 등 소수의 민족운동단체들을 제외하면 대부분 선교사들에 의하여 주도된 측면이 강하며, 사회복지의 개념도 미약한 시기라고 할 수 있다.

해방 이후, 한국전쟁으로 인하여 전쟁고아, 과부, 상이자 등이 대규모로 발생하게 되었다. 따라서 국제연합(UN)을 통하여 여러나라의 국제사회복지단체들이 직・간접적으로 한국을 지원하게 되었다. 이 활동의 중심은 유엔 민사협조단 등으로 불리던 주한유엔민간원조사령부(UNCACK, United Nation Civil Assistance Command, Korea, 전신은 민간원조사령부 CAC)가 있었다(김학재, 2009). 이들은 도별 보건복지팀을 창설하고, 전쟁피해를 조사하며, 건강 · 복지 · 위생 등 긴급구호물품을 제공하였다(김학재, 2009). 미8군사령관 워커와 이승만 대통령은 UN보건복지파견대(The Public Health & Welfare Detachment)를 조직하였으며, '유엔사령부의 군사적 목적의 달성을 위해 특히 질병과 기아, 사회불안을 예방하고 남한과 북한지역의 부흥과 재건을 위해 8군의 민사기능을 지도하고 감독하는 역할'을 수행하였다(김학재, 2009).

다른 한 축으로는 민간에 의한 전쟁원조 활동들이 태동하고 있었다. 밥 피어스(Bob Pierce) 목사는 죽어가는 수많은 어린 생명들을 살릴 수 있는 전문구호기관의 필요성을 절감했다(월드비전, 2015). 밥 피어스 목사는 1950년, 미국 오리건주의 포틀랜드에 한국전쟁을 구호하기 위한 목적으로 사무실을 개설하고 후원모금을 시작하였다. 그리고 한경직 목사와 함께 한국의 전쟁고아들과 남편 잃은 부인들을 돕기 시작하였으며, 이는 월드비전(World Vision)의 모태가 되었다(월드비전 홈페이지).

1953년 영국, 미국, 캐나다, 스웨덴 등의 해외아동구호재단(Save the Children Fund)이 한국전쟁으로 인해 긴급한 도움이 필요했던 한국에 지부(현 세이브더칠드런코리아)를 설립함으로 한국에서의 아동구호 사업을 본격적으로 시작하였다. 당시 한국 내 유일한 아동전문 구호기관으로서 기아와 질병 발생을 막기 위한 보건센터를 부산에 건립하고, 적십자 병원 내 어린이병동을 운영하며 간호사와 의사를 훈련하였다(세이브더칠드런 홈페이지).

한국전쟁 기간 중 UN의 요청으로 1952년 3월, 당시 임시수도였던 부산에서 외국원조단체(외원단체)들이 모혀 한국외원단체협의회(KAVA, Korea Association of Voluntary Agencies)를 결성하였다. KAVA 소속 원조기관들은 기독교아동복지회(현 어린이재단), 메노나이트중앙재단(현 가정복지회), 선명회(현 월드비전), 스웨덴아동구호현맹(현 한국아동복지회), 양친회(현 양친사회복지회), 캐나다유니테리언봉사회(현 한국봉사회), 태화복지재단, 한국지역사회복리회(현 세이브더칠드런), 홀트아동복지회 등이었다.

한국전쟁으로 인해 우리 나라는 커다란 위기를 경험하기도 하였지만, 이를 극복하는 과정에서 많은 국제사회복지기관의 도움을 받았다.

1970년대 후반부터 경제개발에 따른 대한민국의 성장으로 인해 해외의 사회복지 원조기관들은 점차 철수하기 시작하였으며, 한국내 사회복지조직들은 자립화를 본격적으로 추구하게 된다. 우리나라는 1990년대를 기점으로 해서 수혜국(Recipient country)에서 신흥 공여국(Emerging donor country)으로의 발전하였다. 정부가 주도하는 활동은 한국국제협력단(KOICA : Korea International Cooperation Agency)을 통하여 진행되었다. 민간의 국제사회복지 활동은 개별적으로 다양하게 이루어졌다.

민간조직의 국제사회복지활동의 참여는 증가하고 있는 추세이다.[12)] 국제개발민간협의회(전 한국해외원조단체협의회)는 2000년에는 회원단체가 30여개에 불과하였으나, 2011년 2월에 72개, 2013년에는 104개, 2023년에는 135개 단체가 회원에 가입하는 등 규모가 점차 커지고 있다(국제개발민간협의회 홈페지이).

현재 한국에서의 해외원조활동은 공공기관 뿐만 아니라 민간단체들의 참여 규모와 예산이 매우 빠른 속도로 증가하고 있는 상황이다. 또한 원조대상 국가도 아시아 및 아프리카를 넘어 전세계로 확장되고 있다. 특히, DAC 회원국으로 그 책임을 수행하기 위한 정부도 지속적으로 ODA예산을 늘려 가야하기 때문에 INGO와의 협력과 의존은 크게 증가할 수밖에 없을 것이다. 사회복지계에서는 이러한 시대적 흐름에 맞추어 다양하고 성공적인 해외사회복지와 지역복지실천 성과들을 제시하고 모델을 제안하여 글로벌사회복지의 선구적 역할을 해야 할 것이다.

12) 그동안 한국의 국제협력사업을 주도하여 왔던 INGO 중 월드비전, 세이브더칠드런 등과 같이 오랜 역사와 복지활동을 주로 해왔던 INGO는 보건복지부에 등록되어 있다. 반면에 지구촌나눔운동, 유니세프한국위원회 등 비교적 후발주자로 국제협력사업에 참여한 INGO들은 외교통상부에 등록되어 있다. 많은 INGO들도 자신들의 설립 목적과 방향, 활동 내용 등에 따라 주무정부부처도 다르다.

CHAPTER 14

지역사회복지 운동의 이해

1 지역사회복지 운동의 개념과 의의

1) 사회운동과 지역사회복지 운동

사회운동의 범위는 매우 넓다. 일반적으로 계급사회가 해체되고 자본주의 사회가 본격화되면서, 사회(공통)적 욕구나 문제를 자발적으로 해결하려고 집단행동으로 포괄적으로 정의할 수 있다.

미국 사회학의 전통에서는 사회운동을 조직화의 수준이 매우 낮은 군중행동을 포함한 사회심리학적 집단행동론에서 다루어왔고, 유럽 사회학의 전통에서는 조직화의 수준이 높은 혁명운동과 같은 것을 다루고 있다. 허벌(Rudolf Heberle)은 이러한 경향의 중간을 취하여 사회운동을 폭동집단, 대중이나 군중보다는 통합되어 있고 지속적이나, 정치적 클럽이나 결사체만큼 조직화되어 있지 않은 것으로 보고 있다(이시재, 1988).

허벌(1968을 이시재, 1988에서 재인용)은 사회운동에서 가장 중요한 것은 소속감과 연대, 즉 집단의식이며, 이러한 집단의식은 활발한 참여를 통해 형성되며, 다양한 사회심리적 특성을 갖게 된다고 보았다. 결과적으로 사회운동은 사회적으로 공유된 변화의 요구라고 정의하였다. 자본주의 경제위기의 반복과 양극화, 세계화, 기후 위기 등의 사회적 변화로 인해 사회운동의 영역은 사회적 모순의 해결을 위한 폭력적 운동[1]에서부터 일상의 환경보호와 안전을 추구하는 소

1) 2022년 11월 급진적 환경운동가들은 이탈리아 밀라노에 위치한 문화공간에 전시된 저명한 아티스트 앤디 워홀의 BMW M1 아트카 전시장을 방문하여 8kg의 밀가루를 뿌리고, 자신의 신체에 접착제를 발라 전시장 바닥에 붙여 시위를 벌였다.

비자운동이나 녹색어머니회까지 계속해서 확장되고 있다.

한국의 사회운동은 1960년 4·19 학생혁명 이후 정치·사회적 민주화를 지향하며, 학생운동, 노동운동, 인권운동 등으로 다양하게 확장하였다(이시재, 1988). 1969년 연세대학교 도시문제연구소에서 도시선교회를 운영하면서 제1기 주민운동 교육을 실시하고, 참가자로 하여금 서울 각지 판자촌 등 빈민거주지역에서 주민조직활동을 시작한 것을 초기 기록으로 확인한 최초의 도시빈민운동이었다(박재천, 2001). 1970년에는 빈민탁아운동이 시작되고(이영환, 2005), 또한 사회복지와 연관해서 크리스찬 사회행동협의회가 1971년 결성하여 도시빈민을 위한 지역사회복지 운동을 본격적으로 전개하기 시작하였고, 서울가톨릭사회복지회도 1976년에 출발을 알리며 빈민지원 활동을 다양하게 시작하였다.

1987년 6월 민주화 항쟁과 노동자 대투쟁(7~9월)으로 대통령 직선제가 처음으로 도입되면서, 권위주의 독재체제에서 민주주의 체제로의 전환과 함께 사회운동이 확대되었다. 이 시기에는 여성단체연합, 경실련, 참여연대 등이 출범하였다. 이의 영향으로 생활과 복지에 대한 요구와 관심도 점차 커지며, 1990년대 전후한 시점으로 사회복지운동이 본격화되었다(이영환, 2005).

사회복지운동의 본격화에 대하여 이영환(2005)은 정치적 민주화로 인해 사회복지를 포함한 생활상의 욕구와 문제가 중요시되면서 환경문제, 소비자 문제 등 시민들의 재문제를 다루는 시민운동이 확대되었고, 지역적 특수성을 반영한 지역운동도 촉발되었다고 보았다.

1960년대부터 시작되어 1980년대 더 강렬해지는 강제 철거에 항쟁하는 도시빈민의 생존권 투쟁은, 쿠데타로 탈취한 전두환 정권에 의한 '복지사회 건설' 및 노태우 정권의 영구임대주택 보급 확대[2]와 맞물려 사회복지의 확대에 기여하며, 사회적으로 '사회복지 욕구'의 인식이 확대되는 계기가 되었다. 또한 장애인 대학 입학 거부(1980년 영남대 약대), 법관 임용 탈락(1982년)에 대한 소송과 장애인

기후위기로 수천명의 사람들이 죽어가는데 사람들이 무관심한 현실을 비판하며 벌인 일이다. 이외에도 독일, 영국 등에서 유명 작품에 토마토 스프나 으깬 감자를 던지거나 작품 테두리에 손을 접착제로 붙이는 행위들을 하였다. 오토헤럴드, 2022. 11. 23자 기사. '얼떨결에 명작의 반열, 기후 운동가 BMW M1 앤드 워홀 아트카에 밀가루 세례'.

2) 영구임대주택 세대수에 비례하지만, 통상 1개의 단지에는 1개의 사회복지관이 운영된다.

권리찾기로 이에 대한 인식이 확대되면서 장애인문제연구소(현 장애우권익연구소, 1987년 설립) 등의 활동도 확대되었다. 또한 학생운동 출신이 중심이 된 빈민지역 아동을 위한 보호활동을 하는 지역사회아동교사회(현 한국보육교사회, 1986년 설립)도 시작하였다.

이 시기는 사회복지운동으로서의 인식보다는 사회운동적 성격이 강하였으며, 1980년대 말부터 여성, 장애인, 빈민, 아동 등 다방면에 걸쳐 사회복지와 관련된 운동이 크게 증가하기 시작하였다. 그러나 여전히 주류 사회복지계는 지역사회복지 운동과 거리가 있었으며, 심지어 "예산도, 공간도, 인력도 다 있는데, 마인드만 없다."는 비판도 받았다.

사회적으로 다양한 사회운동이 폭발적으로 증가하였는데, 1990년대부터 지역사회기반 청소년 문화복지 운동, 사회복지관의 주민조직화 및 마을공동체 사업, 장애인 등의 인권을 위한 권리향상 운동 등 다양한 형태의 사회복지운동이 태동하였다. 또한 2000년대 들어 빈민운동은 새로운 도전에 직면하였다. 빈민지역 철거 등 이슈에 대응하는 빈민운동이 줄어들면서, 일용건설노동자, 노점상 등의 빈민들을 중심으로 일상적인 주민자치조직을 건설하는 활동과 최저생활 보장이나 의료보험, 실업 등 사회보장에 대응하는 조직 활동이 증가하였다. 이에 빈민지역을 근간으로 했던 빈민운동 조직 및 활동가들은 이제 "지역주민운동"이란 명칭 하에 보다 주민자치를 지향하는 운동으로 그 위상을 재정립하였다(이호, 2001).

1994년 참여연대 첫 사무처장을 맡으며 시민운동에 투신한 박원순은 아름다운재단, 희망제작소 등을 설립하고 해피빈의 출범, 이라크파병 반대 등의 사회운동을 하였다. 그는 2011년 서울시장에 당선되면서 오세훈 시장때 4조원대였던 복지예산을 세배 이상 증가시켰다. 그리고 찾아가는 동주민센터 사업을 포함하여 마을공동체 지원사업을 본격적으로 진행하며, 사회복지관의 마을지향복지관 사업을 적극적으로 지원하였다.

서울시의 전폭적인 지원으로 시작된 마을중심의 사회복지 실천 영향은 문재인 정부까지 이어서 마을공동체와 주민조직, 풀뿌리 민주주의의 가치를 전국적으로 확장시켰다. 또한, 녹색가게, 마을도서관, 공동육아, 생활협동조합 등의 지역사회를 기반으로 한 사회복지와 관련된 운동들이 활성화되는 과정이었는데, 이들은 참여 주체의 사회적 위치나 운동 의식 등은 천차만별이었다. 그러나 모두가 마을공동체 혹은 마을만들기를 하고 있다고 인식할 정도로 주민주도 지역참여의 공식을 구체화하고 정착시키는데 크게 기여하였다. 특히, 2012년 시행된 '서울특별시 마을공동체 만들기 지원 등에 관한 조례'를 통하여 마을공동체 지원사업을 제도화하는데 성공하였다.

윤석열 정부와 오세훈 서울시장은 마을공동체 지우기에 몰입하였고, 서울시의 다수당을 차지한 국민의힘에서 마을공동체 만들기 지원 조례를 무력화하고, 관련 지원 예산을 모두 끊어버리고, 청소년들 문화 활동까지도 막아버릴 정도로 과민하게 반응하였다. 이에 마을공동체 관련 조직들은 새로운 돌파구를 마련해야 하는 상황이고, 서울시의 사회복지관은 주민 밀착형 사회복지로 전환하면서 새로운 지역복지운동의 실천을 모색하고 있다.

사회복지운동과 지역사회복지 운동은 매우 밀접하게 연결되어 있다. 전국 단위의 사회복지운동을 하는 조직은 주요 이슈와 아젠다(agenda)가 전국적인 영향력을 미치는 영역에 집중한다. 그러나 시민의 참여와 지속가능한 활동을 위해 조직화를 해야 하는데, 이 때 지역별, 분야별 풀뿌리 조직화가 중요하게 다루어지기 때문이다. 또한 지역사회복지 운동은 일상의 주민의 관심과 욕구, 예로 아이 잘 키우기, 안전한 생활환경와 같은 영역에서 출발하지만, 이를 확대한다면 결국 거시적인 정책들과 연결될 수밖에 없다. 그렇기 때문에 지역사회를 기반으로 한 사회복지운동과 거시적 사회복지운동은 상시적 협력 관계를 만들었을 때 더 큰 변화의 힘을 만들어 낼 수 있게 된다.

2) 사회복지운동의 개념과 특징

사회복지운동은 '사회복지 발전을 목표로 하는 사회운동'으로 목표로서의 사회복지 발전과 수단적 노력으로서의 사회운동의 조합으로 광위적으로 볼 수 있다(이영환, 2005). 특히, 수단적 노력은 대체로 주민운동, 주민 조직화를 통해 이루어지게 되는데, 관련 내용은 앞서 살펴본 지역사회복지의 실천기술 Ⅲ에 담았다.

사회복지운동에서 사회복지는 다소 참여주체의 광의적 특성이 나타난다. 아직 한국사회에서는 진보적 사회복지운동의 비중은 장애인 영역을 제외하고는 크게 부각되지 않는 듯 하다. 이러한 한계를 고려하여 우리의 사회복지운동이 갖는 특징적 요소들을 살펴보면 다음과 같다.

① **목표로서의 사회복지 지향**(이영환, 2005). 사회복지라는 요소가 운동의 목적을 제시하고 있다. 사회복지 개념을 소극적으로 볼 때에는, 자신의 힘으로 최소한의 문화적이고 건강한 삶을 영위하기 어려운 개인, 집단, 가족에 대한 사회적 원조로서 최저생활의 보장이나 사회문제의 예방과 치유 가튼 목적들이 부각된다. 적극적인 측면에서는 모든 국민의 삶의 질이 건강하고 문화적으로 향상되고, 나아가 보다 평등하도록 하는 광범위한 사회적 노력을 포괄한다.

② **공통의 삶의 위기 및 욕구의 해결**. 특정 조직을 제외하면 사회복지운동 대다수는 지역사회와 주민참여에 기반을 두고 이루어진다. 그렇기 때문에 주민이 경험하는 공통의 생활위기를 부각시키고, 교육을 제공하여 인식의 변화를 꾀하고, 참여를 독려하여 주민이 자신의 욕구를 자각하도록 돕는다. 그러나 사회복지운동은 다른 차원의 요소들을 갖는다. 품의 '십만원 프로젝트는' 우리 사회에 만연한 성공 중심, 경쟁 중심의 기성세대와 사회의 억압 기제에 반발하고, 이것이 청소년 문제의 보다 근본적 원인으로 청소년의 무기력, 소외, 배타성을 키우는 결과를 초래한다고 보았다. 그리하여 청소년의 실패할 자유, 자신의 욕구를 마음껏 표현할 자유를 표방하며 청소년들의 참여와 조직화를 이루어가고 있다. 이와 같이 사회복지운동은 표면적 욕구나 문제를 넘어서 본질적인 문제의 해결을 추구하는 것을 지향한다.

③ **공공선에 기반한 기존의 정신적, 물적 수준에 대한 변화의 추구**. 사회운동도 공공선(public good)을 추구하는 활동을 목적으로 한다(이영환, 2005). 즉, 주

민들의 사적 욕망이나 이해관계의 이익을 추구하는 것이 아니라, 공공의 이익을 추구하는 활동을 하기에 사회적 과업(social work)으로서의 가치를 갖는다. 공공선을 어떻게 규정하는가는 운동조직의 정체성과 밀접한 관계가 있으며, 운동에 참여하는 사람들의 동조와 결속을 끌어내는 근본적인 기준이 된다. 그 가치와 기준, 특히 방법론은 다르지만, 인간의 존엄성, 즉 인간을 목적으로 대하는 가치에서만은 동의하는 것으로 보인다. 이는 사회복지운동의 장점이자 단점으로 지적될 수 있는 회색지대 같은 요소이다. 즉, 장애인이동권연대의 지하철 탑승 운동으로 인한 운행 지연에 대한 사람들의 평가가 엇갈리는 것과 같은 것이다. 사실 휠체어 장애인 다수가 탑승하는 것만으로 정상적인 지하철 운행이 불가능해지는 상황의 심각성을 문제 삼는 것도 필요하고, 성숙한 시민의식도 중요하지만, 일부는 지각, 기다림의 불편함으로 인해 반대 의사를 표명하기도 하다. 그러나 청소년의 문화활동을 촉진시키거나, 어린이 통학 안전을 위한 활동에 대해서는 그러한 엇갈림이 적다. 이는 공동선을 어떻게 합의하고 수용하고, 성숙한 시민의식을 만들어 갈지가 중요함을 의미한다.

④ **조직적이고 집단화된 지속적 행동.** 사회복지운동은 일차적으로 주민조직 또는 회원조직에 의하여 이루어지며, 이들은 소속감, 연대의식과 같은 집단의식과 같은 응집력을 가진 구성체가 된다. 사회복지운동 조직은 끊임없이 회원 운동을 추진하고, 회원을 교육하여 의식적 공감대를 이루고(의식화), 지속적 참여와 후원을 이루기 위해 노력한다. 이차적으로 사회복지운동의 해결 대상이 되는 문제나 욕구는 개인적 차원의 노력으로는 해결되기 어려운 경우가 대다수이다. 다수의 결집된 목소리가 지역사회를 움직이고, 정치권을 움직이고, 제도를 개선하는데 더 강력하다. 그리고 그 과정은 단시간에 해결되기 어렵고, 오랜 시간과 노력을 집단적으로 투입했을 때 더 가능성이 높은 과정이다. 즉, 사회복지운동의 목표를 달성하기 위한 중요한 요소로서 지속적이고 집단적인 구성체를 유지하는 것이다.

⑤ **자발적이고 자율적 활동.** 관악사회복지의 청소년 자치조직인 '햇살'이나 품청소년문화공동체의 청소년 활동가의 경우 자율적이고 자발적인 주체성을 가진 모습이 '일상'이다. 학교에서 시켜서 하는 자원봉사를 하려고 온다면 이들은 거절한다. 자신이 갖는 고민과 문제를 풀어내고 싶고, 해결하는데 방법을 잘 모르는 청소년을 중심으로 청소년 자치조직을 구성하고, 지원하기 때문이다. 즉, 자기선택권이 아닌 자기결정권을 누리게 하는 성장과 참여 과정을 만들어낸다. 그럴 때 비로서 당사자는 주인으로서 의식을 가지며, 자기 문제와 동일시된 타인의 문제에도 관심을 갖고, 해결의 주체로 나서게 되는 것이다.

⑥ **비당파성, 비정부성, 민간주체성**(이영환, 2005). 비당파성의 의미는 사회복지운동은 일반적으로 특정 정당에 예속되지 않는 것이다. 특정 사회적 이슈에 따라 지원하거나 배척하는 정당이 생길 수는 있지만 항시적이지 않으며, 독립적인 운동체로서의 성격을 갖는다. 예외적으로 유럽, 특히 독일의 녹색당 같은 경우는 사회운동과 정당운동을 병행하기도 하고, 특정 정당의 정당 활동을 위한 사회복지운동 조직이 어용적으로 만들어지기도 한다. 비정부성은 주민(시민)에 의한 자주적 조직으로서 사회적 약자의 편에서 권력에 대항하고, 견제하고, 재분배를 추진하는 활동을 많이 하기에 정부와 대척점에 설 경우가 적지 않다. 정부에 예산을 의존하거나 종속된 일부 협의회 같은 조직을 사회복지운동체로서의 가치와 존중을 인정하지 않는 이유이다. 그러나 정부와의 파트너로서의 역할은 점차 중요해지고 있으며, 지방자치에 관여하는 경우가 의도적, 비의도적으로 점차 더 많이 발생하고 있다.

2 한국의 사회복지 운동 및 지역사회복지 유형

한국의 사회복지 운동 및 지역사회복지 운동은 다양한 유래와 뿌리들을 가지고 있다. 그 중 대표적인 유형을 활동 주체에 따라 살펴보고, 이호(2001)의 내용을 중심으로 다른 유형을 살펴볼 것이다.

1) 활동 목적에 따른 유형[3)]

(1) 사회보장 및 제도 개선을 위한 참여 운동

1987년에 여성단체연합[4)] 1989년에 경실련(경제정의실천시민연합), 1994년에 참여연대[5)], 등이 설립되면서 전국적 단위의 사회복지와 관련한 정책개선 및 사회변혁을 위한 시민운동이 본격적으로 시작되었다. 이와 유사한 사회복지운동조직으로는 대구의 우리복지시민연합(1995년 발족)[6)], 천안복지세상(1998년 발족, 현 복지세상을 열어가는 시민의 모임)[7)], 경기복지시민연대(1999년 창립)[8)], 서울복지시민연대

3) 본 유형에 기재된 사회복지운동 조직은 저자 관점에서 대표적으로 인식된 일부만 기재한 것이다. 또한 거시적, 정책적인 전국 규모의 사회복지운동과 지역사회를 기반으로 하고 있는 지역사회운동을 함께 정리한 것이다. 그렇기 때문에 경우에 따라 이 둘의 범위가 모호하거다 섞이게 되는 상황들이 있음을 유의하기 바란다.

4) 1984년 여대생성추행 사건 대책협의회부터 시작했던 연대모임이 1987년 공식으로 출범하면서 구테타로 집권한 전두환의 장기집권 야욕에 반대운동을 추진하고, 남녀고용평등법 개정 및 여성인권을 위한 사회운동을 통하여 성장하였다. 여성을 억압하는 신자유주의에 저항하고, 다양성과 차이를 존중하고, 소통과 연대, 창조적인 지역 및 풀뿌리 여성운동을 지향하는 등의 상생화 평화 지양 운동을 펼친다.

5) 국민기초생활보장법(전 생활보호법 대체), 최저생계비 현실화 운동, 비닐하우스 주소지 찾기(주거취약계층 지원), 노후보장 국민연금개혁운동, 노령수당 제외 처분에 대한 공익소송, 복지동향의 발간을 통한 아카이브 등을 비롯한 다수의 정책과 제도 중심의 사회복지운동을 이끌고 있다.참여연대, 빛나는 활동 100 : 1994-2014 참여연대 10개의 주요활동 모음. 참여연대 홈페이지.

6) 대학동아리로 출발하여 대구지역 사회복지개혁을 위한 시민연대로부터 발전한 사회복지운동조직이다. 사회양극화와 빈곤문제를 해소하고 복지 공공성, 인권, 보편적 복지, 사회연대를 지향하며 지역사회를 바꾸는 구심체를 지향하여 대안사회복지운동의 확산을 추구한다.

7) 장애인 및 부모, 정신건강영역을 시작으로 참여예산 복지 네트워크조직, 청소년 및 여성 자치조직, 지역복지 운동을 연결하는 시민복지정책 모니터링 등 매니패스트(manifest) 영역의 시민정치 참여와 인권운동의 비중이 비교적 높은 사회복지운동체이다.

8) 에바다언어청각장애인 특수학교의 교장과 비리재단 퇴진 및 정상화운동(1996~2003)의 여론화를 위한 활동을 시작하였고, 국민기초생활보장 등의 제도 개선 활동, 주민참여예산제 활동, 매니패스트 등을 실시하고 있다.

(2007년 설립)[9] 등 복지연대 운동들이 이루어지고 있다. 이들과 함께 세밧사(세상을 바꾸는 사회복지사, 2012년 공식활동)[10] 등 다양한 단체들이 활동하고, 어린이병원비 국가책임제 도입 등 상당한 정책 개혁의 성과들을 만들어가고 있다.

천안복지세상, 경기복지시민연대, 서울복지시민연대는 보편적 복지를 위한 사회변화를 중요하게 추구하지만, 지역성이 다소 강하고 활동범위가 넓은 지역사회복지운동 조직으로 볼 수 있다. 참여연대, 경실련 등도 보편적 복지를 위한 사회변화를 중요하게 추구하지만. 특정 지역보다는 전국 단위의 사회복지운동 조직으로 볼 수 있다.

(2) 당사자주의에 입각하여 권리와 참여를 강조한 운동

1991년 시작한 '품'청소년문화공동체[11]로 강북구와 네팔에서 문화복지운동을 추진한 청소년단체로, 온전하고 자유롭고 독립적인 청소년과 청년을 위한 NGO 계열의 지역사회 기반 복지운동단체이다.[12] 청소년 자원활동과 지역 차원에서의 의료조합 등 사회복지 네트워크를 만들고있는 관악사회복지(1995년 개소)[13], 장애인 이동권 향상에 크게 기여하고 있는 전국장애인이동권연대(2001

9) 서울의 복지발전을 위한 시정 모니터링, 예산 감시활동, 복지현장의 자정 활동, 복지국가 담론 확산, 진보적 복지운동의 프로파간다 역할을 수행하며, 서울의 복지발전을 위하여 다양한 세력들과 연대하고 소통한다.

10) 어린이 무상의료 도입, 기초연금 확대 등 보편적 복지국가를 이루기 위한 사회복지를 사회복지사답게 실천하고자 하는 사회복지운동 단체이다. 사회구조적 문제의 개혁을 위해 사회복지사선서에서 표명한 인권홍호자, 사회정의 심판관, 공익수호자로서의 역할을 자처하며 정의, 인권, 평등, 연대, 민주주의에 기초한 보편적 복지국가, 사민주의 복지국가를 추구하는 운동을 하고 있다.

11) 품은 청소년이 주인되는 지역사회를 만드는데 기여하고 그 가시적 성과 또한 대단하였다. 그 중 하나는 코로나 시기 이전에, 매년 가을 추락기획단이 이끄는 지역축제 '추락'이다. 추락은 연예인 한명 없는 지역축제이지만, 4~5천명 이상이 방문하고, 즐기고 나누는 강북구의 대표축제로 자리잡았다. 그 힘은 청소년이 기획・진행하고, 품과 강북구청 그리고 지역사회 청소년 동아리와 주민공동체 조직들이 지원하는 말 그대로 지역주민에 의한, 지역주민을 위한, 지역주민의 축제이기 때문이다.

12) 품의 청소년들이 자발적 모금으로 만든 지하실의 청소년 자치 공간이 있었다. 박원순 시장이 방문한 후 서울시 지원으로 3층 건물의 '서울시동북권역마을배움터 숨'으로 새단장하여 5년여간 운영하였다. 그러나 2022년 당선된 오세훈 서울시장은 마을공동체와 마을사업 지우기를 시작하였고, 정성평가 미달이라는 미명하에 일방적으로 예산을 전액 삭감하여 위기를 초래하였다. 다행히 강북구에서 이 공간을 이어받아 강북구청소년센터로 다시 시작하고 있다. 숨에서 했던 '10만원 프로젝트'는 청소년의 실패할 권리, 자유롭게 욕망을 표현할 권리를 표방한 프로그램으로 지역사회 청소년들의 커다란 환영을 받았고, 많은 청소년단체에 영감을 제공하였다.

13) 1990년 이후 관악구 난곡 재개발사업으로 인해 요구되는 지역운동의 대중조직화를 추구하였다. 주민 스스로의 합법적 조직을 만들고, 지역 신뢰성 및 재정을 확보하고, 지역의 복지전달체계의 구심체를 이루고자 시작하였다. 풀뿌리 주민의 삶의 현장에서 주민이 주인되는 사회를 만들고자 한다.

년 발족)[14] 같은 조직들이다.

품청소년문화공동체, 관악사회복지 같은 경우는 지역사회를 기반으로 하는 지역사회복지 운동의 특성이 주가 된다. 전국장애인이동권연대는 거시적인 정책 변화를 지향하며 사회복지 운동의 특성이 주가 된다.

(3) 사회복지관을 중심으로 한 주민운동

1996년 2월 개관한 녹번종합사회복지관에서 그해 봄부터 기획하고 시작된 주민 조직화사업으로, 지역사회조사와 지역공청회를 통해 모집한 주민들이 중심이 되어, 환경운동을 학습하고 '아나바다'운동을 통한 녹색가게 운동[15]을 시작하였다. 이는 사회복지관에서 주도한 첫 지역사회복지운동[16]으로 추정된다.

1997년 주민운동을 모태로 시작한 방아골종합사회복지관도 1999년 볼론토피아 운동과 지역축제를 통한 지역사회 주민 참여조직 육성을 시도하였고, 지역복지기관 뿐만 아니라 NGO들과의 네트워크를 통한 지방자치 운동은 물론 직원들부터 지역사회조직화 연구와 실천을 통한 마을만들기를 적극적으로 진행하면서 주민 임파워먼트와 참여에 의한 신명나는 지역복지의 성과들을 만들었다.[17]

경기도의 부천동종합사회복지관(전 춘의종합사회복지관)은 2000년부터 살기좋은 마을만들기 사업을 추진하면서, 주민의 역량강화와 주체의식을 키워 함께 마을의 공동체성을 키우고 마을의 주인을 만들어 가는 사업을 진행하였다. 사

14) 장애인이동권연대는 장애인의 안전한 지하철 등 대중교통 이용을 위한 장벽 없애기(barriers free) 및 법적 제도적 개선, 시민들의 인식개선을 포함한 장애인의 이동권(access rights) 확보에 노력하고 있다.

15) 아나바다는 아껴 쓰고, 나눠 쓰고, 바꿔 쓰고, 다시 쓰고의 줄임말이다. 녹색가게는 녹번종합사회복지관 2층에 넓은 공간을 마련하여 옷을 중심으로 여러 가지 생활용품을 기증받거나 바꿔가고, 재가복지 서비스를 받는 분들에게 쿠폰도 제공하는 활동을 하였다. 녹색가게 운영위는 여기서 생기는 상당한 수익금을 배정하고 사용할 권한을 전적으로 가지고 있었으며, 주민교육과 조직화 활동을 주도하였다.

16) 일제 강점기 시대의 태화여자복지관(1921년 개관)의 활동 자체가 일제 관점에서는 사회운동이자 복지운동으로 볼 수 있다. 그러나 지역주민 주도성에 근거한 운동적 관점에서 접근했다고 보기는 쉽지 않다.

17) 방아골종합사회복지관의 지역복지운동은 ① 지역조직화, ② 주민(클라이언트) 참여와 주체 세력화, ③ 다양한 연대와 네트워크 구축과 강화, ④ 지역사회 복지정책 생산과 감시, 캠페인, ⑤ 사회복지사와 종사자 노동조건 개선을 지향하였는데, 당시에 노동조건 개선을 포함한 것은 복지현장에서 다소 특이한 사례였다. 특히, 방아골종합사회복지관 연구획팀(2007), 신명나는 마을 만들기, 인간과복지. 이 도서는 기록의 중요성을 일깨워 주는 중요한 자료이다. 많은 사회복지관의 지역운동 자료들이 세상에 드러나길 기대한다.

회복지관에서의 마을만들기, 마을공동체활동은 박원순 시장으로부터 촉발하여 크게 확산하였으며, 주민밀착형 사회복지관으로 변화 중에 있다. 이들은 지역사회에 기반한 지역사회복지 운동의 유형으로 볼 수 있다.

(4) 도시빈민을 중심으로 시작하였던 사회복지운동

1976년 서울가톨릭사회복지회에서 시작한 도시빈민 지원사업은 1980년대 신림지역의 아동공부방(현 지역아동센터)을 포함하여 주민야학 등을 지원하였다. 지역사회탁아소연합(1987)를 통해 빈민아동보호 활동이 시작되었고, 개신교에서는 수도권도시선교위원회의 발전 형태로 1996년 11월 설립한 한국주민운동교육원(CONET)이 도시빈민 운동을 계승한 대표적인 조직이다.

이들의 실천 활동과 지원 영역은 주로 지역사회와 풀뿌리 주민 조직화이지만, 전국적 단위의 활동을 하는 특성을 갖는다. 그러나 대규모 임대아파트 공급과 사회복지관의 배치로 인하여 빈민운동의 전통적 개념은 크게 약화되고 자치적 관점의 주민조직화로 진화하고 있다.

(5) 사회복지사 및 예비사회복지사를 향한 운동

대표적으로 사회복지정보원은 1997년 제1회 사회사업대학생 정보화캠프로부터 본격적인 시작을 하였다. 사회복지 실천 현장의 대상화한 직접 서비스를 비판하며, 당사자주의를 표방하며 복지인의 휴먼 네트워크 구축(정보화캠프, 사회복지학습여행 등), 대학 가상(아카데미)복지관, 자연주의복지공작소[18], 단기사회사업 등을 통한 사회복지 현장을 변화시키려 하는 사회복지사 성장 지원 활동이다. 사회복지정보원엔서 교육받은 사회복지학도들은 현장 사회복지사, 사회복지 벤처, 대학교수 등으로 진출하였을 뿐만 아니라 철암어린이도서관을 포함한 시골사회사업이라는 한국적 복지실천의 장르를 개척하였다.

---

18) dewelfare.net을 참고하시오.

최근에는 사회복지사를 주축으로 한 협동조합이나 1인 사회복지사 기업들이 속속 등장하고 있다. 예를 들면, 즐거운사회복지궁리소협동조합은 현장과 동떨어진 사회복지 실천의 문제를 개선하고 즐거운 사회복지현장을 만들기 위한 민주적 운동체로서 협동조합을 만들고, 사회복지 전문 미디어인 웰페어이슈(welfareissue.com)를 통하여 사회복지 가치지향적인 여론 형성에 기여하고 있다.

(6) 사회복지사로 활동[19]하다 정치에 참여하는 사회복지사로서의 정치운동

빈민운동을 하다 성남시의회로 진출하거나, 사회복지관 관장 혹은 실무자 출신으로 구의회와 중앙정치로 진출하거나, 시민단체 위탁 복지관장으로 근무하다 시의회로 진출하거나, 사회복지관과 사회복지공동모금회를 거쳐 문재인 정부시절 행정자치부 주민복지서비스개편추진단장을 하는 등 다양한 사회복지사 출신들이 사회복지운동의 뜻을 품고 정치계에 참여하는 사례들이 많이 있다.

사회복지사의 정치적 참여는 상대 정당뿐만 아니라 당내 경쟁자로부터 늘 견제와 비판을 받는 위치에 있다. 또한 국회/지방자치단체 의원 또는 자치단체장에 당선되거나 관련 유관기관에서 내려가지 않는다면, 그 생명이 길게 유지되기는 어렵다.

2) 지역사회복지 운동의 패러다임 변화

십여년간 지역사회복지 운동은 초기 불평등, 억압, 배제에 대한 인권운동, 빈민운동을 중심으로 사회개혁적 관점에서 진행되었다. 그러다 IMF 경제위기를 통하여 지역성에 대한 중요성이 증대하였다(이호, 2001). 단순히 지리적 물리적 공간으로서의 지역을 넘어서 주민의 공유 공간이자 연대의 공간으로서 지역을 포함한다. 또한 지역성에는 주인으로서의 주민이 살아가는 공간을 표현한다.

19) 중앙일보의 2006년 6월 14일 기사 『사회복지사 '지방의원 등용문'』이라는 기사에 의하면, 2006년 사회복지사의 지방선거 당선자는 89명에 이른다. 전공자 포함시 214명이나 되었다. 2002년 38명의 당선자에 비하여 두배 가량 증가하였으며, 출마자의 44%가 당선된 것으로 나타났다. 지역주민과 밀착할 수 있는 장점은 정치적 참여에 더욱 유리하며, 지금의 숫자는 더 늘어났을 것으로 판단된다.

사회복지관은 주민을 단순히 대상자나 수혜자가 아닌 주민의 주체성을 강조하고 참여를 기대하는 협력적 관계로의 진화할 수 있는 가능성이 태동되었다. 또한 급격히 증가하는 인구로 밀집화 되어가는 도시문제, 주민 욕구의 폭증과 이에 대응하는 사회복지관의 급증을 통해 지역사회복지 운동의 가치가 수용되지는 않았지만, 사회복지를 위한 인프라가 구축되어가는 환경이 되었다. 특히, 소수의 사회복지관을 중심으로 시작한 주민 조직화와 지역주민 운동은 점차로 지역사회복지 운동에 대한 관심을 불러일으키고 있는 상황이었다. 우리복지시민연대를 비롯한 사회복지운동단체에 사회복지사들이 참여하기 시작하였고, 현장 사회복지의 선별적 접근을 극복하려는 노력들이 시작되었다.

2011년 이후 서울을 중심으로 사회복지 실천 현장에서 중요한 위치를 차지하고 있는 사회복지관과 마을공동체 또는 마을만들기의 만남은 지역사회복지 운동의 새로운 융합과 확장의 시대를 만들었다. 사회복지관의 사회복지사는 지역주민을 단순히 수혜자로 보는 관점을 벗어나고, 참여자와 당사자로 인정하기 시작하고, 주민 지원사업을 확대하였다.

초기에 인식이 부족했던 사회복지관의 마을지향복지관 사업은 일부에서 서울시의 지원조직(서울복지재단, 코넷 등)과 사회복지관 사이에 갈등과 어려움이 발생하기도 했다. 예를 들면, 강남구의 모사회복지관의 경우 마을만들기를 추진하는데 있어서 사례관리를 통해 전문가 중심으로 해야만 한다고 주장하다 자문위원들과 논쟁을 벌이기도 하였다. 주민의 주체성, 당사자성을 인정하기 어려웠던 당시의 모습이었다. 그러나 이들도 주민의 자발적 참여의 힘을 경험한 이후에는 적극적으로 마을만들기를 옹호적 분위기로 전환되었다.

사회복지운동은 최저생계비 보장 운동이나 장애인 접근권 확대 등 정책 개선 운동으로 확장되고, 주민 조직화 및 이를 지원하는 인큐베이팅, 협동조합운동 등도 더욱 많아지게 되었다. 지역사회에서는 도봉구, 강북구, 은평구 등을 포함한 여러 지역에서 지역사회 복지기관 및 NGO의 협력적 네트워크가 강조되고, 실제로 연대활동이 이루이게 되었다. 이로 인해 지역사회 축제나 공동의 협력사업들이 증가하게 되었다. 일부 지방자치단체에서는 마을공동체 조례를 만들어 관련 지원사업에 탄력을 불어 넣었다.

최근에 지역사회복지 운동은 새로운 위기에 직면하게 되었는데, 바로 선별적 복지주의자인 윤석열 정부와 오세훈 시장이 들어서면서이다. 서울시 차원에서는 마을공동체 조직화의 선도적 역할을 했던 서울시의 마을공동체지원조례를 무력화시키고, 관련 예산을 없애버리고, 부도덕한 집단으로 매도하면서 프레임 전환을 꾀하고 있다. 중앙정부인 행정자치부의 주민복지서비스개편추진단도 해체되면서 주민자치와 마을공동체를 지원하는 역할을 없애버렸다.

새로운 변화로 마을공동체를 포함한 지역사회복지 운동은 두 축으로 달라지는 것 같다. 서울시의 조례에 의한 재정적 의존도가 높았던, 도시재생을 비롯한 마을공동체, 주민조직화 그룹은 조례의 무력화로 새로운 생존을 모색해야 할 지경에 이르렀다. 사회복지관의 경우 마을 중심, 공동체 중심의 마을지향복지관이 아닌 새로운 형태로 지역사회조직의 형식과 내용을 갖추어야 하는 상황에 직면하였다. 수도권 외 지방도 집권 정당이 어디인가에 따라 크게, 작게 영향을 받을 수 밖에 없는 상황에 이르렀다.

3) 지역주민운동의 범주화

지역에서 주민들이 스스로 자신들의 삶의 질을 향상하고, 나아가 주민자치를 이루기 위한 부단한 활동에 대하여 이호(2001)는 정부의 정책 등에 대항하는 주민들의 집단저항에서부터 주민들의 공동체 형성을 통해 대안적인 주민자치의 사회를 건설하기 위한 활동까지 그 형태는 매우 다양하다고 진단하며, 3가지로 범주화하였다. 남일재・문영주(2019)는 제도 변화를 위한 노력을 하나 더 추가하였으며, 이에 4가지로 재구성하였다.

〈표 14-1〉 지역주민운동의 범주

분류	형태	장점	단점
외부자극을 통한 조직화	사안을 관철하기 위한 집단동원	- 대중적 - 대중적 정치력의 형성	- 일시적, 즉자적 - 사안이 끝난 이후에 주민조직의 지속성 유지가 어려움
프로그램 중심의 일상활동	주민대중과 함께 할 수 있는 다양한 프로그램 개발 및 운용	- 일상활동 유지가 용이 - 차분하고 다양한 주민교육이 가능	- 지역현안에 대한 구성원의 대처 미흡 - 주민 주체의 세력화 미흡
공동체 형성과 마을만들기	뜻이 맞는 이들끼리 모임운영	- 주민공동체의 대안제시 - 주민참여의 활성화 전제	- 고립성의 위험 - 대중적인 참여의 어려움 - 지역세력화 미흡
제도 변화를 위한 노력*	제도 개선을 통하여 지역사회 변화 추구	- 효율적인 성과 달성 - 성과의 지속성	- 주민 소외 - 전문가 중심 활동 - 주민참여와는 무관

출처 : 이호(2001), 2001 지역주민운동의 전망과 과제, 월간복지동향, 2월.
* 남일재 · 문영주(2019), 지역사회복지론, 양서원.

첫째 유형인 외부자극을 통한 조직화 활동은 쓰레기 소각장 건설반대운동이나 철거운동과 같은 주민들의 집단적인 저항을 통해 이루어진다(이호, 2001). 이에 쓰레기 소각장 반대투쟁을 경험했던 주민들이 지속가능한 주민운동조직을 건설하여 다양한 활동을 시도하고 있는 군포나 금호동의 철거민들이 임대주택 입주 후에 주민자치조직 또는 협동조합 활동 등으로 이어지기도 하였다. 외부자극을 통한 조직화는 대중적이고 정치력 형성에 유리하지만, 일시적, 즉자적인 특성에, 지속적인 주민 조직 유지의 어려움이 단점으로 보인다.

둘째 유형인 프로그램 중심의 일상활동은 저소득층 자녀들을 위한 공부방 활동에서부터 녹색가게의 운영, 주민도서실의 운영, 사회학교의 운영 등으로 다양한 이슈를 통해 이루어지고 있다(이호, 2001). 지역에서 수동적인 위치에 있던 주민이 개별적이나마 서서히 지역활동의 주체로 부각되는 성과들이 나타나고 있다. 특히, 마을공동체 지원이 확대되었던 지난 10여년간 마을 만들기로 성장하였다. 이는 일상 속 프로그램으로 진행되므로, 일상활동 유지가 용이하고, 차분하고 다양한 주민 교육이 가능해진다. 다만, 지역사회 현안에 대한 구성원의 대처가 미흡하고, 주민 주체 세력화가 어렵다.

셋째 유형은 공동체 형성과 마을 만들기이다(이호, 2001). 마을 만들기는 주민들의 자발적 실천 활동들도 확산되어가고 있다. 상당수의 사회복지운동에는 위의 요소들이 혼재되는 경우가 많다. 특히, 2000년대 이후 확장되며, 실제 구체적인 활동들이 많이 나타난 영역이다. 주민공동체의 대안으로 의미가 있으며, 주민참여의 활성화가 전제되어야 한다. 다만, 주민공동체 활동이 배타적일 경우 고립성의 위험이 있으며, 대중적 참여가 어렵고, 지역세력화의 어려움이 있다.

넷째 유형은 제도 변화를 위한 노력이다(남일재 · 문영주, 2019).

(2) 지역사회운동 조직들의 활동 전략

〈표 14-2〉 지역사회운동 조직들의 활동 전략

	장점	단점
주민 대변전략	• 개방적 • 공공적 성격 강함 • 효율적 조직활동과 실천 • 전문성의 전면적 부각 • 대안적 제도의 변화용이	• 대중사업으로서의 한계 • 주민들 자체의 영향력 강화에 미흡 • 의식화, 주민들의 직접 참여 미흡 • 대안적 공동체 비젼 제시 못함 • 정치 및 언론 영역의 정상화와 함께 위축전망
주민조직화 전략	• 주민들의 의식화 지향 • 주민들의 직접적인 영향력 강화 • 주민들의 참여 활성화 • 근본적인 사회변화와 대안사회의 비젼 제시	• 이해와 공공성의 갈등 • 변화의 속도가 느림 • 제도적 변화에 민감하지 못함 • 성과확인의 어려움

출처 : 이호(2001), 2001 지역주민운동의 전망과 과제, 월간복지동향, 2월.

전자의 "주민 대변전략"은 소위 "중앙"의 시민단체들이 주로 사용하는 전략이다. 이는 우리 사회의 문제를 개선하는 데에 효율적인 방법이며 널리 활용된다. 이에 지역에서 일하는 많은 지역운동단체도 이와 같은 전략을 기본적인 활동 방향으로 삼고 있다. 그러나 높은 효용성과 필요성에도 불구하고 이러한 활동 전략은 소위 "전문가"들 또는 소수의 활동가를 중심으로 이루어지는 문제가 있다. 이러한 활동 전략은 지역활동의 주체가 되어야 할 주민에게 계속해서 수동적인 모습을 요구하는 역효과를 낳기도 한다. 따라서 이러한 대변전략을 구사함에 있어서도 주민들이 주체가 될 수 있는 방법들을 고민해야 한다. 이는 전문가 주도성이 아닌, 일반 주민과 전문가들이 어떻게 수평적 연대나 네트워크를 형성할 것인가의 문제와 연결된다.

주민조직화 전략은 지역사회 주민운동처럼, 주민들이 지역사회의 주인으로, 지역활동의 주체로 나서도록 하는 운동이다. 그러나 이는 단기간의 활동으로는 가시적인 성과를 거두기 힘들다. 또한 사회적으로 그 성과를 과시하기도 힘든 활동이다. 그러나 이 사회를 가시적으로 변화시키는 일은 주민의 주체적인 활동을 촉진하고, 주인의식을 확대시키는데 도움이 된다. 따라서 어떠한 과정을 통해서 누가 이러한 변화를 이끌어 내는지를 살펴야 한다. 주민자치는 효율성 차원에서 다룰 수 있는 문제가 아니기 때문이다.

3 지역사회복지 운동의 성장 과제

지역사회복지 운동은 소수의 활동가와 다수의 회원으로 구성된 단체의 형태가 적지 않다. 회원의 다수는 정기적인 회비를 내고, 여러 활동과 교육 등에 참여하며, 자신들의 세를 보여주는 행사에 참여한다. 이들의 활동은 관망자들에게 영향을 미쳐 참여를 유도하며, 자원활동가 수준으로 참여하기도 한다.

지역사회복지 운동을 주도하는 단체의 경우 안정적인 예산 및 실천 역량의 확보, 미래를 위한 운동의 차세대 리더 양성, 상근 활동가의 안정적 근무 환경 확보 및 새롭게 변화되는 이슈와 사회적 요구에 맞춰 운동 패러다임 혹은 실천 역량의 전문화, 운동의 가치에 동조하고, 인식이 변화된 일반인의 참여 확대, 정책 및 사회변화를 이끌어내지 못하는 상황에 대처하기 또는 장기적이고 효과적인 운동의 실천력 구축 등 여러 가지 어려움에 직면해 있다.

1) 지역사회복지 운동을 이끌어갈 사회복지사의 중요성

지역사회복지 운동의 과제 중 가장 중요한 것은 좋은 역량과 가치를 갖춘 '상근 활동가'를 항시적으로, 충분히 확보하는 것이다. 지역사회복지 운동가에 요구되는 전문적 역량을 키울 수 있으면서 사회복지 가치에 대한 도전의식을 갖춘 사회복지사의 참여가 필요하다. 사회복지계에서도 저임금, 과노동, 불안정 직군에 속하는 지역사회복지 운동조직의 상근 활동가에 지원하는 이들이 점차로 줄어들고 있는 경향이 보이기 때문이다. 과거에는 사회복지계 전체가 저임금에 과노동의 이직율이 높은 직업군이었다.

사회복지 처우개선 운동의 결과로 사회복지사의 근무조건이 크게 개선되면서 과거에 비해 이직율도 크게 낮아지고, 급여 등의 처우도 노동자의 중간 급여 이상으로 올라가는 등 좋아지고 있는 상황이다. 또한 장기적 활동이 성과로 연결될 가능성이 높으나 군소조직들을 포함한 사회복지 운동조직의 이직율은, 객관적 통계는 없으나 구인 게시판에 올라오는 모습을 보면, 과거와 유사하거나 더 어려워진 것으로 보인다. 그나마 은퇴한 현장 사회복지사의 적극적인 참여와 안정적인 후원회원을 확보한 경우는 그나마 다행이라고 볼 수 있다.

새로운 젊은 인력의 참여가 없다면 지속가능성에서는 의문이 들수 밖에 없다. 특히, 대학 교육을 통한 지역과 보편적 복지국가를 향한 지역사회복지 운동의 꿈을 꾸는 사회복지사의 양성이 필요하다.

2) 지역사회 조직화와 사회연대를 강화하기 위한 노력이 필요하다.

지역사회복지 운동은 개별 조직 차원에서 접근하기 어려운 정책적 이슈가 많고, 마을 축제에서부터 주민교육에 이르기까지 협력하고 함께 참여해야 할 사업들이 많다. 때로는 지역주민과, 때로는 다양한 민관 기관들과 협력해야 한다. 지역사회를 기반으로 할수록 지역사회 내에서 강력한 힘이 되고 지지자가 되어줄 수 있는 풀뿌리 주민조직과 협력적 사회복지기관과의 연대가 든든할수록 강력한 영향력을 발휘할 수 있다.

주민조직화, 사회연대와 네트워크도 결국 사람(node)에 의하여 이루어지는 것이기 때문에 사회복지 운동에 가치적 지향성을 갖춘 사회복지사의 관심과 직접적인 참여가 근본적인 영향요인이 될 것이다. 이 때 중요한 역할을 할 수 있는 곳이 바로 역사성을 갖추고, 오랜 활동으로 안정적인 지지기반을 갖춘 사회복지운동 조직일 것이다. 이들의 경륜과 실천노하우(know-how)를 활용하여 신생, 군소조직의 활동을 지원하거나 새로운 인큐베이팅(incubating) 역할을 하는 것이다.

3) 새로운 패러다임의 변화에 능동적으로 대처해야 한다.

지난 20대 대통령 및 지방선거의 패배로 인해 진보적 지역사회복지 운동 진영은 큰 타격을 입었다. 특히, 마을공동체 지원사업 같은 풀뿌리 주민 조직을 성장시킬 수 있는 동력을 크게 잃었다. 사실 마을공동체를 포함한 주민 조직화와 지역사회복지 운동은 그 자체로 '자조적, 자주적' 공동체여야 하지만, 그 성장 과정은 수년에서 십년 이상 걸리는 오랜 과정이 필요하다. 성숙한 지역사회운동의 구심체로 성장하기에 충분한지는 논란이 있었으나 지난 10여년간 서울을 비롯한 일부 지역은 그러한 성과를 이루지 못한 부분이 있다. 이는 그동안의 활동들이 일반 주민에게 깊게 다가가지 못하고 진영논리에 갇히거나, 형식적인 주민운동의 한계를 극복하지 못한 것으로도 볼 수 있다. 이 위기를 극복하지 못한다면 지역사회복지 운동을 포함한 지역사회조직은 크게 위축될 것이다. 그 결과는 자유주의에 기반한 선별적 복지 서비스와의 균형이 무너지고, 보편적 복지를 향한 노력[20]에도 방해가 될 것이다.

20) 마이클 샌델(2014)의 'JUSTICE 정의란 무엇인가'에 의하면, 최대다수의 최대행복을 주장하는 공리주의는 인간의 행위 가치를 수량화하면서 인간의 존엄성을 무시하였고, 자유주의는 경제지상주의로 이목을 집중시켜 우리가 생각해야 할 더 큰 도적적, 인간의 존엄성, 영성, 용기, 헌신과 열정 등을 묻히게 만든다고 비판하였다. 정의로운 사회는 강력한 공동체 의식이 필요하며, 공동선과 시민의 미덕을 성숙시킨다고 하였다. 그리고 공동선의 가장 큰 적은 빈부격차를 포함한 불평등이며, 특히 연대의식을 약화시키고, 이는 사회적 책임을 지지 않으려는 자유주의를 확대시켜, 민영화를 추구하고, 공공 서비스가 무너지게 되는 것을 경고하였다. 결국 국민의 공동선에 가까운 복지국가가 무너지고, 부자들의 논리에 지배당하게 됨을 우려하였다. 복지라는 공동선을 지키기 위해서는 불평등을 심화시키는 선별적 복지에서 벗어나 주민 모두가 함께 하는 공동선에 기초한 가치적 평등이 확대되어야 한다. 가치적 평등은 인간은 존엄한 존재이자, 그 자체가 목적이라는 칸트의 정언명령(Kategorischer Imperative)을 되새길 필요가 있다.

(4) 주민 중심의 가치를 제대로 구현해야 한다.

마을공동체를 비롯한 운동들이 주민이 주인 되는, 시민이 주도하는 참여 활동은 그저 구호에만 머무르고, 가시적 성과에 집착하거나 행정관료의 하부조직화된 측면에서 '주체적이고 공생적인 주민의 참여' 만들기에 실패한 것으로도 볼 수 있다. 이에 대한 반성과 함께, 주민의 삶에 직접적으로 다가가고, 주민의 이야기로부터 시작하고, 그들의 바람과 성취를 통해 지역사회 주민으로 이끌어갈 수 있는 조금 더 긴 호흡의 노력이 이루어져야 한다.

5) 지역사회복지 운동의 가치를 되살릴 구심체를 만들어야 한다.

지역사회를 환기하고, 주민들의 삶에 더 깊게 들어갈 수 있는 아젠다(agenda)를 계속해서 만들고 제시하고 이를 중심으로 이끌어야 한다. 아젠다는 지역사회복지 운동을 통해 해결해야 할 방향성과 과제를 구체적으로 보여준다. 그리고 참여와 활동을 위한 구심체가 될 수 있다. 특히, 지역사회 차원에서 참여 주민들에 의하여 자신들의 문제와 고민들이 공유되고, 그것을 지역사회가 공감할 아젠다로 제시하는 노력을 해야 한다. 이 과정은 소통과 합의와 공유의 과정을 통해 이루어지기 때문에 사회복지운동의 방법론으로도 유용하다.

6) 복지거버넌스를 위한 노력이 필요하다.

지역사회복지 운동의 상당수는 파트너 혹은 적대적 관계에 놓여 있는 정치인과 (지방)정부의 변화로 해결가능한 문제들을 다루기 때문이다. 지나친 적대적 관계는 상호 신뢰를 파괴하고, 감정의 골을 깊게 파서 힘 겨루기 외에는 어떠한 해결 방식도 쓸모없게 만들 수 있다. 따라서 정치인과의 다양한 협력적 관계를 구축하고, 정책의 핵심인 정부와의 관계에서도 긴장과 신뢰가 공존하는 관계를 만들어야 한다.

• 새로운 패러다임을 바꾸는 사회복지 운동의 사례

2010년 말, 2011년에는 초등학교에, 2012년부터 중학교까지 지원하는 '서울특별시 친환경 무상급식 등 지원에 관한 조례'가 서울시 의회에서 통과되었다. 그러나 당시 한나라당(현 국민의힘) 출신 서울시장이었던 오세훈은 이를 반대하여 거부권을 행사하고, 자신의 시장직을 걸고 반대하였다. 당시 서울시 예산은 거의 20조에 이르렀고, 오세훈 시장은 세빛둥둥섬을 비롯한 수많은 토건사업에 조 단위 이상의 서울시 예산을 사용하였다. 당시 무상급식 예산의 추정액은 년 600억~700억 수준이었음을 감안하면 10년 이상의 무상급식 예산을 세빛둥둥섬을 비롯한 아라뱃길 등의 각종 개발사업에 쏟아부었다. 이들은 지금 거의 무용지물급이 되었다. 이는 무상급식에서 예산 부족 문제는 근본 문제가 절대 아니었음을 의미한다.

이에 본 조례에 반대하는 한나라당 지지자들은 조례안 거부 주민투표를 발의하여 저지하고자 했다. 그러나 서울시민은 조례안 거부 주민투표에 대한 반대운동을 시작하였고, 최소 개표를 위한 득표율인 33.3%에 미치지 못한 25.7%의 투표율로 마감되었다. 이는 성공적인 시민불복종 운동이며, 이로 인해 조례안 거부 주민투표는 무효화되었다. 오세훈 시장은 이에 책임을 지고 서울시장에서 물러나게 되었고, 다음 보궐선거에서 박원순 시장이 당선되었다.

Altindag 외(2020)는 이때부터 10년간 한국 내에서 무상급식 제도가 각 자치단체에 점진적으로 보급되고 확대되는 과정에 대한 학생 생활 데이터를 분석하였다. 그 결과 다른 요인들을 통제하였을 때, 보편적 복지인 무상급식의 확대와 함께 학생들의 생활에 커다란 영향을 미친 특별한 결과가 도출되었다. 그것은 학생들의 문제행동 감소였으며, 특히 학생 간의 신체적 싸움인 학교폭력이 약 35%가 줄어든 것을 확인하였다. 이는 미국 사회에 충격을 주었으며, 캘리포니아주와 메인주는 이 연구를 근거로 2021년부터 보편적 무상급식을 영구적으로 도입하였고, 2022년에는 콜로라도주에서도 도입하였다. 그리고 버몬트주를 비롯한 여러 주에서 보편적 무상급식 정책 도입을 적극적으로 검토하는 상황이 되었다. 십수년 전, 한국의 부모들이 자식들을 위해 시민불복종에 참여하여 성취한 '무상급식 조례안 거부 주민투표' 반대는, 그 성과로 우리나라에 무상급식이 경상도 일부 지역을 제외하고 대폭 도입되었으며, 그 날개 짓은 태평양 너머, 지금 현재의 미국에서 거대한 태풍이 되어 불고 있다.

선별적 급식의 파급효과는 가난한 자를 끊임없이 선별하는 불평등을 만든다. 불평등은 사회적 약자로 낙인을 찍고, 이는 그 자체로 부정적 이미지를 구축하며(제6장 참조), 그렇지 않은 이들의 우월적 행동을 정당화하는 효과를 만든다. 경쟁교육은 이러한 불평등을 더욱 더 가중시킨다. 반면에 무상급식은 보편적 복지로, 모두가 존중받는 평등, 즉, 칸트의 정언명령에 해당한 가치적 평등을 구현하고, 이는 서로에 대한 수평적 관계를 구현한다. 서로가 평등한 관계이기 때문에 힘의 우월적 관계가 힘을 잃게 된다, 이는 다시 힘으로 문제를 해결하려는 우월적 행동인 학교폭력을 줄이는데 기여한 것으로 추정할 수 있다.

서울시민의 '아동권리를 위한 무상급식의 지지' 운동은 결과적으로 학교폭력을 줄이는데 기여하고, 우리는 물론 멀리 미국의 아동과 청소년의 건강하고 폭력없는 생활에 도움이 되고 있다.

CHAPTER 15

지역사회복지와 공동체

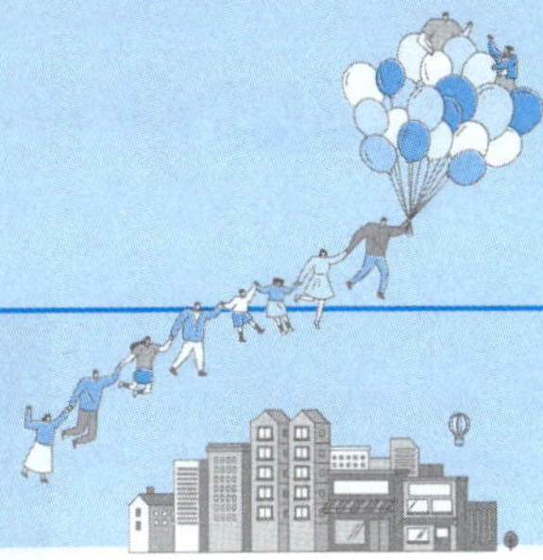

1 '차이' 나는 요즘 것들의 공동체 I

1) 요즘은 아파트도 공동체가 대세!

최근, 십여년이 넘게 공동체에 대한 화두는 사회 곳곳에서 넘실대었다. 한국사회에서 꽤 오랜 기간 '종교'와 '지역'에 강력한 소속감과 통합성을 부여했던 공동체가 제도와 정책으로 공공화(公共化)된 후 '아파트' 같은 건축과 건설에까지 접목되고 있다. 한국사회의 공동체 논의는 한국 자본주의의 발전과정과 같이 빠르고 응축적이다. 제도 정책으로의 편입은 '속도전'을 방불케 했다. '공동체 회복'은 동질성뿐만 아니라 기술복제의 '동일성'을 가졌다. 새마을운동에서 마을공동체 '사업'에 이르기까지, 한국사회의 공동체는 전통적 공동체에 대한 인식적 향유를 가지지만, 산업화의 과정에서 제도 정책과 결합 되어 획일화된 접근 방식으로 전개된 특성이 있다.

그림 15-1 위스테이별내 연중행사 중 단오제 맞이 씨름대회

위스테이별내사회적협동조합 제공(https://www.hani.co.kr/arti/society/society_general/1058907.html)

2) 배제의 공동체

사실 공동체의 본래 속성은 배제를 전제로 한다. '공동체(共同體)'라는 말의 어원에서 볼 수 있듯, 공동체의 동질성은 '차이'를 배제함으로 유지된다. '차이'의 배제는 동질성에 기반한 공동체를 강하게 결속시킨다. 과거, 우리 사회의 전통적 공동체는 혈연, 지연, 종교성에 강력한 뿌리를 두고 있었다. 피와 땅과 정신에 근거해 동질성을 공유하고, 이에 위배 되는 개인을 강력하게 배제함으로 유지되었다. 동질성에 기반한 공동체의 사유는 필연적으로 차별을 만들어 낸다.

현재, 한국사회의 공동체는 전통적 공동체의 흔적이 여전히 남아 있지만, 또 다른 배제의 속성을 기본전제로 갖고 있다. 그것은 '사회화'와 '산업화' 그리고 '제도화'에 근거한 동질성이다. 장애인 이동권 투쟁이 대표적 예다. '장애'라는 몸이 갖는 사회적 이질성은 '비장애'라는 몸이 갖는 사회적 동질성에 위배 된다. '매끄럽지 못한 몸'으로 장애를 바라보고 무질서와 비정상의 사회권 침해로 이들을 매도한다. 정상적이고 아름답다고 정해진 몸의 형태는 없다. 시대와 사회마다 사람들이 만들어온 주관적 기준이 있을 뿐이다. 지금 이 사회

다수의 공동체는 장애에 대한 차별로 동질성을 확보하고 있다.

문명적 사회는 소수자의 관점에서 정책과 제도를 만들어간다. 오히려 그 덕을 보는 것은 '소수자인 다수'이다. 예를 들어 '유니버셜 디자인 공중화장실'을 늘려나가면 그 덕은 누가 보게 될까? '장애 친화적 공중목욕탕'을 만들면 그 덕은 누가 보게 될까? '장애인 중심의 교통수단과 제도'의 덕은 정작 누가 보게 될까? 조선시대 사료(史料)를 살펴보면 장애인은 문제의 대상이 아니었다. 일제 강점기를 거쳐 우리사회에 장착된 자본주의는 경쟁과 속도를 가장 중요한 덕목으로 만들고, 뒤처지는 사람은 죄인으로 만들었다. 이러한 사회에서 장애인은 죄인이 된다. 문명 사회에서 최우선 되어야 할 정책과 사회제도의 기조는 비문명 사회에서는 다수를 위해 가장 우선되어야 할 소수를 볼모 삼아 퇴행한다.

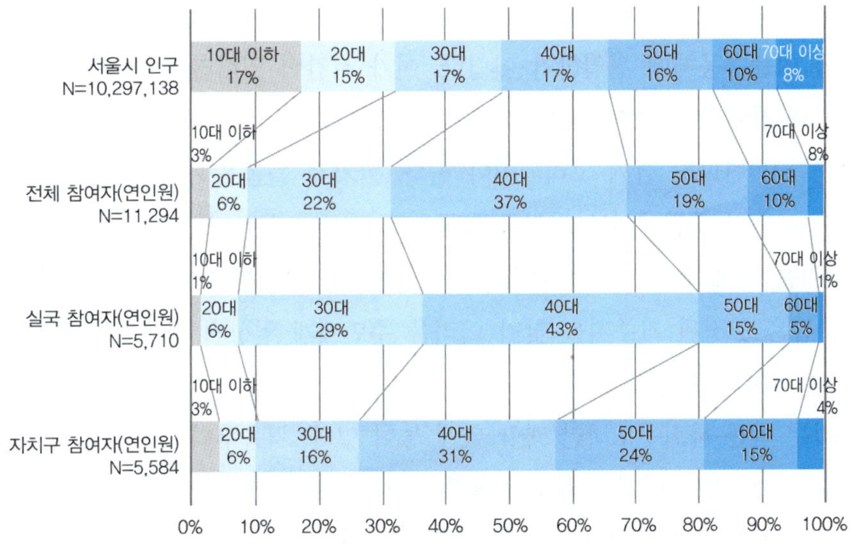

| 그림 15-2 | 서울시 마을지원사업 연령별 참여 현황
(서울시 마을지원사업 성과평가와 정책과제(2017))

제도 정책화된 마을공동체사업도 배제의 속성을 갖고 있다. '서울시 마을지원사업 성과평가와 정책과제(2017)'에 따르면, 서울시의 마을공동체 사업은 적게는 약 13만 명의 새로운 시민의 등장을 성과를 10년 동안 제시했지만, 30~40대 여성, 중산층이 전체 참여자의 70%를 차지하고 있음을 볼 수 있다. 전체적으로 10~20대와 30~40대 남성, 50대 이상의 시민의 참여율은 현저히 낮았다. 마을공동체 사업은 누구나 참여할 수 있는 개방성을 지향하지만 실제는 진입과정에서부터 폐쇄적이었다. 경제활동으로 장시간 노동에 시달리는 대다수 직장 근로자는 참여할 시간을 사회구조적으로 허락받지 못한다.

2016년 서울 마을공동체 종합지원센터에서는 이를 보완하기 위해 '장애인, 돌봄이 필요한 아동, 1인 가구 비혼여성, 시니어' 등을 '비참여 집단'으로 명명하고 이들을 참여시키기 위한 별도사업을 추진하려 했으나 실효적 성과를 거두지 못했다. 엄밀히 보자면 이들은 비(非)참여 집단이 아닌, 배제집단이었다.

한국 사회 장시간 노동구조로 인해 시간의 빈곤에 처한 노동자들, 청년들은 그만큼 마을공동체에 진입하기 어렵다. 여가 시간이 있더라도 마을의 일에 자연스럽게 참여하는 동기나 이유가 될 수는 없다. 마을공동체에 참여할 수 있는 사회문화적 변화도 함께 고려되어야 한다. 한가정 돌봄을 전담하던 여성의 노동력이 사회적 돌봄에서도 저임금 노동으로 양산되기는 마찬가지이고, 먹고 살기 버거운 경제적 약자는 사회적 자본을 형성할 기회를 얻기 힘들다. '전세대란'과 같은 고정된 거주지를 찾기 어려운 주민에게 일상적 참여를 유도하기는 어렵다. 이처럼 주민 누구나 참여할 수 있는 마을공동체는 실상 주민 누구나 참여하기는 힘든 사회구조적인 맥락 위에 놓여 있다. 처음부터 사회구조적 '차이'를 염두 하지 않고 설계된 제도 정책으로, 사업 추진 이후 기존의 구조 안에 배제된 사람들을 끌어들이는 전략은 실효성을 거두기 어렵다. 행정적 단계를 거치며 행정에서 요구하는 더 높은 단계로 나아갈수록 주민 참여자의 수는 크게 줄었다. 실제 공동체 사업 참여에 중요한 영향을 미치는 조건은 사람들의 경제적 조건이나 삶의 처지이다. 이러한 상황이라면 마을공동체 사업의 결과물로 기대하는 관이 기대하는 민간의 사회적 자본도 양극화 될 우려가 있다.

3) 공동체, 네 번의 변화[1)]

서구에서는 약 110여 년 전부터 공동체에 대한 철학적 사유가 시작되었다. 공동체는 전통적 공동체에서 현대에 이르기까지 기본적으로 '차이'의 배제, 즉 동질성을 전제로 유지되는 한편, 동질성을 극복해가는 과정이기도 했다. 이는 자유주의와 공동체주의가 서로 대립하며 발전한 역사적 과정이기도 했다. 이러한 역사적 변혁은 크게 4번의 변동과정을 거친다.

첫 번째 변혁, 게마인샤프트, 게젤샤프트

지역사회복지론 교과서에서 많이 들었을 페르디난트 퇴니스(1912)의 공동사회(게마인샤프트)와 이익사회(게젤샤프트)의 개념이다. 110년 전에 주창된 이 개념은 공동체의 특성이 시대에 따라 달라질 수 있음을 제시하였다. 현대사회의 본격적인 공동체에 대한 논의는 여기서부터 시작되었다고 한다. 퇴니스는 자본주의 사회의 도래 이후 게마인샤프트 사회가 정당, 회사와 같은 이익과 능률에 따라 의지적으로 형성된 사회인 게젤샤프트로 구분되는 사회적 변화를 통찰하였다. 흔히 퇴니스의 연구를 전통적인 공동체의 소멸, 그리고 새로운 결사체의 등장과 같은 직선적 발전 또는 구분으로 오해하는 경우가 있다. 퇴니스는 연구에서 변형되어가는 게마인샤프트를 어떻게 유지할 것인가를 모색하였다. 즉, 게젤샤프트로 보이는 사회에서도 게마인샤프트적 모습이 공존할 수 있다는 것이다. 이후 두 개념을 축으로 공동체에 대한 특성과 형태, 과정에 대한 수많은 논의가 시작되었다.

두 번째 변혁점, 개인이 없으면 공동체도 없다!

공동체는 어떤 정해진 형태나 상황이 아니라 계속해서 변화하는 개념으로서 공동체화를 제시하는 사유이다. 여기서부터 강조되는 점은 공동체와 '개인'의 관계, 즉 공동체 논의에 있어 개인이 등장했다는 점이다. 에밀 뒤르켐, 막스베버, 게오르크 짐멜 등과 같은 학자들은 과정으로서의 공동체화 속에서 다양한

1) 현대 시대에서의 공동체란 무엇일까(https://hochiriranalysis.tistory.com/45) 내용을 중심으로 정리하였다.

논의를 이어간다. 게오르크 짐멜은 '개인 법칙'이라는 책에서 윤리와 당위라는 것은 대부분 시대와 상황에 따라서 그 정당성이 계속해서 변한다고 주장하였다. 각 개인이 서로 다른 삶을 살고 있고 각자가 처해 있는 상황이 다른데 모든 사람에게 보편적으로 타당한 칸트의 정언명령과 같은 법칙이 존재할 수 없다는 의미이다. 그러므로 타자화된 법칙, 즉 사회적으로 인정받는 법칙에만 집중하지 말고, 자신에게 주어진 삶에서 문제와 질문에 대한 답을 찾는 것에 집중함을 강조한다.

세 번째 변혁점, 공동체의 기본단위는 개인이다.

탈 전통공동체에 대한 다양한 관점을 제시하는 사유이다. 하버마스, 바우만 등이 대표적 학자이다. 이들은 현대사회의 공동체는 모두 소멸하고 없다는 것에 반대하고 현대사회는 새로운 공동체(탈 전통공동체)가 존재한다고 설명한다. 이 지점에서는 개인의 등장을 넘어 공동체의 기본단위에 개인에 있음을 강조하고 개인의 중요성을 역설한다. 바우만은 현대사회를 과거의 굳은 규범과 체제를 통제하는 '고체' 근대사회에서 빠르게 변화하는 액체근대사회(liquid modernity)로 바뀌었다고 규정한다. 이는 현대 공동체가 고정된 규범과 제도에 의해 유지되는 것이 아니라, 개인의 선택과 상황에 따라 변화할 수 있다는 것을 의미한다. 액체근대사회에서는 개인의 선택권과 자유가 더 많아졌지만, 그만큼 불확실성과 불안정성에 직면하게 된다. 이러한 불확실성과 불안정성을 해결하기 위해, 바우만은 신뢰, 유대감, 다양성, 자유로운 참여와 협력에 근거한 개인 간의 상호의존성을 강조한다.

하버마스는 '공론장'이론을 통해 공동체의 필요성을 공적 논의 보다 나의 이해를 위해 필요하다고 주장했다. 나의 이해가 공통의 범주화가 되면서 우리의 이해로 전환되는, 개인의 문제를 지역의 문제로 인식하게 된다는 것이다. 예를 들어 나의 아이의 문제를 얘기하면서 우리 아이들의 문제로 전환되는 질적인 변화, 육아협동조합과 같은 이슈별, 이해별 공동체 운동이 이러한 현상의 예이다.

네 번째 변혁점, 마이클 샌델 열풍! 어디로 사라졌나?

자유주의와 공동체주의의 대립각 끝에 서로의 융합을 제시하는 '자유주의적 공동체'를 제시한 사유이다. 개인의 정체성이 존중받는 상황에서 공동체적 삶을 어떻게 영위할 수 있는가에 대한 논의가 시작된다. 대표적으로 악셀 호네트의 사회적 자유와 인정이론, 마이클 샌델의 자유주의적 공동체를 살펴볼 수 있다. 이들의 이론은 공동체에 있어 개인의 자유와 선택의 중요성을 강조했지만, 반면 지나치게 개인을 강조했다는 비판을 받는다. 또한 불평등 문제나 정책 문제에 대한 구체적 해결책을 제시하지 않는다는 공통점이 있다.

2 '차이' 나는 요즘 것들의 공동체 II

1) 요즘 것들의 공동체

앞서 언급한 네 번의 변동과정에서 발전해온 공동체에 대한 논의들은 기본적으로 목표, 자원, 의식에 대한 동질성을 형성해가는 것을 전제했다. 그러나 동질성에 기반한 공동체 사유는 기본적으로 차별을 만들 수밖에 없다. 공동체의 결사성이 강조될수록 개인은 소멸한다. 사회복지학에서는 다양성의 존중과 차이의 인정해야 함을 강조한다. 개별화는 그러한 가치의 적극적 이론화이다. 다양성, 차이를 인정하고 차별과 배제는 안 된다는 건 너무나 당연한 이야기이다. 그러나 우리나라의 관이 주도한 공동체 사업은, 동질성을 중심으로 기획되는 경향이 강했고, 단계와 절차에 있어 획일성을 강요받았다.

행정이 주도했던 공동체 사업을 거칠게 정리하면 다음과 같다. '새마을운동은 주민을 동원'했고, '찾동은 주민에게 돈을 줬다.' 그런데 최근 공동체에 대한 새로운 생태계가 생겨나고 있다. 한 마디로, '요즘 것들은 자발적으로 돈을 내며 공동체를 찾는다.' 이러한 관계망은 순전히 개인의 취향과 관심사를 중심으로 만들어진다. 생면부지의 사람들이 딱 한 번만 만나거나, 온라인에서만 만나기도 한다. 익명으로 소통하고 모임의 주제, 성격, 내용도 매우 다양하다.

소위, 요즘 것들의 사람 만나는 방식이다. 이들에게 기존의 '긴밀한 공동체'라는 표현은 적합하지 않다. 느슨하고 유연하다. 또한 '차이'를 매우 중요하게 여긴다.

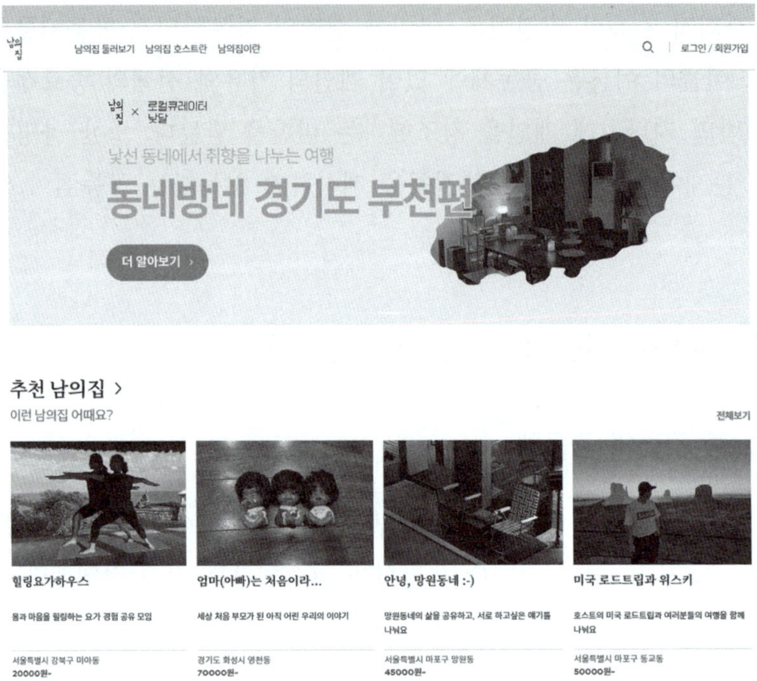

| 그림 15-3 | 남의집 홈페이지

https://naamezip.com/(남의집)

분명한 건 이러한 모임이 시나브로 확산되고 있다는 점이다. 이는 이러한 사람들을 위한 상업적 서비스가 증가하고 있는 점에서 확인할 수 있다. 특히 이런 모임에서는 기존 정책에서 찾아보기 힘들었던 젊은 세대가 모여든다. 한 마디로 이러한 소모임의 특징을 정리하긴 어렵지만, 이들 모임이 갖는 특징은 지리적 범위 탈피와 느슨하고 유연한 관계이다.

기존 행정이 접근성 높은 공동체 공간을 확보해 사업을 추진하려는 것과 달리 이들은 로컬에 국한되지 않고 자유롭게 모인다. 지근거리가 아니더라도, 심지어 도시와 도시를 넘나들며 만난다.

또한 매체의 발달은 이러한 모임의 공간성을 파괴했다. 오픈 채팅방, 중고거래 애플리케이션의 커뮤니티 게시판 등에서 익명성을 갖고 대화를 나눈다. 이들의 만남은 정기적이지 않다. 필요에 따라 만나고 헤어지는 것도 가능하다. 물론 모임을 하면서 정기성과 지속성을 갖는 경우도 생겨나지만, 처음부터 그러한 모임을 전제로 시작하지는 않는다.

모임의 즉시성과 유연함은 장기적이고 지속적인 멤버십이라는 전통적 공동체의 상을 탈피시켰다. 맛집 세트 메뉴를 같이 먹는 모임, 반려견 산책 모임, 여행 이야기를 나눔모임, 요가모임 등등 소소한 일상에서 친구나 이웃들과 함께했던 활동들이 이러한 모임에서 가볍게 이루어진다. 뭔가를 같이 하는데 있어 형식과 구조를 만드는 것이 아니라, 주최자와 참여자가 서로 가볍게 만나는 것에서 시작한다. 정기적인 출석이 요구되는 모임으로 전환되어도 규칙의 제정으로 주최자와 참여자의 부담을 줄인다. 사람들이 관계 맺는 수준은 매우 다양하다.

모임을 주최하는 사람도, 참여하는 사람도 서로 부담 없이 가볍게 제안하고 받아들인다. 지속적이고 엄격한 출석이 요구되는 모임에서도 리더가 이를 유지하기 위해 희생적으로 고군분투하지 않는다. 불참자는 사전에 정해진 규칙에 따라 참여를 일부 제한하거나, 새로운 사람으로 대체할 수 있다.

이러한 선택적 공동체의 형성은 사실 일상에서는 너무 일반적인 일이다. 특히 청년세대에서는 더욱 그러하다. <서울의 청년커뮤니티 작동에 관한 탐색적 연구(2019, 듣는연구소)>에 따르면 태어날 때부터 혹은 같은 지역에서 자라거나 같은 학교를 다녔기 때문에 자연스럽게 형성된 전통 공동체는 소수가 되고, 오히려 목적을 기반으로, 이유를 바탕으로 서로 모이고 협력하고 일을 이뤄나가는 공동체 활동이 청년들에게는 자연스럽고 당연한 공동체문화로 보인다고 한다.

울리히 벡은 '위험사회'에서, 개인화된 사회로의 이동은 '삶을 주체적으로 살아갈 수 있는 자유와 함께 그 삶을 온전히 홀로 이끌어가야 하는 책임'을 각 개인에게 주었다고 하였다. 반면, 경쟁, 입시 위주의 전통적 교육 과정과 가부장적 가족이 유지되는 한국 사회에서 청년들이 자유와 책임에 기반한 홀로서기를 해야 할 때 이 주체성과 책임을 함께 나눌 수 있는 커뮤니티를 찾아 함께하는 것은 '내 삶의 지속가능성을 위해'서도 자연스럽고 필요한 일이 될 것이다. 위험사회는 가족의 구성원들조차 각 개인의 생존을 위해 각자도생해야 하는 던져진 사회이다. 한국사회의 복지는 아직까지 이들에게 자유와 책임을 함께 나눌 든든한 배경이 되고 있지 못하고 있다.

2) 행정은 공동체 생태계 변화에 관심을 가져야 한다.

사실, 공동체 활성화를 위해 행정은 막대한 예산과 인력, 시간과 노력을 투입했다. 참여했던 수많은 사람의 노력에도 불구하고 과정은 다소 미지근했고 결과는 지속가능하지 못했다. 이런 상황에서 이런 소모임이 자발적으로 생기고 심지어 돈을 지불하면서 참여한다는 점은 역설적이다. 그렇다고 기존 행정의 공동체 정책이 실효성이 없다거나 유효기간이 만료되었다는 의미는 아니다. 행정은 여전히 주민을 지역 주체로 세워 정책과 연결해 가야 한다. 주민 개인의 관심사가 이웃 관계로 이어져 지역사회로 확장되어야 한다. 행정의 공동체 정책은 주민 한 명의 문제가 곧 지역사회의 문제라는 인식으로 연결·확장성을 가져야 한다.

공동체 생태계의 변화는 행정이 지역 기반의 마을 공동체 정책과 더불어 새로운 형식의 소모임에도 관심을 가질 필요를 제시한다. 이는 새로운 생태계에 정책으로 개입하라는 의미는 아니다. 여러 토양에서 생겨나는 공동체의 씨앗과 활동을 관심 있게 지켜보고, 그들의 에너지를 지역사회와 연결하는 것이다. 생태계가 활용할 수 있는 공간과 관련 정책 정보를 제공하는 정보로 충분하다. 당장 행정의 필요로 연결되지 않더라도 공적 활동과 접점을 계속 만들어가는 것이 중요하다.

기존의 지역기반 마을공동체 형성을 촉진하는 것도 여전히 필요하다. 정주의식을 갖추기도 전에 빈번히 주거지를 옮겨야 하는 현실적 상황을 고려할 때, 고정된 관계망이 아닌 열린 관계망으로, 형식과 내용이 지역의 토양과 특성에 따라 운영될 수 있도록 사람들의 필요와 욕구를 연결하는 것이 중요하다. 행정의 역할은 연결의 문화가 곧 공동체가 될 수 있도록 조력하고 촉진하는 것이다. 요즘 것들은 공동체의 형식과 내용을 일상 세계에서 스스로 만들어간다.

이 글에서 이야기하고 있는 내용은 어쩌면 너무 당연하게 들릴 수도 있다. 다양성을 받아들이고, 차이를 인정하고, 차별하지 말아야 한다는 것은 누구나 알고 있는 상식이다. 그러나 우리나라에서 공동체 회복을 위한 활동은 동질성을 중심으로 기획되는 경향이 강하며, 전통 공동체를 상정하고 기획되는 경우가 많았다. 공동체를 사유할 때 최근의 공동체 생태계 변화는 지금까지와는 다른 방식으로도 접근할 필요에 대한 시그널을 준다.

이제까지의 공동체가 "동질성의 요소(공동의 목표, 자원, 의식)를 지키고 강화하는 것"에 집중했다면 "우리와 차이 나는 요소와 우리가 결합하여 만들 수 있는 것"에 집중할 시기가 온 건 아닐까.

우리 사회에 필요한 것이 제도 정책과 결합한 광범위한 변화의 시도였을까? 아니면 우리 사회를 공동체적 사회로 만들기 위해, 즉 우리가 어떤 세상에 살고 싶은가에 대한 깊은 고민이 전제된, 각자의 시작과 연결이었을까. 요즘 것들의 공동체에서 정답은 아니더라도 새로운 방향에 대한 모색은 할 수 있지 않을까.

참고문헌

강병로(2020). 갈등이론에서 갈등에 관한 이론적 비교. **분쟁해결연구**, 18. 5-34.

강철희・정무성(2006). **지역사회복지실천론**. 경기 : 나남출판.

강혜규・김보영・주은수・채현탁・이지영・김태은・이정은・김진희(2018). **지역사회보장계획의 이해 : 지자체의 제4기 계획 수립・실행 지원 연구**. 한국보건사회연구원.

경기복지재단(2018). 지역요인을 고려한 사회복지관 주민조직화 교육방안.

고미영(2005). 구성주의 사회복지 실천의 이론. **교수논총**, 17, 7-30.

고영복(2000). **사회학사전**. 서울 : 사회문화연구소출판부.

고혜진・류연규・안상훈(2014). 기초 지방자치단체 사회복지 자체사업 지출 결정요인에 대한 연구. **사회보장연구**, 30(2), 1~34.

관계부처합동(2016). 읍면동 복지허브화 추진계획.

권중돈(2014). **인간행동과 사회환경(이론과 실천)**. 서울 : 학지사.

김경우・박영국・배은영・이규태(2009). **지역사회복지론**. 서울 : 나눔의집.

김광희(2010). **지역사회복지론**. 경기 : 공동체.

김병준(2012). **지방자치론**. 서울 : 법문사.

김승권・정민자・김연우・이소라(2013). 지역사회보장 내실화 및 활성화 방안 연구, 한국보건사회연구원.

김영모(1997). **지역사회복지협의회**. 서울 : 한국복지정책연구소출판부.

김용득(2001). PASSING. 미간행자료.

김용득・김통원・이인재(1998). SRV 이론과 PASSING 평가에 의한 중장기 발전계획 연구 보고서. 재단법인 노틀담수녀회.

김용학(2004). **사회연결망이론**. 서울 : 박영사.

김용학・김진혁(1992). 지역감정의 관계적 분석 : 결혼 연결망을 중심으로. **한국사회학** 24, 65-84.

김윤태(2014). 금융위기 이후 미국의 빈곤정책과 복지정치의 변화 : 오바마 행정부의 사례. **상황과 복지**, 43, 88-128.

김윤태・서재욱(2014). 보수정부와 복지정치 : 세계금융위기 이후 영국과 스웨덴의 변화. 비판과 대안을 위한 사회복지학회 학술대회 발표논문집, 371-395.

김종일(2006). **지역사회복지론**. 서울 : 청목출판사.

김지수(2015). 지역사회복지관의 운영개선에 관한 사례연구 : 서울시 지역사회복지관을 중심으로. 경희대학교 대학원 석사학위논문.

김진석(2015). 마을복지생태계 조성방안.

김태준(2010). 사회적 자본 효과 분석 및 체계적 지원방안. 한국교육개발원.

김통원(1998). 사회복지관 프로그램 평가방법. 재가복지봉사센터전담요원 교육자료. 한국사회복지관협회.

김필두 · 최인수(2018). 읍 · 면 · 동 중심의 지역사회보장 민관협력 모델 구축방안 연구. 한국지방행정연구원.

김학재(2009). 특집 : 전쟁과 일상 : 주한유엔민간원조사령부(UNCACK) 자료를 중심으로; 한국전쟁과 '인도주의적 구원'의 신화-북한점령시기 주한유엔민간원조사령부(UNCACK)의 창설과정과 성격, 수선사학회, **사림 성대사림**, 33(0) : 1-38.

남일재 · 문영주(2019). **지역사회복지론**. 양서원.

남찬섭 역(2016). George, V., & Wilding, P. 저. **이데올로기와 사회복지**. 경기 : 한울.

류진석(1997). 지역사회의 개념과 지역사회복지모델 : 지역사회복지 발전방향에의 함의. **장애와 고용**, 7(3), 50-56.

______(2003). 지방분권과 사회복지의 지역간 형평성 : 정부간 사회복지 재정배분체계의 재구조화. **한국사회복지행정학**, 9, 1-27.

______(2015). 광역자치단체 복지전달체계.

마이클 샌델, 김명철 역(2014). **JUSTICE 정의란 무엇인가**. 와이즈베리.

박광민 · 서정찬(2004). "청소년지도사의 리더십과 집단응집력과의 상관관계에 관한 연구". **청소년학연구**, 11(2), 45-82.

박용순 · 송진영(2012). **지역사회복지론**. 서울 : 학지사.

박재천(2001). 한국 주민(빈민)운동 30주년 준비 워크숍. **월간복지동향**, 2001년 2월호.

박태영 · 김덕진(2001). 지역사회복지협의회의 구조개혁방안. **사회복지개발연구**, 7(2), 229-258.

박태영 · 채현탁(2014). **지역사회복지론**. 경기 : 정민사.

박현식(2006). 사회복지조직 간 네트워크 구축의 장애요인 연구-탈북자 정착 지원을 중심으로. **사회복지정책**, 25, 203-223.

방아골사회복지관 연구획팀(2007). **신명나는 마을 만들기**. 인간과복지.

방아골종합사회복지관(2015). 지역사회복지관 마을지향으로 일하기 사례.

배지영 외(2021). 지역사회 통합돌봄 표준교재 개발 연구. 한국보건복지인력개발원.

보건복지부(2018). 제4기('19~'22) 지역사회보장계획 수립 안내. 보건복지부, 한국보건사회연구원.

__________(2020). 2020 사회복지관 운영관련 업무처리안내.

__________(2020). 2020년도 지역사회보장협의체 운영안내.

__________(2022a). 제5기(2023~2026) 지역사회보장계획 수립 안내. 보건복지부, 한국보건사회연구원.

__________(2022b). 2023년 지역사회보장협의체 운영안내

__________(2023). 2023 사회복지관 운영관련 업무처리안내.

보건사회연구(2019). 서울시 '찾아가는 동주민센터' 1차년도 사업의 건강 영향 평가, 124.

사미자(2005). 응집력 형성 방법. **교육교회**, 10, 24-27.

서울시 마을공동체 종합지원센터(2014. 9. 27). 2014 마을컨퍼런스 '마을계획' 자료집.

서울시(2016). 서울복지-찾동주민센터 사례집.

서울시복지재단(2012). 서울시 마을공동체 활성화 연구.

____________(2013). 웹진 천만다행 2013년 12월호.

____________(2014). 소지역중심 복지생태계 조성사업 활동책.

____________(2015). 주민주도형 지역복지모델개발 성과책 마을에서 성장한다-마을살이 3년 이야기.

____________(2020). 마을지향복지관 성과평가 연구.

____________(2021). 지역밀착형 사회복지관 시범운영 가이드북.

손동유(2019). 민간분야 공동체 아카이빙의 성과와 과제. **실천민속학 연구**, 34, 39-63.

송재진(2009). 운동선수의 사회연결망에 따른 취업경로. 성균관대학교 대학원 스포츠과학과 박사학위논문.

수원시지역사회복지협의체(2011). 복지마을만들기 상상과 실천 보고서.

시소와그네 마포영유아통합지원센터(2013). 마을기금 만들기 사례.

신철우(1999). **목표에 의한 관리**. 서울 : 새로운 제안.

양영균(2012). 도시 지역공동체 형성과 작은 도서관 : 용인시의 사례. **정신문화연구**, 35(2), 35-67.

양용희(2003). 노인 프로그램 기획과정. 국립보건원보건복지연수부.

양원석(2005). **사회복지 브랜드 전략**. 서울 : 나눔의집.

_____(2015). **사회사업 생태체계 개념**. 경북 : 푸른복지사무소.

엄소영 · 김혜영 · 명 현 · 김 용(2017). 민간 공동체아카이브 구축을 위한 수집정책 개발에 관한 연구. **한국문헌정보학회지**, 51(2), 179-205.

오민수(2015). 읍면동 지역사회보장협의체에 관한 탐색적 사례연구 : 읍 · 면 · 동 중심의 민관협력 내용 변화를 중심으로. **지역발전연구**, 24(2), 35-78.

오성호 역(2001). Reich, R. B. 저. **부유한 노예**. 서울 : 김영사.

오승환(2020). 2020 사회복지사 통계연감. 보건복지부, 한국사회복지사협회.

오정수 · 류진석(2012). **지역사회복지론**. 서울 : 학지사.

____________(2013). **지역사회복지론**. 서울 : 학지사.

오충순(2010). 시 · 군 · 구사회복지협의회와 지역사회복지협의체와의 역할분담 및 연계모형 개발 연구. **한국비영리연구**, 8(3), 167-206.

오토헤럴드, 2022. 11. 23자 기사. '얼떨결에 명작의 반열, 기후 운동가 BMW M1 앤드 워홀 아트카에 밀가루 세례'.

우수명 외(2015). 서울특별시 마을공동체 지원사업 성과확인 기초 연구. 서울특별시마을공동체종합지원센터.

우수명(2005). 지역복지 네트워크. 국립보건원.

_____(2007). **(TP 사회복지) Program 개발과 평가**. 서울 : 인간과복지.

_____(2008). 지역사회 복지 관련 조직 간 네트워크 성장에 영향을 미치는 요인 연구. 숭실대학교 대학원 박사학위논문.

______(2008a). 지역복지 네트워크 구축. 보건복지인력개발원.

______(2010). 사회복지 욕구 다시보기. 서울 : 인간과복지.

______(2010). TP사회복지조사. 서울 : 인간과복지.

______(2012). 네트워크 분석을 활용한 집단 프로그램의 사전·사후 응집력 평가 연구-친밀과 신뢰 네트워크를 중심으로. 한국사회복지행정학, 14(1), 1-25.

______(2023). 프로그램 개발과 평가. 경기 : 지식공동체.

우수명·강병로(2000). 지역사회 욕구조사 모델개발 세미나. HS Research Center 창립 2주년 기념 세미나. HS Research Center.

우수명·이정호(2017). 사회복지사의 정치 참여 인식에 대한 탐색적 연구 – 서울시 이용시설 재직 사회복지사를 중심으로. 서울기독교대학교 학술논문.

우수명·이혜원(2009). 사회복지관 자아중심 네트워크 성장에 관한 사례 연구. 미간행자료.

우수명·주경희·김희주(2022). 사회복지와 문화다양성. 경기 : 양서원

우천식(2006). 사회적 자본의 경제적 효과. 연세대 사회발전연구소 콜로키움 자료집.

유정원·권오균·이석환(2015). 경기도 종합사회복지관 현황 및 역할 재정립 기초연구. 경기복지재단.

유종열(2010). 저출산 문제에 대한 사회이론적 접근. 사회과교육, 49(4), 33-47.

유창복(2014). 도시에서 행복한 마을은 가능한가?. 서울 : Humanist.

윤민화·이민영(2014). 강점 관점 사례관리에서 지역복지 네트워크 실천과정 연구. 한국지역사회복지학, 50, 203-239.

윤여각·강영희·김미란(2018). 지역사회교육론. 서울 : 한국방송통신대학교출판문화원.

이병욱 역(1993). Reich, R. B. 저. 철학과의 만남. 서울 : 서광사.

이승재(2013). 브랜드경험, 브랜드지식, 브랜드관계 품질 및 브랜드관계 지속성 간의 관계. 영상저널, 6(1), 37-60.

이시재(1988). 사회운동과 사회계급, 고영복 교수 회갑기념논총(Ⅰ). 경기 : 전예원.

이영글·하현상·함영진·박성준(2018). 지역복지강화를 위한 민관협력의 현황과 개선과제. 한국정책학회.

이영환(2005). 한국의 사회복지운동. 서울 : 인간과복지.

이재열·조병희·장덕진·유명순·우명숙·서형준(2014). 사회통합 : 개념과 측정, 국제비교. 한국사회정책, 21(2), 113-149.

이재완(2003). 시군구 사회복지협의회의 법제화에 따른 사회복지협의회의 도전과 과제 토론문. 한국사회복지협의회 임직원 워크숍 자료집.

______(2003). 지역사회 중심의 지역복지실천활동에 관한 경험적 연구. 지역학연구, 2(1).

______(2007). 지역복지 네트워크의 의미와 실천사례 연구 : 천안시의 "복지세상을 열어가는 시민모임" 활동을 중심으로. 한국사회복지행정학, 9(1), 29-52.

이정은(2016). 지역사회보장계획 수립의 변화와 과제. 보건복지포럼, 62-75.

이혜원·우수명(2005). 학교사회복지 관련 조직 간 네트워크의 특성에 관한 연구Ⅰ : 서울시 강서구 교육복지투자우선지역 지원사업을 중심으로. 한국사회복지학, 57(4), 119-146.

이 호(2001). 2001년 지역주민운동의 전망과 과제, 월간 복지동향 2월호, 참여연대.

임백정(2022, 4). 99색 99가지 지역밀착형 복지관. 서울시 지역밀착형 사회복지관 지원사업 사회복지현장 토론회 자료집, 63-66, 서울시사회복지관협회.

장인혁(1999). 사회복지개론. 서울 : 서울대학교출판부.

전성률 · 김경호 · 이호택 · 박혜경(2016). 문화예술 후원활동(Mécénat)이 기업의 브랜드 이미지에 미치는 영향. 마케팅연구, 31(2), 1-23.

정무성(1998). 사회변화와 한국사회복지협의회의 대응 : 외국(미국, 일본)의 사례를 중심으로. 한국지역사회복지학, 6, 7-24.

정선욱 · 김진숙(2000). 정신요양시설 평가에 대한 메타평가적 접근-유용성 기준을 중심으로. 상황과 복지, 8.

정지웅 · 이현아 · 백소영(2015). 지역복지 전달체계로서 사회복지협의회의 역할과 기능 정립에 관한 연구. 한국정책연구, 15(2), 127-153.

정하용(2007). 지방자치시대의 지역사회개발과 주민참여 활성화 방안. 한국지역개발학회지, 19(3), 1-29.

정홍원(2014). 지역사회복지계획의 의의와 제3기 계획 수립방안. 보건복지포럼, 18-31.

조성숙(2012). 지역사회복지 문헌에 나타난 이론의 경향과 향후과제. 한국지역사회복지학, 41, 105-124.

조휘일(2002). 지역사회실천을 위한 이론 및 기술모델의 고찰. 사회복지 가을호. 한국사회복지협의회.

조흥식 · 김혜래 · 신은주 · 우국희 · 오승환(2010). 인간행동과 사회환경. 서울 : 학지사.

주용국(2016). 마을공동체 아카이브의 평가 모형 탐색과 적용. 인문학논총, 40, 105-133.

중앙일보, 『사회복지사 '지방의원 등용문'』, 2006년 6월 14일 사회일반.

지은구 · 조성숙(2010). 지역사회복지론. 서울 : 학지사.

지준형(2015). 제품결함에 대한 기업의 위기관리 방식이 소비자의 브랜드태도 및 구매의도에 미치는 영향. 한국광고홍보학보, 17(1), 273-307.

진중권(2003). 현대미학강의. 경기 : 아트북스.

채현탁 · 박종철(2017). 지방정부 사회복지 분권화의 과제와 방향에 관한 연구 : 지역사회 복지주체의 활동쟁점을 중심으로. 한국지역사회복지학, 62, 89-119.

최 영(2015). 재정분권과 사회복지 서비스의 지역간 불평등. 한국지역사회복지학, 55, 31-59.

최옥채(2005). 한국 문헌에 나타난 지역사회복지실천 이론과 모형. 한국지역사회복지학, 16, 77-102.

______(2012). 사회복지사를 위한 조직화 기술. 경기 : 양서원.

최일섭 · 류진석(2002). 지역사회복지론. 서울 : 서울대학교출판부.

최일섭 · 이현주(2006). 지역사회복지론. 서울 : 서울대학교출판부.

최일섭 · 최원규 · 최성재 · 이혜경 · 윤찬영 · 박종우 · 김혜란 · 감정기(2008). 사회문제와 사회복지. 서울 : 나남출판.

최종덕 외(2010). 주민운동의 힘 조직화 : CO방법론. 한국주민교육원.

하봉준(2004). 광고전략의 접근방법 비교연구. **한국광고홍보학보**, 6(3), 268-309.

한국능률협회 역(1997). **목표관리 실행 매뉴얼**. 서울 : 한국능률협회.

한국사회복지관협회(2014). 사회복지관 인력배치 기준 마련을 위한 토론회 자료집.

한국사회복지협의회(2019). 2019 연간보고서.

함영진(2017). 지역사회복지를 위한 민관협치. 보건복지포럼, 18-30.

행정안전부(2022). 2022년 주민자치형 공공서비스 구축사업 : 읍면동 찾아가는 보건복지서비스 매뉴얼. 행정안전부, 보건복지부.

현명이 · 최정은(2020). **마을지향복지관 성과평가 연구**. 서울시복지재단.

홍선미(2011). 사회복지실천의 가치지향 분석 : 미국의 사회복지 역사를 중심으로. **비판사회정책**, 31, 193-223.

홍영란 · 김태준 · 조영하 · 박희봉 · 양정호(2006). 국가발전을 위한 사회적 자본 형성 전략 연구. 한국교육개발원.

홍현미라 · 김가율 · 민소영 · 이은정 · 심선경 · 이민영 · 윤민화(2010). **지역사회복지론**. 서울 : 학지사.

황금용(2017). 찾아가는 동주민센터, 현황과 과제 : 정책의 전국화에 따른 점검, 보건복지포럼, 21-41.

황철수 · 류기덕 · 류성봉 · 백혜영 · 임구원 · 전대성(2011). **지역사회복지론**. 경기 : 정민사.

Altindag., D. T, Baek., E, Lee., H, Merkle., J.(2020). *Free Lunch for all? The impact of universal school lunch on student misbehavior, Economic of ducation Review, Volume 74.*

Arnstein,, S.(1969). A ladder of citizen participation. *Journal of the American Planning Association*, *35*(4), 216-224.

Asch, S. E.(1956). Studies of Independence and Conformity : a Minority of One Against a Unanimous Majority. *Psychological Monographs : General and Applied, 70*(9).

Ahuja, D.(2000). Collaboration Networks, Structural Holes, and Innovation : A Longitudinal Study. *Administrative Science Quarterly, Ithaca, 45*(3), 425-432.

Brown, M, J.(2006). Building Powerful Community Organzations - A Personal Guide to Greating Groups that Can Solve Problems and Change the World. LONG HAUL PRESS.

Brown., Michael Jacoby(2006). Building Powerful Community Organizations - A Personal Guide to Creation Groups that Can Solve Problems and Change the World. Long Houl Press.

Cole, M. B.(2011). *Group Dynamics in Occupational Therapy : The Theoretical Basis and Practice Application of Group Intervention*. Slack Incorporated : Fourth Edition edition.

Cottrell, L. S.(1983). The Competent Community. In R. Warren & L. Lyon(eds.), *New Perspectives on the American Community*(pp. 401-412). Homewood, IL : The Dorsey Press.

Cox, E. O., & R. J. Parsons(1994). *Empowerment Oriented Social Work Practice with the Elderly*. Books/ Cole Publishing Company.

Darley, J. M., & Latane, B.(1968). Bystander Intervention in Emergencies : Diffusion of Responsibility. *Journal of Personality and Social Psychology, 8*(4).

Davis, k.(1949). *Human Society*. New York : The Macmillan Co.

Dillick, S.(1959). The Functions of Neighborhood Organization In E. Harper & A. Dunham(eds.), *In Community Organization in Action : Basic Literature and Critical Comments*. New York : Association Press.

Dunham, A.(1970). *The New Community Organization*. New York : Thomas Y. Crowell Company, Inc.

Emerson, R. M.(1962). Power-Dependence Relations. *American Sociological Review, 27*(1), 31-41.

Fellin, P. E.(1995). *The Community and the Social Worker*. Itasca, IL : F. E. Peacock.

Forsyth, D. R.(2009). *Group Dynamics(5th edition)*. Wadsworth Publishing.

Friedmann, J.(1992). *Empowerment : The Politics of Alternative Development*. New Jersey : Wiley-Blackwell.

Gamble, D. N., & Weil, M.(2008). Community : Practice Interventions. In Mizrahi, T., & Larry, E. D.(ed.), *Encyclopedia of Social Work*. Oxford University Press : NASW(20th ed.).

________________(2010). *Community Practice Skills*. New York : Columbia University Press.

Gorski., Paul C., Pothini, Seema G.(2018). Case Studies on Diversity and Social Justice Education, Routledge.

Hardcastle, D. A., P. R. Powers, & S. Wenocur(2004). *Community Practice : Theories and Skills for Social Workers(2nd ed.)*. New York : Oxford University Press.

Hardina, D.(2002). *Analytical Skills for Community Organization Practice*. New York : Columbia University Press.

Helen D. Green(1954). *Social Work Practice in Community Organization*. New York : Whiteside and Morrow Press.

Horfling, C. K., Brotzman, E., Dalrymple, S., Graves, N., Pierce, C. M.(1966). An Experimental Study in Nurse-physician Relationships. *The Journal of Nervous and Mental Disease, 143*(2), 178-180.

Khan,, Si. 저, 이문국, 이인재 역(2002). 지역복지 실천전략. 나눔의 집.

Kilduff, M, Tsai, W.(2006). Social Networks and Organization. California : Sage Publication Inc.

Kuechler, Carol F., Velasquez, Joan S., & White, Mary S.(1998). An Assessment of Human Services Program Outcome Measures : Are They Credible, Feasible, Useful. *Administration in Social Work, 12*(3).

Lambert., J., Myers. S.(2009). The Diversity Training Activity Book : 50 Activities for Promoting Communication and Understanding at Work. AMACOM.

OECD(2000). Human and social capital and sustained growth and development, reconciling new economics and societies : *The role of human and social capital*. Paris : OECD.

_____(2001). The well-being of nations, the role of human capital and social capital. *Center for Educational Research and Innovation*. Paris : OECD.

Peterson., Brooks(2004). *Cultural INTELLIGENCE—A Guide to Working with People from Other Culters*. Intercultural Press.

Richard W. Poston(1953). *Democracy is You : A Guide To Citizen Action*. New York : Harper & Brother.

Rizova, P.(2006). Are You Networked for Successful Innovation?. *Mit Sloan Management Review*, *47*(3), 51-64.

Ritzer, G.(2007). *Contemporary Sociological Theory and Its Classical Roots : The Basics*. New York : McGraw-Hill. 한국이론사회학회 역(2010). 현대사회학이론과 그 고전적 뿌리. 서울 : 박영사.

Robert E. P., & Ernest W. B.(1921). *Introduction to the Science of Sociology*. Chicago : University Press.

Roland L. Warren(1963). *The Community in America*. Chicago : Rand McNally & Co.

Ross., Murray G.(1955). *Community organization, theory and principles*. Harper & Brother.

Rubin, A., & Babbie, E.(2001). *Research Methods for Social Work(4th edition)*. Wadsworth.

Skinner, B, F.(1938). *The Behavior of Organisms : An Experimental Analysis*. New York : Applenton-Century.

Tayor, S. H., & Roberts, R. W.(1985). *Theory and Practice of Community Social Work*. New York : Columbia University Press.

UN(2013~2014). *MDGs, The Millennium Development Goals*. UN.

UN. *International Convention on the Protection of the Rights of All Migrant Workers and Members of Their Families*, www.un.org.

Warren, M.(2001). Dry Bones Rattling : Community Building to Historical Perspective. *Journal of Community Practice*, *3*(3/4), 5-67.

Watson, J. B., & Rayner, R.(1920). Conditioned emotional reactions. *Journal of Experimental Psychology*, *3*(1), 1-14.

Weil, M.(1996). Model Development in Community Practice : An Historical Perspective. *Journal of Community Pratice, 3*(3/4), 5-67.

Williams, R.(1976). *Keywords*. London : Croom Helm.

Wuthnow, R.(1998). *Loose Connections : Joining Together in America's Fragmented Communities*. Cambridge, Massachusetts : Harvard University Press.

Yalom, I. D., & M. Leszcz(2005). *The Theory and Practice of Group Psychotherapy*(Fifth Edition). Basic Books.

Yoshida Shigeru(2003). *Network Effects of Alliances in International Transportaion*. 海運物流研究, 第39號, 187-205.

구글(www.google.com)

국가통계포털(kosis.kr)

국립국어원 표준국어대사전(stdict.korean.go.kr)

대한적십자사 www.redcross.or.kr

동아닷컴(www.donga.com/news/Society/article/all/20171127/87460000/1)

복지타임즈(www.bokjitimes.com)

비즈조선(biz.chosun.com)
서울YMCA www.seoulymca.or.kr
서울시마을공동체종합지원센터(www.seoulmaeul.org)
서울시복지재단 웹진 천만다행(webzine.welfare.seoul.kr/webzineView.action?issue_count=30&menu_seq=6&board_seq= 2&type= a&left=li6_2)
어플
옥스팜 www.oxfam.org.uk
월드비전 www.worldvision.or.kr.
인천투데이(2018. 11. 12.) 공동육아에서 청춘쌀롱까지 '잘 살고 잘 노는' 성미산 마을. (www.incheontoday.com/news/articleView.html?idxno=112169)
태화종합사회복지관 www.taiwha.or.kr
프레시안 뉴스(www.pressian.com/news/article.html?no=108386)
한국국제협력단 www.koica.go.kr
한국세이브더칠드런 www.sc.or.kr
한국해외원조단체협의회 www.ngokcoc.or.kr
함께서울지도(gis.seoul.go.kr)
Byham Zapp Empowerment, Zapp! The Lightning of Empowerment by William C. Byham, Ph.D. (thnc.org)
DBpia(www.dbpia.co.kr)
EBS(youtu.be/nxHwzrfF6TU)
KISS(kiss.kstudy.com)
Mapplerk
Success With(www.successwith.com/social_organization)
UN www.un.org
요즘 것들의 공동체(희망제작소, 2022.04)
서울시 마을공동체 지원사업 성과평가와 정책과제(서울연구원, 2017)
현대 시대에서의 공동체란 무엇일까(https://hochiriranalysis.tistory.com/45)
서울의 청년커뮤니티 작동에 관한 탐색적 연구(2019, 듣는연구소)
서울시 마을지원사업 성과평가와 정책과제(2017)
공동체의 감수성(구현주, 2023)
액체근대(지그문트 바우만, 2009)

찾아보기

저/자/약/력

우수명

숭실대학교 사회복지학 박사
전 대림대학교 사회복지과 교수
현 HS리서치센타 소장
중앙대학교 사회복지학과 외래교수

〈주요 저서〉
마우스로 잡는 SPSS 22.0, 다문화사회복지개론, TP사회복지조사 외 다수

주경희

서울대학교 사회복지학 박사
현 한신대학교 사회복지학과 교수

〈주요 저서〉
다문화사회복지개론, 사례관리 이해와 적용,
사회복지자료분석론 외 다수

김희주

서울대학교 사회복지학 박사
현 협성대학교 사회복지학과 교수

〈주요 저서〉
다문화사회복지개론, 가족복지론 외 다수

이두진

가톨릭대학교 사회복지대학원 석사
전 사회복지공동모금회 서울지회 과장
신정종합사회복지관 팀장, 상도종합사회복지관 과장
시소와 그네 마포영유아통합지원센터 관장
전 장위종합사회복지관 관장

〈주요 저서〉
서울사회복지공동모금회와 서울특별시 기초자치단체의 협력사업 모델 개발에 관한 연구

지역사회복지론 제3판

제2판 1쇄 2023년 1월 10일
제3판 1쇄 2023년 9월 8일
제3판 2쇄 2025년 2월 5일
제3판 3쇄 2026년 1월 30일

공저자 우수명 · 주경희 · 김희주 · 이두진

펴낸이 김동근
펴낸곳 지식터
등록 2022년 10월 19일(등록번호 제2022-000170호)
주소 경기도 고양시 일산동구 정발산로 42번길60, 437호(장항동, 웨스턴853)
전화 031-811-8500
팩스 031-811-8600
이메일 jster22@naver.com
홈페이지 http://www.jster22.com
ISBN 979-11-92845-41-8 (93330)

값 24,000원
잘못된 책은 구입처에서 바꾸어 드립니다.